中国优秀传统法治文化

研　究

（上　册）

中国法学会法治文化研究会 / 编

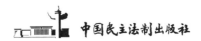

中国民主法制出版社

图书在版编目（CIP）数据

中国优秀传统法治文化研究 / 中国法学会法治文化

研究会编. —北京：中国民主法制出版社，2025.2

ISBN 978 - 7 - 5162 - 3548 - 5

Ⅰ. ①中… Ⅱ. ①中… Ⅲ. ①社会主义法治—文化研

究—中国 Ⅳ. ①D920.0

中国国家版本馆 CIP 数据核字（2024）第 047795 号

图书出品人：刘海涛
责 任 编 辑：贾萌萌　袁　月

书　　　名／中国优秀传统法治文化研究
作　　　者／中国法学会法治文化研究会　编

出版·发行／中国民主法制出版社
地址／北京市丰台区玉林里 7 号（100069）
电话／（010）63055259（总编室）　　63058068　63057714（营销中心）
传真／（010）63055259
http：//www.npcpub.com
E-mail：mzfz@npcpub.com
经销／新华书店
开本／16 开　710 毫米×1000 毫米
印张／30.5　　字数／401 千字
版本／2025 年 2 月第 1 版　2025 年 2 月第 1 次印刷
印刷／三河市宏图印务有限公司

书号／ISBN 978 - 7 - 5162 - 3548 - 5
定价／119.00 元（上下册）
出版声明／版权所有，侵权必究。

前 言[*]

  中国法学会法治文化研究会(以下简称法治文化研究会)是专门从事法治文化研究的全国性学术团体。近年来,法治文化研究会以学习宣传贯彻习近平法治思想、阐发中华优秀传统法治文化为己任,充分发挥研究会平台优势,组织专家学者持续深入开展法治文化理论和实践研究,推动研究成果转化运用,积极为法治文化事业繁荣发展建言献策,取得了较为丰硕的研究成果。本书选辑的这些文章就集中反映了法治文化研究会深入学习宣传习近平法治思想、贯彻落实习近平总书记关于法治文化重要论述的实际成果。

  习近平总书记高度重视社会主义法治文化建设,不断推进中华优秀传统法律文化创造性转化、创新性发展,就法治文化建设作出了一系列重要论述,形成了一系列具有原创性、标志性的理论。**中国法学会党组成员、副会长,法治文化研究会会长张苏军**在文章中强调,习近平总书记关于法治文化的重要论述是对马克思主义法治理论的重大原创性发展,是指导全面依法治国实践的重大原创性成果,是对世界法治文明的重大原创性贡献,中华优秀传统法律文化是习近平法治思想原创性贡献的文化基因,要深入学习研究习近平总书记关于法治文化的重要论述,传承中华优秀传统法律文化。**中国法学会法治研究所所长、法治文化研究会常务副会长周占华**指出,习近平总书记关于法治文化建设的重要论述是马克思主义法治思想中国化的最新成果,具有深厚的历史基础、实践导向和理论风格,是历史逻辑、实践逻辑和理论逻辑的有机统一,要深入贯彻习近平总书记关于法治文化建设的重要论述,全面推进中国特色社会主义法治文化

---

  * 本书涉及作者职务均截至前言落款时间(2023 年 10 月)。

建设。**中国政法大学研究生院副院长王银宏**指出，习近平总书记关于中华传统法律文化的重要论述不仅深刻阐释了中华传统文化的精华及其重要内涵，而且在此基础上予以创造性转化和创新性发展，在全面推进依法治国和推进中国特色社会主义法治建设的新时代背景下赋予中华传统法律文化以新的活力和生命力。**湖南师范大学法学院副院长周刚志**指出，习近平总书记关于法治文化的重要论述不仅是我们在新的历史时期积极推进中国特色社会主义法治文化建设的基本遵循，而且为马克思主义法治理论和我国社会主义法治实践的发展，以及世界范围内法治理论的发展，作出了卓越的原创性理论贡献。

中国是一个具有五千年法制历史的文明古国，在漫长的法制发展进程中，形成了博大精深的中华法文化，它不仅是古圣先贤政治智慧和法律智慧的结晶，也为灿烂辉煌的中华法系从形成、发展到成熟提供了坚强的文化支撑。**中国政法大学终身教授张晋藩**指出，虽然时易世变，社会发展阶段和法治建设的形势不同，但中华法文化中蕴含的许多优秀传统和理性因素，依然构成一座值得认真挖掘和传承的文化宝库，对今天建设中国特色社会主义法治体系、建设社会主义法治国家提供了珍贵的历史借鉴。**中国社会科学院法学研究所研究员刘海年**指出，中华优秀传统法律文化既表现于传统法律思想，又展现于传统法律制度，在浩如烟海的传世典籍、法律文本和不同形式的文书、盟书、碑刻史料，并就如何进一步深入研究简牍中法律文献所承载的优秀法律文化，以服务于中国特色社会主义法治体系建设，提出了独到的见解。**中国政法大学教授、中国法律史学会中国法制史专业委员会会长朱勇**就中华法系的形成与特征做了深入阐释，强调为了适应新时代建立中国特色社会主义法治体系的需要，我们应该通过创造性转化与创新性发展，弘扬中华文化，重构中华法系，使其在中华民族伟大复兴征程中，再创辉煌。**中国政法大学研究生院副院长王银宏**指出，我国优秀传统法治文化中的以民为本、德法共治、宽仁慎刑等思想观念在当代法治建设中仍具有现实价值和借鉴意义。新民主主义革命时期的群众路线、马锡五审判方式、废除国民党的"伪法统"等法治探索和创新，为新中国法治建设奠定了坚实基础。

2021 年，中共中央办公厅、国务院办公厅印发《关于加强社会主义法治文化建设的意见》(以下简称《意见》),对今后一个时期的社会主义法治文化建设工作作出全面部署,进一步明确了社会主义法治文化建设的总体要求、工作原则、主要任务、组织保障。**司法部普法与依法治理局**充分发挥职能作用,迅速抓好《意见》贯彻落实,取得显著成效。具体做法包括:一是加深认识,增强社会主义法治文化建设的政治自觉、思想自觉和行动自觉;二是加强部署,以习近平法治思想引领社会主义法治文化建设;三是加快落实,把学习宣传贯彻习近平法治思想作为首要任务。**教育部政策法规司原巡视员王家勤**指出,近年来,教育系统深入学习贯彻习近平法治思想,充分发挥法治文化的教育和熏陶作用,不断提高青少年法治教育的针对性和实效性,青少年法治素养得到持续有效提升。下一步,要系统谋划青少年法治教育,深入开展全国学生"学宪法 讲宪法"系列活动,丰富完善法治文化产品,着力打造多元参与的青少年法治教育格局。**中国政法大学教授蒋立山**指出,现阶段法治文化建设必须坚持党的集中统一领导、坚持贯彻中国特色社会主义法治理论、坚持以人民为中心、坚持统筹推进、坚持问题导向和目标导向、坚持从中国实际出发。**太仓市人民政府副市长、代理市长(原昆山市委副书记、政法委书记)徐华东**指出,昆山市深入推进法治文化建设,形成了一批法治文化阵地集群,涌现"法治微电影""法治文化艺术节"等典型案例,法治文化的引领、熏陶作用得到充分发挥,办事依法、遇事找法、解决问题用法、化解矛盾靠法的社会氛围日渐浓厚,为加强法治文化建设提供了"昆山样本"。**群众出版社编审易孟林**指出,闪烁着深邃的马克思主义哲学光芒的习近平法治思想,需要用感人的故事、鲜活的人物去阐释、去践行。新时代法治文艺是普及习近平法治思想的重要方式,要促进新时代法治文艺事业的大发展和大繁荣,就必须坚定鲜明地高举习近平法治思想的旗帜。

2023 年,中共中央办公厅、国务院办公厅印发《关于加强新时代法学教育和法学理论研究的意见》,强调统筹整合研究力量和资源,积极推出高质量研究成果。**中国政法大学光明新闻传播学院姚泽金教授课题组**指出,新媒体背景下法治新闻对于提升法治舆论引导力具有重要意义,要完善法治舆论引导策略,积极发声赢得舆论主动权,提升法治新闻采访技巧。**中国政法大学刘斌教授课题组**深入分析了当代法治文化建设存在的问题及原因,提出要从思想意识、体系制度、社会实践、理论研究与舆论宣传等层面加强当代法治文化建设。**最高人民法院政治部原巡视员、高级记者王运声等**主持的课题组指出，新时代法治影视综合运用"讲事实""讲形象""讲感情""讲道理"等表达方法，呈现形式多样、发展态势喜人，要进一步突出表现中国特色社会主义法治建设主题，讲好中国法治故事，体现中国风格、中国气派。

全书共计40余万字，分为上、下两册，其中，上册为张苏军会长及部分专家学者研究文章，下册为张苏军会长研究文章及《当代法治文化建设存在的问题及其对策》《用习近平法治思想指引法治影视创作与传播》等课题研究报告。本书收录的部分文章已在相关刊物上发表。

本书编写得到中国法学会领导的亲切关怀和大力支持，法治文化研究领域多名优秀学者及相关部门实务工作者参与书稿撰写和审订，在此一并表示感谢。因作者水平所限，书中难免有不全面或者不准确的地方，错漏之处敬请批评指正。

编　者

2023 年 10 月

目　录
CONTENTS

深入学习研究习近平总书记
关于法治文化的重要论述
传承中华优秀传统法律文化[*]

党的二十大是在全党全国各族人民迈上全面建设社会主义现代化国家新征程、向第二个百年奋斗目标进军的关键时刻召开的一次十分重要的大会。习近平总书记代表第十九届中央委员会所作的报告，高举中国特色社会主义伟大旗帜，全面总结了过去五年工作和新时代十年的伟大变革，系统阐述了新时代坚持和发展中国特色社会主义的重大理论和实践问题，鲜明提出了新时代新征程中国共产党的使命任务，科学谋划了未来一个时期党和国家事业发展的目标任务和大政方针，是党和人民智慧的结晶，是党团结带领全国各族人民夺取中国特色社会主义新胜利的政治宣言和行动纲领，是马克思主义的纲领性文献。习近平总书记在党的二十大报告中指出，以中国式现代化全面推进中华民族伟大复兴，必须更好发挥法治固根本、稳预期、利长远的保障作用，在法治轨道上全面建设社会主义现代化国家，传承中华优秀传统文化，传承中华优秀传统法律文化等。我们要认真学习领会、坚决贯彻落实党的二十大精神，以习近平法治思想为指导，传承中华优秀传统法律文化，建设社会主义法治文化，坚定不移走中国特色社会主义法治道路。

党的十八大以来，习近平总书记以马克思主义政治家、思想家、战略家的非凡理论勇气、卓越政治智慧、强烈使命担当，在领导全面依法治国、建设法治中国的伟大实践中，创造性提出了关于全面依法治国的一系列具有原

---

* 本文摘自：《民主与法制》周刊 2022 年第 41 期。

创性、标志性的新理念新思想新战略，形成了习近平法治思想。习近平法治思想是党的十八大以来法治建设最重要的标志性成果，是习近平新时代中国特色社会主义思想的重要组成部分，是当代中国马克思主义法治理论、21 世纪马克思主义法治理论，是新时代全面依法治国必须长期坚持的指导思想。在习近平法治思想的科学指引下，社会主义法治国家建设深入推进，全面依法治国总体格局基本形成，中国特色社会主义法治体系加快建设，司法体制改革取得重大进展，社会公平正义法治保障更为坚实。在全面推进依法治国进程中，以习近平同志为核心的党中央高度重视社会主义法治文化建设，习近平总书记作出了许多重要论述，体现出高度的法治文化自信和卓越的原创性品格。

一、习近平总书记关于法治文化的重要论述是对马克思主义法治理论的重大原创性发展

党的二十大报告指出："实践告诉我们，中国共产党为什么能，中国特色社会主义为什么好，归根到底是马克思主义行，是中国化时代化的马克思主义行。拥有马克思主义科学理论指导是我们党坚定信仰信念、把握历史主动的根本所在。"我们坚持把马克思主义基本原理同中国具体实际相结合、同中华优秀传统文化相结合，形成了习近平新时代中国特色社会主义思想，实现了马克思主义中国化时代化新的飞跃。作为习近平新时代中国特色社会主义思想的重要组成部分，习近平法治思想坚持马克思主义立场观点方法，植根于中华优秀传统法律文化，借鉴人类法治文明有益成果，为发展马克思主义法治理论作出了重大原创性、集成性贡献。

作为习近平法治思想的重要内容，习近平总书记关于法治文化的重要论述从中国实际出发，打破西方狭隘偏见，围绕法治文化建设提出一系列新观点，科学回答了马克思主义经典作家没有涉及、前人未曾遇到、西方法治理论无法解决的许多重大理论和实践问题，不仅深刻体现了马克思主义理论与时俱进的理论品格，也展示了习近平法治思想的时代性、实践性、原创性。具体而言，在道路选择上，旗帜鲜明地提出坚定不移走中国特色社会主义法治道路；在领导力量上，强调党的领导是中国特色社会主义最本质的特征，

是社会主义法治最根本的保证。把党的领导贯彻到依法治国全过程和各方面，是我国社会主义法治建设的一条基本经验；在主体归属上，明确提出全面依法治国必须坚持以人民为中心，要把体现人民利益、反映人民愿望、维护人民权益、增进人民福祉落实到全面依法治国各领域、全过程；在法治方法论上，创造性地回答了建设什么样的法治文化、怎样建设中国特色社会主义法治文化等重大理论和实践问题；在引领载体上，指出要以设立国家宪法日为契机，深入开展宪法宣传教育，大力弘扬宪法精神，切实增强宪法意识，通过宪法宣传教育活动和宪法宣誓仪式等法治文化活动，使宪法精神更加深入人心；在实现路径上，强调坚持依法治国、依法执政、依法行政共同推进，坚持法治国家、法治政府、法治社会一体建设，实现科学立法、严格执法、公正司法、全民守法，促进国家治理体系和治理能力现代化；在方式方法上，强调要把社会主义核心价值观的要求转化为具有刚性约束力的法律规定，用法律来推动核心价值观建设，坚持法治宣传教育与法治实践相结合，建设社会主义法治文化，推动全社会树立法治意识、增强法治观念，形成守法光荣、违法可耻的社会氛围，使全体人民都成为社会主义法治的忠实崇尚者、自觉遵守者、坚定捍卫者；等等。

"理论上不彻底，就难以服人。"习近平法治思想为马克思主义法治理论和中国特色社会主义法治理论持续创新发展提供了强大思想动力和先进科学方法。我们要深入学习研究宣传贯彻习近平法治思想，不断从习近平总书记关于法治文化建设的重要论述中汲取科学智慧和理论力量，深化相关法治理论研究，拓展相关法治理论领域，发展相关法治理论体系，完善相关法治理论平台，坚持马克思主义在意识形态领域的指导地位，严格落实意识形态工作责任制，牢牢掌握法学领域意识形态工作的领导权和主导权，坚决维护法学领域政治安全，为不断发展和繁荣社会主义法治文化作出积极贡献。

二、中华优秀传统法律文化是习近平法治思想原创性贡献的文化基因

习近平总书记在党的二十大报告中指出："坚持和发展马克思主义，必须同中华优秀传统文化相结合。只有植根本国、本民族历史文化沃土，马克思主义真理之树才能根深叶茂。""我们必须坚定历史自信、文化自信，坚持古为今用、推陈出新，把马克思主义思想精髓同中华优秀传统文化精华贯通起来、同人民群众日用而不觉的共同价值观念融通起来，不断赋予科学理论鲜明的中国特色，不断夯实马克思主义中国化时代化的历史基础和群众基础，让马克思主义在中国牢牢扎根。"习近平法治思想对中华优秀传统法律文化进行了批判性继承、创造性转化、创新性发展，澄清了近代以来历史虚无主义对中华优秀传统法律文化的错误认识，使中华优秀法律文化的精髓得到传承和弘扬，使法治的中国精神和民族特色得以彰显，极大地增强了中国人民在法治和国家治理上的文化自信和民族自信。

习近平总书记强调："要加强对中华优秀传统文化的挖掘和阐发，使中华民族最基本的文化基因与当代文化相适应、与现代社会相协调，把跨越时空、超越国界、富有永恒魅力、具有当代价值的文化精神弘扬起来。""历史和现实告诉我们，只有传承中华优秀传统法律文化，从我国革命、建设、改革的实践中探索适合自己的法治道路，同时借鉴国外法治有益成果，才能为全面建设社会主义现代化国家、实现中华民族伟大复兴夯实法治基础。"我们的先人早就开始探索如何驾驭人类自身这个重大课题，春秋战国时期就有了自成体系的成文法典，汉唐时期形成了比较完备的法典。我国古代法制蕴含着十分丰富的智慧和资源，形成了世界法制史上独树一帜的中华法系，积淀了深厚的法律文化。中华法系形成于秦朝，到隋唐时期逐步成熟，《唐律疏议》是代表性的法典，清末以后中华法系影响日渐衰微。与大陆法系、英美法系、伊斯兰法系等不同，中华法系是在我国特定历史条件下形成的，显示了中华民族的伟大创造力和中华法制文明的深厚底蕴。中华法系凝聚了中华民族的精神和智慧，有很多优秀思想和理念值得我们传承。出礼入刑、隆礼重法的治国策略，民惟邦本、本固邦宁的民本理念，天下无讼、以和为贵的价值追求，德主刑辅、明德慎罚的慎刑思想，援法断罪、罚当其罪的平等观念，保护鳏寡孤独、老幼妇残的恤刑原则等，都彰显了中华优秀传统法律文化的智慧。习近平总书记善于在历史考察和反思中温故知新，牢记历史经验、教训、警示，为厉行法治、奉法强国提供坚实的历史依据，特别指出"要注意研究我国古代法制传统和成败得失，挖掘和传承中华法律文化精华，汲取营养、择善而用"。

三、习近平总书记关于法治文化的重要论述是指导全面依法治国实践的重大原创性成果

党的二十大报告首次单独把法治建设作为专章论述，指出："全面依法治国是国家治理的一场深刻革命，关系党执政兴国，关系人民幸福安康，关系党和国家长治久安。"习近平总书记关于法治文化的重要论述，立足中国特色社会主义法治道路、法治体系，聚焦全面依法治国实践，系统总结新时代法治文化建设的理论创新、制度创新、实践创新成果，聆听时代声音，探索实践需要，坚持在法治文化实践创新的基础上，推动中国特色社会主义法治理论创新发展。

2017 年 5 月 3 日，习近平总书记在中国政法大学考察时明确指出："我们要坚持从我国国情和实际出发，正确解读中国现实、回答中国问题，提炼标识性学术概念，打造具有中国特色和国际视野的学术话语体系，尽快把我国法学学科体系和教材体系建立起来。""法学学科是实践性很强的学科。法学教育要处理好法学知识教学和实践教学的关系。"2020 年 11 月 16 日，习近平总书记在中央全面依法治国工作会议上强调："推进全面依法治国是国家治理的一场深刻变革，必须以科学理论为指导。"2021 年 12 月 6 日，习近平总书记在十九届中央政治局第三十五次集体学习时指出："要加强对我国法治的原创性概念、判断、范畴、理论的研究，加强中国特色法学学科体系、学术体系、话语体系建设。要把新时代中国特色社会主义法治思想落实到各法学学科的教材编写和教学工作中，推动进教材、进课堂、进头脑，努力培养造就更多具有坚定理想信念、强烈家国情怀、扎实法学根底的法治人才。"习近平总书记的这些重要论述，阐明了法治理论研究与法治人才培养的相互关系，揭示了法治人才培养的重要法治意义，也深刻阐明了传承与发展中华优秀传统法律文化在加强中国特色法学学科体系、学术体系、话语体系建设

中的重要意义，构成了习近平法治思想的重大原创性理论贡献。

四、习近平总书记关于法治文化的重要论述是对世界法治文明的重大原创性贡献

习近平法治思想中强调的一系列重大理论观点，为推进世界法治文明进步贡献了中国智慧和中国方案，为世界各国特别是发展中国家走适合自己国情的法治道路提供了有益借鉴。2013年9月7日，习近平主席在纳扎尔巴耶夫大学的演讲中指出："只要坚持团结互信、平等互利、包容互鉴、合作共赢，不同种族、不同信仰、不同文化背景的国家完全可以共享和平，共同发展。"2014年3月27日，习近平主席在巴黎联合国教科文组织总部发表演讲时提出："文明交流互鉴不应该以独尊某一种文明或者贬损某一种文明为前提。""世界上不存在十全十美的文明，也不存在一无是处的文明，文明没有高低、优劣之分。""我们应该推动不同文明相互尊重、和谐共处，让文明交流互鉴成为增进各国人民友谊的桥梁、推动人类社会进步的动力、维护世界和平的纽带。我们应该从不同文明中寻求智慧、汲取营养，为人们提供精神支撑和心灵慰藉，携手解决人类共同面临的各种挑战。"2014年10月23日，习近平总书记在党的十八届四中全会第二次全体会议上的重要讲话中指出："坚持从我国实际出发，不等于关起门来搞法治。法治是人类文明的重要成果之一，法治的精髓和要旨对于各国国家治理和社会治理具有普遍意义，我们要学习借鉴世界上优秀的法治文明成果。但是，学习借鉴不等于是简单的拿来主义，必须坚持以我为主、为我所用，认真鉴别、合理吸收，不能搞'全盘西化'，不能搞'全面移植'，不能照搬照抄。"2016年7月1日，在庆祝中国共产党成立95周年大会上，习近平总书记进一步指出："全党要坚定道路自信、理论自信、制度自信、文化自信。当今世界，要说哪个政党、哪个国家、哪个民族能够自信的话，那中国共产党、中华人民共和国、中华民族是最有理由自信的。"2017年1月18日，习近平主席在联合国日内瓦总部的演讲中强调："不同历史和国情，不同民族和习俗，孕育了不同文明，使世界更加丰富多彩。文明没有高下、优劣之分，只有特色、地域之别。文

明差异不应该成为世界冲突的根源，而应该成为人类文明进步的动力。"2022 年 5 月 27 日，习近平总书记在十九届中央政治局第三十九次集体学习时强调："我们要坚持弘扬平等、互鉴、对话、包容的文明观，以宽广胸怀理解不同文明对价值内涵的认识，尊重不同国家人民对自身发展道路的探索，以文明交流超越文明隔阂，以文明互鉴超越文明冲突，以文明共存超越文明优越，弘扬中华文明蕴含的全人类共同价值。"

在习近平法治思想的指引下，各部门通过法治文化建设培育法治思维，已经取得诸多丰硕成果。中共中央办公厅、国务院办公厅印发的《关于加强社会主义法治文化建设的意见》明确："在法治实践中持续提升公民法治素养。""坚持全民守法，让依法工作生活真正成为一种习惯，任何组织和个人都不得有超越宪法法律的特权。加大全民普法力度，在针对性和实效性上下功夫，落实'谁执法谁普法'普法责任制，加强以案普法、以案释法，发挥典型案例引领法治风尚、塑造社会主义核心价值观的积极作用，不断提升全体公民法治意识和法治素养。"

我们要深入学习研究宣传贯彻习近平法治思想和习近平总书记关于法治文化的重要论述，结合深入学习贯彻党的二十大精神，发展中国特色社会主义法治理论，大力弘扬宪法精神，在法治实践中持续提升公民法治素养，推动中华优秀传统法律文化创造性转化、创新性发展，繁荣发展社会主义法治文化，加强社会主义法治文化阵地建设，加强法治文化国际交流。要通过不懈努力，使宪法法律权威进一步树立，尊法学法守法用法在全社会蔚然成风，法治文化事业繁荣兴盛，法治文化人才队伍不断壮大，社会主义法治文化建设工作体制机制进一步完善，着力建设面向现代化、面向世界、面向未来的，民族的科学的大众的社会主义法治文化，为全面依法治国提供坚强思想保证和强大精神动力，为全面建设社会主义现代化国家、全面推进中华民族伟大复兴夯实法治基础。

（作者：中国法学会党组成员、副会长　张苏军）

大力阐发我国优秀传统法治文化

——学习习近平总书记关于法治文化原创性的重要论述

　　党的十八大以来，在领导全党全国各族人民进行具有许多新的历史特点的伟大斗争中，在新时代法治中国建设波澜壮阔的实践中，习近平总书记以马克思主义政治家、思想家、战略家的深刻洞察力和理论创造力，就全面依法治国提出一系列具有原创性的新理念新思想新战略，创立了习近平法治思想，为发展马克思主义法治理论作出了历史性贡献。在全面推进依法治国的进程中，以习近平同志为核心的党中央高度重视社会主义法治文化建设，习近平总书记作出了许多重要论述，习近平法治思想为社会主义法治文化建设提供了根本遵循和行动指南。习近平总书记在十九届中央政治局第三十五次集体学习时发表重要讲话指出："我们总结中国特色社会主义法治实践规律，传承中华法律文化精华，汲取世界法治文明有益成果，形成了全面依法治国新理念新举措。""阐发我国优秀传统法治文化，讲好中国法治故事。"习近平总书记关于法治文化的重要论述，体现出高度的法治文化自信，体现出卓越的"原创性"品格。

一、习近平总书记关于法治文化的重要论述是对马克思主义法治理论的重大原创性发展

　　习近平总书记在省部级主要领导干部"学习习近平总书记重要讲话精神，迎接党的二十大"专题研讨班上发表重要讲话强调："我们坚持把马克思主义基本原理同中国具体实际相结合、同中华优秀传统文化相结合，形成了新时代中国特色社会主义思想，实现了马克思主义中国化新的飞跃。全党

要把握好新时代中国特色社会主义思想的世界观和方法论，坚持好、运用好贯穿其中的立场观点方法，在新时代伟大实践中不断开辟马克思主义中国化时代化新境界。""我们推进的现代化，是中国共产党领导的社会主义现代化，必须坚持以中国式现代化推进中华民族伟大复兴，既不走封闭僵化的老路，也不走改旗易帜的邪路，坚持把国家和民族发展放在自己力量的基点上、把中国发展进步的命运牢牢掌握在自己手中。"习近平新时代中国特色社会主义思想是当代中国马克思主义、21世纪马克思主义，是中华文化和中国精神的时代精华，实现了马克思主义中国化新的飞跃。党确立习近平同志党中央的核心、全党的核心地位，确立习近平新时代中国特色社会主义思想的指导地位，反映了全党全军全国各族人民共同心愿，对新时代党和国家事业发展、对推进中华民族伟大复兴历史进程具有决定性意义。

习近平法治思想创造性地将马克思主义基本原理与中国特色社会主义法治实践相结合，将法治建设的一般规律与中国国情相结合，是马克思主义法治理论中国化最新成果，是习近平新时代中国特色社会主义思想的重要组成部分，是全面依法治国的根本遵循和行动指南。习近平法治思想的形成和发展，体现了马克思主义法治理论既一脉相承又与时俱进的理论逻辑，习近平法治思想始终把马克思主义作为理论起点、逻辑起点、价值起点，集中体现了马克思主义的理论品质和精神实质，为发展马克思主义法治理论作出了历史性贡献。

作为习近平法治思想的重要组成部分，习近平总书记关于法治文化的重要论述，从新时代中国特色社会主义发展的战略全局出发，在深刻把握全面依法治国、加快建设法治中国的战略机遇和发展大势，紧紧围绕全面依法治国、建设法治中国的重大时代课题进行战略思考和战略设计的基础上，从中国实际出发，打破西方狭隘偏见，围绕法治文化建设提出一系列新观点，科学回答了马克思主义经典作家没有涉及、前人未曾遇到、西方法治理论无法解决的许多重大理论和实践问题，不仅深刻体现了马克思主义理论与时俱进的"实践性""时代性"等理论品格，也展示了习近平法治思想的"民族性""原创性"等理论品格。在法治道路的选择上，旗帜鲜明地提出"坚定不移走中国特色社会主义法治道路"；在领导力量上，明确强调"党的领导是中国特色社会主义最本质的特征，是社会主义法治最根本的保证"，要把党的领导贯彻到依法治国全过程和各方面，是我国社会主义法治建设的一条基本经验，在加强社会主义法治文化建设上必须坚持党对全面依法治国的领导；在主体归属上，明确提出全面依法治国必须"坚持以人民为中心"，法治文化建设必须坚持为了人民、围绕人民，不断满足人民日益增长的对民主、法治、公平、正义、安全、环境等方面的要求，等等。围绕法治方法论，创造性地回答了建设什么样的法治文化、怎样建设中国特色社会主义法治文化等重大理论和实践问题。在引领载体上，指出"要以设立国家宪法日为契机，深入开展宪法宣传教育，大力弘扬宪法精神，切实增强宪法意识"，通过宪法宣传教育活动和宪法宣誓仪式等法治文化活动，使宪法精神更加深入人心；在实现路径上，强调"坚持依法治国、依法执政、依法行政共同推进，坚持法治国家、法治政府、法治社会一体建设""实现科学立法、严格执法、公正司法、全民守法，促进国家治理体系和治理能力现代化"；在方式方法上，明确强调"要把社会主义核心价值观的要求转化为具有刚性约束力的法律规定，用法律来推动核心价值观建设"，切实推动坚持法治宣传教育与法治实践相结合，建设社会主义法治文化，推动全社会树立法治意识、增强法治观念，形成守法光荣、违法可耻的社会氛围，使全体人民都成为社会主义法治的忠实崇尚者、社会主义核心价值观的自觉践行者，等等。习近平总书记指出："理论思维的起点决定着理论创新的结果。理论创新只能从问题开始。从某种意义上说，理论创新的过程就是发现问题、筛选问题、研究问题、解决问题的过程。""马克思主义是不断发展的开放的理论，始终站在时代前沿。马克思一再告诫人们，马克思主义理论不是教条，而是行动指南，必须随着实践的变化而发展。"在庆祝中国共产党成立100周年大会上，习近平总书记强调，新的征程上，我们必须"坚持把马克思主义基本原理同中国具体实际相结合、同中华优秀传统文化相结合，用马克思主义观察时代、把握时代、引领时代，继续发展当代中国马克思主义、21世纪马克思主义"。"理论上不彻底，就难以服人"。习近平法治思想为马克思主义法治理论和中国特色社会主义法治理论体系持续创新发展提供了强大思想动力和先进科学方法。对此,我们要深入学习研究宣传贯彻习近平法治思想,不断从习近平总书记关于法治文化建设的重要论述中汲取科学智慧和理论力量,深化相关法治理论研究,拓展相关法治理论疆域,发展相关法治理论体系,完善相关法治理论平台,坚持马克思主义在政法意识形态领域指导地位,严格落实意识形态工作责任制,牢牢掌握法学领域意识形态工作的领导权和主导权,坚决维护法学领域政治安全,为不断发展和繁荣社会主义法治文化作出积极贡献。

二、习近平总书记关于法治文化的重要论述是指导全面依法治国实践的重大原创性成果

习近平总书记提出:"全面推进依法治国,是深刻总结我国社会主义法治建设成功经验和深刻教训作出的重大抉择。""对全面推进依法治国作出部署,既是立足于解决我国改革发展稳定中的矛盾和问题的现实考量,也是着眼于长远的战略谋划。"习近平总书记还富有前瞻性地提出:"全面建成小康社会之后路该怎么走?如何跳出'历史周期率'、实现长期执政?如何实现党和国家长治久安?这些都是需要我们深入思考的重大问题。""我们提出全面推进依法治国,坚定不移厉行法治,一个重要意图就是为子孙万代计、为长远发展谋。"这是对中国特色社会主义法治建设及其价值的深刻思考,更是对中国特色社会主义法治实践的重要原创性理论探索。

习近平总书记关于法治文化的重要论述,立足中国特色社会主义法治体系、法治道路,聚焦全面依法治国的实践,系统总结新时代法治文化建设的实践创新、制度创新和理论创新的成果,聆听时代声音,探索实践需要,紧跟科学发展,坚持在法治文化实践创新的基础上,推动中国特色社会主义法治文化理论创新发展。

习近平总书记指出:"研究谋划新时代法治人才培养和法治队伍建设长远规划,创新法治人才培养机制,推动东中西部法治工作队伍均衡布局,提高法治工作队伍思想政治素质、业务工作能力、职业道德水准,着力建设一

支忠于党、忠于国家、忠于人民、忠于法律的社会主义法治工作队伍，为加快建设社会主义法治国家提供有力人才保障。""法治建设需要全社会共同参与，只有全体人民信仰法治、厉行法治，国家和社会生活才能真正实现在法治轨道上运行。""法治的根基在人民。要加大全民普法工作力度，弘扬社会主义法治精神，增强全民法治观念，完善公共法律服务体系，夯实依法治国社会基础。要坚持依法治国和以德治国相结合，把社会主义核心价值观融入法治建设，完善诚信建设长效机制，加大对公德失范、诚信缺失等行为惩处力度，努力形成良好的社会风尚和社会秩序。"

2017 年 5 月 3 日，习近平总书记在中国政法大学考察时明确指出："全面依法治国是一个系统工程，法治人才培养是其重要组成部分。高校是法治人才培养的第一阵地，是贯彻社会主义法治理论的重要阵地，也是推进法治理论创新的重要力量。要打造具有中国特色和国际视野的学术话语体系，尽快把我国法学学科体系和教材体系建立起来。法学教育要处理好法学知识教学和实践教学的关系，要坚持立德树人。"2020 年 11 月 16 日至 17 日，中央全面依法治国工作会议在北京召开，习近平总书记出席会议并发表重要讲话强调："推进全面依法治国是国家治理的一场深刻变革，必须以科学理论为指导。"2021 年 12 月 6 日，习近平总书记在十九届中央政治局第三十五次集体学习时的重要讲话中指出："要加强对我国法治的原创性概念、判断、范畴、理论的研究，加强中国特色法学学科体系、学术体系、话语体系建设。要把新时代中国特色社会主义法治思想落实到各法学学科的教材编写和教学工作中，推动进教材、进课堂、进头脑，努力培养造就更多具有坚定理想信念、强烈家国情怀、扎实法学根底的法治人才。"习近平总书记的这些重要论述，既阐明了法治理论研究与法治人才培养的相互关系，揭示了法治人才培养的重要法治意义，也深刻阐明了传承与发展中华优秀传统法律文化在加强中国特色法学学科体系、学术体系、话语体系建设中的重要意义，构成了习近平法治思想的重大原创性理论贡献。

三、习近平总书记关于法治文化的重要论述是当今时代法治基本原理的重大原创性贡献

习近平总书记在论及中国特色哲学社会科学建设时明确指出："要按照立足中国、借鉴国外，挖掘历史、把握当代，关怀人类、面向未来的思路，着力构建中国特色哲学社会科学，在指导思想、学科体系、学术体系、话语体系等方面充分体现中国特色、中国风格、中国气派。"习近平法治思想博大精深，习近平总书记关于法治文化的重要论述，不仅拥有深厚的马克思主义法治理论渊源，也有中华民族优秀传统法治文化的深厚历史文化渊源与革命文化渊源。譬如，习近平法治思想中"要既讲法治又讲德治""要坚持纪严于法、纪在法前"等有关表述，深刻借鉴了中国古代的优秀传统法律文化；强调"坚持党对政法工作的绝对领导""加强和改进党对文艺工作的领导"等论述，继承了革命文化。

习近平法治思想中强调的一系列重大理论观点，为推进世界法治文明进步贡献了中国智慧和中国方案，为世界各国特别是发展中国家走适合自己国情的法治道路提供了有益借鉴。2013 年 9 月 7 日，国家主席习近平在纳扎尔巴耶夫大学的演讲中指出："只要坚持团结互信、平等互利、包容互鉴、合作共赢，不同种族、不同信仰、不同文化背景的国家完全可以共享和平，共同发展。"2014 年 3 月 27 日，习近平主席在巴黎联合国教科文组织总部发表演讲时提出："文明交流互鉴不应该以独尊某一种文明或者贬损某一种文明为前提。""世界上不存在十全十美的文明，也不存在一无是处的文明，文明没有高低、优劣之分。""我们应该推动不同文明相互尊重、和谐共处，让文明交流互鉴成为增进各国人民友谊的桥梁、推动人类社会进步的动力、维护世界和平的纽带。我们应该从不同文明中寻求智慧、汲取营养，为人们提供精神支撑和心灵慰藉，携手解决人类共同面临的各种挑战。"

2014 年 10 月 23 日，习近平总书记在党的十八届四中全会第二次全体会议上的重要讲话中指出："坚持从我国实际出发，不等于关起门来搞法治。法治是人类文明的重要成果之一，法治的精髓和要旨对于各国国家治理和社

会治理具有普遍意义，我们要学习借鉴世界上优秀的法治文明成果。但是，学习借鉴不等于是简单的拿来主义，必须坚持以我为主、为我所用，认真鉴别、合理吸收，不能搞'全盘西化'，不能搞'全面移植'，不能照搬照抄。"2016年7月1日，在庆祝中国共产党成立95周年大会上，习近平总书记进一步指出："全党要坚定道路自信、理论自信、制度自信、文化自信。当今世界，要说哪个政党、哪个国家、哪个民族能够自信的话，那中国共产党、中华人民共和国、中华民族是最有理由自信的。"2017年1月18日，习近平主席在联合国日内瓦总部的演讲中强调："不同历史和国情，不同民族和习俗，孕育了不同文明，使世界更加丰富多彩。文明没有高下、优劣之分，只有特色、地域之别。文明差异不应该成为世界冲突的根源，而应该成为人类文明进步的动力。"2022年5月27日，习近平总书记在十九届中央政治局第三十九次集体学习时强调，弘扬中华文明蕴含的全人类共同价值。我们要尊重人类文明的多样性，坚持弘扬平等、互鉴、对话、包容的文明观，以文明交流超越文明隔阂，以文明互鉴超越文明冲突，以文明共存超越文明优越，共同建设开放包容的世界，夯实共建人类命运共同体的人文基础。

2016年3月7日，习近平总书记在参加十二届全国人大四次会议黑龙江代表团的审议时指出："要深入推进法治建设，着力打造全面振兴好环境。法治是一种基本的思维方式和工作方式，法治化环境最能聚人聚财、最有利于发展。要提高领导干部运用法治思维和法治方式开展工作、解决问题、推动发展的能力，积极培育社会主义法治文化，引导广大群众自觉守法、遇事找法、解决问题靠法，深化基层依法治理，把法治建设建立在扎实的基层基础工作之上，让依法办事蔚然成风。"在习近平法治思想的指引下，各部门通过法治文化建设培育法治思维，已经取得诸多丰硕成果。中共中央办公厅、国务院办公厅印发的《关于加强社会主义法治文化建设的意见》明确指出："在法治实践中持续提升公民法治素养。""坚持全民守法，让依法工作生活真正成为一种习惯，任何组织和个人都不得有超越宪法法律的特权。加大全民普法力度，在针对性和实效性上下功夫，落实'谁执法谁普法'普法责任制，加强以案普法、以案释法，发挥典型案例引领法治风尚、塑造社会主义核心价值观的积极作用，不断提升全体公民法治意识和法治素养。"

习近平总书记强调："要坚定文化自信，推动中华优秀传统文化创造性转化、创新性发展，继承革命文化，发展社会主义先进文化，不断铸就中华文化新辉煌，建设社会主义文化强国。""要总结我国法治体系建设和法治实践的经验，阐发我国优秀传统法治文化，讲好中国法治故事。"党的十八届四中全会通过的《中共中央关于全面推进依法治国若干重大问题的决定》提出，必须弘扬社会主义法治精神，建设社会主义法治文化。我们要深入学习研究宣传贯彻习近平法治思想和习近平总书记关于法治文化的重要论述，完善中国特色社会主义法治理论，大力弘扬宪法精神，在法治实践中持续提升公民法治素养，推动中华优秀传统法律文化创造性转化、创新性发展，繁荣发展社会主义法治文艺，加强社会主义法治文化阵地建设，加强法治文化国际交流。要不懈努力，使宪法法律权威进一步树立，尊法学法守法用法氛围日益浓厚，法治文化事业繁荣兴盛，法治文化人才队伍不断壮大，社会主义法治文化建设工作体制机制进一步完善，着力建设面向现代化、面向世界、面向未来的，民族的科学的大众的社会主义法治文化，为全面依法治国提供坚强思想保证和强大精神动力，为全面建设社会主义现代化国家、实现中华民族伟大复兴的中国梦夯实法治基础。

（作者：中国法学会党组成员、副会长　张苏军）

以史为鉴，传承创新

——学习习近平总书记关于中华传统法律文化的重要论述

　　中华文化灿烂辉煌，源远流长，凝聚了中华民族的智慧和理性，熔铸了中华民族的精神特质和价值追求。"中华优秀传统文化已经成为中华民族的基因，植根在中国人内心，潜移默化影响着中国人的思想方式和行为方式。"① 在中华民族的历史发展过程中，中华传统文化在促进社会发展、民族融合以及治国理政等诸多方面积累了丰富的经验，在维护社会稳定、实现国家长治久安方面发挥了重要作用，体现出中国特色社会主义法治建设、实现国家治理体系和治理能力现代化的历史之维。习近平总书记高度重视中华传统文化，多次强调要在新的历史条件下继承和发扬中华优秀传统文化。习近平总书记在 2014 年 10 月 15 日召开的文艺工作座谈会上指出："中华优秀传统文化是中华民族的精神命脉，是涵养社会主义核心价值观的重要源泉，也是我们在世界文化激荡中站稳脚跟的坚实根基。要结合新的时代条件传承和弘扬中华优秀传统文化……"在 2020 年 11 月 16 日至 17 日召开的中央全面依法治国工作会议上，习近平总书记再次强调："要传承中华优秀传统法律文化，从我国革命、建设、改革的实践中探索适合自己的法治道路，同时借鉴国外法治有益成果，为全面建设社会主义现代化国家、实现中华民族伟大复兴夯实法治基础。"

---

　　① 习近平：《青年要自觉践行社会主义核心价值观——在北京大学师生座谈会上的讲话》（2014 年 5 月 4 日），载《人民日报》2014 年 5 月 5 日，第 2 版。

习近平法治思想是一个内涵丰富、论述深刻、逻辑严密、系统完备的科学理论体系，其形成和发展蕴含着清晰的实践逻辑、明确的理论逻辑和深厚的历史逻辑。习近平总书记关于中华传统法律文化的重要论述是习近平法治思想的重要组成部分，是习近平法治思想的历史逻辑的具体体现。中华传统法律文化为习近平法治思想提供丰富的法文化资源。中华传统法律文化是中华传统文化的重要内容，习近平总书记关于中华传统法律文化的重要论述不仅深刻阐释了中华传统文化的精华及其重要内涵，而且在此基础上予以创造性转化和创新性发展，在全面推进依法治国和推进中国特色社会主义法治建设的新时代背景下赋予中华传统法律文化以新的活力和生命力。

一、爱民敬民，以民为本

中国特色社会主义法治始终坚持为了人民、依靠人民的根本立场。坚持以人民为中心，坚持人民的主体地位，是习近平法治思想的鲜明特色。习近平总书记指出，"人民是历史的创造者"，"人民立场是党的根本政治立场"，"人民立场是马克思主义政党的根本政治立场，人民是历史进步的真正动力"。中华传统文化中的"民本"思想强调以民为本，敬民、爱民、富民是基本的治国之道。习近平总书记在诸多场合引用"民惟邦本，本固邦宁"①"天视自我民视，天听自我民听"② 等中国古代"民本"思想的经典表述论述和强调中国特色社会主义的人民之基。

2014 年 9 月 21 日，习近平总书记在庆祝中国人民政治协商会议成立 65 周年大会上讲道："'政之所兴在顺民心，政之所废在逆民心。'一个政党，一个政权，其前途命运最终取决于人心向背。中国共产党、中华人民共和国的全部发展历程都告诉我们，中国共产党、中华人民共和国之所以能够取得事业的成功，靠的是始终保持同人民群众的血肉联系、代表最广大人民根本利益。"一个国家、一个政权的基础在于人民，民心向背是决定性因素。因

---

① 《尚书·夏书·五子之歌》。
② 《尚书·泰誓中》。

此，治国理政必须以人民为本，造福人民是最大的政绩。习近平总书记还引用中华传统文化中诸多这方面的论述来表达其爱民敬民、以民为本的观点："治国有常，而利民为本"①，"凡治国之道，必先富民"②，"德莫高于爱民，行莫贱于害民"③，"治政之要在于安民，安民之道在于察其疾苦"④。人民群众的获得感、幸福感、安全感是检验一切工作的根本标准。职是之故，习近平总书记强调，"去民之患，如除腹心之疾"⑤，"利民之事，丝发必兴；厉民之事，毫末必去"⑥。意即有利于民众的事，再小也要去做，不利于民众的事，再小也不能做。"但愿苍生俱饱暖，不辞辛苦出山林。"⑦ 这些内容都体现出习近平总书记的人民观和"为民"情怀。

二、崇德修身，为政以德

"崇德""尚德"是习近平总书记极为重视、反复强调的内容。"德"既包括社会公德、职业道德、家庭美德、个人品德，也涵括与"法治"并行不悖的"德治"之"德"，即"国无德不兴，人无德不立"。2014 年 5 月 4 日，习近平总书记在北京大学师生座谈会上指出，"德者，本也"，"要修德，加强道德修养，注重道德实践……道德之于个人、之于社会，都具有基础性意义，做人做事第一位的是崇德修身。这就是我们的用人标准为什么是德才兼备、以德为先，因为德是首要、是方向，一个人只有明大德、守公德、严私德，其才方能用得其所……"⑧。正所谓"才者，德之资也；德者，才之帅也"⑨，"修其心治其身，而后可以为政于天下"⑩。习近平总书记还引用《大

---

① 《文子·上义》。

② 《管子·治国》。

③ 《晏子春秋·内篇问下》。

④ （明）张居正：《请蠲积逋以安民生疏》。

⑤ （北宋）苏辙：《上皇帝书》。

⑥ （清）万斯大：《周官辨非·天官》。

⑦ （明）于谦：《咏煤炭》。

⑧ 习近平：《青年要自觉践行社会主义核心价值观——在北京大学师生座谈会上的讲话》（2014年5月4日），载《人民日报》2014年5月5日，第2版。

⑨ 《资治通鉴·周纪一》。

⑩ （北宋）王安石：《洪范传》。

学》中的经典之句"大学之道，在明明德，在亲民，在止于至善"来说明社会主义核心价值观既是个人之德，也是国家之德、社会之德。① 因此，习近平总书记强调："继承和发扬中华优秀传统文化和传统美德，广泛开展社会主义核心价值观宣传教育，积极引导人们讲道德、尊道德、守道德，追求高尚的道德理想，不断夯实中国特色社会主义的思想道德基础。"②

习近平总书记指出，建设社会主义法治国家，必须坚持依法治国和以德治国相结合，"法律是成文的道德，道德是内心的法律，法律和道德都具有规范社会行为、维护社会秩序的作用。治理国家、治理社会必须一手抓法治、一手抓德治，既重视发挥法律的规范作用，又重视发挥道德的教化作用，实现法律和道德相辅相成、法治和德治相得益彰"③。同时，习近平总书记也多次引用"政者，正也。其身正，不令而行；其身不正，虽令不从"④，以及"为政以德，譬如北辰，居其所而众星共之"⑤ 等中华优秀传统法律文化的"德治"内容，指出"出礼入刑、隆礼重法"的治国策略、"德主刑辅、明德慎罚"等思想在治国理政方面蕴含的智慧和经验。⑥ 此外，习近平总书记还多次引用"政如农功，日夜思之"⑦，"政令时，则百姓一，贤良服"⑧，"不患位之不尊，而患德之不崇"⑨ 等内容来强调"为政以德"的重要性。因此，2013 年 11 月，习近平总书记在山东考察时强调："必须加强全社会的思想道德建设，激发人们形成善良的道德意愿、道德情感，培育正确的道德判断和道德责任，提高道德实践能力尤其是自觉践行能力，引导人们向往和追求讲

① 习近平：《青年要自觉践行社会主义核心价值观——在北京大学师生座谈会上的讲话》（2014年 5 月 4 日），载《人民日报》2014 年 5 月 5 日，第 2 版。
② 习近平在十八届中央政治局第十三次集体学习时的讲话（2014 年 2 月 24 日）。
③ 习近平：《加快建设社会主义法治国家》，载《求是》2015 年第 1 期。
④ 《论语·子路篇》。
⑤ 《论语·为政篇》。
⑥ 习近平：《坚定不移走中国特色社会主义法治道路 为全面建设社会主义现代化国家提供有力法治保障》，载《求是》2021 年第 5 期。
⑦ 《左传·襄公二十五年》。
⑧ 《荀子·王制》。
⑨ （东汉）张衡：《应闲》。

道德、尊道德、守道德的生活，形成向上、向善的力量。只要中华民族一代接着一代追求美好崇高的道德境界，我们的民族就永远充满希望。"

三、良法善治，奉法强国

揆诸中国历史，法治昌明，则国泰民安；法治废弛，则国乱民怨。法治是实现国家长治久安的重要保障。习近平总书记高度重视法治在治国理政中的重要作用，指出："法律是治国之重器，法治是国家治理体系和治理能力的重要依托。"① 他也引用中华传统法律文化中的一些经典表述来表达这种观点。例如，"法者，治之端也"②；"国无常强，无常弱。奉法者强则国强，奉法者弱则国弱"③；"治国者，圆不失规，方不失矩，本不失末，为政不失其道，万事可成，其功可保"④。习近平总书记不仅重视法律在治国理政中的重要作用，还强调"法律的生命力在于实施，法律的权威在于实施"，这与中国古代的诸多政治家、思想家的论述具有内在的一致性，例如，"盖天下之事，不难于立法，而难于法之必行"⑤，"法令行则国治，法令弛则国乱"⑥，"法令既行，纪律自正，则无不治之国，无不化之民"⑦。习近平总书记在诸多不同场合引用这些词句来强调宪法和法律实施的重要性。基于此，习近平总书记指出："如果有了法律而不实施、束之高阁，或者实施不力、做表面文章，那制定再多法律也无济于事。全面推进依法治国的重点应该是保证法律严格实施，做到'法立，有犯而必施；令出，唯行而不返'。"⑧

① 习近平：《关于〈中共中央关于全面推进依法治国若干重大问题的决定〉的说明》（2014年10月20日），载中共中央文献研究室编：《十八大以来重要文献选编》（中），中央文献出版社2016年版，第141页。
② 《荀子·君道篇》。
③ 《韩非子·有度》。
④ （三国）诸葛亮：《便宜十六策·治乱》。
⑤ （明）张居正：《请稽查章奏随事考成以修实政疏》。
⑥ （东汉）王符：《潜夫论·述赦》。
⑦ （北宋）包拯：《上殿札子》。
⑧ 习近平：《关于〈中共中央关于全面推进依法治国若干重大问题的决定〉的说明》（2014年10月20日），载中共中央文献研究室编：《十八大以来重要文献选编》（中），中央文献出版社2016年版，第150页。

法治作为治国之重器以及国家治理体系和治理能力的重要依托，其本质上就是"良法善治"，所谓"立善法于天下，则天下治；立善法于一国，则一国治"①。习近平总书记在党的十九大报告中指出，深化依法治国实践，"以良法促进发展、保障善治"②。这不仅指出了"良法"与"善治"之间的基本关系，即"良法"是实现"善治"的前提，同时指出了全面推进依法治国对"良法"的基本要求，即"促进发展、保障善治"。

习近平总书记还引用"法之不行，自于贵戚"③ 及"道私者乱，道法者治"④ 等中华传统法律文化的内容来指出法律实施过程中可能遇到的阻力和障碍以及可能出现的问题，由此强调在全面推进依法治国过程中"必须抓住领导干部这个'关键少数'"，因为作为"关键少数"的领导干部在全面推进依法治国过程中发挥着重要作用。此外，习近平总书记还引用"有道以统之，法虽少，足以化矣；无道以行之，法虽众，足以乱矣"⑤ 等内容来强调"全面推进依法治国，方向要正确，政治保证要坚强"。在全面推进依法治国的过程中，党的领导始终是中国特色社会主义法治建设和法治道路的坚强保障。

四、"公生明，廉生威"

习近平总书记高度重视人才在全面推进依法治国和中国特色社会主义法治建设中的重要作用，特别是领导干部这个"关键少数"，所谓"尚贤者，政之本也"⑥，"为政之要，莫先于用人"⑦，"邦之兴，由得人也；邦之亡，由失人也。得其人，失其人，非一朝一夕之故，其所由来者渐矣"⑧。习近平

---

① （北宋）王安石：《周公》。
② 习近平：《决胜全面建成小康社会　夺取新时代中国特色社会主义伟大胜利——在中国共产党第十九次全国代表大会上的报告》，人民出版社 2017 年版，第 38—39 页。
③ 《史记·秦本纪》。
④ 《韩非子·诡使》。
⑤ 《淮南子·泰族训》。
⑥ 《墨子·尚贤》。
⑦ 《资治通鉴·魏纪五》。
⑧ （唐）白居易：《策林·辨兴亡之由》。

总书记还引用《论语》中"举直错诸枉，则民服；举枉错诸直，则民不服"①来说明正直善良之人在治国理政中的重要作用：重视和推举正直善良之人，民众就会发自内心地服从，而推举任用邪曲之人则会使民心不服，由此强调，司法人员要刚正不阿，勇于担当，敢于依法排除来自司法机关内部和外部的干扰，坚守公正司法的底线。进言之，正直善良之人是守护正义之人，能够促进实现社会的公平正义。

习近平总书记在中央政法工作会议上强调"公生明，廉生威"，以此表明公正和廉洁的重要性，只有处事公正，民众才能信服；只有廉洁，民众才能敬畏。习近平总书记还以"吏不廉平，则治道衰"②来说明官员的廉洁、公正关涉国家治理能效和政府的公信力，关涉政权的生命力和国家的长治久安，即"治天下也，必先公，公则天下平矣"③。清朝的理学家张伯行在《禁止馈送檄》写道："一丝一粒，我之名节；一厘一毫，民之脂膏。宽一分，民受赐不止一分；取一文，我为人不值一文。谁云交际之常，廉耻实伤；倘非义之财，此物何来？"④习近平总书记以此告诫广大党员干部，"一丝一粒"都关乎名节，"一厘一毫"都关乎民生，廉洁奉公、遏制腐败要防微杜渐，要从小事做起。习近平总书记还引用南宋吕本中所著《官箴》中的"当官之法，惟有三事，曰清、曰慎、曰勤"⑤，告诫广大党员干部要清正廉洁、谨言慎行、勤勉履职，以高度的责任感和使命感全心全意为人民服务，尽职尽责地投入社会主义建设之中。

"善除害者察其本，善理疾者绝其源"⑥意为想要消除灾害，需要查找灾害的根由；想要治疗疾病，需要断绝疾病的源头。习近平总书记以此强调，反腐败需要标本兼治，特别是从根本上断绝腐败的源头，从根本上完善制度、全面从严治党，"把权力关进制度的笼子里"。习近平总书记还以"锄一害而

① 《论语·为政篇》。
② 《汉书·宣帝纪》。
③ 《吕氏春秋·孟春纪·贵公》。
④ （清）张伯行：《禁止馈送檄》。
⑤ （南宋）吕本中：《官箴》。
⑥ （唐）白居易：《策林一·兴五福销六极》。

众苗成，刑一恶而万民悦"① 来表明全面从严治党的信心和决心，坚定推进党风廉政建设和反腐败斗争向纵深发展，要用严明的纪律和党规国法规制自己的行为，只有坚定推进反腐败斗争，才能得到人民的支持和拥护。东汉荀悦曾说道："善禁者，先禁其身而后人。"② 习近平总书记在十八届中央纪委第二次全体会议上以此强调，"正人先正己"，要求别人做到的，首先要自己做到，要求广大党员干部以身作则，发挥党员先锋和模范带头作用，要求纪委监委干部更要"打铁还需自身硬"，从自我做起，加强自我修养和党性修养，以上率下，营造清正、清廉、清明的政治环境和政治生态，即"诚欲正朝廷以正百官，当以激浊扬清为第一要义"③。

习近平总书记还援引"位卑未敢忘忧国"等中华传统文化中的经典论述来要求各级党员干部不忘初心，始终坚持全心全意为人民服务的根本宗旨，克己奉公，一心为民，"始终做到秉公用权、不以权谋私，依法用权、不假公济私，廉洁用权、不贪污腐败，始终保持共产党人的政治本色"，始终做到权为民所用、情为民所系、利为民所谋。

五、"亲仁善邻""协和万邦"

中华优秀传统法律文化是人类文明的重要成果，是全人类共有的精神财富。"一花独放不是春，百花齐放春满园"④，"和羹之美，在于合异"⑤。习近平总书记在诸多场合引用这些谚语表明人类文明的多样性和人类历史的丰富多彩，"人类文明因多样才有交流互鉴的价值"。《尚书·尧典》记载："克明俊德，以亲九族；九族既睦，平章百姓；百姓昭明，协和万邦……"在构建人类命运共同体的过程中，在人类文明交流互鉴的过程中，要秉持"和"的理念和价值。《礼记》载："中也者，天下之大本也；和也者，天下之达道

---

① （西汉）桓宽：《盐铁论·后刑》。
② （东汉）荀悦：《申鉴·政体》。
③ 顾炎武：《与公肃甥书》。
④ 《古今贤文》。
⑤ （西晋）陈寿：《三国志·魏书·夏侯玄传》。

也。"① 董仲舒讲道："和者，天之正也……和者，天之功也。举天地之道而美于和。"② 以和为贵、与人为善是中华民族的优良传统，中华民族崇尚和谐包容、和而不同的价值追求。习近平总书记还引用《左传》中的"亲仁善邻，国之宝也"③ 来指出中华民族爱好和平、与睦邻友好相处、善以待人的历史传统，也表达中国坚持和平发展、维护世界和平的信心以及世界各国共谋和平、和谐发展的期待。

习近平总书记指出："中华文化崇尚和谐，中国'和'文化源远流长，蕴涵着天人合一的宇宙观、协和万邦的国际观、和而不同的社会观、人心和善的道德观。""在5000多年的文明发展中，中华民族一直追求和传承着和平、和睦、和谐的坚定理念。"④ 在庆祝中国共产党成立100周年大会上，习近平总书记再次指出："和平、和睦、和谐是中华民族5000多年来一直追求和传承的理念，中华民族的血液中没有侵略他人、称王称霸的基因。中国共产党关注人类前途命运，同世界上一切进步力量携手前进，中国始终是世界和平的建设者、全球发展的贡献者、国际秩序的维护者！"⑤

从"立天下之正位，行天下之大道"⑥ 到"计利当计天下利"，习近平总书记引用这些论述体现出中国作为一个负责任的大国在构建人类命运共同体过程中所坚持的基本原则，中国一直都是从世界和平和各国的整体利益出发，坚持共同发展、合作共赢、互利互惠的原则，坚持利益共生、权利共享、责任共担，中国人民"愿意同世界各国人民和睦相处、和谐发展，共谋和平、共护和平、共享和平"。

① 《礼记·中庸》。
② 《春秋繁露·循天之道》。
③ 《左传·隐公六年》。
④ 习近平：《在中国国际友好大会暨中国人民对外友好协会成立60周年纪念活动上的讲话》（2014年5月15日），载《人民日报》2014年5月16日，第2版。
⑤ 习近平：《在庆祝中国共产党成立100周年大会上的讲话》（2021年7月1日），载《人民日报》2021年7月2日，第2版。
⑥ 《孟子·滕文公下》。

六、以史为鉴，传承发展

辉煌灿烂的中华文明、博大精深的中华文化蕴含着中华民族的自信和气度。习近平总书记关于中华传统法律文化的论述是源于对中华文明和中华文化的自信，是基于对源远流长的中华传统文化的敬意和温情。习近平总书记关于中华传统法律文化的重要论述涉及中华传统文化的方方面面，上文仅是择其要者，分而述之，其主旨是以史为鉴，结合新的时代条件予以传承发展。2014 年 10 月 13 日，习近平总书记在主持中共中央政治局第十八次集体学习时强调："历史是人民创造的，文明也是人民创造的。对绵延 5000 多年的中华文明，我们应该多一份尊重，多一份思考。对古代的成功经验，我们要本着择其善者而从之、其不善者而去之的科学态度，牢记历史经验、牢记历史教训、牢记历史警示，为推进国家治理体系和治理能力现代化提供有益借鉴。"① 习近平总书记在 2016 年 11 月召开的中国文联十大、中国作协九大的开幕式上再次指出："中华民族生生不息绵延发展、饱受挫折又不断浴火重生，都离不开中华文化的有力支撑。中华文化独一无二的理念、智慧、气度、神韵，增添了中国人民和中华民族内心深处的自信和自豪。在 5000 多年文明发展中孕育的中华优秀传统文化，在党和人民伟大斗争中孕育的革命文化和社会主义先进文化，积淀着中华民族最深沉的精神追求，代表着中华民族独特的精神标识。"② 中华传统文化是中华民族的自信之源，传承弘扬中华优秀传统法律文化是坚定文化自信、道路自信、理论自信、制度自信的应有之义，为中国特色社会主义建设、全面推进依法治国奠定了坚实的历史基础和文化根基。

（一）强调中华传统法律文化的历史意义

中华文化有着悠久的历史传统，具有深厚的历史底蕴，在五千多年的历

---

① 《牢记历史经验教训历史警示　为国家治理能力现代化提供有益借鉴》（2014 年 10 月 13 日），载《人民日报》2014 年 10 月 14 日，第 1 版。

② 习近平：《在中国文联十大、中国作协九大开幕式上的讲话》（2016 年 11 月 30 日），人民出版社 2016 年版，第 4—5 页。

史发展过程中，中华民族以自己特有的生活方式、基于自己的生活经验和理性认知来探讨人与人、人与社会、人与自然之间的关系，形成了博大精深的思想体系，形成了中国人自己看待世界、看待社会、看待人生的独特价值体系，其中很多理念，"如孝悌忠信、礼义廉耻、仁者爱人、与人为善、天人合一、道法自然、自强不息等，至今仍然深深影响着中国人的生活……中国人独特而悠久的精神世界，让中国人具有很强的民族自信心，也培育了以爱国主义为核心的民族精神"①。习近平总书记在十八届中央政治局第十八次集体学习时指出："中华传统文化源远流长、博大精深，中华民族形成和发展过程中产生的各种思想文化，记载了中华民族在长期奋斗中开展的精神活动、进行的理性思维、创造的文化成果，反映了中华民族的精神追求，其中最核心的内容已经成为中华民族最基本的文化基因。"② 习近平总书记所讲的"中华文化"自然也包括中华传统法律文化，内化于中华民族文化基因的传统法律文化所蕴含的诸多思想、理念具有超越时空的价值，传承和弘扬这些"永不褪色的价值"是全面推进依法治国、建设社会主义法治国家的应有之义，是坚持中国特色社会主义法治道路的基本内涵。

习近平总书记指出，"中华优秀传统文化是我们最深厚的文化软实力，也是中国特色社会主义植根的文化沃土。每个国家和民族的历史传统、文化积淀、基本国情不同，其发展道路必然有着自己的特色"③，"要讲清楚中华优秀传统文化的历史渊源、发展脉络、基本走向，讲清楚中华文化的独特创造、价值理念、鲜明特色，增强文化自信和价值观自信"。因此，我们需要从博大精深的中国传统文化中汲取其精华，树立正确的世界观、人生观、价值观，正如习近平总书记所指出"先天下之忧而忧，后天下之乐而乐"的政治抱负，"位卑未敢忘忧国""苟利国家生死以，岂因祸福避趋之"的报国情

---

① 《习近平在欧洲学院发展重要演讲》（2014 年 4 月 1 日），载《人民日报》2014 年 4 月 2 日，第 1 版。

② 《牢记历史经验教训历史警示　为国家治理能力现代化提供有益借鉴》（2014 年 10 月 13 日），载《人民日报》2014 年 10 月 14 日，第 1 版。

③ 《牢记历史经验教训历史警示　为国家治理能力现代化提供有益借鉴》（2014 年 10 月 13 日），载《人民日报》2014 年 10 月 14 日，第 1 版。

怀，"富贵不能淫，贫贱不能移，威武不能屈"的浩然正气，"人生自古谁无死，留取丹心照汗青""鞠躬尽瘁，死而后已"的献身精神等都体现了中华民族的优秀传统文化和民族精神。① 同样地，基于深厚的法律文化传统而形成的中华法系，在世界法制史上独树一帜，独具特色，"凝聚了中华民族的精神和智慧"，"显示了中华民族的伟大创造力和中华法制文明的深厚底蕴"②。

因此，"独特的文化传统，独特的历史命运，独特的基本国情，注定了我们必然要走适合自己特点的发展道路"③。中国的历史文化传统和中华民族的文化基因决定了"解决中国的问题只能在中国大地上探寻适合自己的道路和办法"④，决定了中国特色社会主义道路的必然性，决定了推进国家治理体系和治理能力现代化只能基于我国的国情以及政治和文化实践。

（二）指出中华传统法律文化在治国理政中的重要地位

中华传统法律文化蕴含着古人治国理政的智慧和理性。基于中国古代特定的国情民风，基于国家与社会治理的需要，古圣先贤在法律、国家、社会、民族等方面提出了诸多具有独特价值和体现中华民族精神的思想、理论，他们对历朝历代治国理政的经验和教训的总结是中华传统法律文化的重要内容，奠定了中国古代法制文明的基础。习近平总书记将中华优秀传统文化作为治国理政的重要思想文化资源，要求汲取中华传统文化精华，深入研究和总结古代治国理政的经验。习近平总书记指出，"在漫长的历史进程中，中华民族创造了独树一帜的灿烂文化，积累了丰富的治国理政经验，其中既包括升平之世社会发展进步的成功经验，也有衰乱之世社会动荡的深刻教训"⑤，其

---

① 《习近平在中央党校建校 80 周年庆祝大会暨 2013 年春季学期开学典礼上的讲话》（2013 年 3 月 1 日），载《人民日报》2013 年 3 月 3 日，第 2 版。
② 习近平：《坚定不移走中国特色社会主义法治道路　为全面建设社会主义现代化国家提供有力法治保障》，载《求是》2021 年第 5 期。
③ 《胸怀大局把握大势着眼大事　努力把宣传思想工作做得更好》（2013 年 8 月 19 日），载《人民日报》2013 年 8 月 21 日，第 1 版。
④ 《牢记历史经验教训历史警示　为国家治理能力现代化提供有益借鉴》（2014 年 10 月 13 日），载《人民日报》2014 年 10 月 14 日，第 1 版。
⑤ 《牢记历史经验教训历史警示　为国家治理能力现代化提供有益借鉴》（2014 年 10 月 13 日），载《人民日报》2014 年 10 月 14 日，第 1 版。

中，"出礼入刑、隆礼重法的治国策略，民惟邦本、本固邦宁的民本理念，天下无讼、以和为贵的价值追求，德主刑辅、明德慎罚的慎刑思想，援法断罪、罚当其罪的平等观念，保护鳏寡孤独、老幼妇残的恤刑原则，等等，都彰显了中华优秀传统法律文化的智慧"①。

"法与时转则治，治与世宜则有功。"②"为国也，观俗立法则治，察国事本则宜。不观时俗，不察国本，则其法立而民乱，事剧而功寡。"③习近平总书记通过这些内容强调，全面推进依法治国，必须从我国实际出发，因时制宜，因地制宜，必须"同推进国家治理体系和治理能力现代化相适应，既不能罔顾国情、超越阶段，也不能因循守旧、墨守成规"④。"观之上古，验之当世，参之人事，察盛衰之理，审权势之宜，去就有序，变化因时，故旷日长久而社稷安矣。"⑤所以，习近平总书记指出，中国历史上的"这些思想和理念，既随着时间推移和时代变迁而不断与时俱进，又有其自身的连续性和稳定性"⑥。对中国传统社会产生重要影响的儒家思想也是如此。习近平总书记精辟地指出儒家思想的发展内涵及其生命力，"儒家思想和中国历史上存在的其他学说都是与时迁移、应物变化的，都是顺应中国社会发展和时代前进的要求而不断发展更新的，因而具有长久的生命力"，"儒家思想和中国历史上存在的其他学说都坚持经世致用原则，注重发挥文以化人的教化功能，把对个人、社会的教化同对国家的治理结合起来，达到相辅相成、相互促进的目的"。⑦

包括儒家思想在内的中华传统法律文化不仅蕴含着丰富的治国理政经验

---

① 习近平：《坚定不移走中国特色社会主义法治道路 为全面建设社会主义现代化国家提供有力法治保障》，载《求是》2021 年第 5 期。

② 《韩非子·心度》。

③ 《商君书·算地》。

④ 习近平：《加快建设社会主义法治国家》（2014 年 10 月 23 日），载中共中央文献研究室编：《十八大以来重要文献选编》（中），中央文献出版社 2016 年版，第 186 页。

⑤ （西汉）贾谊：《过秦论》。

⑥ 习近平：《青年要自觉践行社会主义核心价值观——在北京大学师生座谈会上的讲话》（2014 年 5 月 4 日），载《人民日报》2014 年 5 月 5 日，第 2 版。

⑦ 国家主席习近平在纪念孔子诞辰 2565 周年国际学术研讨会暨国际儒学联合会第五届会员大会开幕会上的讲话。

和智慧，也决定了中国古代治国理政的基本方式和理论基础。因此，习近平总书记指出："一个国家选择什么样的治理体系，是由这个国家的历史传承、文化传统、经济社会发展水平决定的，是由这个国家的人民决定的。"① "中国的今天是从中国的昨天和前天发展而来的。要治理好今天的中国，需要对我国历史和传统文化有深入了解，也需要对我国古代治国理政的探索和智慧进行积极总结。"②

(三) 推进中华传统法律文化的创造性转化和创新性发展

习近平总书记指出，"历史是最好的老师"③，"中华优秀传统文化是中华民族的突出优势，是我们在世界文化激荡中站稳脚跟的坚实根基。实现中华民族伟大复兴，必须结合新的时代条件传承和弘扬中华优秀传统文化"，"要重点做好创造性转化和创新性发展，使之与现实文化相融相通"④。2014年2月24日，习近平总书记在主持中央政治局第十三次集体学习时强调，要认真汲取中华优秀传统文化的思想精华和道德精髓，深入挖掘和阐发中华优秀传统文化的时代价值，特别是讲仁爱、重民本、守诚信、崇正义、尚和合、求大同的时代价值，使中华优秀传统文化成为涵养社会主义核心价值观的重要源泉，同时"要处理好继承和创造性发展的关系，重点做好创造性转化和创新性发展"。对于传承弘扬中华优秀传统文化，习近平总书记强调要坚持"在继承中发展，在发展中继承"和"创造性转化和创新性发展"的基本原则，汲取中华优秀传统文化的精华，赋予其新的时代内涵，将其运用到法治建设、治国理政的各个方面，使中国特色社会主义法治扎根于博大精深的中

---

① 《完善和发展中国特色社会主义制度　推进国家治理体系和治理能力现代化》，载《人民日报》2014年2月18日，第1版。习近平总书记在2014年10月13日十八届中央政治局第十八次集体学习时也指出："一个国家的治理体系和治理能力是与这个国家的历史传承和文化传统密切相关的。解决中国的问题只能在中国大地上探寻适合自己的道路和办法。"

② 《牢记历史经验教训历史警示　为国家治理能力现代化提供有益借鉴》（2014年10月13日），载《人民日报》2014年10月14日，第1版。

③ 《牢记历史经验教训历史警示　为国家治理能力现代化提供有益借鉴》（2014年10月13日），载《人民日报》2014年10月14日，第1版。

④ 中共中央宣传部编：《习近平新时代中国特色社会主义思想学习纲要》，学习出版社、人民出版社2019年版，第146—147页。

华文化和深厚的历史基础。

第一，坚持"在继承中发展，在发展中继承"。习近平总书记强调，要科学地对待传统文化，不忘历史才能开辟未来，善于继承才能善于创新。"优秀传统文化是一个国家、一个民族传承和发展的根本，如果丢掉了，就割断了精神命脉。我们要善于把弘扬优秀传统文化和发展现实文化有机统一起来，紧密结合起来，在继承中发展，在发展中继承。"① 由于"传统文化在其形成和发展过程中，不可避免会受到当时人们的认识水平、时代条件、社会制度的局限性的制约和影响，因而也不可避免会存在陈旧过时或已成为糟粕性的东西。这就要求人们在学习、研究、应用传统文化时坚持古为今用、推陈出新，结合新的实践和时代要求进行正确取舍，而不能一股脑儿都拿到今天来照套照用。要坚持古为今用、以古鉴今，坚持有鉴别的对待、有扬弃的继承"②。因此，坚持"在继承中发展，在发展中继承"要求在坚持继承和发展传统法律文化的基础上，与时俱进，推陈出新，既继承优秀传统文化，又弘扬时代精神。

第二，实现中华传统法律文化的"创造性转化和创新性发展"。习近平总书记在 2014 年 9 月召开的纪念孔子诞辰 2565 周年国际学术研讨会暨国际儒学联合会第五届会员大会开幕会上指出："中国优秀传统文化的丰富哲学思想、人文精神、教化思想、道德理念等，可以为人们认识和改造世界提供有益启迪，可以为治国理政提供有益启示，也可以为道德建设提供有益启发。对传统文化中适合于调理社会关系和鼓励人们向上向善的内容，我们要结合时代条件加以继承和发扬，赋予其新的涵义。"③ 党的十九届四中全会指出，要"推进中华优秀传统文化传承发展工程"④。因此，习近平总书记强调，要

---

① 国家主席习近平在纪念孔子诞辰 2565 周年国际学术研讨会暨国际儒学联合会第五届会员大会开幕会上的讲话。

② 国家主席习近平在纪念孔子诞辰 2565 周年国际学术研讨会暨国际儒学联合会第五届会员大会开幕会上的讲话。

③ 国家主席习近平在纪念孔子诞辰 2565 周年国际学术研讨会暨国际儒学联合会第五届会员大会开幕会上的讲话。

④ 《〈中共中央关于坚持和完善中国特色社会主义制度、推进国家治理体系和治理能力现代化若干重大问题的决定〉辅导读本》，人民出版社 2019 年版，第 25 页。

加强对中华优秀传统文化的挖掘和阐发，实现中华传统法律文化的"创造性转化和创新性发展"，"使中华民族最基本的文化基因同当代中国文化相适应、同现代社会相协调，把跨越时空、超越国界、富有永恒魅力、具有当代价值的文化精神弘扬起来，激活其内在的强大生命力"①，"使之与现实文化相融相通，共同服务以文化人的时代任务"②。

（作者：中国政法大学研究生院副院长　王银宏）

---

① 习近平：《在中国文联十大、中国作协九大开幕式上的讲话》（2016 年 11 月 30 日），人民出版社 2016 年版，第 15—16 页。
② 国家主席习近平在纪念孔子诞辰 2565 周年国际学术研讨会暨国际儒学联合会第五届会员大会开幕会上的讲话。

我国优秀传统法治文化的重要内涵
与新民主主义革命时期党领导
法治建设的法治经验

中国古代法治文明历史悠久、源远流长，具有深厚的法治文化底蕴和丰富的治国理政经验。习近平总书记强调，中华优秀传统文化是中华民族的突出优势，是我们在世界文化激荡中站稳脚跟的坚实根基。实现中华民族伟大复兴，必须结合新的时代条件传承和弘扬中华优秀传统文化，要认真汲取其中的思想精华和道德精髓，要重点做好创造性转化和创新性发展。2014 年 10 月 13 日，习近平总书记在中共中央政治局第十八次集体学习时发表讲话指出："中国的今天是从中国的昨天和前天发展而来的。要治理好今天的中国，需要对我国历史和传统文化有深入了解，也需要对我国古代治国理政的探索和智慧进行积极总结。"

一、我国优秀传统法治文化的重要内涵

（一）"民本"思想

中国古代很早就认识到"民"的重要性，《尚书·五子之歌》载："皇祖有训，民可近，不可下。民惟邦本，本固邦宁。"在周初"重民""保民"思想基础上，"民惟邦本"思想为后世所继承和发展。"重民"思想在先秦的儒家、墨家、名家、农家等学派的思想中均有体现。孟子提出"民为贵，社稷次之，君为轻"的思想①，"民"的主体性得到进一步彰显。明成祖曾说道：

---

① 《孟子·尽心下》。

"民者，国之根本也。根本，欲其安固，不可使之凋敝。"无论是思想家还是统治者都认识到，国家需"以民为本"，"本固"才能"邦宁"。中国古代很早就认识到民心向背的重要性，"皇天无亲，惟德是辅"①，并且将"天命"与"民心"联系在一起，认识到"民之所欲，天必从之"，"天视自我民视，天听自我民听"②。管仲也指出："政之所兴在顺民心，政之所废在逆民心。"③"顺民心"是国家统治得以建立的基础，"以德得民心"，则国治而久安。

以"民惟邦本"为基础，历代思想家和统治者都认识到爱民、富民、教民的重要性。孟子告诫统治者要"施仁政于民"，"施泽于民"④，换言之，统治者要"爱民""利民""惠民"。荀子明确将"爱民"和"裕民"作为国家安定和强盛的基础："足国之道：节用裕民，而善臧其余。节用以礼，裕民以政……裕民，则民富。"⑤ 张居正也曾向明神宗上疏："致理之要，惟在于安民；安民之道，在察其疾苦而已。"这也是他所认为的"久安长治之道"。

富民是教民的基础，即管子所说的"仓廪食而知礼节，衣食足而知荣辱"⑥。孔子针对冉有提出"既富矣，又何加焉"的问题，明确回答道："教之。"⑦ 在民众富裕之后，更为重要的是教育问题，孔子指出"道之以德，齐之以礼，有耻且格"⑧，通过德礼教化来引导、教育民众。唐太宗李世民认为，"敦行礼让，使乡闾之间，少敬长，妻敬夫，此则贵矣"⑨。"富则教之"是中国古代的思想家、政治家普遍认可的治理之道。

"民本"思想在中国有着深厚的历史基础和文化基础，当前的中国特色社会主义法治建设坚持"一切为了人民"和"为了人民的一切"的原则，坚

---

① 《尚书·蔡仲之命》。
② 《尚书·泰誓中》。
③ 《管子·牧民》。
④ 《孟子·万章上》。
⑤ 《荀子·富国》。
⑥ 《管子·牧民》。
⑦ 《论语·子路》。
⑧ 《论语·为政》。
⑨ 《贞观政要·论务农》。

持以人民为中心的基本立场，在"重民""爱民""富民"的基础上，加强法治教育和道德教育，完善法律服务，筑牢中国特色社会主义法治建设的"民本"之基。

（二）德法共治

礼法结合、德法共治是中国古代治国理政的重要经验。中国古代的国家治理重视德教和德化，形成了中国古代特有的国家治理模式。西周初期提出"明德慎罚"的主张，荀子提出"隆礼重法"的学说。《唐律疏议》中的"德礼为政教之本，刑罚为政教之用"是对中国古代礼法结合、德法共治的国家治理模式的高度概括，揭示出礼与法、德与刑在国家治理中的作用关系，即德礼在政教中的本体地位，明确刑罚在政教中的辅助作用，二者互相补充，相辅相成。

德法共治的国家治理模式在规范体系建构方面体现为"礼法结合""礼法并用"。德礼的出发点和最终目的都在于通过道德教化和"礼治"来更好地实现"德治"的效果。但是，古人也认识到，只有"礼治"并不能实现国家的有效治理，需要礼与刑互相补充："礼之所去，刑之所取，失礼则入刑，相为表里者也。"所以，《汉书·刑法志》记载道："制礼以崇敬，作刑以明威。"明太祖朱元璋在制定《大明律》时也明确指出，"明礼以导民，定律以绳顽"。礼刑并用、德法共治才能更好地实现国家和社会的治理。

德法共治体现在中国古代国家治理和社会管理的各个方面，不仅体现为对统治者的道德要求，也包括对官吏管理和考核中的道德评价，同时还体现在基层社会治理的诸多方面。儒家强调"以德配位"。孟子说："是以惟仁者宜在高位。"唐太宗提出："君天下者，惟须正身修德而已。"在官吏治理方面，通过制度和法律进行管理是一个重要方面，同时对官吏的道德评价和考核也居于重要地位，中国古代官吏管理的两个重要的制度性环节——监察与考课，均将个人品德与职业道德作为评价官吏的重要指标。《秦简·为吏之道》规定："凡为吏之道，必精洁正直，慎谨坚固，审悉毋私，微密纤察，安静毋苛，审当赏罚。"在崇尚法家思想的秦国和秦朝也强调为官的道德标准和道德要求。在中国古代的基层社会治理方面，北宋时期的《吕氏乡约》、王守仁颁行的《南赣乡约》等均要求民众孝悌和谐，互助互爱。明太祖朱元璋制定《圣谕六言》，以诏令形式颁行天下，其主要内容为道德要求："孝顺父母，尊敬长上，和睦乡里，教训子孙，各安生理，毋作非为。"同时，明太祖要求全国各地的乡里街坊设置专人，每月向乡民宣讲《圣谕六言》，以加强基层社会治理。

在"德礼为政教之本，刑罚为政教之用"的原则要求之下，国家治理首重德礼的教化作用，因此法律和刑罚只能作为"德礼"的补充，"鄙讼""息讼"等观念在社会中较为普遍。只有在德礼不能发挥作用或者发挥的作用不充分的情形下才考虑通过法律和刑罚来调整。当前，中国特色社会主义法治建设坚持依法治国与以德治国相结合，法治与德治在法治实践中互为补充、相互促进，既要强化道德对法治的支撑作用，也要发挥法治对道德的维护功能。

（三）宽仁慎刑

"仁政"思想是儒家思想学说中的重要内容。在孔子的"仁""德政"等思想基础上，孟子明确提出"仁政"思想，认为统治者要以民为本，恩惠待民，予以"善教"。针对梁惠王的问题，孟子回答道："地方百里而可以王。王如施仁政于民，省刑罚，薄税敛，深耕易耨。壮者以暇日修其孝悌忠信，入以事其父兄，出以事其长上。"道德教化是儒家思想的重要内容，也是孟子所主张的"仁政"的必然要求。所以，孟子提出，在民众丰衣足食之后，要"谨庠序之教，申之以孝悌之义"①，实现儒家的理想社会图景。《新唐书·刑法志》记载的唐太宗"纵囚归狱"的故事明显体现出"仁政"的教化功能。贞观六年（632年），唐太宗亲自审录囚犯，对应判处死刑者心生怜悯，就放他们回家看望父母妻子，待来年秋季执行死刑，而到第二年九月，所放的390名死囚都如期返回，听候处决，唐太宗不忍将他们处以死刑，最后皆予赦免。

中国古代的"仁政"思想还体现为慎刑观念。孟子主张慎刑，反对"无

---

① 《孟子·梁惠王上》。

罪而杀士""无罪而戮民"。历代历朝的诸多统治者表现出重惜民命的特点。汉文帝废除肉刑，北魏孝文帝废除"门房之诛"，体现出宽仁慎刑的观念。唐太宗认为"死者不可再生"，对于死刑案件"皆令中书、门下四品以上及尚书九卿议之"①，即"九卿议刑"之制。中国古代在执行死刑方面规定了严格的程序，死刑复奏制度也典型地体现出慎刑恤狱的思想。唐太宗曾据御史的劾奏处死大理丞张蕴古，但之后追悔莫及，认识到执行死刑需慎之又慎，由此将原来的死刑"三覆奏"改为"五覆奏"："以决前一日、二日覆奏，决日又三覆奏。"②

中国古代法律很早就对老幼妇残等社会弱势群体实行"恤刑"的原则。《唐律疏议》具体规定了对年七十以上、十五以下者以及废疾、笃疾和孕妇等不得刑讯，并可减免刑罚。中国古代这种对社会弱势群体的法律保障一脉相承，充分体现了中国传统法治文化中尊老爱幼、扶助幼弱的精神原则，蕴含着浓厚的人文主义关怀。

儒家的"仁政"思想是我国古代重要的思想文化遗产，其中重视伦理道德教化的"善教"观念、"慎刑"与"恤刑"等思想观念在中国特色社会主义法治建设中仍具有现实价值和借鉴意义。

二、新民主主义革命时期的法治经验

新民主主义革命时期，中国共产党领导人民进行了艰苦卓绝的斗争，领导人民不断从胜利走向胜利：党领导人民开创根据地，建立政权，党领导人民打土豪、分田地，党领导人民开展抗日战争、赶走日本侵略者，党领导人民推翻"三座大山"、成立新中国。我国宪法序言中指出："一九四九年，以毛泽东主席为领袖的中国共产党领导中国各族人民，在经历了长期的艰难曲折的武装斗争和其他形式的斗争以后，终于推翻了帝国主义、封建主义和官僚资本主义的统治，取得了新民主主义革命的伟大胜利，建立了中华人民共

---

① 《贞观政要·刑法》。
② 《旧唐书·刑法志》。

和国。从此，中国人民掌握了国家的权力，成为国家的主人。"新民主主义革命时期，党领导人民经过不懈的探索、创新，在法治建设方面也取得重大成就，积累了丰富的法治经验，为新中国法治建设奠定了坚实基础。

（一）坚持群众路线

群众路线是我们党的生命线和根本工作路线，坚持"一切为了群众，一切依靠群众"，坚持"密切联系群众""从群众中来，到群众中去"。群众路线的核心是要始终保持同人民群众的血肉联系，一刻也不能脱离群众。在新民主主义革命时期，我们党始终坚持群众路线，始终以维护和实现人民的利益作为奋斗的目标。

坚持群众路线是党在新民主主义革命时期领导人民进行法治建设的基础和成功经验。人民代表大会制度是我们党坚持群众路线和领导人民进行政权和法治建设的重要体现。第一次国内革命战争时期，湖南、江西等省相继成立农民代表大会。江西省在 1927 年 2 月 21 日公布了《第一次全省农民代表大会组织法》《第一次全省农民代表大会会议规则》等法律，江西省第一次全省农民代表大会在 1927 年 2 月通过的决议案（草案）涉及惩办土豪劣绅、促成省民会议、改良雇农生活、减轻田租、严禁烟赌等保障农民利益的诸多方面。1928 年党的第六次全国代表大会决议案中提出要在中国"建立工农兵代表大会（苏维埃）的政权"。1931 年 11 月，中华苏维埃第一次全国代表大会在江西瑞金召开，通过了革命根据地的第一个宪法性文件《中华苏维埃共和国宪法大纲》，其中规定，"在苏维埃政权下，所有工人农民红色战士及一切劳苦民众都有权选派代表掌握政权的管理"（第二条），"中华苏维埃共和国之最高政权为全国工农兵苏维埃代表大会"（第三条）。林伯渠评价工农兵苏维埃大会时指出，"工农兵代表苏维埃制度是最民主的。它最能吸收广大工农群众到政治生活中来，管理自己的政权，发挥自己的创造性，为独立、自由、幸福的新中华而奋斗"，"在苏维埃建设上，如经济建设、文化建设、选举运动，都发动了千百万劳苦群众参加到各个战线上来，胜利地完成了光荣的任务"。

抗日战争时期，党领导下的民主政权继续贯彻坚持群众路线。1937 年 8

月 1 日中共中央发布《关于南方各游击区域工作的指示》，指出在工作中要"加强群众组织的民主化与党的领导，改善群众的工作方式与方法，使之成为团结广大群众的组织"，"党应当根据当地的实际环境，利用一切合法的可能与组织形式进行组织群众的运动"，"党时时刻刻应当注意能去团结与领导千千万万的广大群众参加到抗日的民族统一战线中来，这是领导群众的基本方针"。1938 年 1 月 15 日发布的《中共中央关于发动游击战争、建立根据地和党的工作等问题给山东省委的指示》中指出，"游击战争必须密切与群众联系"，党的组织和党员要始终坚持党与群众的工作，发动群众运动。

陕甘宁边区、抗日民主政权"三三制"的政权组织形式照顾到工人及其他各阶层民众，以劳动群众为主体，"代表一切劳动群众（工人、农民、独立工商业者、自由职业者及脑力劳动的知识分子）及中产阶级（小资产阶级、中等资产阶级、开明绅士）"。陕甘宁边区的三级参议会都是由人民直接、无记名选举产生。因此，这一时期的政权建设完全体现了坚持群众路线的基本原则。

解放战争时期，各解放区进一步坚持群众路线，发动群众参与政权建设。例如，1947 年 11 月 28 日发布的《中央工委关于政权制度及城市工作给东北局的指示》中指出，"在一切群众业已充分发动的乡村和城市，由下而上建立各级人民代表会，并使之成为各级政府的最高权力机关。……使代表会真正成为解决各种重要问题的权力机关（例大革命时的省港罢工工人代表会）……"毛泽东在《论联合政府》（1945 年）中指出了人民代表大会制度的优越性，认为人民代表大会制度既能表现广泛的民主，使各级人民代表大会拥有高度的权力，又能使各级政府集中地处理被各级人民代表大会委托的一切事务，并保障人民的一切必要的民主活动。新中国成立后实行的人民代表大会制度是在新民主主义革命时期的代表大会基础上发展而成的具有中国特色的政治制度，是坚持群众路线和坚持人民主体地位的具体体现。

（二）马锡五审判方式

马锡五审判方式是抗日战争时期以马锡五同志命名的一种审判方式。马锡五曾任陕甘宁边区陇东专区专员兼陕甘宁边区高等法院陇东分庭庭长，后任陕甘宁边区高等法院院长。马锡五审判方式强调在司法活动中贯彻群众路线，强调依靠群众和深入调查研究。

陕甘宁边区政府主席林伯渠在1944年1月6日所作的《边区政府一年工作总结报告》中指出，要"提倡马锡五同志的审判方式，以便教育群众"。1944年3月13日，《解放日报》刊发评论《马锡五同志的审判方式》，对马锡五审判方式作了总结和概括：第一，深入调查研究，了解案件实情，抓住案件关键，从本质上解决问题；第二，坚持原则，执行政府政策法令，同时照顾群众生活习惯及基本利益，听取群众意见，进行合理调解和说服教育；第三，深入基层民众，在巡视中处理案件、解决问题，诉讼手续简便，采用座谈式的审判方法。所以，该报道称，马锡五审判方式是"充分的群众观点"，"这就是马锡五同志之所以被广大群众称为'马青天'的主要原因"。

1945年1月13日，《解放日报》刊发署名"林间"的文章《新民主主义的司法工作》，指出马锡五审判方式是边区司法工作的开展方向，将其特点归纳为：（1）走出窑洞，亲自到发生事件的地方解决纠纷；（2）不片面地听信当事人的供言，要深入调查，搜集材料，多方研究；（3）倾听群众意见，坚持原则，掌握政策法令；（4）通过群众中有威信的人做说服解释工作；（5）分析了解当事人的心理，征询其意见；（6）采用集体自我教育的方式，邀集有关人员到场评理，提出处理意见，共同断案；（7）审问是座谈式的，不拘何时何地，不影响群众生产；（8）态度恳切，做到双方自愿，使其自觉认识错误，决心改正，乐于接受判决。1949年5月，马锡五在延安大学回答学生的提问时，把这种审判方式总结为"就地审判，不拘形式，深入调查研究，联系群众，解决问题"。1945年12月，陕甘宁边区高等法院代院长王子宜在边区推事审判员联席会议报告中指出马锡五审判方式的三个特点：一是深入农村调查研究；二是就地审判不拘形式；三是群众参加解决问题。这三个特点"总的精神就是联系群众，调查审讯都有群众参加，竭力求得全面正确，是非曲直摆在明处，然后把调查研究过的情形在群众中进行酝酿，使多数人认识上一致，觉得公平合理，再行宣判。既合原则，又尽人情，不仅双方当事人服判，其他事外人也表示满意……"

马锡五审判方式是当时的制度环境和司法实践的产物，坚持和贯彻群众路线，依靠群众、为了群众，把人民利益放在首位，深入调查研究。在当时的历史条件下，马锡五审判方式不仅有效解决了民众的矛盾和纠纷，而且使民众在司法实践中感受到公平正义，使民众受到法制教育，起到团结群众、保障民众权利和利益的重要作用。因此，马锡五审判方式成为当时司法工作的典范，被推广到当时的整个陕甘宁边区，进而成为新民主主义革命时期广泛推广的一种审判方式。当时的陕甘宁边区高等法院代院长王子宜指出："我们提倡马锡五审判方式，是要学习他的联系群众观点和联系群众的精神，这是一切司法人员都应该学习的，而不是要求机械地搬运它的就地审判的形式。因为任何形式都是以具体情形和具体需要来选择的。"

（三）废除国民党的"伪法统"

1949 年 2 月 22 日，中共中央发布了《关于废除国民党〈六法全书〉与确定解放区司法原则的指示》（以下简称《指示》），在废除国民党的"伪法统"的同时，也确立起新民主主义的司法原则。

《指示》指出当时一些司法干部对于国民党《六法全书》的错误认识或者模糊认识，揭露出国民党的《六法全书》的阶级本质。《指示》指出，国民党的《六法全书》"基本上是不合乎广大人民利益的"，"国民党的《六法全书》和一般资产阶级法律一样，以掩盖阶级本质的形式出现……国民党全部法律只能是保护地主与买办官僚资产阶级反动统治的工具，是镇压与束缚广大人民群众的武器……因此，《六法全书》绝不能是蒋管区与解放区均能适用的法律"，因此，"不能因国民党的《六法全书》有某些似是而非的所谓保护全体人民利益的条款，便把它看作只是一部分而不是在基本上不合乎广大人民利益的法律，而应当把它看作是在基本上不合乎广大人民利益的法律"。虽然在抗日战争时期，一些根据地曾经个别地利用国民党法律中有利于人民的条款来保护或实现人民的利益，但是，不能把"这种一时的策略上的行动，解释为我们在基本上承认国民党的反动法律，或者认为在新民主主义的政权下能够在基本上采用国民党的反动的旧法律"。因此，《指示》明确指出："在无产阶级领导的工农联盟为主体的人民民主专政的政权下，国民党的《六法全书》应该废除，人民的司法工作不能再以国民党的《六法全书》作依据。"

《指示》明确了新民主主义时期人民司法工作的司法原则。《指示》指出，人民民主专政政权下的人民司法工作"应该以人民的新的法律作依据，在人民的新的法律还没有系统地发布以前，则应该以共产党的政策以及人民政府与人民解放军所已发布的各种纲领、法律、命令、条例、决议作依据"。《指示》指出，司法机关应当重视马列主义—毛泽东思想的学习教育，应当"以学习和掌握马列主义—毛泽东思想的国家观、法律观及新民主主义的政策、纲领、法律、命令、条例、决议的办法，来教育和改造司法干部。只有这样做，才能使我们的司法工作真正成为人民民主政权工作的有机构成部分……把自己改造成为新民主主义政权下的人民的司法干部"。

在《指示》发布之后，1949 年 3 月 31 日，华北人民政府颁布了"废除国民党的《六法全书》及其一切反动法令"的训令，指出"国民党反动统治阶级的法律，是广大劳动人民的枷锁"，要看透这些法律与世界其他资产阶级国家法律一样的阶级本质"是为了保护封建地主买办官僚资产阶级的统治与镇压广大人民的反抗"，而不是为了保护广大人民的利益。因此，"反动的法律和人民的法律，没有什么'蝉联交代'可言，而是要彻底地全部地废除"。该训令强调："废除国民党的《六法全书》及其一切反动法律。各级人民政府的司法审判，不得再援引其条文"，"各级司法机关办案，有纲领、条例、命令、决议等规定的从规定，没有规定的，照新民主主义的政策办理"。同时，该训令也援引前述《指示》的内容，要求各级机关及司法干部"用全副精神来学习马列主义—毛泽东思想的国家观、法律观，学习新民主主义的政策、纲领、法律、法令、决议，制定出新的较完备的法律"。

1949 年 9 月 2 日，中共中央发布《关于改革律师制度的指示》，旨在改革律师制度，改进司法作风。该指示解释了国民党政府的旧律师不能继续执行业务的原因：一是他们所学所用的《六法全书》已经被明令废除；二是随着国民党国家制度和司法制度的腐化堕落，旧律师中贪污腐化者多，廉洁奉公者少；三是人民法院实行的为人民服务的诉讼程序和审判方法使绝大多数当事人感觉没有必要出资雇用律师。该指示强调要加强马列主义、毛泽东思想的学习教育，规定："除作恶多端、贪污腐化、声名狼藉或反革命分子须加以处分或着令改业外，所有旧律师愿在人民民主国家继续执行律师业务者，须一律重新进人民政府所办之政法学校或司法训练班或新法学研究机关受训，以便学习马列主义、毛泽东思想的新的社会观、国家观与法律观，学习人民民主专政为人民服务的政策法令及司法制度与司法作风……受训期满经司法行政机关审查合格者，发给允许执行律师业务的执照。任何不愿受训以改造自己思想与作风的旧律师，均不得执行公律师或私律师的业务。"此外，该指示明确了人民民主专政下律师制度应坚持的基本原则，"拟采取公律师为主、私律师为辅的律师制度"，"在司法行政机关的领导和组织下，在各级人民法院——首先是大中城市的人民法院及高级的人民法院中设置适当数量的公律师，为广大人民的诉讼与非讼事件服务；同时，允许某些经过司法行政机关审查合格发给营业执照的律师去执行私律师的业务，以供某些愿意和能够出资的人雇用"。

中共中央发布的《指示》等法令为发展新民主主义的法律、推进新民主主义革命时期的法治建设奠定了重要基础。此后，中国人民政治协商会议通过的共同纲领第十七条也规定："废除国民党反动政府一切压迫人民的法律、法令和司法制度，制定保护人民的法律、法令，建立人民司法制度。"第七条规定："中华人民共和国必须镇压一切反革命活动，严厉惩罚一切勾结帝国主义、背叛祖国、反对人民民主事业的国民党反革命战争罪犯和其他怙恶不悛的反革命首要分子。"

（作者：中国政法大学研究生院副院长　王银宏）

中华法文化的优秀传统与史鉴价值

中国是一个具有五千年法制历史的文明古国，在漫长的法制发展进程中，形成了博大精深的中华法文化，它不仅是古圣先贤政治智慧和法律智慧的结晶，也为灿烂辉煌的中华法系从形成、发展到成熟提供了坚强的文化支撑。虽然时易世变，社会发展阶段和法治建设的形势不同，但中华法文化中蕴含的许多优秀传统和理性因素，依然构成一座值得认真挖掘和传承的文化宝库，对今天建设中国特色社会主义法治体系和社会主义法治国家提供了珍贵的历史借鉴。

一、立足现实，重理性思维，摆脱宗教的束缚，是中华法文化科学精神的集中体现

中国谈法律的起源，首先是蚩尤作刑，文献记载："苗民弗用灵，制以刑，惟作五虐之刑曰法。"蚩尤是苗民的领袖，他率领苗民摆脱了宗教的束缚，根据现实的斗争情况制定了以五种刑罚为代表的法律，即五虐之刑。除此之外，皋陶受命处理寇贼奸宄的社会动乱，他在制裁犯罪的过程中，把典型的案例上升为法，即所谓的"皋陶造律"，它同"蚩尤作刑"遥相呼应，在法律的起源上表现了历史唯物史观和中华法文化的先进性。但是，中国古代生产力极端低下，限制了人们的视野，不能解释各种自然现象，对于上天充满了恐惧，因而在夏商两代，天命还有一定的应用范围。在司法上，表现为"天讨有罪，五刑五用"。然而，商之亡，亡于滥用刑罚，残害人命，商民群起反抗，神灵起不到保护的作用，所以周朝建立以后，改重神为重民，民惟邦本，本固邦宁。周公提出，人无于水监，当于民监，而且从实际出发，制定了明德慎罚的指导原则，使周朝的统治建立了重民命、讲德化、慎刑罚、

宽养民的方略，维系了八百年的统治。以周公为代表的治国理念，充分显示了立足现实、高度发展的理性思维，创造了中国古代杰出的政治法律文化，影响深远。在中国五千年的法制发展过程中，宗教没有起到影响的作用，一旦宗教势力扩大，干扰政治，便要受到打击，唐末的灭佛运动、康熙驱逐天主教徒，就是实例。

二、礼乐政刑，综合为治，是中国古代最重要的治国方略

周公治理周朝所采取的步骤，是一年救乱，二年克殷，三年践奄，四年建侯卫，五年营成周，六年制礼作乐，七年致政成王，所以他施政的立足点是综合的，是礼乐政刑并重的，既分别发挥礼乐政刑不同的作用，又综合地成为一个完整的治国方略。如同《史记·乐书》所说："故礼以导其志，乐以和其声，政以壹其行，刑以防其奸。礼乐刑政，其极一也，所以同民心而出治道也。"礼乐的功能在于教化百姓，改良风俗；政刑的作用在于建立国家统治，惩罚犯罪。无政刑，单凭礼乐，并不能有效地治国，如孟子所说，"徒善不足以为政"。单纯任刑司法，既得不到道德的支撑，也会影响政刑作用的发挥。这种综合为治的思想，体现了中华民族伟大的创造精神，一直影响后世。

三、以德化民，以法治国，明德慎罚，德法共治，是中华法文化的核心要义

从国家兴亡的残酷斗争中，卓越的思想家、政治家意识到道德对于治国的作用，周公灭商之后便提出明德慎罚。至汉代，进一步认识到德的作用，遂以德为主、以刑为辅。至唐代，更将德礼与刑法不同的作用、相互的关系总结为"德礼为政教之本，刑罚为政教之用，犹昏晓阳秋相须而成者也"。德的作用在于提高人们的道德素质，消除恶习，进而改良社会风俗习惯，所以古代的政治家坚持以德化民。但德的教化功能不能实现国家的对内对外职能，不能保证国家机器的正常运转，也不具备强制惩奸治恶的功能，故而以德化民必须与以法治国相结合。借助法律的强制作用，惩戒违反道德的行为，即各种犯罪，所以二者密不可分。以德化民使国家得到稳定的社会基础，以

法惩恶施政，维护社会的安宁和国家的强盛。德法互补、共同为治对今天的法治建设具有重要的借鉴意义。第一，法律的制定要以主流价值观及道德原则为指导，使法律成为道德的承载，让法律更多地体现道德理念和人文关怀。第二，将一些道德规范直接融入法律之中，以道德涵养法治精神，强化道德对法治文化的支撑作用。只有通过道德要求和法律规范有机结合，相互促进，共同提升，才能实现国家善治的目标。

四、以亲九族，协和万邦，体现了中华法文化的包容性

《尚书·尧典》所载，尧治理国家时，"允恭克让，光被四表，格于上下。克明俊德，以亲九族。九族既睦，平章百姓。百姓昭明，协和万邦。黎民于变时雍"。这段记载说明尧作为一国之君，注意培养恭敬节俭、温和宽容的道德，而且明察四方，以德化育，使家族和睦；进而认真处理各族的政事，使各族友好相处，在取得社会的认同以后再由近及远，由内及外，协调各个邦国的利益，使各个邦国都能和谐合作。此后，以亲九族，协和万邦，成为中华民族一贯的处世之道。孔子主张"礼之用，和为贵"，孟子提出"君子莫大乎与人为善"，荀子更强调"和则一，一则多力，多力则强，强则胜物"。《左传·隐公六年》也说："亲仁善邻，国之宝也。"如果说先秦诸子之说构成"协和万邦"悠久而丰富的文化基因，那么，汉唐设置都护府管理邦国镇抚边疆、中国古代属人主义的化外人立法、中原王朝与外族或邦国进行的和亲活动、历代明君对邻国的关怀与尊重等，则体现了"以亲九族，协和万邦"的影响力、感召力、包容性和实践价值。今天所发出的构建人类命运共同体的号召，与中华法文化中亲仁善邻、协和万邦、天下一家、求同存异的文化特质高度契合，反映出中国引领国际法治和全球治理所进行的不懈努力。

五、纵向传承、代有兴革，一般规律与特殊规律相结合，体现了中华法文化的实践性

中国五千年的法制文明史，是沿着纵向传承的路径发展的，但每一个特

定的时代都进行了革故鼎新，体现了时代性和创新性。研究传统的法文化，就要从纵向传承、代有兴革中总结历史的经验教训，如同司马迁所说"究天人之际，通古今之变"。纵向传承是法文化发展的一般规律，革故鼎新是法文化发展的特殊规律。一般规律使历史互相联结，特殊规律彰显不同时代前进的烙印，只有充分了解了一般规律和特殊规律，才能掌握中华法文化所蕴含的连续性、特殊性、创新性和典型性。这启发我们，法与时转则治，治与世宜则有功。治国理政不仅要重视顶层设计，正确把握历史规律，也必须善于因时制宜，通权达变，使法律、政策的稳定性与创新性紧密结合，使法治发展的一般规律与特殊规律在新时代的法治实践中有机统一。

以上中华法文化的优秀传统充分体现了中华民族的智慧与创造精神，它具有独树一帜的特点和优点。正因如此，中华法文化在相当长一段时期，一直被相邻国家传承和奉行。也正因如此，中华法系在世界法系之林中始终占据一席之地。中华民族优秀的法律传统的价值，绝不限于历史范畴，它是具有现实意义的。除了上述优秀传统，在中华法文化中，民惟邦本的民本主义，法情允协的司法原则，天人合一的和谐观念，明职课责的法律监督，良法善治的法治追求，严以治官、宽以养民的施政方针，保护鳏寡孤独和老幼妇残的恤刑原则等，都可以作为中国法治建设的重要文化资源。因此，取其精华，去其糟粕，推动中华法文化的创造性转化和创新性发展，是对待优秀法制传统的应有态度。我们要以史为鉴，推陈出新，全面推进依法治国，实现中华民族伟大复兴。

（作者：中国政法大学终身教授 张晋藩）

中华法系的形成与特征[*]

  2022 年 9 月 2 日上午,十三届全国人大常委会第三十六次会议在北京人民大会堂闭幕。闭幕会后,十三届全国人大常委会举行第三十讲专题讲座,栗战书委员长主持。中国政法大学教授、中国法律史学会中国法制史专业委员会会长朱勇作了题为《中华法系的形成与特征》的讲座。

委员长、各位副委员长、秘书长、各位委员:

  "中华法系"作为一个法学概念,有两种含义。其一,作为"中国古代法律"的代称,专指中华文明史上形成的,以调整社会关系、构建社会秩序、维护国家统治为目的的中国古代法律。其二,作为比较法意义中的概念,是指亚洲古代一些国家制定实施、在核心精神与主体内容上具有共同特征的法律群。具体而言,是指以中国唐代法律为核心,包括东亚、东南亚一些国家通过移植、借鉴唐代法律而建立的古代法律群。此概念通常与"大陆法系""英美法系"等概念比较运用。基于概括中国传统法律特征、为当代中国法治建设提供文化资源与历史借鉴的目标,今天我们在第一种含义上使用"中华法系"概念。

  习近平同志从民族复兴的高度,提出要传承中华优秀传统法律文化,建设社会主义现代化国家。他说,"中华法系是在我国特定历史条件下形成的,显示了中华民族的伟大创造力和中华法制文明的深厚底蕴。中华法系凝聚了中华民族的精神和智慧,有很多优秀的思想和理念值得我们传承","历史和现实告诉我们,只有传承中华优秀传统法律文化,从我国革命、建设、改革

---

  * 本文摘自中国人大网。

的实践中探索适合自己的法治道路，同时借鉴国外法治有益成果，才能为全面建设社会主义现代化国家、实现中华民族伟大复兴夯实法治基础"。[①]

一、中华法系的形成

中华法系的形成、发展经历了四个历史阶段：理论奠基、初步建立、体系成熟以及制度完备。

（一）先秦：中华法系的理论奠基

先秦作为中华法系的理论奠基阶段，中华法系的基本法律理念以及一些具体法律制度初步形成。夏商周三代，属于中华文化思想风格形成的关键时期，也是中华基本法律理念形成的关键时期。

夏商时期，天命神权思想流行。夏商法律也呈现遵从天命、"代行天罚"的特点。"违反天命""不遵天命"成为商朝法律中的重要罪名。重大案件审理，也常常借助占卜方式确定。西周政权建立后，需要新的思想理论。周人的智慧在于，既保持天命神权的基本理论，又根据自身的政治需要赋予"天命"以新的内涵，以解决周朝统治的合理性、合法性问题。周人的新思想就是"以德配天""敬天保民"理论。西周统治者在法律制度的构建过程中，坚持"敬天保民""以德配天"的指导思想，形成"明德慎罚"的法律原则，主张重视德治，慎重刑罚。中华法系所具有的人文精神以及德法共治、民本思想，均源于周人的"以德配天"理论。

（二）秦汉魏晋南北朝：中华法系初步建立

秦汉魏晋南北朝作为中华法系的初建阶段，中华法系的核心理念与主体制度逐渐发展、定型。自秦帝国建立到西汉中期90年左右的时间，是中国历史上国家治理指导思想的重要探索期。

这一时期，就治国理政指导思想的理论探索与政治实践而言，可分为三个阶段。第一阶段：秦朝"以法为本"，以法家思想为主导，实施国家治理。

[①] 习近平：《在中央全面依法治国工作会议上的讲话》，2020 年 11 月 16 日。

第二阶段：汉初"无为而治"。西汉初年，统治者吸取秦朝"二世而亡"的教训，废弃"以法为本"的指导思想，转而采用道家"黄老学说"，推行"无为而治"的统治方针。第三阶段：汉中期开始"独尊儒术"。汉武帝时，"无为而治"已不再适应国家治理需要，治国理政的指导思想再次作重大调整，代"黄老学说"而起者，是经过董仲舒充实改造的儒家学说。

汉中期以后，历经魏晋南北朝，在正统儒学指导下，传统法律经历了"儒家化"过程。中华法系的一些重要制度在这一时期创制建立、修订发展，并在政治法律实践中逐步成型，既丰富了中华法系的思想内涵，也为中华法系的成熟奠定了坚实的制度基础。

（三）隋唐：中华法系的成熟

隋唐时期，中华法系全面成熟。隋唐是中国历史上经历了一次大的社会动荡、南北分裂后的统一政权。统一的政权，需要统一的思想，也需要统一的法律。唐初统治者致力于实现理论统一与法律统一两大目标。唐贞观、永徽年间，朝廷做了两件大事。其一，考订《五经》，编纂《五经正义》；其二，修改法律，制定《唐律疏议》。前者为统一理论，确立国家主流思想；后者为编纂法典，确立全国统一实施的法律制度。

《五经正义》的编纂与颁行，既标志着儒家学说的内部统一，也标志着儒家理论重回正统官学、主流思想的地位。《唐律疏议》的制定与实施，完成了以《诗》《书》《易》《礼》《春秋》为代表的儒家经典思想对于法律规范的改造，完成了社会主流价值对于国家法典的实质性融入，促使中华文化精神与法律制度深度融合，代表着中华法系的成熟。

作为成熟形态的唐代法律，对东亚、东南亚各国立法产生了重要影响。8世纪至14世纪，日本的《大宝律》《养老律》、朝鲜的《高丽律》、越南的《刑书》《国朝刑律》等基本法典，从内容到形式，从概念到原则，多直接移植"唐律"。

（四）宋元明清：中华法系在发展中完备

宋代社会的发展，从三个方向推动着中华法系新的进步。其一，商品经济萌芽，经济交往加速，促使与所有权、财产交易、契约合同、违约责任等相关联的法律制度逐步建立、完善。其二，农民对于土地的人身依附关系减弱，促使人口流动性增加。在理学家的倡导下，国家统治者推动社会治理重心下移，充分发挥家族组织、家法族规在基层社会治理过程中的作用。其三，中医技术的发展，强化了对于人体构造的了解，提升了对于人体伤害案件的医疗分析能力，以《洗冤集录》为代表的法医著作的问世及应用，使中华法系的法医学达到当时世界最高水平。

明清两代对于中华法系的主要贡献在于：根据国家治理、社会管理的新需求，全面强化通过法律手段，维护国家"大一统"格局，维护中央集权，建立系统的职官管理法律制度，整体上推动中华法系进一步完备。

二、中华法系的特征

在中华大地生长发育、成熟完备的中华法系，吮吸着中华文化的精华，服务于中华民族的国家治理与社会管理。在其发生发展过程中，形成体现民族精神、富有民族特色的一些基本特征。

（一）维系"大一统"的国家格局，维护"中央集权"的政治体制

在人类文明史上，中国作为历史悠久、地广人众的文明大国，在漫长的发展过程中，独立探索，自我完善，形成特色鲜明、成效卓著的"东方大国治理模式"。这一大国治理模式的核心内涵有二："大一统"的国家格局；"中央集权"的政治体制。中华法系将维系"大一统"的国家格局、维护中央集权的政治体制列为首要目标。

"大一统"观念，在中华民族有着极其深厚的社会、文化基础。西周之时，即已有"普天之下，莫非王土；率土之滨，莫非王臣"的国家统一理念。秦始皇征战六国，建立全国统一的政权体制，"海内为郡县，法令由一统"。汉武帝适应国家发展需要，接受经董仲舒充实改造的儒家思想，并以"大一统"理论指导国家的制度建设与政治实践。

中国古代对于"大一统"的理解是崇尚、实施国家的全面统一。董仲舒说："《春秋》大一统者，天地之常经，古今之通谊也。"中国古代的"大一

统"包括四个方面的"一统"：政治法律一统，民族人口一统，版图疆域一统，主流思想一统。

抵抗外敌入侵，镇压内部分裂，强制手段主要有二：第一军事，第二法律。隋唐至明清，国家法律均将"谋叛罪"列入"十恶"之中，严加惩罚。征讨外敌入侵，镇压地方分裂，以维护国家统一，是国家军事力量的首要任务。法律则通过罪名设置、刑罚确定等方式，确保国家军事行动的正常快捷。

"大一统"作为中华文明的核心价值，也作为中华法系的核心价值，其意义在于如果"大一统"的价值导向与任何其他价值导向发生冲突，优先保障"大一统"原则的实施。中国古代国家治理与社会管理确立了一些主流价值，包括德治仁政、轻徭薄赋、注重民生、慎刑轻罚、和谐无讼等。在历史发展的实际过程中，为了维系"大一统"这一核心价值及"大一统"国家格局，常常对其他价值、政策进行调整。例如，为了实现"大一统"，必要时以严刑峻法的"重典"治理，代替"仁政""德治""轻刑"等管理模式；为了实现"大一统"，必要时征收杂捐，加重赋税，而暂时放弃"轻徭薄赋"、注重民生的政策；为了实现"大一统"，全国节衣缩食，以保障在边疆屯驻重兵。我们还看到，在事关"大一统"格局存亡的重要历史时刻，国家统治集团乃至整个社会紧急动员，不惜承担重大社会风险、军事风险乃至政治风险。

维护"大一统"国家格局，需要保持全国统一政令，建立中央政府能够有效调动全国政治、经济、法律各类资源的政权体制。在中国古代，经过历代思想家的论证与政治家的实践，经历过正反两方面的经验教训，证明唯一有效的政权体制即"中央集权"。中央集权的基本内涵在于制度与法律全国统一，重大事项朝廷决定，公权资源统一调配。中华法系从立法、司法、法律规制等方面，全面维系中央集权的政治体制。

中国古代在国家权力结构及政权组织形式方面全面强化中央集权。国家管理机构的设置与运行遵循"分事不分权"原则。具体的管理事项、管理职责，可以分别设立、分别行使，但核心权力不得分割。中央层面的最高决策权、最高执行权、最高立法权、最高司法权均掌握在以皇帝为首的朝廷统治集团手中，统一行使。

明清两代，法律严格划分中央与地方权限。中央权限通常称为"钦部权限"，"钦"指皇帝权限，"部"指中央部院权限。地方各级官员，对于钦部权限之事，必须履行奏请、咨申程序，获得批准之后方可实施。对于应咨申部院而不咨申、擅自行动者，主管官员要受到相应的行政处分；对于应奏请皇帝而不奏请者，主管官员则构成"应奏不奏罪"，要受到刑事处罚。

（二）道德法律共同治理，价值规范相向而行

国家治理与社会管理，既需要行为规制，也需要精神引导。一个良好的国家治理体系，既能有效规制个体行为，将个体行为限制在规范体系之内，又能在一定程度上保持个体思想自主的同时凝聚个体的思想情感。世界各国，由于其社会环境、文化背景的不同，以及由此而形成的民族传统的区别，导致在以行为规制、精神引导为主要内容的国家治理模式方面有着重大差异。

历史上一些国家依靠宗教实施国家治理与社会管理，以此引导人们的思想，填充人们的精神世界。中世纪以来，一些国家或保持"政教合一"的管理模式，或依靠一种宗教发挥引导思想、稳定社会的功能。在这些国家，人类具体问题的解决依靠政治、经济、法律、科技等社会手段，而终极问题的解决则留给超自然、超人类的力量。这种模式，作为一种文化传统，与其国情相适应，并在构建社会秩序方面取得良好效果。

中国古代，作为国家主流思想的正统儒学，关注人与社会，关注现实现世，坚持人文精神和人文情怀，坚持依靠人类自身的智慧与力量解决人类所面临的所有问题。一方面，注重在精神引导方面，根据人性的善恶，确定道德的主导作用；另一方面，基于个体与社会的关系，构建有效的规范体系与管理机制，从而实现道德法律共同治理：以道德引导人的思想情感，以法律规制人的行为举止。中国古代的道德法律共同治理模式，展示了中华社会的人文情怀，体现了中华民族的文化自信。道德与法律两大规范体系相辅相成、共同作用，造就了不依赖人类外部力量而能有效治理国家的独具特色的中华政治文明。

"德法共治"的治国理政模式，在立法与司法方面，体现为"情理法综

合为治"原则。中国古代国家治理，注重综合考虑天理、国法、人情的内在要求。在"天人合一"理论框架之下，"天理"既体现为客观存在的自然秩序，也代表着引申而出的政治秩序与社会正义。古代法律，从制定到实施，均以代表理想政治秩序与社会正义的"天理"为最高准则。

古代州县官衙中，在州县正印官理政、审案的大堂对面，常常会悬挂一块牌匾，上书"天理国法人情"六个醒目大字。这一牌匾时刻提醒正印官，理政、断案必须融合"天理""国法""人情"，必须充分考虑社会正义、国家法律、伦理亲情等各种因素。通过"天理国法人情"综合治理，实现"德法共治"模式下的社会正义与人际和谐。

中华法系在实施道德法律共同治理过程中，特别注意实现"价值规范相向而行"的社会目标：道德与法律、价值与规范，其所禁许赏罚、褒贬毁誉的着力方向必须一致。法律作为一种强制性规范，分别对于某些行为实行禁止、允许。道德准则在实施价值评价时，有褒贬，有毁誉。二者方式不同，手段各异，但着力方向必须一致。否则，被国家法律惩罚者，却受到民间舆论的赞誉；而得国家法律奖励者，又受到民间道德的诋毁。这种着力方向不一致的状况，不仅有损法律的权威，而且影响道德的功能，甚至造成社会秩序的混乱。

战国思想家韩非提出，法律规定赏与罚，其目的在于告诉民众，何种行为为国家所鼓励，何种行为为国家所禁止。为有效实现这一目的，必须推动国家法律所定赏罚与民间道德所形成的毁誉评价相一致，实现"赏誉同轨，非诛俱行"：法律所"赏"者，一定为道德所"誉"；法律所"诛"者，一定为道德所"非"。如果对于国家法律所奖励者，民间评价多有非议；而对于国家法律所惩罚者，社会舆论反而对其称誉，这样的法律，就是失败的法律。

（三）"民惟邦本"的民本主义法律原则

中国古代国家治理，注重以民为本，主张"民惟邦本，本固邦宁"。从西周统治者关于"敬天保民""明德慎罚"思想的提出，到孔孟关于"德治""仁政"理论的形成，汉唐明清政治家、思想家都注重民心所向。中华法系在法律指导思想与具体制度实施方面，也全面体现"民惟邦本"的民本主义原则。

民本主义原则在国家治理中的首要表现在于"轻徭薄赋"，维护民生。中国古代，在政治常态之下，多制定实施"轻徭薄赋"的相关法律，注重富民养民，既确保国家财政收入长期可持续，也确保民众基本生活水准。西汉初年惩"亡秦之鉴"，"约法省刑，轻田租，十五而税一；量吏禄，度官用，以赋于民"。文景之时，田租甚至到"三十税一"的低水平。就国家层面的制度规定而言，从唐代租庸调制、两税法，到明代一条鞭法、清代摊丁入亩，实行地丁合一，均能一定程度上考虑小农百姓的承受能力，能够保障赋税缴纳以后百姓的最低生活水平。

在民本主义原则主导之下，中华法系注重对弱势群体的特殊保护。在土地所有权法律保护方面，表现出锄强扶弱、保护小自耕农利益的特征。为了保护土地所有权，鼓励通过土地流转提高社会生产力，法律一般允许土地买卖。但同时，为防止豪强土地兼并，法律也采取有效措施，限制土地过度集中，以保护属于弱势群体的小自耕农。唐朝法律规定，地方官府分派劳役，首先考虑由殷实富户承担。此外，法律还规定，对于老幼病残、孤寡废疾，即便是犯罪，也区别常人而给予特殊处理。古代法律对于老幼、疾病、体残等罪犯的变通处理，既体现了法律的温情，又体现了中华法系人文关怀、民本主义的特征。

（四）强化吏治，从严治官

强化"吏治"，从严治官，加强对于文武百官的法律治理，是中华法系的一个重要特色。

维系"大一统"的国家格局，维护中央集权的政治制度，决定了地方各级政府不得各行其是，必须按照朝廷统一的方针实施管理。但中国古代，幅员辽阔，地形复杂，信息沟通成本高、效率低，朝廷政令常常不能及时传递到地方官府。要解决遵循朝廷统一政令但政令常常不能及时到达地方的矛盾，可行的方式只有一条：预先将朝廷政令规范化、程序化，全面覆盖各级机构、各级官员的行为举止、职掌权限、管辖范围、责任义务等。一方面，通过这种明确而具体的规定，让地方官员在面对常规性普通事务甚至突发性特殊事务之时，能够按照相关法律规定，依法处理，从容应对，无须频繁地向上级乃至向朝廷请示；另一方面，通过这种紧逼式贴身规制，实现法律对于官吏的精准制约、高效调控。

中国古代法律加强吏治的一个重要渠道，就是强化对于各级官员的品德要求。唐朝贞观名臣魏徵向太宗进言，谈及汉朝思想家刘向讲"人臣六正"，划分六种优秀为臣者：圣臣，良臣，忠臣，智臣，贞臣，直臣。明朝理学家薛瑄提出"居官七要"的为官准则："正以处心，廉以律己，忠以事君，恭以事长，信以接物，宽以待下，敬以处事。"二人均将道德标准放在重要位置。

古代对于官吏的管理有两个重要的制度性环节：监察与考课。在这两个环节中，个人品德与职业道德均是评价官吏的重要指标。唐朝制定了较为完备的官吏考课体系，并确定了较为完善的官吏考核指标，其中以"四善二十七最"为代表。清朝对于官员考课，分为京察、大计两种。京察考核京官，大计考核地方官。考核的重点，即在于官员的操守、能力。

中国古代，既赋予官员一些特权，也规定官员必须履行一些特殊的法律义务。法律规定，士农工商，各有所业。仕宦之家，不得与民争利，不得从事商业行为。清朝法律规定，各级地方官不得在任职地方置买不动产，包括田土、住宅。即便没有利用职务之便，没有以势压人，而是纯粹按照市场价格，也构成犯罪。法律还规定，地方官及其家人不得在官员任职地方娶妻纳妾，即便没有利用职务之便，没有以势压人，而是双方合意并通过媒妁之言，也属于法律禁止之列。

在从严治官、要求各级官员必须严格遵守法律的官场氛围中，会培养一批奉公守法、依法履职的官员，但也可能导致部分官员在履行职责时畏首畏尾，胆小怕事，在遇到突发情况或紧急情况时，因担心触犯法律禁令而不敢大胆管理，进而影响治理效果。针对这一现象，中国古代法律创造性地区分"公罪"与"私罪"，并营造"公私两分"的法治文化。

官员犯罪，既可能因贪图私利、徇私枉法，甚至结党营私、图谋不轨，也可能因为职务履行不当，或者在特殊情形下因大胆管理而触犯禁令。古代法律将这两类犯罪划分为"私罪"与"公罪"。对于私罪官员，不仅严肃惩处，而且在相关联的行政处分，包括待遇、复职、抵罪等方面也从严处理；而对于公罪官员，一般量刑较轻，在待遇、复职、抵罪等方面从宽处分。与法律规定相适应，古代社会也培育鼓励官员大胆管理、勇于担当的法治文化。北宋名臣范仲淹说，"作官公罪不可无，私罪不可有"。清代吏部考察任用官员，甚至将有公罪前科但勇作为敢担当的官员优先升迁、选拔重用。

中国古代强化吏治，不仅对官员提出特殊的道德要求，还通过严格的法律规范，规制机构的职责程序，约束官吏的行为举止。在赋予官员一定特权的同时，也要求官员必须承担更多的法律义务，并取得良好效果。通过区分"公罪""私罪"，法律展示明确的价值导向：文武百官要忠于职守，大胆管理，关键时刻，挺身而出，敢于作为，勇于担当。正是在道德与法律双重规制下，我国古代文武百官中涌现了一些怀抱治国平天下理想和"先天下之忧而忧，后天下之乐而乐"崇高人格的官员。他们既为国家治理贡献了才能，也因立功、立德、立言而为社会树立了道德楷模。

（五）维护家庭亲情，培育集体意识

中国传统社会，以血缘、婚姻为纽带的家庭在社会生活中发挥着重要作用。法律注重强化伦理关系，维护家庭亲情，通过家庭家族，使每一个体各安其位，各得其所，进而助力国家稳定社会秩序。

古代法律注重强化家庭成员的家庭责任感，进而培育家庭成员作为社会成员的集体意识。在经济上，法律确认家庭是一个整体。家长代表家庭，对外参与经济交往和财产交换；在家庭内部，家长依法享有对全部家庭财产的所有权，包括占有权、使用权、处分权。在某些刑事法律关系中，法律也视家庭为一个完整的责任主体。对于其他家庭成员而言，在财产方面不能擅自处理家庭财产；而在刑事方面，每一个家庭成员的犯罪行为都可能同时导致其他成员的连带责任。

家庭内部关于民事方面的共同财产权意识以及刑事方面连带法律责任的规制，提升了家庭的伦理亲情凝聚力，强化了家庭的整体性、稳定性，进而为社会秩序的稳定创造了条件。此外，社会个体自童蒙之时在家庭中所养成的家庭观念，在成年进入社会之后，一般均能转化为良好的集体意识与集体责任感，同样有利于社会稳定与秩序构建。

法律确认家庭成员中基于血缘、性别、辈分、年龄等自然因素，以及基于婚姻等其他因素而形成的等级关系，分别赋予不同等级成员不同的权利义务，通过等级关系的维系，确保家庭关系的稳定。在人身伤害方面，实施尊长优先保护原则。尊长对卑幼伤害，减等处罚；相反，卑幼对尊长伤害，加重处罚。这一原则的家庭哲理在于：卑幼对于尊长，在人身方面必须给予更多的关切和尊重，不得侵犯，否则加重处罚。在财产侵权方面，则实施远亲重点防范原则：重点防范亲属关系较远者；对于亲属关系较近者，减等处罚。这一原则的家庭哲理在于：亲属关系越亲近，相互之间就需要承担更多的相互扶持、相互资助义务；这种相互扶持的义务，一定程度上可抵消因财产侵权而导致的法律责任，故可减等处罚。

（六）崇尚和谐的基层社会法律治理

根据儒家理论，法律为国家治理所必需，但法律既不是万能的，也不是国家治理的第一手段。基层社会治理，尤其注重"礼乐刑政"综合为治的原则。中华法系以崇尚和谐的基层社会法律治理为其重要特征。

中华文化之中，理想化的社会关系在于：亲属之间，重伦理亲情；邻里之间，重守望相助；即便是一般人际关系，也注重以礼相待。在中国古代管理体制中，州县官作为亲民官，直接面对百姓万民，并主持所辖地方全部事务，既负责地方全部行政事务，也作为司法体制中的第一审级，承担所有案件的审理。作为第一审级，法律规定，州县官全权管辖笞、杖刑案件以及其他户婚田土、债权债务等"民间细事"。根据法律，州县官处理笞、杖刑案件以及"民间细事"，其着力点，不在于财产权益方面的"公平"，不在于物质利益方面的"锱铢必较"，而在于弘扬主流价值、和谐人际关系、维护社会秩序。

在基层社会治理方面，中华法系的另一特色在于发挥基层社会民间共同体的作用。从宋代开始，普遍实施租佃制，社会个体的流动性显著增加。为适应这一状况，国家调整政策，鼓励、扶持基层社会的民间共同体，特别是以血缘、婚姻关系为纽带而形成的家族宗族参与地方治理。宋代蓝田吕氏宗族制定《吕氏乡约》，为吕氏族人设置行为规矩，明确哪些事可为，哪些事不可为，发挥了辅助法律构建秩序的重要作用。理学大师朱熹亲自修订《吕氏乡约》，形成更加符合统治阶级整体利益的《增损吕氏乡约》。《吕氏乡约》所强调的"德业相劝，过失相规，礼俗相交，患难相恤"原则，为官府所肯定，并借助官府的力量全面推广，成为全国各地乡里、宗族效法的榜样。

中华法系这六个方面的特征，展示的主要是在调整社会关系、构建社会秩序过程中发挥积极作用的内容。应该看到，在中国古代，中华法系作为维护统治阶级利益的工具，无论是法律思想，还是法律制度，同时发挥着一些消极作用，包括：维护地主阶级、维护皇帝以及统治集团利益的立场与目标，在制度上规定等级身份、法律特权、官本位原则，等等；在法律实施过程中，从皇帝大臣到地方官员主观武断、刚愎自用、违法裁判，甚至徇私枉法、制造冤假错案的现象时有发生。其中，某些观念对我们今天社会仍有一定影响。对此，我们应有清醒的认识。

三、中华法系的意义

中华法系萌芽生长、发展成熟于中华大地，为中华民族东方大国数千年国家治理、社会管理作出重要贡献，也在人类法治文明史上独树一帜，展示出中华法治文明的价值与风采。

（一）维护国家统一，维系民族团结

中华法系以法律的强制力维系"大一统"的国家格局，培育并养护中华民族的"大国情怀"，也为国家统一、民族团结奠定坚实的法律基础。

中华法系在关于管理机构职责与程序的行政法方面，在不同民族群体之间财产流通、嫁娶联姻的民事法律方面，在关于犯罪与刑罚的刑事法律方面，在少数民族以及边疆地区管理方面，均以国家统一、民族团结为核心目标。在维护国家政治统一、法律统一的基础上，不同文化习俗背景下的少数民族可以采取"因俗而治"，适用本民族的一些民俗习惯。

中华法系以儒家思想为指导，主张"仁政""德治"，但对于破坏民族团结、破坏国家统一的犯罪行为，绝不姑息迁就。根据法律，地方势力或个人的叛乱、割据、分裂行为，属于严重犯罪，一律严惩不贷。

（二）支持中央集权，推动长治久安

中华法系以强力维护"中央集权"的政治制度，不仅有效提升了国家治理能力与治理效率，也有力推动了国家的长治久安。

中国古代，地广人众，在地理环境、气候条件、自然资源、生产方式等方面区域性差异大，发展不均衡。历史经验证明，有效管理这样一个东方大国，唯一可行的政权体制即"中央集权"。中华法系在推进"中央集权"政治制度的构建、实施，建立"中央集权"政治制度的辅助制度方面，发挥了重要作用。

在中华法系中，通过各类主要最高权力的统一行使，保持全国政令统一，确保中央政府能够有效调动全国各类资源，既有效应对各类重大事件、突发事件甚至危机事件，也全面推动全国各地方均衡发展，共同进步。在中华法系中，法律明确规定并严格控制地方权限，要求地方官严格执行中央政令，严格遵行国家法律，依据法律实施管理，保持中央的权威与法律的效力，确保全国一盘棋，统一行动，统一步调。

（三）坚持以人为本，注重社会和谐

中国古代社会，崇尚人文精神，注重以人为本，主张以人类自身的智慧与力量解决所面临的一切问题。在这一精神指导之下，中华法系重视道德、法律共同治理，重视司法活动中"天理国法人情"的共同作用。

中华法系关于道德法律共同治理原则的确立，体现了中华文化的人文精神，体现了中华民族的文化自信，也造就了和谐包容、务实平和的民族心态。中华法系致力于实现价值与规范相向而行的目标，使道德与法律既各有所司，又协同配合，取得了国家治理、社会管理的良好效果。

（四）坚守核心价值，重构中华法系

中华法系既具有自身所坚持的核心价值、主体原则，也具有包容性、开放性。核心价值与主体原则的存在使中华法系始终保持其民族精神与东方特色，并与中国古代的国家治理、社会管理需求相适应。中华法系的开放性、包容性也使得自身在历史发展过程中，从具体的制度、措施方面，吸收借鉴具有不同背景条件、不同文化特征的法律资源，进而不断注入新的发展活力。

通过对核心价值、主体原则的坚守与传承，通过开放性、包容性对其他法律资源的吸收与借鉴，中华法系展示出强大的生命力，以及坚韧的自我更新、自我复兴能力。古代中国，既有小国林立、南北对峙的社会动荡时期，也有少数民族入主中原、建立全国性王朝的历史时期。无论何种情况，中华文化始终作为统一王朝的主流文化，而中华法系也始终作为调整社会关系、构建社会秩序、全国统一适用的法律制度。

在长期的历史过程中，中华文化应对各种演化、变局甚至危机，始终保持其强大、坚韧的生命力，在人类文明中独树一帜，绵延发展。其中，中华法系以其鲜明的特色与合理的内涵，在古代中国维护国家稳定、推动社会进步、维系民族团结、助力文化繁荣方面，展示出其独到的功能。而中华法系在思想理论层面展示的中华法律精神，则在中国古代、近代、当代社会秩序构建、社会关系调整方面，始终发挥重要的积极作用。

为适应新时代建立中国特色社会主义法治体系的需要，我们应该通过创造性转化与创新性发展，弘扬中华文化，重构中华法系，使其在中华民族伟大复兴征程中再创辉煌。

（作者：中国政法大学教授、中国法律史学会

中国法制史专业委员会会长　朱　勇）

加强出土简牍法律文献研究
建设中国特色社会主义法治体系[*]

习近平同志在中央全面依法治国工作会议上所作的《坚定不移走中国特色社会主义道路　为全面建设社会主义现代化国家提供有力法治保障》的报告中指出，要实行良法善治，建设中国特色社会主义法治体系。社会主义法治体系相较于已形成的社会主义法律体系，虽一字之改，却提出了更高要求、更丰富的内涵。他强调要在党的领导下，"传承中华优秀传统法律文化，从我国革命、建设、改革的实践中探索适合自己的法治道路，同时借鉴国外法治有益成果"①。以上三个方面与本文议题密切相关的是"传承中华优秀传统法律文化"。中华优秀传统法律文化是源远流长的中华优秀传统文化的重要组成部分。它既表现于传统法律思想，又展现于传统法律制度，在浩如烟海的传世典籍、法律文本和不同形式的文书、盟书、碑刻史料，以及世代相传的民族习惯与思想道德中，都有丰富蕴含。

习近平同志说，中华优秀传统文化是中华民族的血脉和基因，其中的优秀传统法律文化更是中华文明长盛不衰的支撑。对传世典籍和文书中的法律文献以及不同民族地区习惯中的法律文化，学术界已有深入研究并正继续研究。本文将主要论述如何进一步深入研究简牍中法律文献所承载的优秀法律文化，以服务于中国特色社会主义法治体系建设。

＊ 本文在撰写过程中，承蒙清华大学出土文献研究与保护中心李均明教授提供珍贵资料，特此致谢。

① 《坚定不移走中国特色社会主义法治道路　为全面建设社会主义现代化国家提供有力法治保障》，载《人民日报》2020 年 11 月 18 日，第 1 版。

一、简牍、帛书及其法律文献发现述要

简牍是指我国古代以竹木材质为书写载体，窄则称简，宽则称牍，以丝绸为载体书写典籍与其他文书的则称帛书。

依据考古史料，甲骨文中有"册"字，应是典册最早的文字记载。《尚书·金縢》："史乃册祝"。郑玄注："册为简书也。"《尚书·多士》："惟殷先人，有典有册。"据此，郭沫若说："商代除了甲骨文外，一定还有简书和帛书。"[1] 至于甲骨、简牍出现的先后顺序，王国维说："金石也，甲骨也，竹木也，三者不知孰为先后。"[2] 现在发现的最早简牍是 1978 年湖北随县曾侯乙墓出土的竹简，属战国初期。据此，有学者认为春秋之前墓葬中未出现简牍，简牍出现晚于甲骨。更多学者对此似不予认同。他们认为笔墨出现"足以佐证简牍已被应用的可能"[3]。他们在该文中列举说："河南仰韶和西安半坡等新石器时期的陶器上，已经出现用毛笔描绘的花纹和符号；山西省襄汾县陶寺遗址灰坑 H3403 出土一扁壶，上有毛笔书写的'文'字，距今四千多年，时代至远在夏代前期；殷墟有毛笔书写而未契刻的甲骨文……安阳铁西区刘家庄南地的商代墓葬出土玉石璋 44 片，有朱书字迹者 28 片；……迄今为止，发现最早的砚是仰韶文化时期的姜寨遗址中出土的一套完整的绘画工具，其中有带着盖的石砚与石棒，石砚有臼窝，窝内还残留着红色颜料，砚边有黑红色石墨。我们知道简牍上的文字是用笔、墨书写的，而这些笔、墨、砚台等书写工具（包括书写的文字等字迹——笔者注）在殷周乃至更早时期的出现，大大提升了春秋以前简牍已经出现的可能性。"他们还认为，"竹木作为书写材料，比甲骨、金石容易取材，制作也更为简便，因此简牍逐渐取代甲骨、金石，占据书写材料主导地位有其必然性。只是竹木易腐烂，当时杀青等制作技术尚未发明，或许是春秋以前简牍不能保存至今的重要原

---

[1] 郭沫若：《奴隶制时代》，中国人民大学出版社 2005 年版。
[2] 王国维：《简牍检署考校注》，上海古籍出版社 2004 年版。
[3] 李均民、刘国忠、刘光胜等：《当代中国简帛学研究前言（1949—2009）》，中国社会科学出版社 2011 年版。

因"。他们和当代文物考古界大部分专家学者都认同王国维、郭沫若的观点，认为简牍的出现应与甲骨同时代。

我国近现代发现简牍始于 1900 年前后，西方探险家进入西北甘肃等地探险发现的汉晋简牍。据历史记载，此前也有发现，最重要的两次：一是汉武帝末年在孔宅中发现的战国竹简，其中的《尚书》25 篇，早于由伏生口述传世的 33 篇，所以称古文《尚书》。二是西晋武帝太康二年（公元 281 年）汲郡（河南辉县）古墓中出土的战国竹简，其中的《竹书纪年》是叙述夏、商、西周、春秋晋国和战国时魏国的编年史，应为魏国史官所编，可校正《史记》所记国史之失误。以上两次发现的重要简书等均先后散失。古文《尚书》曾被人认为系伪书，而新发现的清华简有关记载证明其确实存在，由后人与"今文《尚书》"合二为一。《竹书纪年》至宋代散失，清代学者予以辑校，仍为研究古代史重要参考。

近代简牍陆续发现，王国维曾称 20 世纪二三十年代为"发现时代"。新中国成立后，随着大规模农田水利工程兴建，人们对古墓、古文物的保护意识增强。20 世纪 70 年代山东银雀山汉简、湖北云梦睡虎地秦简等相继被发现，其丰富的内容震撼了国内外学术界。自此之后，我国多省市古代墓葬与其他方式埋藏的简牍"井喷"式发现，简牍发掘、保护和研究水平进一步提高。从近代西北发现简牍到目前发现的简牍，总计已达三十余万枚。制作年代从战国初到魏晋持续近千年，其内容涵盖经济、政治、军事、法律、文化和社会等广泛领域。既有顶层帝王更替，又有基层民间生活状况，既有对传世文献记载的补充，又有久已失传的典籍、法律及算术、医方等。最可贵的是，这些简牍文字一字一句均未曾经后人传抄，都是当时的真迹。一些年久失传的文献再现，使"简牍研究的价值得到凸显，成为通往历史世界不可或缺的时空纽带"。

目前文物考古界将简牍分为"简牍典籍"与"简牍文书"两大类，笔者与一些文物考古界学者讨论，是否将"简牍文书"中的法律文献单列为一大类，将"简牍法律"与"简牍典籍""简牍文书"并列。其理由是：法律是社会经济基础上层建筑的核心组成部分，具有特殊强制力。早在春秋战国至秦汉时期，一些政治家和学者就从不同角度对其下过定义。《管子·七臣七主》："法律政令者，吏民规矩绳墨也。"韩非进一步说："法者，编著之图籍，设之于官府，而布之于百姓者也。"① 他又说："法者，宪令著于官府，刑罚必于民心，赏存乎慎法，而罚加乎奸令者也。此臣之所师也。"② 历史发展经秦至汉，封建帝制日趋稳固，皇帝诏旨具有最高法律效力，所以武帝时廷尉杜周说："三尺安出哉？前主所是著为律，后主所是疏为令；当时为是，何古之法乎！"③ 上述古人关于法律的定义尽管不全相同，但却从不同角度揭示了法律的本质特征。此外，法律一般还有相对稳定的律、令、命、制、诰、诏、程、式、课、例等不同形式的篇名和特殊行文要求。上述定义和篇章名称与行文要求，使简牍法律与简牍其他文书形成比较明显的区分。将简牍法律从简牍文书分类单列，既符合古人原意，也适应近现代观念解读古代法律的需要，以现代观念对简牍内容分类是对其细化深入研究之必然。已进行的研究表明，简牍法律不仅数量可观，而且填补了大量传世史籍记载之空白，将其单列一类与简牍典籍和简牍文书并列，一定会引起人们对中华传统法律文化的进一步关注，更好地传承其中精华。

二、简牍法律文献涉及领域广泛

20 世纪初，从我国西部发现的汉代简牍，至 20 世纪 70 年代后相继发现的云梦、青川、里耶秦简，银雀山、江陵、云梦汉简，以及近年发现的长沙走马楼，荆州印台、长沙五一广场和荆州草场西汉、东汉简牍，有大量法律史料。云梦秦简、里耶秦简和银雀山及江陵汉简等虽书写抄录于秦代和汉代前期，但简文内容记载了大量战国中后期法律制度，以及秦代汉代法律与社会情况。这是中国大变革时代。正是这一重要历史时代，经历了商鞅沿袭关东诸国经验在秦国变法成功，到秦始皇统一全国又二世而亡，再到汉王朝兴起，潮起潮落，新兴的封建专制主义王朝终于稳固建立。

---

① 《韩非子·难三》。
② 《韩非子·定法》。
③ 《汉书·杜周传》。

恩格斯曾言："在这种普遍混乱的状态中，王权是进步的因素……王权在混乱中代表着秩序。"[1] 本文以下所呈现的正是埋藏于地下两千年之久这一变革时期的法律，它生动地说明了新的封建王朝所要求建立的秩序。

（一）推动土地制度变革和农业发展法律规定

土地是农耕社会最重要的生产资料。春秋之前中国土地所有制关系如《诗经·北山》所言："溥天之下，莫非王土；率土之滨，莫非王臣。"这就是说，在国王统治下土地统归奴隶主贵族国家所有，除奴隶主贵族之外所有人都是他们的奴隶。这种制度持续到春秋，随着王室衰微，权力下移，已难以延续。关东诸国首先开始变革。公元前 645 年晋国"作爰田"，即换土易居，不再受原井田疆界限制。[2] 公元前 594 年鲁国"初税亩"，即按所耕种的土地纳税。[3] 公元前 538 年郑国"作丘赋"，即按土地好坏征收赋税。[4] 齐、吴等国也相继改革。从文献记载和后人注解看，这些改革与各国赋税征收、军制改革有一定关系，但均较笼统，并且从效果看，由于旧传统势力影响，都颇受局限。唯战国中期商鞅总结关东诸国经验，在秦国进行的改革获得成功。

史载，秦任用商鞅变法，"孝公二十年，为田开阡陌"[5]。朱熹曾说："所谓阡陌，乃三代井田之旧。"《汉书·食货志》载董仲舒语：秦"用商鞅之法，改帝王之制，除井田，民得买卖"。这说明商鞅变法在土地所有制关系上，相较于关东诸国从根本上向前进了一大步，不仅废除了标志旧土地制度的田界，而且通过授田允许土地可以由所有者自主处分。其效果如蔡泽所说：商鞅为孝公明法令，"决裂阡陌，以静生民之业而一其俗，劝民耕种利土……习战阵之事，以兵动而地广，兵休而国富"[6]。在当时土地所有制关系的背景下，既有归新建立的封建国家所有的田地，也有国家授予军功人员和

---

① 《马克思恩格斯全集》，人民出版社 1965 年版。
② 《左传·宣公十五年》。
③ 《左传·宣公十五年》。
④ 《左传·昭公四年》。
⑤ 《史记·秦本纪》。
⑥ 《史记·范雎蔡泽列传》

农民的田地以及农民自己开垦的田地。由于稳定的土地所有制关系促进了生产发展和国富兵强，所以秦简法律特别重视对土地所有制关系的保护。

云梦出土的《睡虎地秦墓竹简·法律答问》有这样一则规定："'私自移封，处以耐刑。'何以为封？封即田地的阡陌。百亩田的田界道路上的封。"①注："畛上有封，若今时界矣。"这就是说，封是田地间道路上的分界标志。《睡虎地秦墓竹简·法律答问》是对秦律主干刑律的解说，具有法律效力。从青川郝家坪木牍秦《田律》看，封还有一定规格："封高四尺，大称其高。"意思是说，封的标准即长、宽、高各四尺的土台。该田律还规定每年"以秋八月修封埒，正疆畔"②。上述规定说明秦对改革旧土地所有制关系的坚定和维护新土地所有制关系的重视。

在调整土地所有制的同时，秦律对促进农业发展作了一系列规定。商君之法："僇力本业，耕织致粟帛多者复其身，事末利及怠而贫者，举以为收孥。"③ 对于"复其身"，人们有不同的理解，一种认为是免除其徭赋，另一种认为是免除其奴隶身份，不过与认为是一种奖励意见是一致的；"收孥"，则是罚为奴隶。为保证农业生产必要的劳动力，云梦秦简法律规定："同居毋并行，县啬夫、尉及士吏行戍不以律，赀二甲。"④ "同居"即"户为同居"⑤。这条规定意思是同一户不准同时抽调两个以上劳动力去服戍役，否则，县令、尉及士吏要受赀一副铠甲惩罚。此外，还有这样一条规定："居赀赎责者归田农，种时、治苗时各二旬。"⑥ 意思是说，以劳役抵偿赀罚或被判赎罪的人，可以在播种、间苗农忙时各回家二十天从事劳动。为了督促百姓努力从事农业劳动，法律规定"百姓居田舍者，毋敢酤酒，田啬、部佐禁御之，有不从令者有罪"⑦。这就是说，如不听从法令，敢于卖酒的百姓和田

---

① 《周礼·封人注》。
② 陈伟主编：《秦简牍合集（2）》，武汉大学出版社2014年版。
③ 《史记·商君列传》。
④ 《睡虎地秦墓竹简·秦律杂抄》，以下凡引用此书均直接注明律名，不再加书名。
⑤ 《法律答问》。
⑥ 《司空律》。
⑦ 《田律》。

啬夫及所属部佐都有罪。为了提高粮食产量，秦简法律还有关于种子保管和不同农作物用种数量的规定。《仓律》："县遗麦以为种用者，殿禾以藏之。"殿，《礼记·礼运》注："法也。"即仿效。意思是各县所留作种子的麦子，应仿效谷子那样收藏。这一规定说明，当时人们已经重视选种了。法律之所以规定麦种要仿效谷子那样保存，是由于当时禾要比麦更珍贵。《法律答问》："有稟菽、麦，当出未出，即出禾以当菽、麦，麦价贱禾贵，其论何也？当赀一甲。"麦种仿效谷子保存，说明人们对麦种的重视。《仓律》还规定播种时每亩地下种的数量。律文今译为："种籽：稻、麻每亩二又三分之二斗；谷子、麦子每亩一斗；黍子和小豆每亩三分之二斗；大豆每亩半斗。如是良田，不按此数下种也可以。如田中已有作物，可酌情播种。"秦田地每亩面积与量器标准均与现今不同，不过以法律形式将各种作物用种数量加以规定，应是多年农耕成功实践经验的总结。

秦简法律重视农业生产的另一种表现，是要求各级官吏对农作物生长情况，特别是遭遇自然灾害的情况要及时上报。《田律》："雨为澍及秀粟，辄以书言澍稼秀粟及垦田暘毋稼者顷数。稼已生后而雨，亦辄言雨少多、所利顷数。旱及暴风雨，水潦、螽蝕群它物伤稼者，亦辄言其顷数。近县令轻足行其书，远县令邮行之，尽八月□□之。"这一规定是说，下了及时雨和谷物抽穗，应立即报告受雨、抽穗的顷数和已开垦而没有耕种的田地的顷数。禾稼生长后下了雨，也要立即报告雨量多少和受益田地的顷数。如有旱灾、暴风雨、涝灾、蝗虫、其他害虫损伤了禾稼，也要报告受灾顷数。距离首都近的县，文书由行走快的人专程送达，距离远的县，由驿站传送，八月底之前送达。

秦简法律关于封建土地所有制关系的维护和有关促进农业生产的规定，说明封建阶级至少在上升时期对生产是关心的，历史地看，不少举措具有一定科学性。当然，秦统治阶级对农业生产的关心，目的是赋税徭役征收。因为捐税是"官僚、军队、教士和宫廷生活的源泉，一句话，它是行政权力整个机构的源泉"，"捐税体现着表现在经济上的国家存在"①。秦赋徭主要是按田地亩数征收，秦简《田律》："入刍稾，以其受田之数，无垦不垦，顷入刍三石、稾二石。"刍是饲草，稾是秸秆。顷入刍三石、稾二石，每顷百亩，石在此系衡制单位，秦制每石一百二十斤，约合现在六十市斤。无垦不垦，即不论开垦还是未开垦，都应缴纳田赋。这里未提谷物，但《田律》另一条："禾、刍稾撤木、荐，辄上石数县廷。"意思是说，存放谷物、刍稾撤下的木头和草垫，应立即向县廷报告其石数。这说明谷物与刍稾是同时征收的。此外，秦简《仓律》："入禾仓，万石一积。"《仓律》另一条："入禾稼、刍稾，辄为廥籍，上内史。"这两条都说明谷物与刍稾是一样要征的，并且要进行登记，上报内史。不仅如此，为加强对农作物收获、征收的粮食入仓、储存及发放监督，秦简法律还规定了上计及其相关具体制度。诸如向上报告的时间，超过规定时间收获的粮食计入下一年，不同品种谷物要分类计算，出仓或发放粮食要组织相关官吏到现场监督，中途不得更换。如更换而出现不足数，县令、县丞与被指定到场监督的人一起赔偿。秦简《效律》中有关于核验县、都官物资账目的规定："仓漏朽禾粟，及积禾粟而败之，其不可食者，不盈百石以下，谇官啬夫……过千石以上，赀官啬夫二甲；令官啬夫、冗吏共偿败禾粟。"以上属于过失，如有意隐瞒则加重惩治："禾、刍、稾积廥，有赢、不备而匿弗谒，及诸移赢以偿不备……皆与盗同法。"意思是说，管理储存谷仓里谷物和粮刍稾，如有超出或不足数而不上报，假作注销用以顶替其他应赔偿的东西，均同盗窃罪论处。从以上一系列规定可以看出秦重视农业生产的本质和对依农业税征收的粮食刍稾的保管重视程度。

（二）发展畜牧业与战马饲养训练的法律规定

畜牧业发展与农业生产、人民生活关系密切，战马饲养与训练关系军事征伐胜败。秦对畜牧业十分重视。

从秦简法律内容看，秦的牧业与其土地所有制关系一样，也是国家所有

---

① 《马克思恩格斯选集》第一卷。

与私人所有制并存。法律规定应主要是关于国家所有部分。其规定见于云梦秦简的《厩苑律》《仓律》和《秦律杂抄》中的《牛羊课》等。内容涉及牛马羊猪鸡等的饲养、繁衍，涉及牛马训练和使用等，监管非常严厉。

《牛羊课》："牛大牝十，其六无子，赀啬夫、佐各一盾。羊牝十，其四无子，赀啬夫、佐各一盾。"这条规定要求主管饲养成年母牛和母羊的啬夫及属员，要掌握牛羊的发情期及时配种，否则每十头母牛六头不能产子，每十只母羊四只不能产子，主管官员和属员就要按规定每人被赀罚一盾。《仓律》规定，养鸡应离开粮仓。养犬以够用为限度。猪、鸡生的小猪、小鸡不需用者卖掉，单独记账。

《厩苑律》规定每年"四月、七月、十月、正月评比耕牛。满一年在正月举行大考核，优秀的，赏赐田啬夫酒一壶，干肉十条，免除饲牛者一次更役，偿牛长资劳三十天；成绩伪劣的，申斥田啬夫，罚饲牛者资劳两个月。如用牛耕田，牛的腰围减瘦，每瘦一寸笞打主事者十下。另外还要在乡里举行考核，成绩优秀的偿赐里典资劳十天，成绩低劣的，笞打三十下"。此项关于田啬夫、牛长的规定，管理的应是国家所有耕牛。而对里典的监督，应是对所属农户之耕牛考核举措及处理，所以规定比较笼统。按云梦秦简《秦律杂抄》所记，饲养的马匹养成后，所在县要按标准进行训练以供军用，如不合格要追究责任。"蓦马五尺八寸以上，不胜任，奔驰不如令，县司马赀二甲，令、丞各一甲。"蓦马，《说文》："蓦，上马也。"此处是指供军用的马匹。意思是说，此种马奔驰不符合法令规定，主持训练马匹的司马要被赀罚两副铠甲，县令和县丞各赀罚一副铠甲。

对于牧放公家的牛马，如牛马死亡，要及时向牛马死亡时所经过的县呈报，由县及时检验并将死亡的牛马上缴。如系朝廷大厩、中厩、官厩的牛马，应以其筋、皮、角和肉的价钱上缴，由领放牛马的人将其送达官府。每年要对各县和朝廷派到各地的都官驾车用的牛考核一次，十头牛以上一年之间死三分之一，不满十头牛或领用牛一年死三头以上，主管牛的吏、饲养牛的徒和令丞都要承担罪责。按规定内史考核各县，太仓考核各都官。

（三）水利灌溉与生态保护的法律规定

秦重视农业的同时也重视水利、林业和生态环境及水产保护。先后修建的大型水利工程有秦昭王末年（前256—前251年）蜀郡太守李冰父子修建的都江堰；秦王政元年（前246年）修建的郑国渠；秦始皇三十三年（前214年）修建的灵渠。这些大型水利工程有力地促进了农业发展，增强了国家实力。

秦简法律有关于农田水利沟洫和水道治理的规定。四川青川郝家坪秦木牍《田律》："九月，大除道及阪险。十月，为桥，修陂隄，利津梁，鲜草离。虽非除道之时，而有陷败不可行，辄为之。"① 这一规定是说每年九月要修治道路险峻之处。十月修治桥梁，修治坡堤，除去影响水流通畅的杂草。虽过了九月、十月非修治之时，道路和坡堤、水渠如有陷败，影响人行和水流通畅，也要立即修治。这与云梦睡虎地秦简《田律》对于保护水道通畅精神是一致的。不过云梦秦简法律内容更为广泛，其中还包括保护山林木、鸟兽、鱼鳖等的规定，不少内容属生态环境保护。如："春二月，毋敢伐材木山林及雍堤水。不夏月，毋敢夜草为灰、取生荔麛鷇，毋……毒鱼鳖，置阱罔，到七月而纵之。唯不幸死而伐棺椁者，是不用时。"此法律规定有以下几点：其一，春天二月不允许砍伐山林和林木与堵塞水道；其二，不到夏天禁止烧草做肥料，不准采取刚发芽的植物或捕捉幼兽、小鸟和掏鸟卵，不准……毒杀鱼鳖，不准设置捕捉鸟兽的陷阱和网罟，到七月解除禁令；其三，只有不幸死亡而伐木做棺椁的，不受此规定时间限制。

这里表达的思想，前人已有阐释。《逸周书·大聚解》："禹之禁，春三月，山林不登斧，以成草木之长；夏三月，川泽不入网罟，以成鱼鳖之长。"为什么重视林木川泽保护，该文进一步解释："泉深而鱼鳖归之，草木茂而鸟兽归之。"春秋战国诸子对此认识进一步加深，《管子》《荀子》均有深刻论述，他们认为"斩伐养长不失其时"，"以时禁发"②。依时令开发，即可做

_____

① 陈伟主编：《秦简牍合集（2）》，武汉大学出版社2014年版。
② 《荀子·王制》。

到谷物、鱼鳖不可胜食，材木不可胜用，"且以并农力执，成男女之功"①。这是说保护山林、川泽鸟兽、鱼鳖等都是为了民生。秦将人们对林木川泽及其产出的植物对民生之重要认识，上升为法律赋予国家强制力加以维护，是人类文明的巨大进步。这一规定是迄今为止所见到的我国历史，也是世界历史上最早的生态环境保护法律。

（四）关于建筑及手工业生产监管的法律规定

从史籍记载和地下考古发掘的文物看，秦国和秦代的居住房舍建筑、生产生活器具以及争战所用武器，都达到了较高水平。有的器物，如云梦出土的一件漆器制作的光泽度，甚至当代工匠都难以做到那么完美。至于史籍中描绘的阿房宫建筑的气势宏伟与豪华，如果说有文人着墨形容美饰之因素，那么秦始皇陵附近发掘的兵马俑和铜车马则惊世骇俗，展示着两千多年前秦代手工业达到何等高超的水平。其中的铜车马，依当代工艺需要多种机床对铸件进行加工才可组装而成，当时却只靠手工就达到那么完美的程度，不能不说是与秦重视传承前人和吸纳关东诸国经验，制定及实施规范手工业生产的法律息息相关。

云梦秦简多种法律涉及手工业生产。其中有《工律》《工人程》《均工律》《效律》《司空律》《徭律》《秦律杂抄》等。如当时土地所有制关系一样，手工业也是两种所有制并存。上述法律应多是适用于国家所有手工业的规范。其内容涉及机构与官职设置。县、郡有工师、丞、啬夫（啬夫当是通称，如当代的干部、主管等称谓），朝廷手工业管理归少府、内史。法律的内容涉及广泛领域。其一，首先重要产品生产要依照朝廷指令，"非岁功及无命书，敢为它器，工师及丞赀各二甲"②。由此可知，秦手工业生产，至少是重要产品每年是按规定进行的，不按规定生产则要有朝廷的"命书"批准，敢于制作其他器物的，工师和丞均要被罚两副铠甲。其二，使用材料要

① 《逸周书·大聚解》。
② 《秦律杂抄》。

认真选择，"工择干，干可用而久以为不可用，赀二甲"①。干，《说文》："筑墙端木也。"这是说工匠将夯墙用的立木本来可用而标上不可使用记号的，赀罚二甲。对于节省材料，《司空律》有条规定："令县及都官取柳及木柔可用书者，方之以书；毋方者乃用版。其县山之多□者，以□缠书，无□者，以蒲草、蔺以枲挈之。各以获时多积之。"这是要求各县和朝廷派出到各县的都官，用柳木和其他质柔可用以书写的木材制成书写的木方供书写用。山上盛产菅草的用菅草缠束文书，无菅草的，用蒲草及麻封扎。这些东西都应在收获时多加储存。此法律规定进一步说明，上升时期的封建阶级对器物与原材料使用也还是注意节省的。

手工业生产多属较高的技术工种，秦律规定对生产者要进行技术培训，并依其情况规定生产定额。《均工律》："新工初工事，一岁半功，其后岁赋功与故等。工师善教之，故工一岁而成，新工二岁而成。能先期成学者谒上，上且有以赏之。盈期不成学者，籍书而上内史。"其意思是，新工人开始工作，第一年要达规定产品定额的一半，第二年所上缴的产品要与工作过的工人相等。工师要对工人好好教导，其中过去曾经做过工的一年学成，新工匠两年学成。能提前学成的，向上级报告，上级予以奖励。期满不能学成的，登入名册上报内史。秦从事手工业生产的，除人之外，还有奴隶和刑徒。《均工律》规定："隶臣有巧可以为工者，勿以为人仆、养。"这就是说，有技术的隶臣②不要派其去给人做赶车或炊事的仆役，而应派去干手工业生产的工作。《工人程》还规定，对于隶臣或其他服刑的人冬天劳动，放宽生产定额标准，"赋之三日而当夏二日"。此应是因冬日白天较夏天日照时间短之故。对于涉及干活报酬计算，一般情况下男女不同，"冗隶妾二人当工一人，更隶妾四人当工一人"。冗隶妾，疑为做杂活的女奴隶，更隶妾为部分时间为官府服役的女奴隶。从事一般劳动如此，而从事有关妇女擅长的针绣工作，报酬则与男工人相同。"隶妾及女子及针为缗绣它物，女子一人当男子

---

① 《秦律杂抄》。
② 秦隶臣有奴隶和犯罪被判定的刑徒。

一人。"

为提高手工业生产效率,秦律规定了产品部件生产标准。《工律》规定:"为器同物者,其小大、短长、广亦必等。"物,《汉书·五行志》注:"类也。"同物,此处指同一类。意即生产同一类手工业产品,其部件大小、长短和宽度都要相等。很明显,这是为了生产的下一流程便于组装,同时便于交付使用后损坏时配件修缮。依此规定可以提高生产效率,也有利于延长使用价值。这是迄今我国也是世界上所见最早的手工业生产标准化法律规定。

如同农牧业生产,为提高手工业产品质量和效率,《秦律杂抄》摘抄了对不同手工业产量与质量监督及评比办法,凡不合规格和评比落后的,不仅生产者要受惩罚,还连及监督者和领导者。如对一般手工业产品,"省殿,赀工师一甲,丞及曹长一盾,徒络组廿给。省三岁比殿,赀工师二甲,丞、曹长一甲,徒络组五十给"。此规定之省,考查;殿,下等、落后;徒,众,此指一般工人;络组,穿甲札的绦带。意思是被考查评为下等的,负责生产的工师、领导生产的丞、曹长,要受到轻重不等的赀罚,直接从事此项生产的工人则罚服劳役。而如连续三年被评为下等,则要加倍惩治。另一条是关于各县所属主管手工业机构,新上交的产品,如评为下等,被牵连受赀罚的官吏更多:"县工新献,殿,赀啬夫一甲,县啬夫、丞、吏、曹长各一盾。"此外,法律关于漆园和采矿生产,也有监督评比的规定。"漆园殿,赀啬夫一甲,令、丞及佐各一盾,徒络组各廿给。漆园三岁比殿,赀啬夫二甲而废,令、丞各一甲。"秦盛产漆器并已达到较高水平,从此条规定看,漆园应是制作漆和漆器的场所。《效律》有"工禀漆它县"并测试其质量的记载可为佐证。漆园评为下等,应是指包括其产品质量在内的生产管理水平,所以赀罚的既有徒和直接主管人,连同县令、丞及佐吏也会一起受罚。对采矿的监督和评比与对漆园的监督类似,只是对主管啬夫追责更严厉。"采山重殿,赀啬夫一甲,佐一盾;三岁比殿,赀啬夫二甲而废。"即是说,连续三年被评为下等的,啬夫不仅受赀罚惩处,还要被撤职永不再叙用。另外,从法律行文看,由于矿山并非各县都有,似应直接由朝廷和相关郡派员管理,所以法律对这些机构如太官、右府、左府、右采铁、左采铁评为下等的,其啬夫均被罚一盾。

秦对手工业产品质量监督之严格，还见于对某些重要产品如兵器戈，要刻上领导者、监督者和生产者的姓名。北京故宫和朝鲜等处收藏的"秦上郡戈"，据考证是秦昭王至秦始皇时的产品①。几件戈的铭文如下：

（1）"廿五年上郡守庙造。高奴工师造。丞申。工鬼薪哉。"②

（2）"三年上郡守□造，漆工师□。丞□。工城旦□。"③

（3）"廿七年上守趞造。漆工师诸，丞恢。工隶臣穳。"④

（4）"卅年以上郡守趞造，图工师椿。丞秦。工隶臣庚。"⑤

从铭文看，这些戈的制造时间与制造者、监管者、领导人均不同，但铭文刻写的格式却基本一致，都体现了"物勒工名，以考其诚"⑥，对产品质量责任保证原则。此规定未见秦简法律，史籍中却有记载，吕不韦在秦国任宰相时率先实行"工师效工，陈祭器……必功致为上，物勒工名，以考其诚，工有不当，必行其罪，以究其情"。正是这种严格的责任制度和前述手工业工人培训，生产工艺规格和一系列评比制度，促进了秦手工业发展。这些规定尽管主要适用于国家所有制工场，但它所蕴含的是人们多年的生产实践经验，一旦由国家将其提升为法律，必然对全社会手工业形成引领。

（五）商业与市场管理的法律规定

商业是生产与消费的重要环节，古人对商业的重要性早有深刻认识。《周书》："商不出则三宝绝。"此处之三宝系泛指粮食、物品、财富。孟子也说："子不通工易事，以羡补不足，则农有余粟，女有余布；子如通之，则梓匠轮舆皆得食于子。"⑦ 这些论述都说明，社会生产劳动分工，人们将各自的产品多余部分转成商品，是社会发展之必然。为满足互通有无需要，必然

---

① 张政烺：《秦汉刑徒的考古资料》，载《历史教学》2001年第1期。
② 《周汉遗宝》图版第五五上。
③ 于省吾：《商周金文录遗》五八三号。
④ 原戈藏北京故宫博物院。
⑤ 原戈藏北京故宫博物院。
⑥ 《周礼·考工记》。
⑦ 《孟子·滕文公下》。

通过市场以商业形式进行交换，从而出现了市场和与之相关的法制。

从古文献记载看，市场很早就已出现。《易传·系辞传下》："日中为市，致天下之民，聚天下之货，交易而退，各得其所。"这是泛指，形容当时于"日中"到市场交易的人众货多。市开始可能设在人们的聚落之外交通便利的地方。随着社会经济发展，大的聚落开始建城，城内设位置固定交易的市。久而"城市"一词便应运而生，市的功能和影响随之扩大。战国时齐国《市法》："中国利市，小国恃市。市者，百货之威，用之量也。中国利市者强，小国能利者安。市利则货行，货行则民□，民□则诸侯财物至，诸侯财物至则小国富，小国富则中国……"① 此简文中有缺字，后面有脱文，但大体意思是清楚的，即市的地位重要，可以聚积百货，广纳财物，关系国家强弱安危，国家对其发展要予以重视。

国家对市和商业发展的重视，表现于有关机构、官吏设置和法律制定及实施。《周礼·地官·司徒》之"司市""质人""廛人""泉府"等皆属。其中"司市掌市之治教、政刑、量度、禁令，以次叙分地而经市，以陈肆辨物而平市，以政令禁物靡靡而均市，以商贾阜货而行市，以量度成贾而征价，以质剂结信而止讼，以贾民禁伪而除诈，以刑罚禁虣而去盗，以泉府同货而敛赊"。其他官职管辖范围不如司市，也各有分工。《周礼》所记对商业管理如此详尽，不可全信，有的是汉代人依当时所见战国简牍记载加以想象，但云梦秦简与银雀山汉简所记则是战国齐、秦法律原文摘抄。云梦秦简有《关市律》，关市原为官名，《关市律》当为其职务的法律。云梦秦简还有"市亭""市南街亭"记载，应是维持市场治安的机构。

为了有序进行商业贸易，秦对市场交易秩序制定了严格法律。首先规定金、钱、布为一般等价物。布有规格和质量标准，并规定了布与钱之间的比价。《金布律》："布袤八尺，幅广二尺五寸。布恶，其广袤不如式者，不行。""钱十一当一布。其出入钱以当金、布，以律。"此规定的意思是，布长八尺，幅宽二尺五寸。布的质量不好，长宽不符合标准，不准流通。十一

---

① 《银雀山汉墓竹简·守法守令等十三篇》。

钱折合一布。出入钱折合黄金或布，依法律规定。《金布律》还规定，商人和国家府库的官吏在市场上都不准对钱和布两种货币选择使用，有选择使用的，"列伍长弗告，吏循之不谨，皆有罪"。与之相关，法律还规定，官府收入或存放钱币，百姓到市场交易，钱的质量好与不好，混合使用，不准选择。很显然，上述规定是为保证货币信用，市场交易更顺利进行。

市场的具体管理方面，云梦秦简以下两条引人注意：其一，《金布律》："有买及卖也，各婴其价；小物不能名一钱者，勿婴"。婴，意为系，指系在货物上标明价钱的小标签。此条法律规定的意思是，所有买卖要分别明码标价，小物品每一件不值一钱者，可以不系签标价。其目的显然是防止随意抬高商品价钱，维护交易秩序，避免不必要的纷争。其二，《关市律》："为作务及官府市，受钱必辄入其钱缿中，令市者见其入，不从令者赀一甲。"此条法律中的"作务"，指从事手工业的人。"缿"，是指一种陶制存钱的容器，类似后来的扑满。律文的意思是，从事手工业和官府到市场上出售产品的，收钱后必须立即将钱放入缿中，并且要让买东西的人看见放进去了。违反此规定者罚一副铠甲。这一规定应是防止为官府买物品者从中作弊。

此外，云梦秦简还记有关于对外邦贸易和交往的规定，"客未布吏而与贾，赀一甲"。"何谓'布吏'？诣符传于吏，是谓'布吏'。"此规定见于《法律答问》。前一句引文应是秦律正文，后面是对正文中"客"和"布吏"一词的解释。客，即邦客，指外邦人。"布吏"是指将有关来秦国通行和贸易的证件向官府展示验证。此条法律意思是说，外邦人来秦未向官府交验凭证，就与其做生意，罚一副铠甲。这一规定只明确惩罚秦人，至于对外邦人如何处置未明确。从外邦人与秦人互斗伤人仅以赀罚处理来看，对未布吏而从事贸易的外人惩罚略轻（不准秦人与其做生意，实际上对外邦人也是一种惩罚）。秦律关于外邦人入境对其车马检疫非全属商业行为，但包括外邦人入境从事商业交易人员。此规定也见于《法律答问》："'诸侯客来者，以火炎其衡轭。'炎之何？当诸侯不治骚马，骚马虫皆丽衡轭鞅韅辕靷是以炎之。"规定开始所引为秦法律正文，后面是对律文的解释。骚马虫，即寄生于骚扰马匹上的害虫。衡轭，车辕前面的横木。鞅韅辕靷均指套在马身上的皮带。规定全文的意思是，诸侯国有邦客来，要用火烟熏其车上的衡轭，为什么要以火熏？倘若诸侯国不治灭骚马虫，这种骚马虫都寄生在车辕和套马用的皮带上，所以要用火熏治。这是我们目前所见到的古代边境口岸最早的检疫法律规定。

（六）建立和维护官僚体制的法律规定

春秋战国政治体制的重大改革，是以封建官僚制取代西周初建立的以嫡长子为中心、以血缘关系为纽带的世卿世禄制度，改革西周初在全国建立"王臣公、公臣大夫、大夫臣士"①，"天子建国，诸侯立家，大夫有贰宗，士有隶子弟"奴隶等级制②。西周的这种将政权与族权相结合分邦建国的做法，拉近了各地区与周王室的关系。国家结构相较于夏、商部落联盟式的组合是历史的进步，前期对维护周王统治、社会稳定曾发挥了促进作用。但随着社会经济发展，各诸侯国发展不平衡，加之宗族间亲情日渐淡化，父死子继爵位世袭制度日益腐败，西周后期，国力和王权不断削弱。在内外矛盾作用之下，周平王迁都洛阳，成为历史转折进入春秋战国（即东周）的标志。

进入春秋，周王宗主地位进一步削弱，各诸侯国之间利益之争进一步加剧，开始以武力相向。与此同时诸侯国内部权力下移，昔日的大夫、士纷纷掌握权力，从赵、魏、韩三家分晋，历史进入战国。各国间战争更加频繁，规模进一步扩大。为了应对新的形势，关东一些国家自春秋后期开始的变法改革加快了速度。除前述土地制度，以在争战和治理国家中的能力为标准选拔人才，养士和军功受到重视。不过由于旧势力阻碍，关东诸侯国变法改革人物屡遭打击甚至被杀害，改革进展缓慢。倒是当时文化相对落后的秦国，孝公改革欲望强烈，态度坚定，任用商鞅变法获得成功。

《史记·商君列传》中规定："有军功者，各以率受上爵……宗室非有军功论，不得为属籍。明尊卑爵秩等级，各以差次名田宅，臣妾衣服以家次。有功者显荣，无功者虽富无所芬华。"在废井田对民授田的基础上，同时推

---

① 《左传·昭公七年》。
② 《左传·桓公二年》。

行军功爵制和官僚制度。官僚制度是以荐举、任用制取代世卿世禄制。《史记·范雎列传》："秦之法，任人而所任不善者，各以其罪罪之。"此处之"任"，为荐举之意，有的地方也指任用。云梦睡虎地秦简记载之秦律，对包括官吏荐举、任用制度在内的官僚制的建立有一系列规定。

其一，对官吏推荐、任用实行责任制。《秦律杂抄》："任废官为吏，赀二甲。"废官，被撤职永不叙用的官员。保举这种人，即使降职使用为吏，举荐者也要被罚两副铠甲。此外法律还规定："有兴，除守啬夫、假佐居守者，上造以上不从令，赀二甲。除士史、发弩啬大不如律，及发弩射不中，尉赀二甲。"意思是，在战争时征发军队，任命留守的代理啬夫和佐，爵位在上造以上的，不遵从命令，罚二甲。任用士吏或发弩啬夫不合法律规定，以及发弩啬夫射不中目标，县尉罚二甲。这两条是关于任用官吏不依法律或被任用的人技能不合格，任用者要被追究责任的规定。

其二，任命或免除官吏要严格履行法律规定的手续和纪律。任免吏、佐一般要在每年的十二月初一起到第二年的三月底截止。《置吏律》："除吏、尉，已除之，乃令视事及遣之；所不当除而敢先见事，及相听以遣之，以律论之。"此规定的意思是，任用吏或佐，在正式任命之后，才能派其到任行使职权；如不应任用而敢于先让其行使职权，以及私相谋划派往就任的，依法论处。该法律特别规定："啬夫之送见它官者，不得除其故官佐、吏以之新官。"此啬夫系指县以上的主管官员。意思是说，这样职位的主管官员奉调其他官府任职，不准将原任官府的佐、吏随调新官府。以上规定除规定任免时间可能是照顾农业生产外，其他规定，显然在官僚体制下从法律制度上对官场可能营私作的防范。

其三，对官吏建立严格的监督和考核制度。官吏对朝廷的命书要严格执行，《秦律杂抄》中规定了"伪听命书，废弗行，耐为候；不避席立，赀二甲，废"。这条法律，对不认真聆听和不执行朝廷命书的官吏惩罚是严厉的，"耐为候"是处以耐刑之后，还要被罚作"候"的徒刑。即使在听传达命书时不离位站立，也被罚二甲，还撤职永不叙用。秦有《传食律》，内有关于驿站供给出差公人饭食标准的法律规定。"御史卒人使者，食精米半斗，酱四分升一,菜羹,给之韭葱。其有爵者,自官大夫以上,爵食之。使者之从者,食粝米半斗;仆,少半斗。""不更以下到谋人,稗米一斗,酱半升,菜羹,刍各半石。宦奄如不更。""上造以下到官佐、史无爵者,及卜、史、司御、寺、府,粝米一斗,有菜羹、盐廿二分升二。"以上规定之御史为官职,官大夫爵六级,不更爵四级,谋人爵三级,上造爵二级。从规定看,在驿站他们依官职和爵位享有等级不同的饭食,但毕竟规定了不得逾越标准。此外,《秦律杂抄》抄录有一条法律:"吏自佐、史以上负从马、守书私卒,令市取钱焉,皆迁。"意思是说,自佐·史以上的官吏,带有驮运行李的马匹和看守文书的私卒,如用以到市上做生意赚钱,皆处以流放刑罚。

法律不仅对官吏个人行为严加规制,还要求对其下属犯法追究领导责任。如县饲养、训练军马,"五尺八寸以上,不胜任,奔絷不如令,县司马赀二甲,令、丞各一甲"[1]。秦律中类似此规定除惩治直接负责人,上级官员负连带责任的规定是较多的。如《效律》:"尉计及尉官吏即有劾,其令丞坐之,如它官然。"又:"司马令史掾苑计,计有劾,司马令史坐之,如令史坐官计劾然。"这两条法律的"有劾",均为犯罪。前一条县尉所属的会计与官吏犯罪层次略高,县令和县丞承担罪责;而后一条犯罪人是管理司马苑囿的会计犯罪,追查罪责到司马令史。

从以上规定可以看出,秦对建立和维护官僚体制十分认真,不仅制定了各种法律,而且对法律实施建立了自上而下的监督机制,一方面对犯罪人追责,另一方面依照法律对领导者进行追查监督。而核官吏的主要标准,是看其是否依法办事。云梦秦简中有一篇完整的《语书》,是南郡守腾秦始皇二十年(前227年)发布的一篇文告,属于地方性法规。其主要内容指出,当地旧乡俗未变,不利于民,有害于国。为改变这种状况,决定将法律令、田令和惩治奸私的法律整理公布,要求各县令、丞严格执行,并指出:"自从令、丞以下知而弗举论,是即明避主之明法也……如此则为人臣亦不忠矣。若弗知,是即不胜任,不智也;知而弗敢论,是即不廉也。此皆大罪也。"

---

[1] 《秦律杂抄》。

《语书》的附件特别指出区分"良吏"与"恶吏"的标准是其对待法律的态度。"凡良吏明法律令，事无不能也；有廉洁敦悫而好佐上……恶吏不明法律令，不知事，不廉洁，无以佐上。"《语书》虽只是一位郡守发布的文告，却表明了秦推行官僚体制的主导思想。正是坚持以对待法律的态度，是否依法办事并取得好成绩作为区分好坏官吏的标准，为封建官僚制度形成确立了明确方向。

（七）维护国家安全和社会安定的法律规定

历史进入战国，各国间发展更不平衡，矛盾更加尖锐，相互攻城略地，"合纵连衡"，分分合合，战争频繁。云梦秦简《编年记》是秦南郡属安陵、鄢等县一位治狱吏抄录书写。其中从昭王元年（前306年）至庄襄王三年（前249年）五十七年中，进行了三十七次战争，然后是秦王嬴政（秦始皇）即位，统一全国战争进一步扩大。正是在这种形势下，无论是秦国还是关东诸国，都视维护国家安全和社会安定为重要任务。云梦睡虎地秦简《法律答问》引秦律一条："誉敌以恐众心者，戮。"意思是对赞誉敌人、恐吓众人斗志的人处以戮刑。戮为死刑的一种，处死后还要陈尸辱之。对犯此种罪处以严刑，说明对国家安全的重视程度。

云梦秦简中关于战争的法律，主要是军爵予夺、战勤供应方面的规定。直接涉及内部重大的举措是秦始皇十九年"□□□□（原简脱文）南郡备警"。"备警"即警备，宣布处于紧急状态。南郡，原楚地，秦昭王二十九年秦在原楚都郢（今湖北江陵）一带设郡。秦始皇统一战争中与楚国斗争激烈，南郡地处秦楚交界，政局不稳。据《史记·秦始皇本纪》，秦始皇后来谈及此事件时说："荆王献青阳以西，已而畔约，击我南郡，故发兵诛。"南郡备警应是即将发兵采取的战备举措。前文引该郡守于"备警"第二年发布的文告中指出，"今法令已布，闻吏民犯法为间私者不止，私好、乡俗之心不变"，为改变这种情况，文告严厉申斥"今且令人案行之，举劾不从令者，致以律，论及令、丞"。此文告重申严格实施法律应与前一年该地"备警"有一定关系，也可以推知"备警"采取的一些举措。

上述是据云梦睡虎地秦简记载关于秦南郡"备警"的分析。在银雀山汉墓竹简中，记载的战国齐国的《守法守令》等十三篇，有关于敌人对城市进攻，处于紧急状态下的情况。此法有关于城防设施的各种规定，有些是在敌方兵临城下时对百姓权利克减的规定。"［守］城之法，敌在城下，及且傅攻……"要将"老人不事者五千人，婴儿五千人，妇女负婴……"（以下为简脱文）意思是说，在敌攻城时，为维系城内秩序要将不能干事的老人五千人、小孩五千人和带着婴儿的妇女组织起来，为的是避免造成伤害，引起混乱，影响军心。当时是全民皆兵，法律规定："百人以下之吏及与□及伍人下城从……不操其旗章，从人非其故数也，千人之将以下止之毋令得行，行者吏与□□当尽斩之。"银雀山汉简整理小组注引《墨子·备城门》应译为：一百人以下的吏带领人不持原旗帜，跟随的人不是原带领的人数，千人之将以上的官员禁止其通行，如不听从，吏及卒皆斩。守城吏卒"去其署者身斩，父母妻子罪……"即城防守城吏卒不得私自离开岗位，离开者处斩刑，父母及妻子同罪。法律还规定："［敌］人在城下，城中行者皆止。"还规定"杀鸡狗毋令其有声"。这种禁止一般人通行、宰鸡杀狗不让其有声，完全是戒严状态。当时守城除刀剑弓弩等兵器，需要时砖石瓦木等也是防守武器，所以法律规定："诸官府屋墙垣及家人室屋器械，可以给城守尽用之，不听令者斩。"

如果说秦南郡宣布"备警"，即紧急状态是为在广大地区迎敌战备，或维护战后社会秩序，银雀山汉简记载的齐国的法律是关于城市防守，对百姓人身、财产权利限制的范围就更大且更严厉，对不听令者适用死刑，有的还连及父母妻子。

社会安定有秩序，是人们生产生活的重要保障。从云梦睡虎地秦简《法律答问》对秦刑律的解释看，秦刑律惩治各种危害社会的犯罪，说明对维护社会安定的重视。其中一项是关于对盗贼入室偷盗伤人，邻里要相互救助规定的解释："贼入甲室，贼伤甲，甲号寇，其四邻、典、老皆出不存，不闻号寇，问当论不当？审不存，不当论；典、老虽不存，当论。"对此规定的解释是有贼入甲室，贼伤甲，甲呼有贼，请求救助。其四邻、里典、伍老都外出不在家，没有听到甲的呼救声，问应否追究责任加以处理？回答是：四邻确实不在家，不应论处，里典、伍老虽不在家，仍应论处。里典是最基层的负责人，伍老是什伍制度里典之下几个家庭的伍长，多有长者担任。他们在甲的家庭发案时虽不在家，但也要被责罚。由此可见，法律对邻里相保制度执行之严格。此外，为维护社会治安，在大道上看见有杀伤人，法律规定一定距离内要给予救援："有贼杀伤人冲术，偕旁人不援，百步中比野，当赀二甲。"此意思是，有人在大道上杀伤人，在旁边的人不救援，其距离在百步以内，应与在郊外同样论处，罚两副铠甲。秦每步六尺（每尺合今 0.23 米），百步约为今 138 米。以现在看是否救援属道德范围，而秦律却将百步之内救助纳入法律强制义务，也说明对社会治安重视的程度之大。

对传染病防治，是维护人民生命安全和社会安定的另一措施。《法律答问》关于对患麻风病者处置法律的解释有三条：第一，"疠者有罪，定杀"。"'定杀'何如？生定杀水中之谓也，或曰生埋，生埋之异事也"。第二，"甲有完城旦罪，未断，今甲疠，问甲何以论？当迁疠所处之；或曰当迁，迁所定杀"。第三，"城旦、鬼薪疠，何论？当迁疠迁所"。"疠，麻风病。定杀，谓投入水中淹死"。以上三种麻风病患者均为犯罪人，但按法律规定处理却不同。第一种是患有麻风病的人犯罪，规定为活着投入水中淹死。有人说活埋，活埋与律意不符合。这种人是先患麻风病后犯罪一律处死。第二种是某甲犯罪应处完城旦刑尚未判（应属在押犯），这种人应迁麻风病隔离区居住，也有的人认为应迁麻风病隔离区淹死。第三种是已经判处完城旦、鬼薪刑，或正在服刑的刑徒，不处死，均迁入隔离区。以上规定说明，国家对患麻风病者，专设有隔离区以防传染，对麻风病患者犯罪进行区别对待，有的处死，有的不处死。由此可以推知，对未犯罪的麻风病患者确诊后，只是将其迁往隔离区居住。云梦睡虎地秦简《封诊式》载有《疠》一案例，是里典甲送什伍丙到官府，告诉说，怀疑其患有麻风病。经检查各种特征得出结论，什伍丙确实患有此种病。这说明将患疠病的人迁入隔离区，要经过一定法律程序。秦对麻风病人专门设隔离区，是法治文明的举措。可能有人认为上述第一种对犯患麻风病者均予"定杀"（淹死）是否不人道，过于残酷。此问题要历史地看，据一位研究医学史的大夫介绍，16 世纪欧洲一些国家对此种病患者一律用火烧死，而秦律是制定于两千多年之前，对其中犯罪者是区别对待，未犯罪者只是隔离。对麻风病患者进行隔离，这是迄今见到的我国古代最早的防止传染病之法律规定，在世界历史上也应是最早的。

对高龄老人和鳏寡孤独及残疾者的照顾，是关系社会安定的重要方面。在农业自然经济聚族而居的古代社会，敬老，"老吾老以及人之老"① 是中华文化的优良传统。云梦睡虎地秦简中的"免老"对涉及某些伦理方面犯罪（如告人不孝），在诉讼程序上就有一定特权。关于"免老"，《汉旧仪》：秦制，男子年六十乃免老。汉承秦制，但新形势下也有所发展。总结秦统治经验，汉武帝"罢黜百家，独尊儒术"之后，儒家思想对法律影响逐渐增大。授"王杖"（又称"鸠杖"）优待高龄老人和残疾人的制度即实例。1959 年武威磨嘴子发现的《王杖十简》，1981 年在同一地方发现的《王杖诏书令》册，就记载有关于优待高龄老人、抚恤鳏寡孤独和残疾者的诏令。《王杖十简》：成帝"诏丞相、御史：高皇帝以来至本二年，朕甚哀老小，高年受王杖，上有鸠，使百姓望见之"。"年七十受王杖者，比六百石，入宫廷不趋，犯罪……耐以上，毋二尺告劾，有敢征召侵辱者，比大逆不道。"② 《王杖诏书令》册，简册文损毁较少，诏令更全，并附有惩处违犯法律官民的案例，"制诏御史，年七十以上，人所尊敬也，非首杀伤人毋告劾也，毋所坐；年八十以上，生日久乎？年六十以上毋子男，为鳏，女子年六十以上毋子男，为寡，贾市毋租。""孤、独、盲、珠孺，不属律人，吏毋得擅征召，狱讼毋得殴，布告天下，使明知朕意。夫妻俱毋子男，为独寡，田毋租，市毋赋，与归义同；沽酒醪列肆。"③

按以上规定，老人年龄到七十岁授"王杖"，有一些待遇可以比照俸禄六百石的官员（相当于县令），进入官府不行跪拜礼，人们要尊敬他们。如犯罪，但不是杀伤人的主犯，不必上告判刑。有人敢于侵犯，为大逆不道罪。八十岁以上生存的日子不会长久了，当然更应优待。年龄六十岁以上没有儿

---

① 《孟子·梁惠王上》。
② 李均明、何双全编：《散见简牍合辑》，文物出版社 1990 年版。
③ 李均明、何双全编：《散见简牍合辑》，文物出版社 1990 年版。

子，男人称鳏，女子年六十以上没有儿子，称为寡，夫妻均无儿子，为独寡，种田不必交租，市上做生意不必纳税，可以到市上卖酒。孤独盲侏儒等残疾人，法律对他们可以不必严管，不征其服役，诉讼不得笞打。《王杖诏书令》簿册记有汉成帝元延三年（前 10 年）因违犯诏令受到严厉惩治的案例，其中有汝南郡男子殴打王杖主并折毁王杖，南郡一亭长擅自征召王杖主并笞打，长安东乡啬夫殴打王杖主，陇西男子张殴打王杖主折伤，均处弃市。处罚最重的是（陇西）亭长二人、乡啬（夫）二人、白衣民三人，因殴打王杖主功，都被弃市。① 从上述案例对不遵守诏令侵犯王杖主惩罚之严厉，可推知当时朝廷依法保护高龄老人态度之坚决。

（八）关于司法的法律规定

前文所引云梦睡虎地秦简和几处汉简中各种法律，虽对违法行为规定有罚则，但属犯罪均由司法机构处理。所以对秦刑律如何实施，云梦秦简《法律答问》和《封诊式》作了较具体的解释。其中，既有一般原则，也有应遵行的程序和量刑的某些具体界限。

其一，原则：区分犯罪人的身份地位。王室亲族、有军功爵位者及少数民族上层人士，与平民百姓犯同样的罪处刑轻。"内公孙毋爵者当赎刑，得比公士赎耐不得？得比焉。""内公孙"，王室父系亲族的后人。"公士"为秦爵位最低一级。这就是说，内公孙虽无爵位，犯了罪可以按公士由赎刑减至赎耐。关于少数民族上层人士，"臣邦真戎君长爵当上造以上，有罪当赎者，其为群盗，令赎鬼薪鋈足，其有腐罪，赎宫。其他罪比群盗者亦如此"。"上造"秦爵位第二级。这种人即使犯了群盗罪，应处鋈足或宫刑，均可以金钱赎。犯罪视情节和责任实行连坐。其中有夫妻连坐、邻里士伍连坐、官吏上下级连坐。目的是在治安方面加强监督防范，在生产领域加强产品质量监督。区分共同犯罪、集团犯罪和犯罪人在犯罪中的地位和作用。共同犯罪是指二人以上预谋犯罪。其中教唆犯虽未实施犯罪，仍予惩治："甲某遣乙盗，一日，乙且往盗，未盗，得，皆赎黥。"共同犯罪中集团犯罪，加重惩治。"何

---

① 李均明、何双全编：《散见简牍合辑》，文物出版社 1990 年版。

谓加罪？五人盗，赃一钱以上，斩左止，又黥以为城旦。"此刑即砍去左脚又处六年徒刑。加重惩治，是因为此种刑罪对社会危害更严重。

区分故意和过失以及犯罪行为对社会的危害程度。法律所指故意，如"矫丞令""盗牛""盗钱""强奸""诬告"等，均为行为人知其行为会产生危害社会后果而为之。而过失，是行为人未能预计其行为会产生危害社会后果，或知其可能产生不良后果而疏忽大意造成的危害行为。秦律称故意为"端为"，过失为"不端"，或"不审""失刑"。如"甲告乙盗牛，今乙盗羊，不盗牛，问何论？为告不审"。"甲告乙盗牛若贼伤人，今乙不盗牛，不伤人，问甲何论？端为，为诬人；不端，为告不审。"又如，对于官吏，"士伍甲盗，以得时值赃，赃值过六百六十，吏弗值，其狱鞫乃值赃，赃值百一十，以论耐，问甲及吏何论？甲当黥为城旦，吏为失刑罪，或端为，为不直"。这就是说，此案吏如非故意即失刑，如是故意则是不直，不直属重罪，所以如此认定，秦律《法律答问》规定："人户、马牛及诸货材值过六百六十钱为大误，其它为小。"

划定刑事犯罪的责任年龄。"甲小未盈六尺，有马一匹自牧之，今马为人败，食人稼一石，问当论不当？不当论及偿稼。"此规定意思是甲小身高未达到六尺，自己在外面放牧，马被人惊吓，食人禾稼造成一石损失，甲不应论处和赔偿。秦尺约今 0.23 米，六尺身高约 1.38 米，年龄十二三岁。另一条："甲盗牛，盗牛时高六尺，系一岁复丈，高六尺七寸，问甲何论？当完城旦。"此案不复杂，但盗牛为"大误"属重罪，所以拖后一年，待身高超过六尺，达到六尺七寸再判处。由此也可见，秦律承担刑事责任为身高六尺以上。

不追究赦前罪。"或以赦前盗千钱，赦后尽用之而得，论何也？毋论。"此规定有两点值得注意：第一，盗窃数量超过秦律规定的"大误"，数量大应属重大犯罪；第二，赦令颁布之后才用完被逮捕，而却不论处，说明执行赦令是严格的。

其二，注意讯问与检验的法律规定程序。确立各种原则是重要的，为之实现，必须通过一定程序加以贯彻。秦律对司法程序作了具体规定。

逮捕犯人采取强制措施不能超出其罪行应受的惩罚。《法律答问》："捕赀罪，即端以剑及兵刃刺杀之，何论？杀之，完为城旦；伤之，耐为隶臣。"意思是逮捕应处以赀罚罪的，捕人者故意以剑或兵刃将其刺杀死，应处以完城旦刑，刺伤的耐为隶臣。城旦刑期六年，隶臣刑期三年。

按云梦睡虎地秦简《封诊式·治狱》规定，对犯罪人讯问，"能以书从迹其言，毋笞掠而得人情为上，笞掠为下，有恐为败"。意思是说，审理案件，按规定进行讯问，不笞打而获得真实情况为好；经过笞打，不好；恐吓，是失败。《封诊式·讯狱》则要求："凡讯狱，必先尽听其言而书之，各展其词，虽知其訑，勿庸辄诘。其辞已尽，书而毋解，乃以诘者诘之……诘之极而数訑，更言不服，其律当笞掠者，乃笞掠。笞掠之必书曰，爰书；以某数更言，无解辞，治讯某。"这段话是说，凡审讯案件，必先听被审讯人口供加以记录，让受审者各自将话说完，虽然明知欺骗，也不要立即诘问。供词已完并记录后，于是对应诘问的问题进行诘问。这样追问到被审讯人词穷，仍然多次更改口供进行欺骗，不服罪，依法律规定应当笞打的，则笞打。凡经笞打的必须记录下爰书：因某人多次更改口供，无从辩解，对其进行了拷打讯问。以上规定说明秦对犯罪人审问不主张恐吓和笞打，恐吓是失败。只是在犯罪狡辩、数次更改口供时，依照法律应当笞打的，可以笞打。经过笞打的，要记录下来，口供记录要说明对其经过了笞讯。

从云梦睡虎地秦律记载的案件情况看，秦对举报犯罪要提供证据，有些重大案件还需进行现场勘验。如《封诊式》："群盗"，逮捕犯罪人提交了被杀之罪人首级与其使用的兵器；"盗铸钱"，除押送两个犯罪人，同时送来了铸钱的钱范和新铸造的钱；"盗马"，逮捕盗马贼的同时拉送了马匹和随盗的衣物；"夺首"，则是一军官的随员告男子丙砍伤男子丁，夺丁在战场上斩获敌人的首级，在捆送犯罪人丙的同时，提交了被夺的首级。对犯罪现场的勘验有"贼死"和"经死"，前者是被人杀死，检验者查看并记录了尸体的位置，被杀男子身高、皮肤颜色、衣服样式，刀伤几处、部位、伤口方向、长度、形状和出血情况，最后还讯问了同亭的人。"经死"，据检验报告，令史和牢隶臣查验时，在现场的人有死者妻子和儿女。爰书报告了死者上吊死的位置、衣服样式、面部朝向。并说明用拇指粗的麻绳做的绳套、绳套系的部位，麻绳上面系的地方，尸体上距房椽、下距地面距离，头背贴墙，舌吐出与唇齐，溢出屎溺沾污了两脚。绳索在经部有瘀血，差两寸不到一圈。其他部位无兵刃、木棒和绳索留下的痕迹。此报告最后指出了经死的一般特征，是为查验此类案件提供参考。

《封诊式》所列之对"穴盗"的勘验及报告，在当时并非如上述"贼死""经死"涉及人命重案，但对我们今天了解司法勘验历史发展却有重要意义，现将有关部分予以照录："爰书：某里士伍乙告曰：'自宵藏乙复结衣于乙房内中，闭其户，乙独与妻丙晦卧堂上。今旦起启户取衣，人已穴房内，彻内中，结衣不得，不知穴盗者何人、人数，毋它亡也，来告。'即令御史某往诊，求其盗。令史某爰书：'与乡隶臣某即乙、典丁诊乙房内。房内在其大内东，比大内，南向有户，内后有小堂，内中央有新穴，穴彻内中。穴下齐小堂，上高二尺三寸，下广二尺五寸，上如猪窦状。其所以埱者类旁凿，迹广□寸大半寸。其穴壤在小堂上，直穴播壤，破入内中。内中及穴中外壤上有膝手迹。膝、手各六所。外壤秦綦履迹四所，衰尺二寸。其前稠綦衰四寸，其中央稀者五寸，其踵稠者三寸。其履迹类故履。内北有垣，垣高七尺，垣北即巷也。垣北去小堂北唇丈，垣东去内五步，其上有新小坏，坏直中外，类足距之之迹，皆不可为广衰。小堂下及垣外地坚，不可迹。不知盗人数及之所。'"此爰书报告了对士伍乙家墙挖洞盗走裾衣现场检验情况。当晚士伍乙与其妻睡在正房，正房东面有侧房，与正房相连，南面有门。房后有小堂，墙的中央有新挖的洞，洞通房中，洞下与小堂地面齐，上高二尺三寸，下宽二尺五寸，上面像猪洞形状。挖洞的工具像是宽刃的凿，凿的痕迹宽二□（原简缺文）又三分之二寸。挖下的土散在小堂上，都对着洞，是由这里钻进房中的。房内和洞里外土壤上有膝部和手的印痕，膝、手的印迹各六处。外面的土上有秦綦履的印迹四处，长一尺二寸，履印像是旧履。房的北面有墙，墙高七尺，墙的北面是巷子，北墙距小堂北部边墙一丈，东墙距房五步的地方，墙上有不大的缺口，缺口顺着内外方向，好像人越墙的痕迹，都不能量定长宽。小堂和墙外地面坚硬不能查知人的遗迹，不知道罪犯人数和去向。此报告对穴盗犯罪现场描述，洞穴尺寸、作案工具痕迹，罪犯膝、手足迹和綦履花纹等检验仔细，报告清晰，是目前所见到的我国最早、最完整的司法痕迹记录。包括此检验在内的《封诊式》中多个法医检验案例，早于享誉世界的我国宋代宋慈的《洗冤录》近千年。如此之早，在世界司法检验史上实属仅见，是中华优秀传统文化对世界文明贡献的又一例证。

其三，依法断案。从云梦秦简等简牍法律内容和史籍记载看，秦为维护新建立的以王（皇）权为核心的封建等级制度，要求司法官吏依法断案。商鞅变法时就提出"为法令置官吏，朴足以知法令之谓者，以为天下正"①。在全国从朝廷到地方郡、县建立了司法官吏体系。郡守与县令等行政主管官员兼管司法，其下均设有专门机构和官吏。前面所述案件的讯问和勘验，就是在他们的主持下由其属吏、史和牢隶臣等具体执行的。秦法律规定断案依照法律，但在法律没有明确规定或规定不具体的情况下，也依"廷行事"处断。所谓"廷行事"，即法庭成例。《法律答问》："盗封啬夫何论？廷行事以伪写印。""廷行事吏为诅伪，赀盾以上，行其论，又废之。"前一条之"盗封啬夫"应是指盗啬夫的加盖公文信函封泥上的印，按法庭成例以伪造官印处理。后一条是说吏犯诈骗罪，其罪在罚盾以上的，按法庭成例判决执行，同时撤职永不叙用。依法庭成事判处案件，也是依法断案。在秦"皆有法式"②情况下，又加可依法庭成事断案，司法官吏对案件的自由裁量权受到限制，所以必须谨慎从事。前文《法律答问》：断案不公，如属过失，吏乃为失刑罪；如系故意，为不直。此外，论处司法官吏更严重罪名还有"纵囚"。纵囚即罪"当论而端弗论，及易其狱，端令不致，论出之，是谓'纵囚'"。意思是应当论罪而故意不予论罪，以及减轻犯罪情节，故意使犯人达不到判罪标准，判其无罪释放，是为"纵囚"。秦对犯不直以上的罪犯处刑是严厉的。秦始皇三十四年曾"适治狱吏不直者，筑长城及南越地"③。

为使案件审判在法律体制内实现公平，秦律规定了案件审判上诉制度。

---

① 《商君书·定分》。
② 《史记·秦始皇本纪》。
③ 《史记·秦始皇本纪》。

《法律答问》："以乞鞠及为人乞鞠者，狱已断乃听，且未断犹听也？狱断乃听之。"乞鞠即要求重新审判。此问答意思是，要求重新审判以及为他人要求重新审判的，是在案件判决之后受理，还是判决前受理？答复是在判决之后受理。上诉制度为司法公正增加了一道防护。就目前所见史料，案件审判上诉制度由法律予以规定，江陵张家山汉简中抄录有秦王政二年、六年和秦始皇二十六年较完整的谳狱文献。法律规定与这些文献说明，谳狱制度应是始于秦，汉高祖时成为定制。以往学界多从朝廷宰相制度、郡县制度、官吏任用制度论证"汉承秦制"。江陵张家山汉墓竹简《二年律令》所载之二十七种法律名称甚至行文进一步说明，秦汉法律在篇名、律文以及要求依法断案等方面都有紧密的沿袭关系，且影响深远。

1973—1974 年在甘肃额济纳河流域（古称居延）发掘的汉简中有一个记载狱案的《候粟君所责寇恩事》简册。此案发生于建武三年（27 年），候粟君是当地边防军官，俸禄六百石，与县令相同，为原告。寇恩是由河南到当地的移民，为被告。粟君将寇恩上告居延县，说寇欠债借牛不还。县令责令都乡啬夫进行调查。调查证明寇恩不仅以粮食、器物、劳役等将借债偿还，且有多余。粟君是告不实，有意入人于罪。县廷定粟君为"政不直"，上报郡守府批复。郡府如何批复，简册到此为止。不过从居延县廷对此案的处理过程及定性，候粟君虽为边防军的候，是享有与县令同等俸禄的军官，仍然未受宽贷，被依法裁定，使法律秩序得以维护。考虑到此案是发生在王莽改制在内地引发的十多年政局动荡之后，更说明依法断案对维护边疆社会秩序与国家稳定之重要。

三、深入研究简牍法律为全面建设现代化国家服务

本文所采用的简牍法律文献，除部分汉代简牍，主要取材于云梦睡虎地秦简。简文所载，是秦始皇时一位县廷属吏抄写的商鞅变法至秦始皇统一全国时期的法律，由于多与其职务相关，远非秦律全部。其他汉代简牍、临沂银雀山汉简，经考证系抄写的战国齐国法律，余则为汉代法律和基层司法实况抄录。从历史渊源看，它们是中华民族步入文明社会后民族文化发展的结

晶，从历史进程看，则是春秋战国社会大变革、思想大解放的经验总结。秦商鞅变法后制定的法律，推动了社会经济、政治、文化发展与国家实力的增强，为几代人金戈铁马征战、胜利完成全国统一提供了支撑。

至此，人们会提出一个问题，为什么秦法律尚称完备，王朝又如此强大，而竟然如此短命，二世而亡呢？这里还要借司马迁的总结："故秦之盛也，繁法严刑而天下震"，"其强也，禁暴诛乱而天下服"。秦始皇继承祖业，可谓雄才大略，能屈能伸，谦恭包容，经多年艰苦奋斗，实现了"奋六世之余烈，振长策而御宇内，吞二周而亡诸侯，履至尊而制六合，执敲扑而鞭笞天下，威振四海"。但当国家统一后，尤其是到后期便头脑发热，忘乎所以，以致发展至"怀贪鄙之心，行自奋之智，不信功臣，不亲士民，废王道，立私权，焚文书而酷刑法"①。其暴虐竟发展到一怒妄刑诸鬼神，灭人一里。加之病死后，二世昏庸，为权臣所蒙蔽，"繁刑严诛，吏治刻深，上下相遁，蒙罪者众"②。修阿房宫和骊山墓，征召民工、刑徒，刑戮相望于道，百姓苦不堪言。是以陈胜、吴广振臂呼于大泽，天下响应，一个强大的王朝便轰然崩溃。

继秦而起的汉王朝，总结秦兴亡的深刻教训，刘邦领兵入关，便与关中父老"约法三章"，惠帝、文帝、景帝相继废除秦酷法、肉刑，与民休息，发展生产，才使封建制度得到稳定。从秦商鞅变法推行法治到国家统一，秦始皇破坏法治二世而亡，再由汉废除酷刑沿袭秦律，实现了"文景之治"。法治与国家过山车式的发展，一再说明法治之兴衰与国家富强败亡之密切关系。

由于秦律是在社会大变革、思想大解放中对社会发展作出的理性思考，结合秦国实际总结了关东诸国改革经验，所以它确立的各种制度与具体法律，不仅为汉代所沿袭，而且影响了其后两千年的封建社会。清末谭嗣同曾激烈反秦专制统治，但也不得不说"两千年之政，秦政也"③。而毛泽东则评价

---

① 《史记·秦始皇本纪》。
② 《史记·秦始皇本纪》。
③ 《仁学》。

道："百代都行秦政法。"① 秉承去粗取精、去伪存真，取其精华、去其糟粕的精神从秦汉以来的历史发展中吸纳有益经验，也是我们研究简牍法律的任务。

应再次说明，本文所引用的有关秦律史料，只是秦始皇时期南郡云梦县属一位下级官吏摘抄的部分秦律中的部分，包括所引汉代简牍所记载的史料，不仅与已出土的三十万支简牍无法相比，即使与其中的简牍法律相比，也小得不成比例。如按照我国老一辈专家估计，以竹木作为书写材质的年代大体与甲骨同时。那么春秋和春秋之前的简牍可望被发现，战国之后的简牍，相信目前已发掘的三十万支也只是中华简牍鸿篇巨制的序文，更宏伟的篇章一定会陆续面世。简牍是中华文化的瑰宝，简牍法律则是其中的重要部分。它所蕴含的丰富法律文化，是取之不尽的宝藏。将其不断发掘，任务光荣而艰巨。

经从事简牍基础研究的专家和同人艰苦努力，20 世纪 90 年代之后和 21 世纪出土的简牍，许多已经整理出版，也有不少仍在整理出版之中。从已出版的简牍内容和正在整理简牍的信息看，法律文献占相当大部分。现在需要进一步解决的问题是已出版的均为附有图版的精装大开本，价高、不便携带。除了研究机构和高等学校研究人员，更大范围读者使用非常不便。为便于深入进行专题研究，基础研究的单位是否应将出版附有简注的平装本放在视野之内？

简牍法律研究属于专题研究。鉴于简牍法律内容丰富，填补了史书不载的空白，将其与史籍结合研究，就能将研究质量进一步提高。研究简牍法律，要求研究人员应具备较深厚的文史知识，对法律基础知识有较多了解，还要注意向从事基础研究的专家学习。就目前简牍出版情况来看，所在单位还需要提供一定条件（如出版物），并加强组织工作，以便形成合力。

地下简牍发现和研究大大拓宽了中华文化的视野，简牍法律文献丰富的内容弥补了传世典籍关于法律记载笼统的缺憾，为中华法律文明发展历程提

---

① 《七律·读〈封建论〉呈郭老》。

供了新实证。研究法律文化，了解其在中华民族发展历程中产生的巨大凝聚力和对国家兴旺发挥的坚强支撑作用，就能进一步提高文化自觉与文化自信，就能在以习近平同志为核心的党中央领导下，将优秀传统法律文化与社会主义核心价值观相结合，建设中国特色社会主义法治体系，建设法律规范体系、法治实施体系、法治监督体系、法治保障体系，为全面建设社会主义现代化国家作贡献。

（作者：中国社会科学院法学研究所研究员　刘海年）

根植传统厚底蕴　着眼未来重创新
全力织就法治昆山、法治社会"双面绣"

近年来，昆山市认真贯彻落实习近平法治思想，以培育公民法治思维、增强法治信仰为目标，深入推进法治文化建设，形成一批法治文化阵地集群，涌现"法治微电影""法治文化艺术节"等典型经验，法治文化的引领、熏陶作用得到充分发挥，办事依法、遇事找法、解决问题用法、化解矛盾靠法的社会氛围日渐浓厚。建设宪法广场，开展宪法学习宣传教育，打造习近平法治思想实践阵地的做法被批示肯定。昆山市成功入选第六届全国文明城市。

一、完善机制明责任，工作保障更加坚实

建立健全党委统一领导、政府主导实施、部门分工负责、社会力量积极参与的领导体制和工作机制，法治文化建设的工作保障更加坚实。一是加强统筹规划。市委全面依法治市委员会印发《昆山市关于深化社会主义法治文化建设的意见》，将法治文化建设纳入地方经济社会发展和单位、行业总体规划，纳入法治建设总体部署，绘制全市法治文化建设路线图、进程表。制定"提升全民法律素养打造尚法昆山"工作意见，实施法治文化阵地建设三年行动计划（2015—2017 年）。普法专项经费保持逐年增长，2015 年至今各区镇、部门累计投入经费 6000 余万元。二是强化协同联动。落实"谁执法谁普法"普法责任制，将法治文化建设作为重要内容，定期召开法治文化建设联席会议，明确各单位工作任务，构建"1＋55＋N"工作格局（"1"即市法治宣传教育领导小组一个协调机构，"55"即 55 家部门成员单位，"N"即社会公众）。将法治文化建设纳入精神文明建设和法治建设考核体系，督促

各单位按照"一区镇一品牌、一部门一特色"要求，加强本区镇本系统法治文化建设。三是扩大社会参与。充分依靠群众、发动群众，制定《昆山市法治文艺奖励办法》，累计发放奖励资金 200 余万元，扶持培育春风法治艺术团、金澄锡剧团、新青年歌舞团等"草根"文艺团体。坚持借力引智，与上海大学电影学院、法制网、昆山市文联开展长期合作，共建尚法文化研创传播中心，开展法治文化创作研究。聘请全国人大代表段俊、全国优秀党务工作者陈惠芬等 30 名尚法大使，发挥先锋模范作用，引导影响更多社会公众参与法治文化建设。

二、传承传统厚底蕴，昆山特色更加突出

弘扬社会主义法治精神，挖掘本地特色文化，推动法治文化与先贤文化、地域文化、时代文化互相融合，研创昆山题材法治文化精品，用"昆山故事"传递法治"好声音"。一是与地方文化深度融合。利用"江南第一水乡"的旅游资源禀赋，在周庄、锦溪、千灯等江南古镇打造法治文化阵地，设立"锦溪旅游巡回法庭""法官工作室""周庄纸箱王创意园"，面向游客开展启发式普法、互动式说法、体验式学法。利用昆曲、锦溪宣卷、锡剧、沪剧等地方流行剧种，引导、鼓励民间演艺团体编演沪剧《家庭公案》、宣卷《家有好官》、锡剧《司法干部下乡来》等法治文艺作品 18 部。二是与先贤文化深度融合。深度挖掘顾炎武、朱柏庐等本地先贤法治思想，将"责文化""和文化""廉文化"融入法治文化建设。实施好家风、好家训"昆山人家"工程，组织编演《朱子家训》《鹿城驿站》系列情景剧，弘扬家庭和睦、宽以待人的公序良俗。坚持用发展的眼光审视、评价和传承顾炎武"天下兴亡、匹夫有责"的精神，扩建顾炎武纪念馆，编演"青年版"昆剧《顾炎武》。将顾炎武法治思想元素融入千灯镇炎武小学、炎武社区和法治文化公园的风貌规划，邀请顾炎武后人讲授德法思想，发挥先贤文化的深厚底蕴和道德感召力。三是与时代文化深度融合。深度运用现代传媒技术繁荣法治文化，全国首开运用微电影开展法治教育先河，连续举办八届法治微电影创作大赛，辐射全国 22 个省、市、区，拍摄原创微电影（视频）301 部，形成

国内最大的法治微电影作品库。邀请专业作家开展法治微剧本创作培训,引导草根群众参演微电影作品,组织法治微电影作品巡演,将大赛举办过程变为生动普法过程。承办全国第三届"我与宪法"微视频征集活动评奖颁奖仪式,作品《昆山一家人》获评一等奖。

三、以人为本惠民生,阵地集群更加壮大

践行以人民为中心的理念,积极打造互动式、体验式普法阵地,创建省级法治文化建设示范点 6 个、苏州市法治文化建设示范点 29 个。一是普法阵地融入城市建设。将法治文化建设融入城乡建设规划,推动普法阵地融入城市公共空间。在市城市公园建成占地 1.08 万平方米的宪法广场,依托市生态森林公园规划建设占地 8 万平方米的民法典主题公园,集纪念、普法、教育、互动等功能于一体,让人民群众在休闲娱乐中感知法治精神。发挥公共交通工具流动性大、辐射面广的特点,在轨道交通、市镇公交线路、交通枢纽等载体投放公益广告,打造立体化交通法治文化阵地。两次升级改造市法治宣传教育中心,在全省率先建成以全面依法治国为主题的宣传场馆。二是普法阵地渗透企业经营。联合市应急管理局建成安全生产警示教育馆,组织企业经管人员分批参观培训。推动普法阵地建设向台企倾斜,在鼎鑫电子公司设立"尚法·欣兴"法治文化基地,在嘉联益公司设立普法园地,在员工宿舍、食堂、会议室建立法治微电影"微影院"。聘请优秀台企员工为尚法大使,借助其社会影响力扩大法治宣传影响力。三是普法阵地融入重点人群普法。推动全市执法司法部门与中小学结对共建特色法治学校,先后建成 16 所有主题、有特色、有阵地的特色法治学校,组织开展小交警、小刑警、小法官、小检察官、小城管、小消防"六小"实践体验系列活动。针对领导干部、公务员,建有廉洁文化展示馆、廉政文化主题公园、看守所警示教育基地等学法阵地,对全市公职人员进行警示教育。

四、嵌入治理重融合,工作活力更加凸显

法治文化不仅是静态的法治文化阵地和作品,更是生动的法治实践。全

市各区镇部门坚持以法治文化引领法治实践，以法治实践丰富法治文化。一是深化基层"援法议事"实践。创新开展城乡基层"援法议事"活动，倡导办事依法、遇事找法、解决问题用法、化解矛盾靠法的行为规则取向，提升城乡基层自治的法治化水平。坚持党建引领，以"红管先锋"年度书记项目为抓手，探索党建引领社区治理新模式，强化党建引领资源集聚、机制创新、群众自治，有效解决制约城市党建发展的难点堵点。按照"协商于民、协商为民"的要求，鼓励指导基层探索协商议事形式，形成周市镇"百姓议事庭"、周庄镇"吃讲茶"协商平台、淀山湖镇淀湖社区"同心议事会"等优秀做法。村（居）法律顾问全面参与村规民约修订，全市各村（社区）普遍建立完善村规民约，周市镇市北村村规民约获评全国优秀范例。二是深化矛盾纠纷化解。坚持和发展"枫桥经验"，参照"模拟法庭"形式，创新推出"公众评判庭"模式，引导群众参与评判各类矛盾，公开、公平、公正地解决群众诉求。2016 年以来，"公众评判庭"建设在全市范围内推进，总结形成了"听、查、议、评、决、访"六字诀，年均调处化解物业、邻里、赡养等各类矛盾纠纷百余起，实现了"评议一件事、普法一群人、教育一大片"的社会效果。三是深化立法公众参与。全力打造国家立法工作"直通车"，市人大常委会被全国人大常委会法工委确定为第二批基层立法联系点，成为全省唯一、全国 10 家联系点单位之一。优化"九步法"工作流程，构建"1+2+3"网络体系，增设立法联系点工作办公室，组建立法联系协作单位、立法联系宣讲团和立法联系顾问单位 3 个专业支持团队。完成全国和地方人代会选举法、国旗法、国徽法等 7 部法律草案意见征询，上报 270 条修改意见和 3 份重点课题调研报告，在已公布的 3 部法律中，有 2 条修改意见建议被采纳。

五、突出重点求实效，实时普法已成常态

贯彻落实国家机关"谁执法谁普法"普法责任制，创新推进在执法司法过程中实时普法，实现执法、司法、普法的关联贯通。一是国内首创司法办案过程实时普法制度。全面总结司法办案过程开展实时普法的成熟经验和做

法，在国内率先制定《在司法办案过程中开展实时普法的工作指引》。该指引提出主动告知式普法、答疑解惑式普法、释法说理式普法、舆情回应式普法、全民公开式普法五种实时普法方式，把向案件当事人、诉讼参与人、利害关系人等群体和社会公众的普法融入司法办案程序中，实现司法办案过程中的全员普法、全程普法。"昆山反杀案"是昆山市推行司法办案过程实时普法的一次有益尝试，昆山市人民检察院、公安局及时回应社会关切，围绕案件事实和法律适用展开释法说理，杜绝谣言传播和舆论噪声，成为一场生动的全民普法公开课。二是省内首创制度化推进执法过程中实时普法。省内率先制定《在行政执法过程中开展实时普法的工作指引》，将普法环节嵌入行政执法过程。该指引要求行政执法人员在行政执法行为的不同阶段和不同环节，应当围绕正在办理的案件或事项，直接面向行政相对人和利害关系人开展有针对性的释法说理活动，逐步实现实时普法、精准普法，避免了传统方式下国家机关开展普法宣传活动"受众少、成本高、收益低"困境。为避免行政执法人员利用职务便利和优势地位，故意引导当事人陷入事实和法律认识错误，滥用执法、普法权力，该指引特别规定了领导、监督、培训、追责等机制。

（作者：太仓市人民政府副市长、代理市长，原昆山市委副书记、

政法委书记　徐华东）

以习近平法治思想为指引
推动社会主义法治文化建设创新发展

中共中央办公厅、国务院办公厅印发《关于加强社会主义法治文化建设的意见》（以下简称《意见》）后，根据中央全面依法治国委员会办公室和司法部要求，司法部普法与依法治理局充分发挥职能作用，迅速抓好贯彻落实，主要工作情况如下。

一、加深认识，增强社会主义法治文化建设的政治自觉、思想自觉和行动自觉

《意见》出台后，司法部第一时间召开了部党组会，进行了专题学习，对贯彻落实作出部署。司法部普法与依法治理局结合实际，狠抓落实，确保各项任务落到实处。

一是学深悟透，增强责任感。党的十八大以来，习近平总书记对社会主义法治文化建设高度重视，先后就社会主义法治文化建设作出了系列重要论述。习近平总书记指出，"人们没有法治精神、社会没有法治风尚，法治只能是无本之木、无根之花、无源之水"，强调要"加大全民普法力度，建设社会主义法治文化"。这些重要论述，成为习近平法治思想的有机组成部分。通过深入学习，我们深切感受到，随着全面依法治国的深入推进，社会主义法治文化建设的重要性日益凸显。加强社会主义法治文化建设正当其时、意义深远，《意见》的出台，是学习宣传贯彻习近平法治思想的重要举措，标志着我国社会主义法治文化建设进入了一个新阶段。

二是宣传造势，扩大知晓度。为积极营造《意见》贯彻落实的浓厚氛围，我们广泛发动各类媒体，整体联动开展宣传。在新华社、《人民日报》、《法治日报》等主流媒体刊登了《意见》全文，在中央广播电视总台《新闻联播》节目发布了消息。充分运用新媒体开展宣传，及时转载《意见》全文、司法部负责同志答记者问等内容，形成了刷屏的好效果。据统计，《意见》发布 3 天内，共发布新闻报道 1700 多篇，客户端文章 3900 多篇，有力地扩大了影响。

三是部署谋划，提高执行力。按照《意见》要求，中央全面依法治国委员会办公室和司法部加强统筹协调和组织指导，推动各地全面依法治省（区、市）委员会办公室和司法厅（局），深刻认识社会主义法治文化建设的重大意义，把社会主义法治文化建设作为全面依法治国的重要顶层设计，进一步明确责任、确定分工、尽快落实。司法部普法与依法治理局及时了解各地贯彻落实情况，加强交流引导。目前，各省（区、市）普遍出台了法治文化建设落实意见、方案，推动社会主义法治文化建设深入开展。

二、加强部署，以习近平法治思想引领社会主义法治文化建设

贯彻落实《意见》，加强社会主义法治文化建设，最关键的就是坚持习近平法治思想在全面依法治国中的指导地位，把习近平法治思想贯穿到社会主义法治文化建设的全过程和各方面。

一是坚持党的全面领导。党的领导是全面依法治国的根本保证，也是社会主义法治文化建设的根本保证。我们建设的法治文化是社会主义法治文化，这就从根本上决定了任何时候都必须坚持党对全面依法治国的领导，把党的领导贯彻到社会主义法治文化建设各环节，切实增强"四个意识"、坚定"四个自信"、做到"两个维护"，引导全体公民坚定不移走中国特色社会主义法治道路。

二是坚持以人民为中心。推进全面依法治国的根本目的是依法保障人民权益。社会主义法治文化建设就是要为了人民、依靠人民、服务人民，把社会主义法治文化作为社会主义文化强国的重要组成部分，主动满足人民群众对美好生活的需求，把法治文化融入人们生产生活的方方面面，强化教育引

导、实践养成、制度保障，促进公民法治素养达到新高度。

三是坚持中国特色社会主义法治道路。全面推进依法治国，需要传承中华优秀传统法律文化，弘扬和传承红色法治基因，从我国革命、建设、改革的实践中探索适合自己的法治道路，同时借鉴国外法治有益成果。社会主义法治文化建设就要将社会主义核心价值观全面融入法治建设，发挥社会主义核心价值观的主导和引领作用，使法治和德治相辅相成、相得益彰，实现法安天下、德润人心。

三、加快落实，把学习宣传贯彻习近平法治思想作为首要任务

中共中央、国务院转发的《中央宣传部、司法部关于开展法治宣传教育的第八个五年规划（2021—2025年）》和全国人大常委会《关于开展第八个五年法治宣传教育的决议》，都把社会主义法治文化建设作为"八五"普法的重点任务之一。下一步，我们将结合"八五"普法规划启动实施，推动社会主义法治文化建设开创新局面。

一是提高站位，深入学习宣传贯彻习近平法治思想。以习近平新时代中国特色社会主义思想为指导，深入学习宣传贯彻习近平法治思想和习近平总书记关于文化自信的重要论述，推动习近平法治思想学习宣传贯彻走深走实、入脑入心。我们将以习近平法治思想为重要内容，举办宪法宣传周、"三下乡"活动等，让习近平法治思想"飞入寻常百姓家"。

二是强化担当，把习近平法治思想学习宣传同普法工作紧密结合起来。认真贯彻落实习近平总书记关于普法工作的系列重要论述，充分发挥法治文化潜移默化、润物无声的作用，凝魂聚气、以文化人，推动新发展阶段全民普法守正创新、提质增效、全面发展。中央宣传部、司法部、全国普法办将召开全国法治宣传教育工作会议，对"八五"普法作出安排部署，把习近平法治思想学习宣传融入"八五"普法全过程、各方面，全面落实"八五"普法规划确定的目标任务。

三是抓住重点，在法治实践中持续提升公民法治素养。认真贯彻落实习近平总书记关于"不断提升全体公民法治意识和法治素养"的重要论述，

用科学立法、严格执法、公正司法的实践教育人民，推动全民守法。从人民群众反映强烈的问题改起、从细节抓起、从小事做起，积极引导公民在日常生活中遵守交通规则、做好垃圾分类、杜绝餐饮浪费、革除滥食野生动物陋习等，培养规则意识。司法部将会同有关部门，起草持续提升公民法治素养的行动方案，推动公民在日常工作生活中践行法治文化，养成法治习惯。

四是开拓创新，推动社会主义法治文化建设不断取得新成效。创新工作理念、体制机制、载体平台和方式方法，充分运用新媒体新技术开展普法，繁荣发展社会主义法治文艺，不断扩大法治文化阵地覆盖面，满足人民群众对法治文化的新期待、新需求。结合党史学习教育，注重发掘、研究、保护共和国红色法治文化，传承红色法治基因，推动中华优秀传统法律文化创造性转化、创新性发展。依托"智慧普法"平台丰富完善社会主义法治文化产品库，加强全国法治宣传教育基地建设，推动社会主义法治文化深入人心。

（作者：司法部普法与依法治理局）

论习近平法治思想中关于
法治文化重要论述的原创性品格

党的十八大以来，习近平总书记围绕中国特色社会主义法治建设、文化建设与法治文化建设等问题发表一系列重要讲话，形成了习近平法治思想中关于法治文化建设的系列重要论述，揭示了中国特色社会主义法治体系内含的文化精神，阐明了中国特色社会主义法治建设所需的文化基础。与世界范围内的其他法治理论范式相比，其不仅具有"独创性"与"新颖性"①，而且体现了高度的法治文化自觉与法治文化自信，因而体现出卓越的"原创性"品格。② 习近平法治思想中关于法治文化的重要论述不仅是我们在新的历史时期积极推进中国特色社会主义法治文化建设的基本遵循，而且为马克思主义法治理论和我国社会主义法治实践的发展，以及世界范围内法治理论的发展，作出了卓越的原创性理论贡献。

2021 年 12 月 6 日，习近平总书记在主持中央政治局第三十五次集体学习时指出："要总结我国法治体系建设和法治实践的经验，阐发我国优秀传统法治文化，讲好中国法治故事，提升我国法治体系和法治理论的国际影响力和话语权。"当前，我国要加强社会主义法治理论的研究和宣传，推进中国特色法学学科体系、学术体系、话语体系建设，就更加需要深刻领会习

---

① "原创性"是"独创性"与"新颖性"的高度统一，但是更加侧重于思想内容而非表达形式的"创造性"。在知识产权法上，"独创性"与"新颖性"是两个不同的法律概念，前者是对于表达形式而言，是表达形式构成作品享受著作权保护的法律条件；后者是对于权利要求所载技术方案而言，是技术方案被授予专利权的法律条件之一。参见何怀文：《中国著作权法：判例综述与规范解释》，北京大学出版社 2016 年版，第 14 页。

② 钟跃英认为："原创性艺术现象的出现，起源于现代社会文化发展和人自我意识的觉醒。"钟跃英：《原创性艺术》，上海书画出版社 2009 年版，第 10 页。

近平法治思想的重大原创性贡献，尤其是以习近平法治思想中有关法治文化的重要论述为依据，阐发我国优秀传统法治文化，阐明中国特色社会主义法治文化自信与法治道路自信、法治理论自信与法治制度自信的法学原理。

一、习近平法治思想中关于法治文化的重要论述是对马克思主义法治理论的重大原创性发展

马克思主义法学在我国传播和发展的过程，也是马克思主义法治理论与中国革命法制和社会主义法治的具体实践相结合，不断丰富和完善的过程。"在马克思主义法学中国化的百年历史进程中，党领导人民创立了毛泽东法律思想、中国特色社会主义法治理论、习近平法治思想，实现了马克思主义法学中国化的三次伟大历史性飞跃。"[1] 习近平法治思想作为马克思主义法治理论中国化的重大理论成果，其关于法治文化的重要论述，不仅深刻体现了马克思主义理论与时俱进的"实践性""时代性"等理论品格，也展示了习近平法治思想的"民族性""原创性"等理论品格。

（一）习近平法治思想是当代中国的马克思主义法治理论，体现了马克思主义理论及马克思主义法治理论与时俱进的"实践性""时代性"等理论品格

马克思主义法治理论是马克思主义理论体系的重要组成部分，对中国特色社会主义法治体系的建立与发展起到了重要的指导作用。马克思主义法治理论的理论体系最先由马克思、恩格斯创立。马克思与恩格斯通过《黑格尔法哲学批判》、《德意志意识形态》、《共产党宣言》和《资本论》第一卷、第二卷等一系列著作，创立并将马克思主义法学发展为严谨、系统的学说。[2]作为社会主义法治的创设者，列宁第一次对社会主义条件下的法制建设问题

---

① 张文显：《马克思主义法学中国化的百年历程》，载《吉林大学社会科学学报》2021 年第 4 期。

② 李龙：《中国特色社会主义法治体系的理论基础、指导思想和基本构成》，载《中国法学》2015 年第 5 期。

进行了系统阐述，譬如，他认为："法制不能有卡卢加省的法制，喀山省的法制，而应是全俄统一的法制，甚至是全苏维埃共和国联邦统一的法制。"①列宁对苏俄社会主义法制建设问题进行的系列理论和实践探索，为马克思主义法治理论的发展作出了巨大理论贡献。以毛泽东同志为主要代表的中国共产党人开启了马克思主义法学中国化的进程。1954 年，我国在毛泽东同志领导下制定了《中华人民共和国宪法》，以国家根本法的形式明确规定了新中国的国体与政体；毛泽东同志关于宪法作为国家根本大法地位等理论阐述，为马克思主义法学及马克思主义法治理论的中国化奠定了基础。在改革开放初期，以邓小平同志为代表的中国共产党人对马克思主义法治理论发展所作出的最大理论贡献，在于开辟了中国特色社会主义法治道路，并且完整系统地提出了社会主义法制原则的十六字方针，即"有法可依、有法必依、执法必严、违法必究"。②江泽民同志明确提出了"依法治国，巩固社会主义国家的长治久安"等观点。此后，"依法治国，建设社会主义法治国家"正式写入《中华人民共和国宪法》和《中国共产党章程》，成为中国的基本治国方略。胡锦涛同志提出"依法治国""首先要全面贯彻实施宪法"，并从"依法治国""执法为民""公平正义""服务大局""党的领导"五个方面阐述了"社会主义法治理念"。③习近平法治思想形成于新时代中国特色社会主义法治的伟大实践之中，回应了中国特色社会主义法治实践中所出现的各种理论和实际问题，形成了新时代中国特色社会主义法治理论体系。

习近平总书记指出："理论思维的起点决定着理论创新的结果。理论创新只能从问题开始。从某种意义上说，理论创新的过程就是发现问题、筛选问题、研究问题、解决问题的过程。""马克思主义是不断发展的开放的理论，始终站在时代前沿。马克思一再告诫人们，马克思主义理论不是教条，而是行动指南，必须随着实践的变化而发展。"习近平法治思想不是书斋里

---

① 《列宁选集》（第四卷），人民出版社 1995 年版，第 702 页。
② 《邓小平文选》（第二卷），人民出版社 1994 年版，第 254 页。
③ 中共中央文献研究室编：《十六大以来重要文献选编》（上），中央文献出版社 2011 年版，第 68 页。

的学问，而是为了指导中国特色社会主义法治建设而创立，在中国共产党领导中国人民全面推进依法治国的实践中形成，并在中国特色社会主义法治实践的过程中不断丰富和发展，为中国特色社会主义法治实践提供理论指导的新时代马克思主义法治理论，体现了鲜明的"实践性"与"时代性"等理论品格。

（二）习近平法治思想中关于法治文化的重要论述是习近平法治思想的重要组成部分，展示了习近平法治思想的"民族性""原创性"等理论品格

从一般意义上讲，"法治文化"主要是指一国法治系统中，法治实施主体的心理或精神要素层面。"法治文化"研究对于我们了解特定国家法治制度之下的法治行为、法治模式具有重要的理论价值。进言之，法治文化与法治制度、法治主体及其法治实施行为一样，共同构成了影响特定国家的法治发展模式和法治发展道路之重要力量。从主权国家的视角来看，"区域法治文化"主要是指国家内部不同地区的法治文化；从全球法治的视角来看，"区域法治文化"则是指不同国家之独具民族特色的法治文化，也包括具有某一法治传统的多个国家共同拥有的"区域法治文化"。从区域法治文化的比较中，我们不仅可以看到各国法治模式的异同，也可看到不同国家法治主体的行为倾向、文化心理的差异。各国法治理论能否具有高度的文化自觉和文化自信，从而建构出适合本国国情的法治体制和法治实施机制，是影响特定国家的法治发展道路、法治运行模式之重要因素。中国特色社会主义法治文化是我国社会主义法治国家建设的社会文化基础，习近平法治思想中关于法治文化的重要论述，是习近平法治思想的重要组成部分，不仅深刻体现了中国特色社会主义法治的区域特色与民族特色，也充分展示了习近平法治思想之高度文化自觉与文化自信。

自近代以来，在欧美法治理论之强势影响下，很多发展中国家在法治理论研究中，往往被动或者主动地将欧美资本主义国家的法治模式直接当作本国法治建设的范本，因而丧失了法治理论研究的"独立"、"自主"与"创新"精神。习近平总书记在哲学社会科学工作座谈会上明确指出："要

按照立足中国、借鉴国外，挖掘历史、把握当代，关怀人类、面向未来的思路，着力构建中国特色哲学社会科学，在指导思想、学科体系、学术体系、话语体系等方面充分体现中国特色、中国风格、中国气派。"依托中华优秀传统法治文化，根据中国国情思考"中国法治建设的具体问题"并建构"中国法治的理想图景"，形成"在指导思想、学科体系、学术体系、话语体系等方面充分体现中国特色、中国风格、中国气派"的"中国特色社会主义法治理论"，是习近平法治思想之"民族性""原创性"品格的重要体现。习近平法治思想博大精深，尤其是关于法治文化的重要论述，不仅拥有深厚的马克思主义法治理论渊源，也有着中华民族优秀传统法治文化的深厚历史文化渊源与革命文化渊源。譬如，习近平法治思想中"德治融入法治问题""党规严于国法问题"等有关表述，深刻借鉴了中国古代的优秀传统法治文化；其强调"党对政法工作的绝对领导""坚持党对法治宣传和文艺创作的领导"等论述，则继承了中国共产党在民主革命时期的革命文化传统；其"坚持马克思主义在意识形态领域指导地位的根本制度"；等等。习近平法治思想是当代中国的马克思主义法治理论，其不仅致力于为中国特色社会主义法治寻求法治制度建设的理想方案与具体路径，也致力于为"人类命运共同体"的构建寻求全球法治建设的理想图景，因其鲜明的"独立""自主""创新"精神，而形成了其卓越的"民族性""原创性"品格。

二、习近平法治思想中关于法治文化的重要论述是指导全面依法治国实践的重大原创性成果

（一）习近平法治思想完整地阐述了何谓"法治"、何谓"中国特色社会主义法治"等理论问题，是我国全面推进依法治国实践中产生的重大原创性理论成果

第一，习近平法治思想关于"法治"原理阐述的原创性理论贡献。习近平总书记指出："法治是人类文明的重要成果之一。"习近平法治思想将"法治"和"人治"置于人类政治文明史和世界近现代史的宏大视角之中予以

比较分析，深刻揭示了"法治"的历史价值、政治价值、社会价值和经济价值，总结了世界各国现代化建设成败的关键问题，即"法治能否彰显"。习近平总书记深刻指出："凡是顺利实现现代化的国家，没有一个不是较好解决了法治和人治问题的。相反，一些国家虽然也一度实现快速发展，但并没有顺利迈进现代化的门槛，而是陷入这样或那样的'陷阱'，出现经济社会发展停滞甚至倒退的局面。后一种情况很大程度上与法治不彰有关。"由此可见，习近平法治思想将"社会主义法治"的重要价值置于党和国家的工作大局之中，总结了我国社会主义建设的重要经验，尤其是党的十一届三中全会以来中国共产党领导中国人民探索中国特色社会主义法治道路，取得社会主义建设伟大成就的成功经验。

习近平总书记提出："全面推进依法治国，是深刻总结我国社会主义法治建设成功经验和深刻教训作出的重大抉择。""全面依法治国"是我国全面实现小康社会、全面从严治党、全面深化改革的重要保障，也是我国实现中华民族伟大复兴的重要保障。习近平法治思想将社会主义法治建设置于中国特色社会主义建设的战略全局之中，尤其是将"全面推进依法治国"置于"四个全面"战略布局之中，深刻揭示了中国特色社会主义法治建设的重要战略地位。习近平总书记指出："对全面推进依法治国作出部署，既是立足于解决我国改革发展稳定中的矛盾和问题的现实考量，也是着眼于长远的战略谋划。"他还富有前瞻性地提出，在我国全面建成小康社会以后，我国尤其要注重研究"如何跳出'历史周期率'实现长期执政""如何实现党和国家长治久安"等需要深入思考的重大法治问题。这是对中国特色社会主义法治建设及其价值的深刻思考，更是对中国特色社会主义法治实践的重要原创性理论探索。

第二，习近平法治思想关于"中国特色社会主义法治"原理阐述的原创性理论贡献。习近平法治思想中关于中国特色社会主义法治体系、法治道路与法治文化的系统论述，深刻揭示了中国特色社会主义法治之有别于世界上其他国家法治模式的基本特征。习近平总书记指出："我们要建设的中国特色社会主义法治体系，必须是扎根中国文化、立足中国国情、解决中国问题的法治体系，不能被西方错误思潮所误导。"社会主义"法治理念""法治信仰""法治意识"等法治文化的构成要素，是贯穿于社会主义法治系统之各个构成部分，并发挥"整合""沟通""调节"等重要作用的"精神要素"。习近平总书记指出："研究谋划新时代法治人才培养和法治队伍建设长远规划，创新法治人才培养机制，推动东中西部法治工作队伍均衡布局，提高法治工作队伍思想政治素质、业务工作能力、职业道德水准，着力建设一支忠于党、忠于国家、忠于人民、忠于法律的社会主义法治工作队伍，为加快建设社会主义法治国家提供有力人才保障。""法治建设需要全社会共同参与，只有全体人民信仰法治、厉行法治，国家和社会生活才能真正实现在法治轨道上运行。……法治的根基在人民。要加大全民普法工作力度，弘扬社会主义法治精神，增强全民法治观念，完善公共法律服务体系，夯实依法治国社会基础。要坚持依法治国和以德治国相结合，把社会主义核心价值观融入法治建设，完善诚信建设长效机制，加大对公德失范、诚信缺失等行为惩处力度，努力形成良好的社会风尚和社会秩序。"这是习近平总书记对于法治文化在法治实施中重要价值的精辟论述。

为了培育法治文化，必须加强法治教育和法治宣传，引导广大人民群众和领导干部形成法治思维，养成"尊法学法守法用法"的习惯。为此，习近平总书记指出："法律要发挥作用，需要全社会信仰法律。""我国是个人情社会，人们的社会联系广泛，上下级、亲戚朋友、老战友、老同事、老同学关系比较融洽，逢事喜欢讲个熟门熟道，但如果人情介入了法律和权力领域，就会带来问题，甚至带来严重问题。"① 近年来，在习近平法治思想的指引下，我国不断加大全民普法力度，建设社会主义法治文化，"宪法法律至上""法律面前人人平等"等法治理念深入人心，各级党组织和全体党员带头尊法学法守法用法蔚然成风，社会主义法治文化建设取得显著成效，彰显了习近平法治思想关于"中国特色社会主义法治"原理阐述的原创性

---

① 习近平：《严格执法，公正司法》（2014 年 1 月 7 日），载《十八大以来重要文献选编》（上），中央文献出版社 2014 年版，第 721 页。

理论贡献。

（二）习近平法治思想中关于法治文化的重要论述深刻回答了"如何实施法治""如何开展法治研究"等问题，构成了习近平法治思想的重大原创性理论贡献

习近平总书记指出："全面依法治国是一个系统工程，要整体谋划，更加注重系统性、整体性、协同性。"习近平法治思想是对于中国特色社会主义法治战略及其实施方案的深刻论述，特别是从法治文化建设、法治人才培养的角度对中国特色社会主义法治建设的几个重大战略部署及方案等问题都作了深刻解答。

第一，统筹推进法治制度与法治文化建设。习近平总书记指出："我们抓住法治体系建设这个总抓手，坚持党的领导、人民当家作主、依法治国有机统一，坚持依法治国、依法执政、依法行政共同推进，坚持法治国家、法治政府、法治社会一体建设，全面深化法治领域改革，统筹推进法律规范体系、法治实施体系、法治监督体系、法治保障体系和党内法规体系建设，推动中国特色社会主义法治体系建设取得历史性成就。"社会主义法治体系这个复杂的系统工程，在各个环节、各个领域都可以分为两个内容，即"法治制度建设"与"法治文化建设"。这两者之间也是一种相互依赖、相互促进的关系：只有法治制度建设但缺乏法治文化建设，法治制度的实施就会因为没有文化支撑而缺乏灵活性、适应性；仅有法治文化建设却没有法治制度建设，法治文化的生长就会因为没有制度支持而缺乏可操作性。因此，我们也可以从"法治制度"与"法治文化"两个层面深入学习和研究习近平法治思想。社会主义法治文化是中国特色社会主义法治建设的社会文化基础，社会主义法治文化建设是中国特色社会主义法治建设，尤其是法治社会建设不可或缺的重要内容。

孟子曾言："徒善不足以为政，徒法不能以自行。"这一观点深刻阐述了"人"与"制度"之间的辩证关系。习近平法治思想中关于法治文化的重要论述，依托中华优秀传统法治文化的深厚历史底蕴，在积极筹划社会主义法治制度体系建设的同时，也高度重视中国特色社会主义法治文化建设，要求

在加强普法宣传，积极推动法治社会建设的同时，在政法队伍建设中"加强理想信念教育，深入开展社会主义核心价值观和社会主义法治理念教育，推进法治专门队伍革命化、正规化、专业化、职业化"，尤其是提出了管好领导干部这个"关键少数"等法治建设的重要工作，确保法治文化建设方略能够得到全面贯彻落实。

第二，统筹推进人才培养与法治研究。"治人"与"治法"的关系问题，一直是困扰中国古人及古代治理方略的重要问题之一。孔子认为："文武之政，布在方策。其人存，则其政举；其人亡，则其政息。"荀子也提出："有治人，无治法。""故法不能独立，类不能自行；得其人则存，失其人则亡。法者，治之端也；君子者，法之原也。""治人"与"治法"的关系，在当时的历史条件下被儒家予以"孰轻孰重"的权衡与比较，虽然具有相当的历史局限性，但也在一定程度上说明了"法治人才"培养和"法治理论"研究的极端重要性。2017年5月3日，习近平总书记在中国政法大学考察时明确指出："全面依法治国是一个系统工程，法治人才培养是其重要组成部分。高校是法治人才培养的第一阵地，是贯彻社会主义法治理论的重要阵地，也是推进法治理论创新的重要力量。要打造具有中国特色和国际视野的学术话语体系，尽快把我国法学学科体系和教材体系建立起来。法学教育要处理好法学知识教学和实践教学的关系，要坚持立德树人。"习近平总书记的重要论述，科学总结了中国历史上关于"治人"与"治法"关系的理论探讨，深刻揭示了"法治人才"培养的重要法治意义，也明确指示了我国法学教育的目标即"培养信念坚定、德法兼修、明法笃行的高素质法治人才"。

2020年11月16日，习近平总书记在中央全面依法治国工作会议上指出："推进全面依法治国是国家治理的一场深刻变革，必须以科学理论为指导。"2021年12月6日，习近平总书记在十九届中央政治局第三十五次集体学习时的讲话中指出："要加强对我国法治的原创性概念、判断、范畴、理论的研究，加强中国特色法学学科体系、学术体系、话语体系建设。要把新时代中国特色社会主义法治思想落实到各法学学科的教材编写和教学工作中，推动进教材、进课堂、进头脑，努力培养造就更多具有坚定理想信念、强烈家国情怀、扎实法学根底的法治人才。"习近平总书记的上述重要讲话，不仅阐明了法治理论研究与法治人才培养的相互关系，也深刻揭示了传承与发展中华优秀传统法治文化在中国特色法学学科体系、学术体系、话语体系及人才队伍建设中的重要意义，构成了习近平法治思想的重大原创性理论贡献。

三、习近平法治思想中关于法治文化的重要论述是当今时代法治基本原理的重大原创性贡献

从中外法治建设的理论探索上看，习近平法治思想体现了"法治系统观"，相对于形形色色的中外"法治模式论"而言，是法治国家建设规律的高度概括。习近平法治思想中关于法治文化的重要论述深刻体现了"文明互鉴论"等思想内涵，相对于西方法治文化的"文明等级论"与"文化霸权主义"而言，是世界法治理论的重要原创性发展。

（一）习近平法治思想雄辩地驳斥了"文明等级论"等欧美谬论，高屋建瓴地提出了"文明互鉴"等理论观点，构成了阐明现代法治理论之文化基础等重要原创性理论贡献

"文明"与"文化"两个概念的内涵有很大相似之处。譬如，钱穆认为："大体文明文化，皆指人类群体生活言。文明偏在外，属物质方面。文化偏在内，属精神方面。故文明可以向外传播与接收，文化则必由其群体内部精神累积而产生。"[1] 相对而言，"文明"更偏重于"思想等精神活动的结果"而非"思想等精神活动本身"，它在很多地方与"文化"可以混用。自近代以来，欧洲诸国提出的"文明等级论"，在相当程度上催生了其"文化帝国主义"，进而主导了国际法秩序的形成。他们将世界各地人群分别归为野蛮的（savage）、蒙昧/不开化的（barbarian）、半开化的（half‑civilized）、文明/服化的（civilized）以及明达的（enlightened，今译："启蒙"）五个等级，除此之外，还有三级之分（野蛮、蒙昧、文明）和四级之分（野蛮、蒙昧、

---

① 钱穆：《中国文化史导论》（修订本），商务印书馆1994年版，第1页。

半开化、文明）。① 此种将西方文明标准作为文明等级划分依据的理论，经历过几个世纪的发展，已经形成了一套经典化的论述，被编入国际法原理，深深烙刻在近代以来的思想潮流中，不仅成为欧美国家认知世界的基础，也同时为被征服者所接受，刺激着他们对历史进步的想象，直接介入了对现代世界秩序的创造。② 西方国家借助其在国际经济、政治、文化、科技等中的强势地位，将自身价值和利益作为判断是否文明的标准，对非西方国家设定各种条件和要求，并将其制定为国际法规则，要求各国遵守，否则就将其认定为不文明的"法外国家"，对非西方国家实施制裁，甚至发动所谓"文明"的侵略战争。③ 譬如，1860 年英法联军焚毁圆明园是举世公认的恶行。但长期以来，英国辩称其暴行的理由是清政府在圆明园内将部分英法战俘虐待致死，而清政府虐杀英法被俘者是违反人道主义和国际法的野蛮行为。实际上，已有学者通过翔实的史实考证，论定所谓"英法战俘受虐致死于圆明园的说法，完全是英国侵略者为焚毁圆明园而寻找的借口"，而且当时"欧美地区的所谓国际法对清政府并不具有法律的约束力"，等等。④ 就此而言，西方国家通过主导建立国际组织，掌控"文明标准"的判断权，并将自身的价值和理念具化为国际法律规则，形成了以"西方文明等级论"为基础的国际法治文化，试图使之成为西方在近代以来开展殖民扩展运动的合法依据，以及西方国家推行强权政治、干预他国内政、发动侵略战争的正当化理由。

2013 年，习近平总书记在访问中亚四国时首次提出："只要坚持团结互信、平等互利、包容互鉴、合作共赢，不同种族、不同信仰、不同文化背景的国家完全可以共享和平，共同发展。" 2014 年，习近平总书记在联合国教科文组织总部发表演讲时提出："文明交流互鉴不应该以独尊某一种文明或者贬损某一种文明为前提。世界上不存在十全十美的文明，也不存在一无是

---

① 刘禾主编：《世界秩序与文明等级》，生活·读书·新知三联书店 2016 年版。
② 刘禾：《世界秩序与文明等级——全球史研究的新视野》，载《文化纵横》2015 年第 6 期。
③ 韩逸畴：《从欧洲中心主义到全球文明——国际法中"文明标准"概念的起源、流变与现代性反思》，载《清华大学学报（哲学社会科学版）》2020 年第 5 期。
④ 王开玺：《圆明园三百年祭》（下册），东方出版社 2017 年版。

处的文明，文明没有高低、优劣之分。历史和现实都表明，傲慢和偏见是文明交流互鉴的最大障碍。文明是平等的，人类文明因平等才有交流互鉴的前提。文明是包容的，人类文明因包容才有交流互鉴的动力。我们应该推动不同文明相互尊重、和谐共处，让文明交流互鉴成为增进各国人民友谊的桥梁、推动人类社会进步的动力、维护世界和平的纽带。"此后，习近平总书记在出访世界各国时反复提及要"坚持文明多样性，引领文明互容、文明互鉴、文明互通的世界潮流，为人类文明共同进步作出贡献。坚持包容精神，推动不同社会制度互容、不同文化文明互鉴、不同发展模式互惠，做国际关系民主化的实践者。推动国际关系民主化、法治化及合理化，共同维护国际法和国际秩序的权威性和严肃性，依法行使各国权利，反对歪曲国际法，反对以'法治'之名行侵害他国正当权益、破坏和平稳定之实"。党的十九大报告倡导"各国人民同心协力，构建人类命运共同体，建设持久和平、普遍安全、共同繁荣、开放包容、清洁美丽的世界。……要尊重世界文明多样性，以文明交流超越文明隔阂、文明互鉴超越文明冲突、文明共存超越文明优越"。习近平总书记提出的"文明交流互鉴"理论已经引起了全球广泛共鸣，表明中国倡导一种更加开放和包容、以交流交融化解对抗冲突的新型文明观，这是促进世界永久和平的精神基石，是中国为推动和建立新型的国际关系，以及为改革全球治理体系而提供的国际公共产品，是构建人类命运共同体的重要内涵和积极力量，是推动人类文明进步和世界和平发展的新动力。[①]

2014年，习近平总书记在《加快建设社会主义法治国家》一文中指出："坚持从我国实际出发，不等于关起门来搞法治。法治是人类文明的重要成果之一，法治的精髓和要旨对于各国国家治理和社会治理具有普遍意义，我们要学习借鉴世界上优秀的法治文明成果。但是，学习借鉴不等于是简单的拿来主义，必须坚持以我为主、为我所用，认真鉴别、合理吸收，不能搞

---

① 韩逸畴：《从欧洲中心主义到全球文明——国际法中"文明标准"概念的起源、流变与现代性反思》，载《清华大学学报（哲学社会科学版）》2020年第5期。

'全盘西化'，不能搞'全面移植'，不能照搬照抄。"2016 年 7 月 1 日，在庆祝中国共产党成立 95 周年大会上，习近平总书记进一步指出："全党要坚定道路自信、理论自信、制度自信、文化自信。当今世界，要说哪个政党、哪个国家、哪个民族能够自信的话，那中国共产党、中华人民共和国、中华民族是最有理由自信的。"2017 年 1 月 18 日，习近平总书记在联合国日内瓦总部的演讲中明确指出："不同历史和国情，不同民族和习俗，孕育了不同文明，使世界更加丰富多彩。文明没有高下、优劣之分，只有特色、地域之别。文明差异不应该成为世界冲突的根源，而应该成为人类文明进步的动力。"这一段论述，鞭辟入里地驳斥了欧美国家"文明等级论"等谬论。

（二）习近平法治思想深刻地阐述了"法治体系观"等法治原理，全面深入地阐述了"法治文化"的重要意义，形成了解决西方传统法治之制度悖论的重大原创性理论贡献

第一，西方的理性主义哲学思潮及其传统法治模式的制度悖论是困扰西方法学发展的理论命题。从古希腊时期起，柏拉图就看到了普通民众"理性"的局限性，并提出了"哲学王统治"的观念，直到晚年才被迫回归"法治"立场。亚里士多德则坚持认为"法治"是最优良的统治模式，但是提出"法治"应当以"良法"为条件。由此可见，从古希腊时期开始，西方传统法治理论也同样存在"治人"与"治法"的选择困境。如美国法学家庞德所说："法律必须稳定，但又不能静止不变。因此，所有法律思想都力图使有关对稳定性的需要和对变化的需要方面这种相互冲突的要求协调起来。"① 法律的"稳定性"与"变动性"需要构成了西方法治模式的"制度悖论"，也是其法律思想发展演变与学术争议的重要动力。

西方近现代法治观念与法治实践起源于英国与德国。英国历史上国王与贵族的长期斗争使其确立了"议会至上"与"法律统治"的政治传统，从中演化出西方国家"立法—控权"的传统法治理念及模式。进言之，西方传统法治理论主要是由十七八世纪时期的法国资产阶级启蒙思想家建立，其以所

---

① ［美］罗斯科·庞德：《法律史解释》，曹玉堂、杨知译，华夏出版社 1989 年版，第 1 页。

谓的"理性主义"哲学为指导,以"天赋人权""社会契约""人民主权""权力制衡"等学说为理论依据,而以"有限政府""法律自治"为标准,试图通过制定完备而详尽的成文法典严格限制行政、司法官员的"自由裁量权"。简言之,这种法治模式是以西方国家所谓的"民主立法"为前提,以"法典编纂""立法至上"为理想的"法律规则治国"模式。欧洲历史上长达几百年时间对古罗马法进行研究所产生的发达法律技术以及立法机关具有一定的民意基础等,这些因素都助长了西方国家民众及法学理论界对立法的正当性、完备性与有效性的轻信。拿破仑时代法国民众对法典体系逻辑自足性的推崇与信仰,说明这一时期的人们对这种法治模式的内在矛盾尚无明确的认识。在德国,自18世纪的哲学家普拉西杜斯首次使用"法治国"概念以后,其法治国理论与实践主要经历了"自由法治国""形式法治国""混合法治国""实质法治国""公正法治国""德国统一后的法治国"等几个阶段。[1] 但是,在德国"法治国"的发展演变过程中,既不乏以"形式法治国"为名义下故步自封、罔顾人权的悲惨事实,也不乏以"实质法治国"为由罔顾法律、践踏法治的惨痛教训。这说明,德国的"实质法治国"理论与"形式法治国"理论,在现实生活中都会面临难以克服的困境。自19世纪后半期开始,资本主义国家社会矛盾开始激化,成文法典的局限性日渐暴露,传统法治模式的弊端也逐渐显露出来。欧美法学界开始意识到,欧美资本主义国家所谓的"民主立法"与"法典编纂",都不足以保障其立法的正当性与有效性;而其静止、僵化的法律规则,更不足以适应千变万化、千姿百态的现实世界。因而,在法学理论领域里,德国法学家耶林提出所谓的"目的法学",试图以"法律目的"作为填补"法律漏洞"和引导立法完善的重要工具;埃利希等"自由法学"快速兴起,"社会法学派"等法学思潮与法律方法尝试以"发现'社会习惯'等'社会法'规范",以弥补成文法规范之不足;等等。从某种意义上说,这些法学思潮与法学方法都是西方法学界对西

---

[1] 郑永流:《德国"法治国"思想和制度的起源与变迁》,载夏勇编:《公法》,法律出版社2000年版。

方传统法治危机的理论反思与学术回应。

"二战"结束以后，欧美法理学界在对德国纳粹战犯的审判中产生了"恶法亦法"与"恶法非法"的争论，亦深化了欧美法学界对"法治"的认识。"法律本身的正当性"或者"良法"作为"法治"的前提或基础，再度成为欧美法理学界热议的话题；"新自然法学"的复兴与宪法审查制度的普遍建立，在一定程度上修复了欧美各国民众对于法治的信心。但是，为了因应风险社会等复杂因素，欧美各国司法、行政自由裁量权一直在不断膨胀和扩张，对其传统法治模式的冲击与破坏作用更为明显。美国当代批判法学的代表昂格尔认为，在现代西方国家，"法律规则的统治"正让步于"立法、行政及审判中，迅速地扩张使用无固定内容的标准和一般性的条款"，他因此而得出了"法治解体"的悲观结论。① 美国"伯克利学派"的著名学者诺内特、塞尔兹尼克等还将"法制"分为三种类型："压制型法"、"自治型法"和"回应型法"。他们认为，"压制型法"是古代社会的法律统治模式，"自治型法"是"普遍性的法律规则的统治模式"，其发展必然导致"回应型法"的产生。"回应型法"的特点是强调法律的目的性，其实质在于使法律摆脱形式主义的羁束，更多地适应社会变革的需要并推动社会改革的进行。② 显然，诺内特等人所称的"自治型法"，实质上就是传统法治的理想模式，而"回应型法"则更多地预示了法治模式在新型历史时期的新发展。但是，如何构建"回应型法"并确保法治原则能够得以坚持和发展，则依然是欧美法学界争论不休的话题。

第二，习近平法治思想中关于"法治思维""法治文化"的重要论述是解决西方传统法治之制度悖论的原创性理论贡献。近年来，我国学者关于法治理论的研究，形成了"法治模式论""法治构成论""法治类型论""法治路径论"等理论成果，阐释了各国基于不同的文化背景与历史过程构建其国家法治体系的过程及原理。但是，由于我国社会主义法治建设的特殊时代背

---

① ［美］昂格尔：《现代社会中的法律》，吴玉章等译，中国政法大学出版社 1994 年版。

② ［美］诺内特、塞尔兹尼克：《转变中的法律与社会》，张志铭译，中国政法大学出版社 1994 年版。

景，如何正确处理"改革"与"法治"关系，也一直是我国学者普遍关注的重要问题之一。譬如，宪法学界对所谓"良性违宪"问题的争论，反映了我国宪法学者们对如何处理"法治"与"改革"关系的不同见解，学者们所提出的各种论点，在某种程度上也体现了西方法学对我国法学理论研究的影响，以及西方传统法治之制度悖论给我国"（移植）法学"带来的困惑。有学者提出："在改革中建设法治，在违法中树立法的权威，在政策的巨大作用中形成法律信仰，这在短期内是难以协调的。"① 面对中国社会主义法治建设过程中"改革"与"法治"的"两难困境"，习近平总书记旗帜鲜明地提出："科学立法是处理改革和法治关系的重要环节。要实现立法和改革决策相衔接，做到重大改革于法有据、立法主动适应改革发展需要。在研究改革方案和改革措施时，要同步考虑改革涉及的立法问题，及时提出立法需求和立法建议。实践证明行之有效的，要及时上升为法律。实践条件还不成熟、需要先行先试的，要按照法定程序作出授权。对不适应改革要求的法律法规，要及时修改和废止。要加强法律解释工作，及时明确法律规定含义和适用法律依据。"这一段论述不仅深刻阐述了"改革"与"法治"的关系，也深刻展示了法治实施过程中"法治思维"与"法治文化"的重要价值，指明了中国特色社会主义法治建设的正确方法与道路。

从内容上看，"法治思维"包括"法律权威思维""法律规范思维""法律程序思维"等。"法治思维"不仅是社会个体的思维模式与思维特征，其本身是"法治文化"内化为社会主体思维品格的结果，同时需要以法治制度体系的发展完善、法治文化体系的建立健全作为重要的外部条件。在2014年中央政法工作会议上，习近平总书记指出："党委政法委要带头在宪法法律范围内活动，善于运用法治思维和法治方式领导政法工作，在推进国家治理体系和治理能力现代化中发挥重要作用。""法治"本身就是社会主义核心价值观的重要内容之一，以社会主义核心价值观引领法治思维的养成，不仅需要在党员领导干部中培养依法办事的思维习惯，也需要形成社会主义核心价

---

① 高其才：《当代中国法治建设的两难境地》，载《法学》1999年第2期，第16页。

值观诸形态之间的动态平衡。2016年3月7日，习近平总书记在参加十二届全国人大四次会议黑龙江代表团审议时指出，要深入推进依法治国，着力打造全面振兴好环境。法治是一种基本思维方式和工作方式，法治化环境最能聚人聚财、最有利于发展。要提高领导干部运用法治思维和法治方式开展工作、解决问题、推动发展的能力，引导广大群众自觉守法、遇事找法、解决问题靠法，深化基层依法治理，让依法办事蔚然成风。在习近平法治思想的指引下，我国各部门通过法治文化建设培育法治思维，已经取得诸多丰硕成果。譬如，《全国人大常委会2016年工作要点》中指出："提高运用法治思维和法治方式推动发展的能力，认真学习宪法和法律，不断增强法治观念、法治素养，认真学习人大的议事规则和工作程序，坚持民主集中制，坚持依法按程序办事，在法治轨道上推动国家各项工作开展。"

"沧海横流，方显英雄本色！"习近平法治思想有效破解了我国"改革"与"法治"的两难困境，也解决了西方传统法治模式的制度悖论，不仅有力驳斥了欧美理论界对于中国共产党领导下中国特色社会主义法治模式的"怀疑""诋毁"等各种论调，也有效回应了欧美"批判法学"等形形色色的后现代主义法学流派及其"法治悲观主义"思潮。

四、结语

王晨同志在十三届全国人大第18期代表学习班的"学习贯彻习近平法治思想专题报告"中指出："习近平法治思想揭示了社会主义法治的生命力和优越性，擘画了新时代全面依法治国的宏伟蓝图，凝聚了法治建设的中国经验和中国智慧，是马克思主义法治理论中国化的新发展新飞跃，是全面依法治国的根本遵循和行动指南。""习近平法治思想中关于法治文化的重要论述"作为习近平法治思想的重要组成部分，内含于习近平新时代中国特色社会主义思想之中，在党的十八大以后逐渐形成和发展，并随着习近平总书记有关"社会主义法治""社会主义文化""社会主义法治文化"等系列重要讲话的增加而逐渐丰富，已经成为一个富有民族特色和时代精神的法治文化理论体系，其作为马克思主义法治理论的重大原创性发展，不仅是指导全面依法治国实践的重大原创性成果，也是对于当今时代世界法治理论发展的重大原创性贡献，体现了其卓越的原创性理论品格。

（作者：湖南师范大学法学院副院长　周刚志）

以习近平法治思想为指导
加强社会主义法治文化建设

文化是民族生存和发展的重要力量。法治文化是社会法律制度及其实践所具有的深沉文化内涵，是法治国家的精神构成要素。社会主义法治文化是中国特色社会主义文化的重要组成部分，是社会主义法治国家建设的重要支撑。党的十八大以来，以习近平同志为核心的党中央在全面推进依法治国的进程中，高度重视社会主义法治文化建设，习近平总书记就法治文化建设作出许多重要论述，习近平法治思想为社会主义法治文化建设提供了根本遵循和行动指南。

一、充分认识习近平总书记关于法治文化建设重要论述的重大意义

在全面推进依法治国、实现中华民族伟大复兴过程中，中国特色社会主义法治文化建设具有特殊的重要意义。党的十八大以来，习近平总书记立足新的历史方位和时代条件，紧密结合中国特色社会主义文化建设、法治建设的时代要求，提出了一系列关于法治文化建设的重要论述。习近平总书记关于法治文化建设的重要论述是习近平法治思想的重要组成部分，是指引新时代中国特色社会主义文化建设和法治建设不断前进的强大思想武器，为当前推进中国特色社会主义法治文化建设提供了重要遵循。

第一，习近平总书记关于法治文化建设的重要论述为中国特色社会主义文化建设提供了思想指引。法治文化经由中华优秀传统文化涵育而成，包括法治理念、法治思想、法治原则、法治精神、法治价值等精神文明成果以及

相关制度与实践。它是中国特色社会主义文化的重要内容，蕴含和体现一个国家、民族的文化内涵。党的十八大以来，以习近平同志为核心的党中央把文化建设提升到一个新的历史高度，法治文化建设也在正本清源、守正创新中取得历史性成就、发生历史性变革。习近平总书记关于法治文化建设的重要论述，生动展现了法治文化建设与文化建设的相互关系，有力彰显了新时代推进中国特色社会主义文化建设的重要方面，成为新时代中国特色社会主义文化建设的重要思想指引。

第二，习近平总书记关于法治文化建设的重要论述为社会主义法治建设提供了思想指引。全面依法治国需要全社会共同参与，需要全社会法治观念增强，必须在全社会弘扬社会主义法治精神，建设社会主义法治文化，这是坚定社会主义法治自信的基础工程。习近平总书记关于法治文化建设的重要论述阐明了法治文化建设在全面依法治国中的地位和意义，揭示了社会主义法治文化建设的本质、规律、目标和核心要义，为新时代推进社会主义法治文化建设指明了方向，也为加强社会主义法治建设提供了重要思想指引。

二、深刻理解习近平总书记关于法治文化建设重要论述的历史逻辑、实践逻辑和理论逻辑

习近平总书记关于法治文化建设的重要论述是马克思主义法治思想中国化的最新成果，具有深厚的历史基础、实践导向和理论风格，是历史逻辑、实践逻辑和理论逻辑的有机统一。

（一）习近平总书记关于法治文化建设的重要论述是对中华优秀传统法律文化和革命法制文化的继承，是对西方法治文明有益成果的借鉴

习近平总书记关于法治文化建设的重要论述是对中华优秀传统法律文化的创造性转化和创新性发展。中华优秀传统法律文化蕴含着中华民族绵延几千年的文明智慧和文化底蕴。习近平总书记指出："我国古代法制蕴含着十分丰富的智慧和资源，中华法系在世界几大法系中独树一帜。要注意研究我国古代法制传统和成败得失，挖掘和传承中华法律文化精华，汲取营养、择善而用。""在几千年的历史演进中，中华民族创造了灿烂的古代文明，形成

了关于国家制度和国家治理的丰富思想，包括大道之行、天下为公的大同理想，六合同风、四海一家的大一统传统，德主刑辅、以德化人的德治主张，民贵君轻、政在养民的民本思想，等贵贱均贫富、损有余补不足的平等观念，法不阿贵、绳不挠曲的正义追求，孝悌忠信、礼义廉耻的道德操守，任人唯贤、选贤与能的用人标准，周虽旧邦、其命维新的改革精神，亲仁善邻、协和万邦的外交之道，以和为贵、好战必亡的和平理念，等等。"习近平总书记对中华优秀传统法律文化予以创造性转化和创新性发展，将其融汇到中国特色社会主义法治理论体系之中，实现中华优秀传统法律文化与现实法治文化的相融相通。

习近平总书记关于法治文化建设的重要论述是对革命法制文化的继承。新民主主义政权建设和法制建设的伟大探索为建立新中国的国家制度和法律制度积累了宝贵经验。新中国成立之初，我们党把在局部地区执政的新民主主义制度建设经验在全国范围内推广，确立了新中国的国体、政体和法制，实现了从两千多年封建专制统治向人民民主法治的伟大飞跃。在这一过程中，形成了具有鲜明中国特色的革命法制文化，诸如坚持党的领导、坚持群众路线等。习近平总书记关于法治文化建设的重要论述继承和弘扬了革命法制文化传统，彰显了革命法制文化的强大感召力。

习近平总书记关于法治文化建设的重要论述是对西方法治文明有益成果的借鉴。千百年来，世界不同国家和法系中都生成了许多跨越时空的理念、制度和方法，反映了人类法治文明发展的一般规律，凝聚着法治的人类精神，诸如依法治理、权力制约、权利保障、宪法法律至上、法律面前人人平等、契约自由、正当程序、无罪推定、疑罪从无等法理命题，以及有关法律、法治和法理的许多学说。习近平总书记十分注重对西方法治文明有益成果的借鉴。他指出："坚持从我国实际出发，不等于关起门来搞法治。法治是人类文明的重要成果之一，法治的精髓和要旨对于各国国家治理和社会治理具有普遍意义，我们要学习借鉴世界上优秀的法治文明成果。"习近平总书记关于法治文化建设的重要论述正是借鉴吸收了世界各国人民共同创造的法治文明。

（二）习近平总书记关于法治文化建设的重要论述植根于中国特色社会主义法治实践

习近平总书记关于法治文化建设的重要论述在中国特色社会主义法治实践的土壤中萌发、孕育、成长，在中国特色社会主义法治实践中应用、检验、升华，并引领中国特色社会主义法治事业阔步前行。实践性是其本质属性，实践逻辑是其根本逻辑。习近平总书记早在正定工作期间就高度重视法治建设，在之后的工作中又明确提出"依法治省""建设法治社会""法治经济""坚持法治与德治相结合"等法治命题，为创新发展社会主义法治文化奠定了坚实基础。进入新时代，党的十八届四中全会通过的《中共中央关于全面推进依法治国若干重大问题的决定》明确指出："必须弘扬社会主义法治精神，建设社会主义法治文化。"党的十九大报告指出："加大全民普法力度，建设社会主义法治文化，树立宪法法律至上、法律面前人人平等的法治理念。"习近平总书记关于法治文化建设的重要论述是中国特色社会主义法治建设实践逻辑的理论反映，创新发展了中国特色社会主义法治理论。

（三）习近平总书记关于法治文化建设的重要论述是内涵丰富、论述深刻、逻辑严密、系统完备的理论体系

习近平总书记关于法治文化建设的重要论述是一个内涵丰富、论述深刻、逻辑严密、系统完备的理论体系，既包含法治文化的一般理论，也包括中国特色社会主义法治文化的一般原理，涉及中国特色社会主义法治文化建设的各个层面、各个环节，涵括精神理念、制度规范、行为实践等诸多方面的具体内容，深刻回答了法治文化建设一系列带有方向性、根本性、全局性的重大问题，具有鲜明的理论风格。

三、全面准确把握习近平总书记关于法治文化建设重要论述的科学内涵

习近平总书记关于法治文化建设的重要论述内涵丰富而深邃，把我们党对社会主义法治文化建设规律的认识提升到了新的高度。要全面准确把握，尤其是要深刻理解和切实践行以下五个方面。

第一，坚持党对中国特色社会主义法治文化建设的领导。党的领导是中国特色社会主义最本质的特征，是社会主义法治最根本的保证。把党的领导贯彻到依法治国全过程和各方面，是我国社会主义法治建设的一条基本经验。社会主义法治文化建设贯穿于全面依法治国的各领域、各环节、各方面，必须始终坚持党的领导，不断加强和改善党的领导，健全党领导法治文化建设的制度和工作机制，推进党的领导制度化、法治化，确保正确的政治方向。

第二，社会主义法治文化是维护宪法法律权威的法治文化。人民是历史的创造者。全面依法治国最广泛、最深厚的基础是人民。当前，人民群众对美好生活的向往更多地向民主、法治、公平、正义、安全、环境等方面延展。人民群众对执法乱作为、不作为以及司法不公的意见比较集中。社会主义法治文化建设必须始终坚持以人民为中心，系统研究谋划和解决法治领域人民群众反映强烈的突出问题，不断增强人民群众的获得感、幸福感、安全感。要坚持为了人民、围绕人民，法治文化成果体现人民意志，反映人民愿望，满足人民对法治文化的需求。要坚持尊重人民、依靠人民，发挥人民主体作用和创造精神。

第三，社会主义法治文化是维护宪法法律权威的法治文化。法律的权威源自人民的内心拥护和真诚信仰。建设社会主义法治文化，必须在全社会牢固树立宪法法律权威，弘扬宪法精神，使人民认识到法律既是保障自身权利的有力武器，也是必须遵守的行为规范，培育社会成员办事依法、遇事找法、解决问题靠法的良好环境，自觉抵制违法行为，自觉维护法治权威。必须抓住领导干部这个"关键少数"，解决好思想观念问题，引导各级干部深刻认识到，维护宪法法律权威就是维护党和人民共同意志的权威，捍卫宪法法律尊严就是捍卫党和人民共同意志的尊严，保证宪法法律实施就是保证党和人民共同意志的实现，提高领导干部运用法治思维和法治方式开展工作、解决问题、推动发展的能力。

第四，社会主义法治文化是以社会主义核心价值观为精神内核的法治文化。社会主义核心价值观是当代中国精神的集中体现，凝结着全体人民共同的价值追求。建设社会主义法治文化，必须大力弘扬社会主义核心价值观，牢牢把握社会公平正义这一法治价值追求，把社会主义核心价值观融入法治国家、法治政府、法治社会建设全过程，融入科学立法、严格执法、公正司法、全民守法各环节，体现到国民教育、精神文明创建、文化产品创作生产各方面。

第五，社会主义法治文化是需要道德滋养的法治文化。"不知耻者，无所不为。"没有道德滋养，法治文化就会缺乏源头活水。建设社会主义法治文化，必须以道德滋养法治精神、强化道德对法治文化的支撑作用。要弘扬中华传统美德，培育社会公德、职业道德、家庭美德、个人品德，提高全民族思想道德水平，为依法治国创造良好的人文环境。要深入实施公民道德建设工程，深化群众性精神文明创建活动，完善诚信建设长效机制，加大对公德失范、诚信缺失等行为惩处力度，努力形成良好的社会风尚和社会秩序。

四、深入贯彻习近平总书记关于法治文化建设的重要论述，全面推进中国特色社会主义法治文化建设

建设社会主义法治文化是建设中国特色社会主义法治体系和法治国家的战略性、基础性工作，是建设社会主义文化强国的重要内容。中共中央办公厅、国务院办公厅印发《关于加强社会主义法治文化建设的意见》，明确加强社会主义法治文化建设主要任务。中共中央办公厅《关于进一步加强法学会建设的意见》要求："弘扬社会主义法治精神，建设社会主义法治文化，推动在全社会形成良好法治氛围和法治习惯。"中国法学会法治文化研究会作为社会主义法治文化建设的重要力量，要以习近平新时代中国特色社会主义思想为指导，深入学习研究并宣传贯彻习近平法治思想特别是习近平总书记关于法治文化建设的重要论述，以及习近平总书记关于文化自信的重要论述，坚持党对全面依法治国的领导，坚持以人民为中心，坚持法安天下、德润人心，坚持继承发展、守正创新，为着力建设面向现代化、面向世界、面向未来的，民族的科学的大众的社会主义法治文化作出积极贡献。

第一，阐发我国优秀传统法治文化。习近平总书记善于在历史考察和反思中温故知新，牢记历史经验、历史教训、历史警示，为厉行法治、奉法强

国提供坚实的历史依据。习近平总书记关于法治文化建设的重要论述对中华优秀传统法律文化和法理精华进行了批判性继承、创造性转化、创新性发展，澄清了近代以来历史虚无主义对中华优秀传统法律文化的错误认识，使中华优秀法律文化的精髓得到传承和弘扬，使法治的中国精神和民族特色得以彰显，极大地增强了中国人民在法治和国家治理上的文化自信和民族自信。要传承中华法系的优秀思想和理念，研究我国古代法制传统和成败得失，挖掘民惟邦本、礼法并用、以和为贵、明德慎罚、执法如山等中华传统法律文化精华，根据时代精神加以转化，加强研究阐发、公共普及、传承运用，使中华优秀传统法律文化焕发出新的生命力。挖掘善良风俗、家规家训中的优秀法治内容，倡导传承优良家风。

第二，加大全民普法力度。注重公民法治习惯的实践养成，促进人民群众广泛参与法治，用科学立法、严格执法、公正司法的实践教育人民，推动全民守法，在法治实践中持续提升公民法治素养。全面落实"谁执法谁普法""谁主管谁普法""谁服务谁普法"的新时代全民普法新机制。坚持问题导向，探索"按需普法"和分层法治教育，提高普法和法治教育的针对性、方向性、影响力。综合运用新媒体新技术和多元性、多样化的普法方式、普法手段，加快形成新时代法治文化建设模式。

第三，加强法治宣传教育。坚持从青少年抓起，把宪法法律教育纳入国民教育体系，引导青少年从小掌握宪法法律知识、树立宪法法律意识、养成尊法守法习惯。完善国家工作人员学习宪法法律的制度，推动领导干部加强宪法学习，增强宪法意识，带头尊崇宪法、学习宪法、遵守宪法、维护宪法、运用宪法，做尊法学法守法用法的模范。

第四，推进法治文化产品和产业创新。实施法治文化产品创新工程，激发法治文化创新创造活力，用法治文化精品教育人、激励人、塑造人、鼓舞人。健全法治文化产业体系，优化法治文化传播格局，发展法治文化全媒体传播工程。经典的法治文化案例更容易让人记得住、触动深，要加强法治文化分类案例库建设，推动产生更好的教育效果。创新实施法治文化惠民工程，建好、用好网络学习教育平台，推进城乡法治文化一体化建设，用人民群众听得懂、听得进、听得信的方式讲述法治故事,**弘扬法治精神**。加大法治文化惠民力度,充分利用"三下乡"活动,组织丰富多彩的法治文艺下基层,在重大节庆日、法律法规实施日等时间节点,组织开展群众性法治文化活动。

第五,加强法治文化国际交流。把建设社会主义法治文化作为提高国家文化软实力的重要途径,对外阐释构建人类命运共同体的法治内涵和法治主张。下大气力加强国际传播能力建设,加快提升中国话语的国际影响力。积极推动中外法治文明交流互鉴,善于讲述中国法治故事,展示我国法治国家的形象,不断提升社会主义法治文化影响力,用及时、有效的正面法治文化传播守护好中国特色社会主义法治文化的堤坝。

(作者:中国法学会法治研究所所长、

法治文化研究会常务副会长　周占华)

中国特色社会主义法治文化
建设的路线图问题

中国特色社会主义法治文化是中国特色社会主义法治的重要组成部分，是与中国特色社会主义法治的制度性内容相对应的法治思想、法治观念和法治行为习惯，也是中国特色社会主义法治的内在支撑。中国特色社会主义法治文化建设的路线图问题，是法治建设路线图问题的重要组成部分，其主要回答中国特色社会主义法治文化的时代定位、发展阶段、未来走向和所要遵循的策略、原则等问题。

一、引言：中国特色社会主义法治文化的性质与内部构成

中国特色社会主义法治文化是一种新型的、正在成长的法治文化。从根本上说，社会主义法治文化是人类历史上第一种体现人民意志和根本利益的法治文化，与西方国家已经形成的法治文化有着本质区别。具体来说，在我国，社会主义法治文化是体现了党领导下的人民群众的意志和根本利益的新型法治文化，也是党领导下的人民群众在依法管理国家事务和社会生活事务的伟大实践中不断创造发展的新型法治文化。

国外现代化和法治历史经验表明，西方国家在以工业化为核心的现代化进程中，特别是在工业化的前期、中期阶段（大致是 19 世纪和 20 世纪早期），都普遍经历过一个"经济发展、道德下行"的社会治理滑坡阶段。大多数西方国家在此发展阶段没能逃脱相关问题的困扰，进而无可奈何地走上了一条单纯依靠法律治理而相对忽视法律治理与道德治理相结合、相对忽视法治制度建设与法治文化建设相结合的歧路。"二战"以来，西方国家普遍

实现了现代化，步入了富裕国家行列。然而，相对富足的物质生活并没有从根本上解决西方国家的法治文化建设缺失和社会道德滑坡问题。① 中国是一个共产党领导的社会主义国家，也是一个正在成长的社会主义法治国家，社会主义的性质决定了中国法治建设必须弘扬一种积极健康向上的主流法治文化，弘扬社会主义核心价值观，实现依法治国和以德治国相结合、法律治理与道德治理相结合、法治制度建设与法治文化建设相结合。这是中国特色社会主义法治文化发展与历史上的西方法治文化发展的根本区别。

广义上，中国特色社会主义法治文化有法治思想观念和法治行为习惯两个层面的内容，法治思想观念指导和内化于法律制度，法治行为习惯体现于大众的日常行为。以习近平法治思想为时代标志的中国特色社会主义法治思想和法治观念科学揭示了中国特色社会主义法治文化的本质特征，指明了中国特色社会主义法治文化的发展方向，对法治建设起着根本性的思想引领作用。以大众法治行为习惯为内容的法治文化既体现了中国传统法律文化的历史沉淀，也展示了亿万中国人民在奔向现代化、追求美好生活的历史进程中不断生长的、崭新的法治行为习惯和法治精神风貌，对法治建设和法律运行起着重要的基础支撑作用。历史表明，作为法治建设的内在组成部分，先进的、作为法治思想观念（理念）的法治文化只有与法治建设，特别是与法治制度建设紧密结合，与大众的行为习惯内在契合，才能充分发挥其对法治建设和法律运行的思想引领作用。

二、中国法治文化的时代定位：一种正在成长的社会主义法治文化

现阶段，中国仍处于社会主义法治的成长阶段，中国法治文化是一种正在成长的社会主义法治文化。② 这是关于中国特色社会主义法治文化发展阶

---

① 蒋立山：《社会治理现代化的法治路径——从党的十九大报告到十九届四中全会决定》，载《法律科学（西北政法大学学报）》2020 年第 2 期。
② 关于中国仍处于社会主义法治的成长阶段表述最早见于 2008 年蒋立山的文章《法治建设白皮书：展示一个正在成长的法治中国》，载《法制日报》2008 年 2 月 29 日。

段的时代定位。这种时代定位，既表明了我国的法治文化建设，与法治建设一样，仍然存在许多问题和挑战，存在许多不成熟和不尽如人意的地方，与法治和法治文化的成熟标准相比仍有很大差距，也表明中国法治文化建设中存在的问题是法治成长的问题，也是在法治成长的历史进程中正在不断解决的问题。中国特色社会主义法治文化是一种生机勃勃、积极向上、有着光明前景的法治文化。

科学解决中国特色社会主义法治文化的时代定位问题，对于深化认识现阶段中国法治建设和法治文化建设中存在问题的性质有着重要意义。

根据相关文献，关于现阶段我国法治建设及相应的法治文化建设存在的问题，目前主要有以下两个权威表述。

一个表述是在 2008 年我国发布的《中国的法治建设》白皮书之中。《中国的法治建设》是我国发布的首个法治白皮书，旨在向国际社会宣介中国法治建设的基本状况、主要成就和存在问题，阐明我国在法治建设问题上的基本立场。白皮书对法治建设存在问题的表述是："中国的法治建设仍面临一些问题：民主法治建设与经济社会发展的要求还不完全适应；法律体系呈现一定的阶段性特点，有待进一步完善；有法不依、执法不严、违法不究的现象在一些地方和部门依然存在；地方保护主义、部门保护主义和执行难的问题时有发生；有的公职人员贪赃枉法、执法犯法、以言代法、以权压法，对社会主义法治造成损害；加强法治教育，提高全社会的法律意识和法治观念，仍是一项艰巨任务。"可以看出，法治白皮书中揭示的法治建设的诸多不足，不仅是法律制度方面的问题，如"有法不依、执法不严、违法不究"和"贪赃枉法、执法犯法、以言代法、以权压法"等现象，也反映出法律制度背后的文化与行为习惯方面存在的深层次问题。

另一个表述是在 2014 年党的十八届四中全会上通过的《中共中央关于全面推进依法治国若干重大问题的决定》之中。其对法治问题的表述是："有的法律法规未能全面反映客观规律和人民意愿，针对性、可操作性不强，立法工作中部门化倾向、争权诿责现象较为突出；有法不依、执法不严、违法不究现象比较严重，执法体制权责脱节、多头执法、选择性执法现象仍然存在，执法司法不规范、不严格、不透明、不文明现象较为突出，群众对执法司法不公和腐败问题反映强烈；部分社会成员尊法信法守法用法、依法维权意识不强，一些国家工作人员特别是领导干部依法办事观念不强、能力不足，知法犯法、以言代法、以权压法、徇私枉法现象依然存在。这些问题，违背社会主义法治原则，损害人民群众利益，妨碍党和国家事业发展，必须下大气力加以解决。"可以看出，与《中国的法治建设》白皮书主要侧重针对国际社会和国外读者不同，党的文件的主要阅读对象是国内读者，《中共中央关于全面推进依法治国若干重大问题的决定》对法治建设存在问题的描述内容更为详尽，剖析更为深刻，用词也更为严厉。

上述两个权威文件关于我国法治生活存在问题（包括法治文化方面存在的问题）的表述是精准的，体现了权威性的官方态度。

循着上述两个中央文件对现阶段法治建设中存在问题的界定，人们可以进一步追问：我国法治建设（包括法治文化建设）存在的问题，从根本上说，是一种什么性质的问题？是一种什么发展阶段的问题？甚至说，是一种什么样的国家里存在的问题？

众所周知，在国家性质的划分问题上，既有一般意义上的资本主义国家与社会主义国家之分，在经济发展水平上有传统农业国家与现代工业国家之分，也有法学意义上的传统人治国家、法治成长国家和法治成熟国家之分，甚至还包括更为特殊的法治衰败国家。从法学视角看，中国法治生活中存在的诸多问题，比如知法犯法、以言代法、以权压法、徇私枉法等问题，既可以是传统非法治国家里的问题，也可以是法治成长国家的问题，还可以是法治衰败国家的问题。那么，现阶段我国法治建设及法治文化中存在的上述问题究竟说明了什么？如果说中国目前还不属于成熟法治国家的话，在传统人治国家、法治成长国家和法治衰败国家中，中国法治建设中存在的问题到底属于哪一种国家类型的问题？这是法治问题的定性应该解决的问题。

本文认为，从对国家性质的一般划分看，我国属于社会主义国家。从经济发展水平上看，我国属于新兴的工业化国家，正处于工业化和社会现代化的进程中。从法学视角上看，我国正在从传统治理国家走向现代法治国家，是一个正在成长的法治国家。由此得出的一个综合性结论是：中国是一个正在成长的社会主义法治国家。依法治国，建设社会主义法治国家，建设社会主义法治文化，都是中国社会现代化事业的重要组成部分。中国法治建设和法治文化建设存在的问题，是法治成长进程中的问题。这与传统人治国家基本不存在法治或是否定法治成长和法治衰败国家中的法治倒退情况都有着本质区别。

同样重要的是，人们不应该静态地看待上述问题，而是应该把上述问题置于一个动态的、发展的理论框架之中。具体来说，中国法治建设（包括法治文化建设）存在的上述问题应该从以下视角获得进一步的认识。

——作为一个正在成长的法治国家，中国存在快速建立的法律制度与缓慢生长的法律秩序和缓慢生长的法治文化之间的矛盾，在过去几十年里普遍存在"有法律无秩序"和"有法律无信仰"的现象。此种现象现阶段正在得到解决，但仍须有一个较长的历史进程。

——以工业化进程为根本动因，与社会矛盾高发期和腐败高发期相伴随，改革开放以来的中国法律秩序呈现倒"U"形趋势，即"先恶化、后改善"的趋势，目前已经处于从恶化到改善的拐点区间。这预示着中国社会转型中的法律治理问题将会随着社会转型的完成而得到极大程度的解决。

——与早期西方法治先行国家存在的法治建设探索成本高、探索期长的情况不同，在中国这样的后发法治国家里，法治观念移植的速度快于制度变革速度，制度变革速度又快于法律秩序与法治文化的生长速度，形成了法治内部不协调和法治的制度硬件缺少大众法治文化的软件支撑的情况。

——与早期法治国家民众对法律社会治理问题忍耐力相对较高的情况不同，在中国这样的后发法治国家中，由于外部示范效应的存在，民众过高的法治期待与相对不理想的法治现实之间的反差，造成了法治发展的不同阶段里法治理想主义、法治激进主义和法治悲观主义交替出现的现象。

上述情况可能更能说明中国作为一个法治成长国家的阶段性图景，也说明了法治文化建设面临的阶段性难题。

总体上看，尽管中国法治生活里存在许多问题，但从问题定性的角度看，人们有理由认为：中国法治的成长期，类似人的青春期，是一个希望与问题并存、总体上积极向上的阶段。现阶段的中国法治文化，是一种希望与问题并存、总体上积极向上的法治文化。

三、法治文化时代定位背后的理论问题：关于法治发展的阶段划分

中国正处于法治文化的成长阶段，现阶段的中国法治文化是一种正在成长的社会主义法治文化。这样一种关于法治文化的定性结论，背后体现了一种关于法治发展阶段划分理论的重新认识。

根据法治与现代化的相互关系的理论，同时参照党的十九大关于中国特色社会主义未来发展的阶段划分理论，可以把当代中国法治的历史与未来进程具体划分为三个阶段，即法治起步阶段、法治成长阶段和法治成熟阶段。暂不考虑晚清及民国时代的法治发展划分问题，中国特色社会主义法治的起步阶段是革命根据地时代至新中国刚成立的 20 世纪 50 年代，法治成长阶段是改革开放以来直至 2035 年前后。预计 2035 年至 2050 年，在全面建成中国特色社会主义法治国家的历史进程中，中国特色社会主义法治也将进入全面成熟阶段。

从学术视角看，法治发展（包括法治文化发展）的阶段划分问题，不应该仅局限于一国内部的法治发展问题，而应该与其他国家的法治发展划分方法相一致，共享一个统一的阶段划分标准。然而，人们知道，现阶段国内法学教科书上关于西方法治发展的阶段划分主要围绕分权问题展开。依此种理论，近代英国在 1688 年光荣革命之后、美国在 1787 年制定美国宪法时就已经是法治国家了。考虑到英美等国的后来情况，此种仅以分权为内容的法治标准显然过于简陋，也无法适用于"二战"后的广大发展中国家。20 世纪国际法学界关于现代法治的定义①比传统的关于法治的分权定义虽更具合理性，

---

① 1959 年国际法学家会议通过的《德里宣言》将法治概括为三项原则：一是立法机关发挥创设和维护得以使每个人保持"人类尊严"的各种条件；二是既要制止行政权滥用，又要使政府能有效维护法律秩序，借以保证人们具有充分的社会和经济生活条件；三是实行司法独立和律师自由。

但未在国内获得广泛影响。

为此，本文认为，应该重新界定现代法治的含义，即在传统法治定义的权力制约标准之上，加上社会公正标准。

理论上，权力制约只是解决了国家权力在社会上层的分配问题，与社会公正问题不直接相关。但一个社会公正缺失的社会，即使实现了法律对权力的制约，也只是有益于少数人，与大多数社会民众无关，这也是 19 世纪英美等国的实际情况。在法理学上，权力制约仅有助于消极权利的实现，而无助于积极权利。在学说史上，以权力制约理论为内容的法治定义只是一个工业化社会之前的早期理论，其并未反映工业化进程带来的法治挑战，无法全面描述现代工业化社会的法治情景，也无法体现现代法治社会和现代法治标准的时代风貌。

从真实的历史进程看，在英美等国已经实现了权力分立的制度创新之后，随着逐步踏入工业化社会，社会公正状况也经历了历史性的转变。在现代化的前期阶段，由于农村剩余劳动力大量存在，且源源不断转移至现代工业部门，在市场供求关系作用下，农民工低工资与经济快速增长呈现长期背离趋势，构成了经济增长条件下社会贫富分化的重要内容。这也是现代化进程中的社会公正状况恶化阶段。在现代化的后期阶段，由于劳动力出现短缺，同样受市场供求关系的支配，农民工工资逐步上涨，经济快速发展与农民低工资呈现长期背离的状况开始得到改变，加之其他因素（如二次分配）的共同作用，社会成员共享经济发展成果的局面初步形成。这也是社会公正恶化状况开始得到扭转的阶段。[①] 在此种意义上，人们可以说，现代意义上的社会公正，是工业化及由其所带来的社会变迁的产物，是伴随着工业化中后期出现的政府"二次分配"的产物。

说起世界上已经存在的现代法治国家，给人们印象最深刻的可能不是法治，而是社会福利，这是英美等国在实现了"早期法治"之后一二百年里发

---

① 蒋立山：《社会治理现代化的法治路径——从党的十九大报告到十九届四中全会决定》，载《法律科学（西北政法大学学报）》2020 年第 2 期。

展出来的发达国家的真正品格。此种社会福利，用法学语言来说，就是上面所讲到的社会公正（现代法学理论上的"积极权利"）。如果失去了社会福利的光环，即失去了社会公正，现代西方法治国家还剩有什么样的魅力就可想而知了。这同时说明了，为什么那么多发展中国家诸如印度、巴西等，即使模仿西方国家建立起了权力分立的制度，却依然不是一个为人们所向往的法治国家。

关于法治的现代标准问题可以另行专门探讨。简单地说，按照对法治标准的现代理解，人们可以对英美等国的法治发展史做一重新认识，进而将世界主要国家的法治进程置于一个统一的历史坐标之中。

依照权力制约与社会公正的现代法治标准，可以把近现代世界各国的法治进程（包括法治文化进程）大致划分为法治起步阶段、法治成长阶段和法治成熟阶段。其中，法治起步阶段，是指法治元素作为一个近现代元素开始在一国内部酝酿出现，但尚未获得持续发展的动力，并存在中间夭折的可能性。法治成长阶段，是指近现代法治元素的持续发展，从最初的微弱元素持续发展为一套覆盖全社会的规则治理体系。法治成熟阶段，是指法治规则体系全面形成且在全社会得到良好运行。

按照上述法治发展阶段的划分标准，在近代英国，法治起步阶段大致指1215年大宪章至1688年光荣革命；法治成长阶段大致指从1688年至"二战"后英国宣布成为福利国家之前（也可以截至19世纪晚期），中间大致持续了200年至250年；法治成熟阶段大致可以界定为"二战"后英国正式宣布成为福利国家。在美国，法治起步阶段大致指1620年《五月花号公约》至1776年美国建国；法治成长阶段大致指从第一部美国宪法直至"二战"后，中间大致持续了近200年；法治成熟阶段是指20世纪60年代约翰逊改革前后。在我国，法治起步阶段大致可指1898年的戊戌变法。由于法治成长进程在20世纪30年代后期和50年代分别出现了中断与全面转型，最新一轮的法治成长期从20世纪70年代末80年代初开始，预计在2035年基本结束。在我国，法治成熟阶段大致分为两个阶段，预计在2030年前后基本实现法治，2050年前后全面进入法治成熟时代。上述关于英美及我国法治发展阶段划分的理论，不仅是 21 世纪以来法学界在法治发展阶段划分问题的新发展，也是党的十九大关于我国未来法治路线图的一个重要理论基础。

综上所述，中国现阶段正处于社会主义法治成长期，也正处于法治文化成长期。这不是一个单一的理论命题，其背后是对世界主要国家法治发展历史进程的整体思考。

四、法治文化发展阶段划分的政策含义：如何处理当下的转型矛盾

中国特色社会主义法治文化的阶段性定位问题，不止是一个理论性质的问题，也是一个有着重要政策意义的实践问题。其中，最核心的是体现和细化法治建设必须"与国家现代化总进程相适应""不能罔顾国情、超越阶段"的指导思想问题，精准定位法治文化的历史方向与未来走向，把握良性趋势，避免不良趋势。具体地说，科学解决法治与法治文化的阶段性定位，有以下两个方面的政策含义。

第一个政策含义，科学确定法治及法治文化建设的阶段性定位，有助于明确现阶段法治建设与法治文化建设面临的问题及解决对策。

按照中国法治"分步推进"的战略考量，法治建设与法治文化建设是一个长期性的实践进程，不同阶段有着不同的形势特点及相应的任务。不顾阶段性国情采取激进、冒进政策，不仅不会达到预期效果，反而极有可能适得其反，招致不必要的社会政治风险。

更值得关注的是，世界主要国家的法治成长阶段与工业化进程和城市化进程在时间上大体是相互重叠的，这会为处于社会转型期和法治成长期的国家带来许多特殊的挑战。其中，一个重要挑战是如何处理城市化进程中的人口流动给法律制度和法律秩序带来的冲击。在这个问题上，世界主要工业化国家基本上都是率先开放法律制度上的人口自由流动（实行迁徙自由），然后被动应对人口自由流动对城市秩序的冲击。比如英国 19 世纪上半叶和美国 19 世纪中期以来至 20 世纪前期，都是采取此种做法。在 20 世纪的大多数时间里，发展中国家同样采取率先开放法律制度上的人口自由流动和消极应对

人口流动带来的秩序冲击的做法，形成了大规模的城市贫民窟，实践效果均不理想。

20 世纪 90 年代，中国法学界不少学者同样基于概念化的、应当如何的规范法学视角，认为迁徙自由是一项公民权利，理应得到全面落实。在他们看来，中国政府在城市里清理农民工、限制公民自由流动的做法有悖宪法上的平等权利。然而，世界上许多国家的历史表明，城市化进程中的公民自由流动必然导致人口大规模流入城市、城市犯罪激增和出现城市贫民窟等一系列严重的社会后果。反之，限制公民自由流动又会在法律层面上陷入有失平等的制度性缺陷。也就是说，在限制城乡公民的自由流动或放任自流进而导致城市秩序乱象和贫民窟现象之间存在着某种替代关系，在政策层面是一种两难选择。改革开放以来，为了避免许多国家在城市化阶段出现的此种特殊困境，中国的实际做法是渐进有序地推进城市化进程，从中小城镇开放人口流动开始，并逐步扩大到大中城市，同时适度限制特大城市的人口规模，以期在总体上渐进有序地实现农村劳动力转移，实现社会转型矛盾最小化。在此时期，中国有序推动人口流动的做法（同时意味着在特定时期适度限制人口流动的做法）虽然招致国内国外的许多批评，但就没有出现大规模的城市无序状况（包括大规模城市贫民窟）的后果而言，其实践效果可能是世界各国中最好的，也是绝无仅有的。这或许会为日后其他发展中国家的城市化进程提供一种新选择。

一般来说，特别是对于发展中国家来说，法治成长阶段的一个重要特点是法律制度构建速度快于法律秩序的成长速度，且法律秩序的生长速度又快于社会层面的法治文化的生长速度。因此，制度层面上的不必要的超前改革往往因民众法律文化的滞后而导致法律预期效果落空，并导致法律上的权利得不到应有的有效保障。

就我国的法治文化建设而言，处于法治成长期的法治文化建设同样面临着一系列特殊矛盾，并和传统与现代、中方与西方、城市与乡村等关系纠缠在一起，在社会转型背景下，呈现出一种法律精英与普通民众之间的立场隔阂。

上述矛盾在民事司法领域的程序正义与实体正义问题上表现得尤为突出。[①]

20 世纪 90 年代以来，随着民事诉讼法的修改，中国开始从国外引入和正式初步确立了形式正义的司法公正标准。由此，在社会上引发了传统的实体正义标准与现代的形式正义标准之间的冲突，具体表现为包括农民和普通城市居民在内的社会民众对法院依程序正义所作判决的不理解、不认可和不接受。此种冲突之严重和激烈，并与其他冲突因素共同作用，曾经最终致使法院方面不得不作出暂时性的策略妥协，向着与传统价值兼容的"司法为民"的立场回归。此种妥协大致在 2007 年前后达到高潮，体现为包括强调调解和"案结事了"[②] 等办案原则在内的一系列正式司法政策的高调出台。近 10 年来，随着房产开始成为中国居民家庭的新型大类资产，与房产相关的继承问题又逐渐成为家庭财产纠纷的新热点。据最高人民法院 2017 年统计，全国审理的遗产继承案件中遗嘱被确认无效的占 60%[③]，也就是说，多半当事人的遗嘱被法律认定为无效遗嘱。其中，遗嘱书写不规范等成为主要原因。中国民众自古十分忌讳谈论自己的死亡问题，立书面遗嘱的行为在普通民众中更为少见。特别是在独生子女家庭，父母们普遍认为，自己的独生子女理所应当会成为自己财产的唯一继承人，因此根本无须立遗嘱。即使立遗嘱，也是口头遗嘱或简单的书写遗嘱居多，按照法律要求规范书写遗嘱的极少。然而，此种做法特别是涉及房产继承时，在遗产的司法实践中却自相矛盾，使多数当事人的生前遗愿落空。这就是中国传统的实体正义与源自西方的现代形式正义之间的冲突在当下司法实践中的具体反映。

---

① 本文以下部分关于程序正义与实体正义的讨论，引自吴庆宝主持最高人民法院《司法公正标准研究》课题（内部稿）蒋立山执笔部分。

② 2005 年最高人民法院在其工作报告中最先明确提出"案结事了"一词，即"能调则调、当判则判、调判结合、案结事了"。此后，除 2009 年工作报告没有提到"案结事了"外，其余年份的工作报告均提到了"案结事了"。最高人民法院正式把"案结事了"定位为人民法院审判工作追求的目标，是 2007 年 3 月 7 日公布的《最高人民法院关于进一步发挥诉讼调解在构建社会主义和谐社会中积极作用的若干意见》。参见李健：《"案结事了"：理想目标、阻却因素与消解对策——基于人民法院司法公信力的考察》，转引自中国法学会官网，http：//www.chinalaw.org.cn。

③ 《为何最高法院将 60% 的遗产判为无效》，载中华网 2017 年 5 月 31 日，https：//news.china.com/news100/11038989/20170531/30607624.html。

《2015 年北京市法治发展状况满意度调查报告》显示，全部被访市民中，27.8% 的人认为"审判规则、程序及证据要求太复杂"是影响司法公正的主要因素，25.1% 的人认为是"司法腐败或司法人情化"，还有一部分的人认为是"司法人员素质不高"。①

现阶段中国法律生活的实体正义标准与形式正义标准之间的冲突，不仅是传统法律价值观念与现代法律价值观念的冲突，也是广大普通民众与少数法律精英阶层之间的冲突。中国是一个实体正义（结果正义）传统深厚的国家，19 世纪中期以来，持续百年的战乱、内乱使得社会转型进程曲折坎坷，传统秩序遭遇的破坏远大于现代性元素的输入，但以实体正义为核心的价值观念仍然在城市和乡村的纠纷解决中对当事人有着巨大影响，却在法律层面上无法得到切实回应。农村地区广泛流行且深入人心的戏曲、评书等文艺作品，同样在反复讲述着许多流传千百年的传统故事，比如，清官如何凭借个人的高超智慧和刚正品格，发现案件事实真相、顺应天理民心、为百姓申冤等。这些传统故事在给普通民众带来不可替代的审美体验的同时，对传统实体正义理念的传承也起到了巨大作用。因此，20 世纪 90 年代以来，当体现西方法律价值的形式正义理念开始传入中国进而在法律和司法审判中获得强势确立之时，当少数受过高等教育并掌握着一套精细程序知识的法官和在复杂程序面前茫然无措的民众在法庭上相遇时，形式正义理念与传统实体正义之间的冲突以及前者对后者的制度性碾压就不可避免了。

问题是，此种现代程序正义对传统民众实体正义观念的制度性碾压是否应该得到避免呢？

1948 年 3 月 20 日，在中共中央即将离开陕甘宁边区、奔赴西柏坡，迎接全国解放战争最后胜利阶段的前夕，毛泽东曾经语重心长地告诫：政策和策略是党的生命，各级领导同志务必充分注意，万万不可粗心大意。② 此后，"政策和策略是党的生命"就成了 20 世纪中国革命和社会治理工作中的一句

---

① 蒋立山（主持）：《2015 年北京市法治发展状况满意度调查报告》（未公开）。
② 毛泽东：《关于情况的通报》（1948 年 3 月 20 日），载《毛泽东选集》（第 4 卷），人民出版社 1991 年版，第 1298 页。

名言。

改革开放以来，中国正在经历从传统农业社会向现代工业和信息社会的艰难转型。司法公正标准从实体正义向形式正义的转变，不仅是社会价值转变的重要组成部分，也涉及社会转型成本和风险的问题。是让整个社会在矛盾和危机爆发中陷入激烈广泛的社会冲突和持续动荡，还是尽量缓和社会转型矛盾，让中国平稳跨越转型风险期，平稳驰向一个理想的现代社会？这是社会转型进程中一个值得认真对待的策略问题。

从策略上看，从现在至少到 2030 年前后（也许需要延伸至 2050 年前后），在实体正义与程度正义问题上，中国司法改革的政策取向面临着三种策略选择。

策略一：不考虑中国正处于社会转型的关键期的事实，也不考虑中国正处于城市化进程的矛盾冲突期的事实，坚定不妥协地恪守现代法治的立场，坚持司法公正标准即法律标准的立场。这样做的结果可能是，法律界及法学界的精英人士的主张得到体制支持，广大普通民众包括农民的朴素正义要求受到抑制，法院系统可能会在无穷无尽的诉讼上访和暴力事件的冲击下彻底失掉纠纷解决的功能。从社会转型（制度变迁）的类型上看，这属于强制型制度变迁过程中发生的情况，是与国际社会的强行接轨。

策略二：不考虑形式正义标准是合乎国际主流趋势的事实，也不考虑形式正义标准是合乎现代性法律的基本品性的事实，坚持以传统的实体正义标准作为司法公正的唯一标准。这样做的结果可能是，法律界及法学界精英人士的主张受到抑制，普通民众特别是农民的传统正义要求会得到维护，法院在追求结果公正和传统纠问式审判的重大压力下会同样不堪重负。从法律价值演变的角度看，此种策略属于向传统法律价值回归，与国际主流法律价值不相容，也与中国城乡社会中已经发生的和未来将要发生的趋势性事实不相符合。

策略三：既考虑形式正义标准是合乎国际主流价值（法学界正当性话语之一）的事实，也顾及中国正处于社会转型期的事实，正视中国正处于传统法律价值向现代性法律艰难转型的事实，把形式正义标准与实体正义标准相统一的理念作为当下中国司法公正标准的基本理念。① 这样做的结果可能是，法律界及法学界精英人士的主张受到暂时性的部分抑制，普通民众特别是农民的正义要求会在一定时期内继续得到认可。从法律价值演变的角度看，这属于传统法律价值向现代法律价值的渐进演变，是与中国改革的总体渐进模式相适应的。总体来看，此种策略在与国际社会接轨方面只存在早晚问题。当然，此种所谓兼顾的立场，需要更多的立法和司法智慧。

综合平衡上述三种策略，第三种策略与中国社会平稳转型和全面协调进步的利益最相符合。

核心理由是，中国既是一个正在成长的社会主义法治国家，也是一个具有深厚传统法律文化底蕴的大国。法治成长的基础是国家的改革开放、现代化建设和社会的全面进步，法治的成长应该与国家的改革开放、现代化建设和社会全面进步尽量保持一种同步关系，而不是过度超前或滞后。尽管法律移植和借鉴外部经验是法律现代化的外部动力，但是，现代法治的形成（包括司法公正标准的价值调整）应该是一个内生的和健康成长的过程，而不是一个催生的、早熟的过程，应该按照法律成长不同阶段的要求，做与本阶段最适宜的事情，最大限度地实现法治与社会的同步成长。就司法公正标准问题而言，应该最大限度地考虑到中国社会转型的阶段性特点，考虑到处于社会转型中的普通民众的正义理念的转变进程，争取较低成本的制度转型。主张如此做法的具体理由如下：

第一，当代中国法院有一个闪光的名字：人民法院。为广大人民的利益服务，是由人民法院的性质决定的。这是任何时期也不应该动摇的。"人民法院"四个字不是一个空洞招牌，而应该体现为一种维护人民群众切身利益的具体政策和司法品质，包括维护处于社会转型中的人民群众的切身利益。

第二，认同广大人民群众现有的价值观念水平，认同人民群众文化教育

---

① 转引自蒋立山：《社会转型视角下的司法公正评价标准问题——以基层民事审判中的实体正义向形式正义的演变问题为对象》（2015 年未刊稿）。该文中有这样一段话：行文至此，正值中共十八届四中全会作出了《中共中央关于全面推进依法治国若干重大问题的决定》，其中提出了"健全事实认定符合客观真相、办案结果符合实体公正、办案过程符合程序公正的法律制度"的要求，与本文结论不谋而合。

水平不高的事实，并且首先接受这样一个事实，然后才谈得上适时适度的价值引导问题。面对法律精英阶层与普通民众之间存在法律价值理念差异的事实，尽可能地寻找双赢的妥协性方案，这才是对人民群众和对全社会真正负责任的态度。

第三，处理好域外法律价值与本土法律传统之间的关系，特别要关注中国目前面临的超前移植进来的现代法律价值理念与缓慢成长的现代法治秩序之间的矛盾。尽可能地延长法治的成长期，把握好法律移植的速度与力度，缓和移植过来的外来法律价值对本国固有法律文化的冲击。

第四，在法律改革方面，尊重中国渐进改革模式的总体性事实，让局部性的司法改革服从于国家渐进改革的总体节奏。力争再用一代人左右的时间（20—30 年）渐进实现司法正义标准的现代转向。

第五，认清法律改革的总体社会环境，寻求社会转型矛盾高发期司法改革的应有策略。保持法治进程与改革总体进程和群众法律观念演变进程的总体协调关系，防止过快的、超前的和不成熟的法律改革方案加剧法律与社会的紧张关系，增加社会转型成本。否则，会出现欲速不达的情形，反而会延误社会进步，导致已经积累的矛盾爆发。在这方面，20 世纪的中国已经有过太多的教训。

由此反思前一时期，特别是 20 世纪 90 年代以来在基层人民法院以形式正义为导向的司法改革，其积极意义当然毋庸置疑。特别是在公正、效率、平等、独立、罪刑法定、程序正义、无罪推定、人权保障等价值理念的指导下，诉讼程序和审判方式都发生了重大积极变化，初步实现了从以法官为主的"纠问式"审判向强调以当事人平等的"对抗制"审判的转变，[1] 开始显现法官中立和当事人双方平等的司法品质。可以说，20 世纪 90 年代以来的司法改革总体上是成功的，特别是在改革方向上是值得积极肯定的。但是，也应该看到，至少是从 20 世纪 90 年代至 21 世纪之初，中国的司法改革本质

---

[1] 夏锦文：《当代中国的司法改革：成就、问题与出路——以人民法院为中心的分析》，载《中国法学》2010 年第 1 期。

上仍然是一种法律精英主导的改革，从某种意义上说是一种法律界和法学界的自说自话的改革。特别是在从实体正义向程序正义的改革转型过程中，在改革的价值取向方面，没有对社会普通民众的文化价值观念给予应有的照顾；在改革的总体设计方面，没有对法律改革与社会进步的同步性、协同性和改革的速度控制问题给予应有的顾及，没有对中国所处的社会转型矛盾高发期的特殊历史环境予以应有的重视。至少从改革速度的角度看，20 世纪 90 年代以来至 21 世纪初的司法改革又是一种"局部冒进"的改革。① 所以，在法律改革的总体指导思想上，如何把握中国法治成长的阶段性特征，把握中国社会转型的阶段性特征，让法律改革更好地服务于处于社会转型进程中的人民大众、服务于经济社会发展的总体进程，让法律改革以较低代价取得较好的社会回报，依然是法律改革总体设计的重要课题。

从世界各国社会转型和体制转轨的实践看，如何处理和照顾改革进程和快速社会转型进程中落后人治观念与现代法治理念之间的矛盾，始终是一个巨大的理论智慧和实践智慧的挑战。在此方面，中国虽然已经力求做得相对较好，但依然有许多经验教训。故而，从法律政策方面看，在指导思想上应该树立这样一种理念：既要尽可能使法律转型与经济社会转型相适应，做到法治与经济社会协调发展，又要尽可能实现低成本转型，防止重复以往发达国家社会转型高成本、高代价的历史教训，防止出现以往发达国家社会转型以牺牲普通民众利益为代价的历史教训。这是中国作为一个社会主义国家理应尽可能做到的，也是作为一个后发国家通过借鉴以往历史经验理应尽可能做到的。

五、法治文化发展阶段划分的政策含义：如何把握未来的最好可能

法治建设与法治文化建设阶段划分的第二个政策含义是，科学确定法治

---

① 本文以下部分关于程序正义与实体正义的讨论，引自吴庆宝主持最高人民法院《司法公正标准研究》课题（内部稿）蒋立山执笔部分。在该课题中期汇报时，某位参加审议的法官曾对此段议论大为赞叹。

建设及法治文化建设的阶段性定位，有助于分析把握法治建设与法治文化建设的未来可能趋势，争取法治建设和法治文化建设的最佳可能前景。

把当下中国界定为法治成长国家，认为当下中国正处于法治成长阶段，在理论上并不意味着中国注定会发展为一个成熟的法治国家。未来是开放性的，处于法治成长阶段的中国，依然面临着多种可能的发展前景。

21 世纪初期，中国政府有关部门曾经组织相关领域的专家预测中国经济社会发展的可能前景，专家们为中国描绘了一个有着三种可能前景的未来发展空间。其中，最佳前景是国家发展的中期政策目标如期实现，最差前景是出现类似 20 世纪 90 年代苏联、东欧国家情况的经济社会发展失败，较差的前景是社会转型矛盾高位震荡，出现类似拉美化现象。相应地，关于中国未来的法治前景，同样有着三种可能的前景。第一种是最佳前景，即通过合理应对社会转型和法治成长期的各种挑战，2035 年基本实现法治国家、法治政府和法治社会的建设目标，2050 年全面建成法治国家。第二种是较差前景，如同多数发展中国家一样，无法顺利克服工业化中期的各种治理挑战，无法克服工业化进程中的贫富分化问题，社会陷于各种尖锐矛盾导致的长期动荡中。第三种是最差前景，即因经济社会危机导致现代化进程中断，社会矛盾集中爆发，法治发展陷于失败。在上述三种可能的前景中，争取最优前景，防范可能的风险，是法治发展政策的基本选择。

关于中国的法治现状与前景问题，理论界与实践部门都分别出现过相对悲观或乐观的态度。从悲观的认识看，20 世纪 90 年代，笔者接触过一些城市基层党政部门的干部，他们悲观地认为，从乡村基层干部素质及乡村治理状态看，中国很难实现法治。

与对法治前景相对悲观观点形成对比的是，21 世纪初，一种相对理性乐观的观点认为，中国正处于工业化中期阶段和社会转型的矛盾高发期，预计大致在 2020 年至 2030 年，中国社会转型及法律秩序会出现"良性拐点"，即从矛盾上升期转为矛盾下降期。这也预示着中国法治的时间表。2015 年，持此种相对乐观观点的学者进一步公开预测，基于法治化进程与社会现代化进程大体一致的政策考虑，中国有望在 2030 年前后基本实现法治，2050 年前后全面实现法治，进入法治成熟阶段。① 最终，在集中了包括法学界在内的学术界与实践部门的共同智慧的基础上，党的十九大正式提出了在 2035 年基本建成法治国家、法治政府和法治社会的阶段性目标。

无论是上述对中国法治的悲观观点，还是理性乐观的观点，显然都与当下中国法治发展的阶段定位有一定的直接关系。如果认为现阶段中国处于传统的、非法治社会，就容易得出中国法治仍然遥遥无期的结论。如果认为当下中国已经处于法治成长阶段，法治生活中存在的问题属于法治成长进程中的问题，自然也能够得出相对乐观的结论。

即使认定中国当下已经处于法治成长期，在不久的将来迈入法治成熟阶段是大概率事件，也应该对其他不理想的可能保持一种理性的警惕态度。从世界范围看，"二战"以来，发展中国家迈入法治成熟社会的成功范例极少，法治发展失败的案件很多。根据 2011 年 WJP 法治指数得分与工业化水平的关系，已经实现工业化的国家即发达国家有 20 个，它们的法治平均得分是 6.11 分（满分是 10 分），34 个发展中国家的法治平均得分是 4.1 分，6 个最不发达国家的法治平均得分是 3.4 分。② 从上面的数据可以看出，在整体上，一国的法治评价得分与该国的工业化水平或是经济发展水平呈正相关。具体分析，多数发展中国家法治发展失败的根源既在于经济和社会发展失败，也与政治上没有处理好政治稳定与民主化进程的关系有关。20 世纪 90 年代以来，中国领导人反复强调要保持政治社会稳定，到 21 世纪又特别强调警惕"中等收入陷阱"问题③，其意义亦在于此。

与世界上多数发展中国家不同，中国不仅是一个有着 14 亿人口的最大发展中国家，也是一个有着最多人口的社会主义国家。中国的法治建设，远不是一场单纯发生在一国社会内部的、主要局限于法律层面的制度变革，而是

---

① 蒋立山：《迈向"和谐社会"的秩序路线图——从库兹涅茨曲线看中国转型时期社会秩序的可能演变》，载《法学家》2006 年第 2 期；蒋立山：《中国法治"两步走战略"：一个与大国成长进程相结合的远景构想》，载《法制与社会发展》2015 年第 6 期。

② 蒋立山：《中国法治"两步走战略"：一个与大国成长进程相结合的远景构想》，载《法制与社会发展》2015 年第 6 期。

③ 习近平：《"中等收入陷阱"是肯定是要迈过去的》，载《内蒙古日报》2016 年 10 月 10 日。

一场与从初级工业化社会向现代工业社会、从计划经济体制向市场经济体制、从集中政治向民主政治转型（转轨）相伴随的，且与中国作为世界大国艰难崛起过程复杂交织在一起的总体性社会发展进程的一部分。① 从此种意义上说，中国作为一个社会主义大国，其法治发展面临的挑战要远远大于普通发展中国家。

从现在到 2035 年，是中华民族伟大复兴的关键时期，也是世界百年未有之大变局的基本定型时期。我国改革发展稳定任务艰巨繁重，全面对外开放深入推进，人民群众在民主、法治、公平、正义、安全、环境等方面的要求日益增长。法治文化建设在发挥法治固根本、稳预期、利长远的保障作用方面，在通过法治建设培育和增强国家软实力和塑造法治中国的世界形象方面，都扮演着积极的重要角色，发挥着重要作用。这是中国特色社会主义法治文化建设的历史使命。

从现在到 2035 年，是我国从法治成长阶段初步迈入法治成熟阶段的重要时期，也是法治文化建设初步成熟的重要时期。加快解决相对静止的法律制度与不断前行的社会生活之间不适应的问题，加快解决快速构建的法律制度与相对缓慢生长的法治文化之间不相适应的问题，加快解决法治文化内部不断发展中的先进法治思想与相对滞后的大众法律行为习惯之间不相适应的问题，加快解决传统法律文化、已有的大众法律行为习惯与先进的现代法治文明要求之间不相适应的问题，使法治建设包括法治文化建设满足于社会发展和亿万人民的美好生活需要，是中国特色社会主义法治文化建设仍然面临和必须解决的时代课题。

六、现阶段法治文化建设必须遵循的原则

依照中共中央《法治中国建设规划（2020—2025 年）》的精神，未来 5 年，应当全面坚持和贯彻落实法治中国建设的指导思想和主要基本原则，围绕法治中国建设的总体目标和阶段性目标，紧密结合法治建设的实际进程，

---

① 蒋立山：《中国法治发展的目标冲突与前景分析》，载《法制与社会发展》2009 年第 1 期。

全面推进中国特色社会主义法治文化建设。

——坚持党的集中统一领导，坚持党领导立法、保证执法、支持司法、带头守法，充分发挥党总揽全局、协调各方的领导核心作用，确保法治中国建设的正确方向。通过广泛深入的法治理论研究、法治宣传教育和法治文艺传播，把党领导法治的要求内化为亿万人民的普遍信念和法律运行的行动准则。我国是一个民主法治传统比较薄弱的国家，40 多年的法治建设使民主法治观念广为普及，但社会生活中的权力至上的观念、权大于法的观念和法不责众的观念，依然存在于许多人的思想观念中。实践表明，思想观念的更新是一个缓慢的社会变迁过程，也是一个新老代际更替的过程。既要注重通过严格执法、公正司法和全民守法的实践，教育好、管理好政府官员和民众，也要注重抓好年青一代的培养教育，让青年人从小就养成遵纪守法的好习惯。这是让法治文化深入人心、在亿万人民心中扎根的根本所在。

——坚持贯彻中国特色社会主义法治理论，深入贯彻习近平法治思想，系统总结运用新时代中国特色社会主义法治建设的鲜活经验，不断推进中国特色社会主义法治文化的创新发展。中国特色社会主义法治文化是一种正在成长的新型法治文化，法治文化在许多方面尚未定型。只有不断地发展创新，让法治文化符合亿万人民的根本利益，符合世界发展的进步潮流，符合科学、民主、创新的历史趋势，法治文化才能沿着健康的道路向前发展。

——坚持以人民为中心，通过法治文化建设，把法治建设为了人民、依靠人民转化为立法、执法和司法工作者的内在信仰，为法治制度建设提供强大的内在支撑。法治文化建设归根结底是服务于 14 亿中国人民的文化建设，法律工作者必须牢固树立为人民服务的思想，才能建设一支为了人民、依靠人民的法律工作者队伍。

——坚持统筹推进，坚持依法治国和以德治国相结合，努力形成科学立法、严格执法、公正司法、全民守法的社会文化氛围。

——坚持问题导向和目标导向。聚焦党中央关注、人民群众反映强烈的突出问题和法治建设薄弱环节，积极探索社会主义法治文化的发展规律，创新发展中国特色社会主义法治文化理论，努力创作体现时代特点和时代前行要求的法治文化作品。在法治文化建设方面坚持问题导向和目标导向，两者是辩证统一的关系。坚持问题导向，法治建设和法治文化建设就有针对性，就容易产生实效。坚持目标导向，解决问题就不会走回头路，就不会使用不符合法治或是违反法治的方法，就会通过解决问题不断贴近法治的长远目标。

——坚持法治文化建设从中国实际出发。立足我国基本国情，统筹考虑经济社会发展状况、法治建设总体进程、人民群众需求变化等综合因素，汲取中华法律文化精华，借鉴国外法治有益经验，努力建设符合我国国情、反映人民意愿、顺应时代潮流的中国特色社会主义法治文化。

中国特色社会主义法治文化是一个极富国情特色的概念，有着浓郁的中国特色。理论上，法治文化建设素有广义路径和狭义路径之分。广义上的法治文化建设主要是指寓于立法、执法、司法及守法环节之中的法治理论、法治精神与法治行为习惯方面的建设和培养，此种意义上的法治文化概念与历史上的法治理论和法律文化概念有所重叠。狭义上的法治文化建设特指与法治制度建设相对应的，且集中体现于守法环节之中的大众法治行为习惯及背后的观念态度的塑造培养。当下，至少在法治成长阶段，寓于立法、执法和司法环节的法治文化建设（包括法治理论建设）与法治建设本身紧密结合，在实践中具有整体的构建性、相互关系上的不可分性，以及理念上的先进性、超前性。相比之下，集中体现于守法环节的大众法治文化具有一定的传统性和滞后性。就此而言，塑造培养符合现代法治要求的大众行为习惯方面的法治文化建设具有相对独立性、内在生长性和实践上的紧迫性。在未来，随着中国特色社会主义法治日益趋于定型化，中国特色社会主义法治建设的成功经验日益走向世界，广义上的中国特色社会主义法治文化也有望获得更广阔的发展和传播空间。

（作者：中国政法大学教授　蒋立山）

充分发挥法治文化的教育熏陶作用
提高青少年法治素养

文化是一个国家、一个民族的灵魂，法治文化是国家长治久安、民族繁荣昌盛的重要保障。近年来，教育系统以习近平新时代中国特色社会主义思想为指导，深入学习贯彻习近平法治思想，充分发挥法治文化的教育和熏陶作用，不断提高青少年法治教育的针对性和实效性，青少年法治素养得到持续有效提升。

一、以学习贯彻习近平法治思想为引领，教育引导青少年学生坚定"四个自信"

习近平法治思想是马克思主义法治理论中国化的重大理论创新成果，是全面依法治国的根本遵循和行动指南。我们把学习贯彻习近平法治思想作为一项重大政治任务，制定实施《学习贯彻中央全面依法治国工作会议精神实施方案》，把习近平法治思想融入学校教育，纳入高校法治理论教学体系，推进习近平法治思想进教材、进课堂、进头脑。引导广大青少年学生深刻领会习近平法治思想的重大意义、丰富内涵、精神实质和实践要求，全面理解党领导人民推进全面依法治国的奋斗历程和成功经验，准确把握党的领导是中国特色社会主义法治之魂，进一步坚定走中国特色社会主义法治道路的信心和决心。

二、以培育和践行社会主义核心价值观为主线，系统谋划青少年法治教育

核心价值观是一个民族、一个国家最持久、最深层的力量，也是文化软实力的灵魂。我们以培育和践行社会主义核心价值观作为主线，深入实施《青少年法治教育大纲》，注重以良法善治传导正确的价值导向，将德育与法治教育紧密结合，弘扬美德义行。充分发挥课堂主渠道作用，在中小学设立道德与法治课，在六年级上册和八年级下册设置法治教育专册，将法治教育纳入国民教育体系。对标宪法修正案内容对教材进行修订。将法治内容纳入"国培计划"，推进教师网络法治教育培训，实施中小学法治教育名师培育工程，提升教师法治素养和专业教学能力。在东中西部地区布局多个青少年法治教育中心，加强理论研究和实践探索。

三、以弘扬社会主义法治理念为目标，深入开展全国学生"学宪法 讲宪法"系列活动

习近平总书记多次强调，宪法教育要从娃娃抓起，让法治精神从小在青少年脑海中扎根，在潜移默化中培育。我们始终将宪法教育作为青少年法治教育的核心，结合历史教育、国情教育和行为养成教育，大力普及宪法知识、弘扬宪法精神、维护宪法权威，使青少年成为社会主义法治的忠实崇尚者、自觉遵守者、坚定捍卫者。连续五年组织开展全国学生"学宪法 讲宪法"活动，连续七年开展国家宪法日"宪法晨读活动"，通过在线学习、法治实践、演讲辩论和知识竞赛等多种形式，丰富学习方式，提高教育质量。2020年，通过教育部全国青少年普法网参与在线学习的人次超过71亿，通过学习测评产生了掌握宪法基本内容的8900多万名宪法小卫士。在国家宪法日当天，有36万多所学校的7200多万名师生同步参与了"宪法晨读"诵读活动。

四、以丰富完善法治文化产品为重要途径，不断增强青少年法治教育的吸引力和感染力

如何提升青少年学法用法的积极性，一直是教育普法的重点和难点之一。近年来，我们针对青少年的年龄和认知特点，精心设计、广泛开发、征集推

广，打造了一系列青少年学生喜闻乐见的法治教育资源。推进"互联网＋普法"，搭建青少年法治教育网络平台，加强教育部全国青少年普法网建设及"两微一端"建设。目前，网站已拥有 8.5 万字图片内容，4000 余篇稿件，5120 分钟法治课教师培训课程等资源；开发了覆盖 500 个知识点、121 集的宪法教育微视频和多媒体课件，供各地学校免费使用；网站注册学校由初期的 1000 所增加到 23 万所；注册用户从 10 万人增加到 8000 万人。在学讲宪法活动高峰期，网站日均浏览量超 1 亿次，日均活跃用户超 100 万人。另外，我们还创作了宪法主题歌曲《宪法伴我们成长》，并录制成 MV，设计开发了普法卡通人物"小治"和"小治学习篇"微信卡通表情，受到很多中小学生的喜爱。创办《青少年法治教育》期刊，总发行量达到 30 多万册。

五、以建设用好法治文化阵地为重要依托，着力打造多元参与的青少年法治教育格局

坚持校内与校外相结合，统筹社会多方面教育资源，深入推进实践育人、协同育人和环境育人。加强青少年法治实践教育基地建设，会同六部门印发意见，建设全国青少年学生法治教育实践示范基地，建成集学习、实践、互动于一体的 5000 平方米的智慧场馆，开发了超过 120 学时、近 1 万分钟的互动体验式课程资源。研制国家级青少年法治教育实践基地建设标准，提升基地建设的规范化和专业化水平。引导有条件的地方建设青少年法治资源教室，辐射带动周边学校开展法治实践教育。开展青少年法治教育第二课堂，把法治教育内容融入开学第一课、毕业仪式、成人礼等活动中。加强与检察院、法院、公安等实务部门合作，选聘干部到学校兼任法治副校长、法制辅导员。全面推进依法治教、依法办学和依法治校，不断提升教育系统依法治理的能力和水平，营造有利于青少年学生尊法学法守法用法的良好环境。

下一步，我们将坚持以习近平新时代中国特色社会主义思想为指导，深

入学习贯彻习近平法治思想，更加重视发挥法治文化的教育熏陶作用，推进青少年法治教育再上新台阶，为培养担当民族复兴大任的时代新人作出新的更大贡献！

（作者：教育部政策法规司原巡视员　王家勤）

法治新闻的价值构成与舆论引导研究

随着我国法制制度的不断完善，法治中国的进程进入法治观念和法治思维的培育新阶段，迫切需要将法治价值融入国民的思想、观念和行为方式中。与其他的法治宣传相比，法治新闻以真实可信的新闻故事、通俗易懂的阐释风格和讲求逻辑的论证规范，为法治价值的传播开辟出一方独具特色的传播空间。法治新闻作为与公众接触最为密切的法治宣传产品，在法治思维的培育中发挥了重要的作用。

2020 年 11 月 16 日，习近平总书记在中央全面依法治国工作会议上强调："普法工作要在针对性和实效性上下功夫，特别是要加强青少年法治教育，不断提升全体公民法治意识和法治素养。"作为以报道最近发生的法治事件为主要手段的法治新闻，不但能够给予公民最客观、最真实的新闻故事，而且能够让其最直接地接触到法治环境的变化，从而提升普法的力度。

然而，在普法宣传的过程中，人们对法治新闻并没有清晰的认知，存在"法治"与"法制"不分、"法制新闻"与"法治新闻"不分及法治新闻与法治舆论不分的现象。学术界也是如此。本研究团队在中国知网上以"法治新闻"为关键词共搜索到 500 多篇论文，其中 300 多篇研究的对象是法制新闻而不是法治新闻。

这些问题的形成是多重因素叠加的结果。国家依法治国的进程是首要因素，但是我们也应看到法治新闻的演变、媒体技术的迭代与普及、公民法治思想的进步等也是重要的影响因素。尤其是新媒体技术，给我国法治新闻的发展带来巨大挑战：第一，以法治媒体为核心的法治新闻在超载的互联网信息时代遭遇算法分发带来的过滤泡等问题，更难以抵达多场景多层次用户，更难以进行议程设置。第二，互联网的去地域化使得国内舆情与国际舆论产生联动反应。第三，后真相时代，公众对真相的理解有所变化，情感和偏见给法治新闻报道造成更大困扰。第四，法治新闻已经进入资本宣传时代，法治事件存在自动化机器人和大数据算法操纵的现象。

一定意义上说，信息技术赋权、传播生态的变迁也意味着法制新闻报道权的再分配，上述问题背后深层次的原因也是技术力量在法治新闻领域的角逐，应引起充分重视。本文基于上述背景，探讨新媒体背景下法治新闻的价值构成与法治舆论建设，对于提升法治舆论引导力具有重要意义。

第一章　法治新闻的内涵与外延

第一节　法治的概念转变

从 20 世纪 80 年代后期开始，中国法学界和法律界人士对"法制"和"法治"这两个概念进行了深层次的探讨和论争。从"法制"到"法治"，看似一个字的改动，中国却走过了 20 年的历程。1978 年 12 月 6 日，在党的十一届三中全会即将召开之际，《人民日报》刊发了《坚持公民在法律上一律平等》。这篇文章引起较大反响，被视为法学界突破以往思想理论禁区的第一篇文章，也被评价为法学界解放思想、要求法治的"第一枪"。

为进一步促进"法制"向"法治"的跨越，在 1979 年 9 月颁布的《中共中央关于坚决保证刑法、刑事诉讼法切实实施的指示》中首次使用了"社会主义法治"一词。时任最高人民法院院长江华评价说，这个文件是新中国成立以来甚至是建党以来，关于政法工作的第一个最重要、最深刻、最好的文件，是我国社会主义法治建设进入新阶段的重要标志。1989 年中国第一部被称作"民告官"的《中华人民共和国行政诉讼法》颁布实施以及 1990 年首部规范行政救济行为的法规——国务院《行政复议条例》的正式出台标志着法治中国建设掀开了新的一页。"法治"一词正式登入"大雅之堂"。1996年3月，第八届全国人大四次会议发布的《中华人民共和国国民经济和社会发展"九五"计划和2010年远景目标纲要》，将"依法治国"作为一项根本方针和奋斗目标确立下来。虽然用的还是"法制国家"的表述，但已经有法治的内涵。1997年9月12日，党的十五大报告正式确定"依法治国，是党领导人民治理国家的基本方略"。1999年3月，第九届全国人大二次会议通过的《宪法修正案》把"建设社会主义法治国家"和"依法治国"的基本方略写入宪法。2014年，党的十八届四中全会通过了《中共中央关于全面推进依法治国若干重大问题的决定》，对全面推进依法治国作出重大部署，强调把法治作为治国理政的基本方式。2017年，党的十九大报告明确指出，全面依法治国是中国特色社会主义的本质要求和重要保障，坚定不移走中国特色社会主义法治道路。2018年3月，第十三届全国人大一次会议表决通过的宪法修正案，将宪法序言第七自然段中的"健全社会主义法制"修改为"健全社会主义法治"，一字之改，是我们党依法治国理念和方式的新飞跃。

2020年2月5日，习近平总书记主持召开中央全面依法治国委员会第三次会议时强调，要在党中央集中统一领导下，始终把人民群众生命安全和身体健康放在第一位，从立法、执法、司法、守法各环节发力，全面提高依法防控、依法治理能力，为疫情防控工作提供有力法治保障。此举更是强调使社会主义法治成为良法善治，努力让人民群众在每一个司法案件中感受到公平正义。这是法治的价值追求，也是法治的初心使命。

第二节 法治新闻的概念

一、法治新闻的内涵

"法制"与"法治"基本内涵不同，必然会带来"法制新闻"和"法治新闻"范畴的差异。对于法制新闻的定义，代表性的说法有以下几种。[①]

---

① 刘斌：《法治新闻传播学》，中国政法大学出版社2012年版。

（1）法制新闻就是新近发生的重要的民主与法制生活的事实报道；

（2）法制新闻就是以法制事件、法制问题、法制动态为依托的新近发生的法制事实的报道；

（3）法制新闻主要是新近发生的、重要的、有价值的，有关立法、司法、执法、守法和各行各业、社会生活各方面与法有关的新闻报道；

（4）法制新闻就是社会生活各方面新近发生的与法制相关的、有新闻价值的事实的报道；

（5）法制新闻是新近发生或发现的关于民主法制信息的大众传播；

（6）法制新闻是大众传媒报道的新近发生的与法制相关的事实之信息；

（7）法制新闻就是对与法制相关的新闻事实的报道，是对生活中各种法制事件所蕴含的法制文化内涵的深层揭示，是对法律法规的宣传和普及，法制新闻本质上就是对法制文化建设的思考和呼吁。

学界有关法治新闻的定义众说纷纭，但一般认为法治新闻不仅关注与法律制度相关的社会政治、经济、文化中的法律现象和法制问题，而且注重对法治意识、法治观念、法治精神、法治原则的阐发，注重对法的价值追求的体现以及对人的尊严和权利的维护。就新闻报道实践而言，法治新闻的范畴要广于法制新闻。但对其进行具体定义的专家学者较少。学者刘斌认为，可以将法治新闻定义为新近发生的具有被受众及时知晓意义的法治信息的传播。[1]

对于法治新闻的定义，本研究认为可以从本源、原则和价值取向三个主要元素来阐释。从本源上看，法治是人类社会发展到一定阶段的产物，法治是社会主义核心价值观的体现。自党的十五大将"法制"修改为"法治"，将"以法治国"变为"依法治国"以来，"法治中国"的战略目标和政策原则就在不断地努力实践中。从原则上看，"法治"遵循的原则是法律至上、依法行政、法律面前人人平等等，"法治新闻"更注重对公平、正义等法治精神的宣传，更关注普通人的公民权利。从价值取向上看，"法治新闻"这

---

① 刘斌：《法治文化与法治新闻》，社会科学文献出版社 2017 年版。

个概念，更注重"法治的价值追求"，使新闻工作者时刻把其作为新闻写作的指导思想，更关注人的命运，尊重人的价值，表达人的呼声，体现法理中"人"的因素，承载着中国人的伦理道德、价值观念。

二、法治新闻的外延

外延，是指一个概念对应的客体的总和。新闻的外延按体裁可以分为消息、通讯、特写等，按表现形式则有文字新闻、图片新闻、音像新闻等，除此之外，还包括政治新闻、经济新闻、法律新闻、社会新闻等不同报道领域的外延。根据刘斌教授的定义，法治新闻①是新近发生的具有被受众及时知晓意义的法治信息的传播。法治新闻的内容限定于"法治信息"，故而其外延较一般新闻更小，这里着重关注其内容发展，认为法治新闻的外延即法制新闻与法治新闻的统称。

首先，相对于遵循静态制度的法制新闻，法治新闻则是一种展示动态治理过程的新闻形式。它不拘泥于严格体现法律制度的适用及使用，而是以现实中的事实为核心，在新闻报道中表达法的精神与追求，体现法的民主特征。

其次，法治新闻的内容更加泛化，不仅涉及法律事件、法律制度等相关内容，随着社会环境的变化，法治新闻的视角得以拓展，包括了更多受众关注的领域，拓宽了内容的广度。并且，法治新闻是一种体现"治理"的新闻类型，所谓治理就意味着社会发展程度较高，形成了标准规范的依法治国方略，在这个意义上，法治新闻超越法制新闻中"以法"行事的报道内容，是一种升级后的新闻类型。基于此，法治新闻毋庸置疑是包容两种新闻类型的总体集合。法制新闻与法治新闻可以作为外延存在于法治新闻的总体概念中，同时，也在不断地转化过程中。

随着我国民主与法治进程的加快，受众对涉法新闻关注度的日益提高，我国正在步入法治阶段，涉法新闻报道必然会蓬勃发展。在此情况下，"法

---

① 刘斌、李矗：《法制新闻的理论与实践》，中国政法大学出版社 2005 年版。

制新闻"的内涵和价值追求显然不足以满足时代发展和宣传法治的需求，而涉法新闻的报道在进行舆论监督、进行法律知识宣传教育、推进社会进步方面又起着举足轻重的作用，因此推动"法治新闻"的建设，由"法制新闻"向"法治新闻"的过渡是必然的。

第三节　法治新闻价值

就法治新闻的基本价值构成而言，主要有两方面的内容：其一是新闻价值；其二是法律价值。因此，要讨论法治新闻的价值构成需要在明确新闻价值的基础上充实法治的价值。此外，在中国的语境之下，法治新闻的价值构成还需要对宣传价值与道德价值加以考量。因此，宣传价值与道德价值成为法治新闻价值选择的派生性价值。

一、法治新闻的新闻价值

法治新闻的新闻价值是法治新闻价值构成的基础性价值。法治新闻首先需要具有新闻价值，即能够满足受众对新闻的需求，具备客观性、真实性、时效性、接近性、显著性、趣味性。习近平总书记指出："读者在哪里，受众在哪里，宣传报道的触角就要伸向哪里，宣传思想工作的着力点和落脚点就要放在哪里。"

二、法治新闻的法律价值

法治传播是否到位关乎法律权威，关乎推进全面依法治国。从根本上讲，将社会主义法治优势转化为国家治理效能的过程中，以激发全社会共同参与为目标的法治传播起到至关重要的作用，让全社会感受法治的力量、敬畏法治的力量，并在社会实践中充分运用法治的力量是法治传播的最终目的。在上海"复旦投毒案"的新闻报道中，众多新闻媒体立足法治视角进行报道，将守望公平正义贯穿采编始终，可也有个别媒体作了不恰当的报道，践踏了法治精神和法治信仰。

作为社会进步的推动者、公平正义的守望者，从事法治新闻报道的新闻人必须以法律为准绳，善用法治思维和法治方式，积极传播法治理念，以法律的视角来剖析热点新闻背后的社会问题，培养公众的法治意识。

三、法治新闻的宣传价值

对于法治新闻而言，其宣传价值一方面体现为对法治精神的宣传和法治社会的构建作用；另一方面则是对国家和党的正面形象的构建，对国家政策正面的宣传，同时在这一过程中发挥维护社会稳定、凝心聚力的作用。在重大突发事件面前，法治新闻成为社会稳定的"压舱石"。新冠疫情发生前期，各地谣言四起，医疗物资奇缺，不法分子借机哄抬医疗物资价格，造成了市场秩序的混乱甚至是社会的恐慌。针对疫情期间制假造假以及哄抬物价的行为，《人民法院报》通过多个宣传平台及时报道各地人民法院惩戒相关不法行为的案例，对稳定民心、规范秩序、彰显公平正义发挥了重要的价值。在疫情防控期间，为了保障人民群众的生命安全，最高人民法院、最高人民检察院、公安部、司法部发布了《关于依法惩治妨害新型冠状病毒感染肺炎疫情防控违法犯罪的意见》，许多媒体组织专家学者进行解读，明确界定罪与非罪、此罪与彼罪，把握法律政策界限，明确法律责任。司法公正事关人民的切身利益，事关社会公平正义，事关全面推进依法治国，而法治新闻报道是对司法公正的有效宣传，对于树立司法权威，确立司法公信力具有重要的意义和价值。

四、法治新闻的道德构建价值

对于法治新闻而言，新闻价值与法律价值是法治新闻的基本价值构成，宣传价值则是法治新闻的价值追求。除了新闻价值、法律价值以及宣传价值，法治新闻的道德价值也成为法治新闻价值构成中越来越重要的因素。法治新闻的道德价值具有两方面的内涵，一方面，法治新闻报道者应当做到坚守道德底线；另一方面，法治新闻的报道内容应当在社会中引领良好的社会风尚。然而，有的法治新闻报道为了追求经济效益，罔顾道德底线，通过对内容低俗化的处理来博取公众的眼球，还有的法治新闻报道则忽视对社会良好道德风尚的宣传，给社会道德造成错误的导向。

五、法治新闻报道的价值标准

对法治新闻而言，在进行了事实判断之后就要对不同的价值维度进行选择，法治新闻的价值判断与选择解决的是在某一法治新闻报道中优先选择何种价值可以实现法治新闻报道所追求的目的。"法治新闻的价值判断与选择就是新闻工作者在新闻价值判断过程中对某些价值要素的突出和强调而形成的新闻价值倾向，这种倾向一旦稳定下来就成为具有特定内涵的新闻价值观，也就是在价值主体头脑中形成的关于新闻传播过程中价值关系的系统化、理性化的看法和观点。"① 因此，法治新闻的价值判断与选择具有强烈的实践主义色彩导向，同时在其形成之后对后续的法治新闻报道实践具有指导意义。

（一）真实性

真实是新闻的生命。新闻真实性被认为是新闻价值的不变要素和首要价值。如今，在新媒体语境下，新闻真实性受到了更多方面的冲击，一方面，由于传播方式的转变，"以往多属单向传达意见与声音的权力已经由全民拥有，自此传播不再是从上到下，从一到多线性讯息传布，也不是由说者到听者的单向告知，知识更不再全然来自书籍、报纸、广电媒体等大众媒介"。② 资讯传播不再是"发布—接收"的单一线性关系，而是形成多个中心。另一方面，由于新闻记者的报道专业性缺失，在一些法律案件的报道中，部分新闻媒体采用主观臆测，在信息尚未确证或细节模糊不清时进行报道，致使案件报道的事实方向发生偏离，违背法治新闻的真实性。

---

① 董天策：《网络新闻传播学》，福建人民出版社 2009 年版。
② 蔡琰、臧国仁：《数位时代的"叙事传播"：兼论新科技对传播学术思潮的可能影响》，载《新闻学研究》2017 年第 131 期。

（二）客观性

客观性是新闻媒体获得权威的关键。可是如今的自媒体，由于采访报道权的限制，难以及时接近重大法律事件的事实，因此更倾向于用观点的输出代替事实的陈述，具有极端的个人化色彩。在权威媒体发声之前就对某一涉法的热点事件展开评论、发表观点，使其宣扬的法治观念在社会中先入为主，常常会造成错误的法律价值、法律意识和法律原则的宣扬和传播，在法治宣传效果上适得其反，有碍于法治文化的建设和发展。

（三）趣味性

一般而言，新闻产品为实现其价值，产生良好传播效果，应具有趣味性。在各种新闻种类中，法治新闻是专业知识较为密集、专业要求较高的领域。因为法律事件的冲突性较强，能够对受众产生强烈的冲击和较大的吸引，所以也是各个媒体争夺的报道素材。因此，法治新闻具有趣味性，能向受众讲好法治故事，达到法治宣传的效果是衡量法治新闻价值的重要尺度。好的法治新闻一定是能够吸引受众的，法治新闻一定是受众读得懂、愿意读，并且能够从中得到法治的熏陶与启发的。因此，法治新闻要避免生硬的说教，通过案例、故事向受众传达其背后的法治观念，让受众从每个案例中挖掘背后的法理、情理和事理，领悟到"什么能做""什么不能做"。

（四）显著性

显著性指的是新闻事件的参与者及其业绩的知名程度，是新闻价值的要素之一。新闻事件的参与者的地位和业绩越显著，新闻价值越大；反之，新闻价值越小。西方新闻学有个选择新闻的公式：名人 + 寻常事 = 新闻；普通人 + 不寻常事 = 新闻；名人 + 不寻常事 = 大新闻，普通人 + 寻常事 ≠ 新闻。这一经典的新闻选择公式就是新闻的显著性的生动体现。法治新闻中涉及公众人物或稀奇怪事也会彰显新闻的显著性。

（五）法律规范

遵守法律规范，是法治新闻报道的基本要求。我国发展新闻广播电视事业，同时规定了发展新闻广播事业的底线与方向。一方面，我国宪法第二十二条第一款规定"国家发展为人民服务、为社会主义服务的文学艺术事业、新闻广播电视事业、出版发行事业、图书馆博物馆文化馆和其他文化事业，开展群众性的文化活动"，以此为新闻报道提供了基本依据；另一方面宪法第五条也规定了"一切国家机关和武装力量、各政党和各社会团体、各企业事业组织都必须遵守宪法和法律。一切违反宪法和法律的行为，必须予以追究"，这也确定了法治新闻报道行为的基本准则。由此可见，遵守宪法和法律的规定是我国法治新闻报道在法律价值中的基本选择。新闻报道至关重要的内容就是信息，尤其是对于法治新闻报道而言更为关键，具体而言包括涉密信息与隐私信息，要尊重隐私权。

（六）公平与正义

习近平总书记在对深化司法体制改革的讲话中指出，"司法是社会公平正义的最后一道防线"，"公正是司法的灵魂和生命"，公平正义是法治的基本追求，法治新闻报道必然要关注这一核心价值，法治新闻报道应当体现法治的公平性与正义性，守望法治的公平正义，"让人民群众在每一个司法案件中感受到公平正义"①。例如，《人民法院报》开设"中国特色社会主义审判制度研究"专栏，从公平性、正义性、人民性、统一性等方面对中国特色社会主义制度的优越性进行论证。此外，从"聂树斌案"到"赵作海案"，再到"张玉环案"，法治新闻报道将法律纠错的过程向社会公众呈现，各大媒体对于重大法治新闻案件的实时追踪也体现了法治新闻对于公平与正义的追求。

第二章　违背法治精神的新闻报道及其表现

一、媒介审判

如何实现审判独立与媒体监督的平衡，一直以来是传媒和司法之间关系

---

① 何艳芳：《守望公平正义　讲好法治故事》，载《中国记者》2020 年第 6 期。

的核心问题。媒体为了实现对公权力的监督、对司法公正的维护、保障公民的知情权和新闻自由，往往会根据新闻价值衡量案件的重要程度选择报道的对象，并在案件进入司法程序后对焦点问题保持跟踪报道。在法治新闻中，媒体对案件的持续关注确实有一定好处：媒体可以通过详细解读案件的法律争议焦点，增强公民的法律意识，并通过报道搭建对话平台，促进案件信息流通。这在无形中形成了一种平衡的舆论场，给申诉者和冤屈者发声和寻求对话的机会①，并同时达到监督司法案件的进程与结果的效果。但正如上文所说，新闻报道如果过于追求"眼球效应"，选取片面事实宣传和炒作，甚至对法院尚未判决的案件进行揣测、提前下定论，极有可能亵渎"无罪推定"的法治原则。媒体引起的舆论若先于司法，"未审先判"、罔顾司法程序、无视司法权威，最终影响公正审判，就会产生我们常说的"媒介审判"现象。② 一旦媒体发声的功能被滥用，很有可能会使社会公器转变为社会凶器。不当介入司法程序，对当事人、司法活动以及公正审判都造成极大的伤害。

二、煽情式报道

煽情式新闻长久以来困扰着学界和业界，是一道棘手难题。③ 尽管学界一直批评业界不能过度煽情，不能以煽情作为报道的风格和模式，但是业界为了能够有更好的读者反馈和阅读口碑，常常采取抓细节、突出猎奇因素、寻找共情点等方式来进行报道。从某种角度说，任何一家媒体都不可能完全摆脱煽情新闻，因为此类故事化的写作手法一定程度上可以给报道带来新鲜感和人情味，能够帮助读者更了解事件背后的复杂社会背景，从而增强对现实的理解。但在另一种层面上，过分强调"催人泪下""引人悲愤""博人眼球"的写作技巧，将基本事实夸大化，严肃问题娱乐化，宏观问题过分细节

---

① 路鹃、张君昌、朱时雨：《法治报道实施舆论监督的新闻框架呈现——以"聂树斌案"为例》，载《传媒》2018 年第 24 期。

② 谢小瑶：《"媒体审判"规制模式的比较及选择》，法律出版社 2014 年版。

③ 徐强：《新闻煽情——新闻报道的第二种表达》，载《新闻知识》2009 年第 6 期。

化，甚至为了更有话题度而杜撰根本不存在的内容，是违背新闻报道准则的行为，也是我们需要完全反对和制止的。

在法治新闻报道中，由于法律的严肃性和法治国家治理的政治性，既需要考虑宏大的政策和社会背景，也需要考虑法律的权威性和强制性，因此对于法治新闻的报道更需要的是一种理智的法律解读，绝不能为了博取受众眼球强行渲染情绪或者制造戏剧冲突。故本文认为，法治新闻的报道，应该尽力避免煽情式的报道方式，比如：在刑事案件中，应当尽力避免对恶性案件细节的过分描述；在行政案件中，尽量避免标签化底层百姓；等等。这是由法治新闻报道这一特殊题材决定的，需要新闻工作者在新闻生产中予以注意。

媒体煽情化的报道手法，很容易对司法公正造成严重冲击。一些煽情的、刺激性的话语和元素，被不恰当地运用到法治新闻报道中，还有一些写作技巧也被融入严肃的案件报道中，给案件本身带来轰动效应的同时，却阻碍了案件朝着理性和法律公正的方向去探讨。近年来，大众娱乐化的倾向更强化了煽情化报道手法的运用。而对于媒体来说，虽然煽情的、有噱头的内容能够引起轰动，但更应该区分人文关怀和煽情新闻完全是两回事。过去在煽情新闻泛滥时期，人文关怀被有意或无意地误读，蒙上了一层阴影。媒体应该本着人与人之间的真挚情感与信任去做报道，不能够否认人文关怀，但同时要注意把握庸俗和趣味之间的平衡。

在采访中，记者应当同情那些因新闻报道可能受到负面影响的人，如性侵害的受害人，被拐卖的妇女、儿童，没有接受采访经验的人。因此，在采访报道中，应采用联合采访方式，减少对身心受到巨大创伤的受访人的重复情感刺激；当采访对象处于惊恐状态时，放弃直接接触的采访方式，如提问、摄影、摄像，用其他不打扰的方式采访，如观察、访问他人，或放弃采访。在采访中注意受访者的情绪变化，若其情绪变化开始强烈起伏，应中断采访或建议其转移到较私密的地方进行采访。

在写作中，将正常的新闻报道和黄色新闻区分开来，不要强行使用耸人听闻的夸张标题引人注目，也不要刻意追求细节来放大片面信息而忽略全面真实，更不能为了阅读量和关注度伪造信息和照片。在报道题材中，对于涉及性犯罪或者私生活领域的内容，尽量不要触碰到当事人隐私，也不要用戏谑的方式去呈现严肃新闻，更不要一味地摒弃事实输出情绪，应该遵守媒体写作的底线。

三、侵权报道

作为新闻报道类型的一种，侵权法治新闻既有一般新闻侵权的共性，也有法治新闻特有的个性特征。本文认为，法治新闻侵权行为在主体上和客体上与一般的新闻侵权行为没有差别，即法治新闻侵权一定包含新闻工作者等主体构成要件和人格权的客体构成要件。同时，由于法治新闻的特殊题材要求，其报道内容的基本资源应该蕴含在法治现象、法治问题、法治事件之中①，可能是事件的基本描述，也可能是情感、法理和哲理的解说。因此可以这么说，侵权法治新闻，具体来讲，应该是法治新闻工作者在报道法治新闻事件或者传播法治理念的过程中，因为操作不当，导致报道失实、报道不全面、报道触犯法律法规、评论不当等，侵害了他人名誉权、肖像权、姓名权等人格权，并造成了一定损害后果的新闻侵权类型。

2021 年 1 月 1 日正式实施的民法典中，对新闻媒体的名誉侵权行为和合理核实义务作了更明确的规定。民法典第一千零二十五条规定，行为人为公共利益实施新闻报道、舆论监督等行为时，如果存在捏造、歪曲事实；对他人提供的严重失实内容未尽到合理核实义务；使用侮辱性言辞等贬损他人名誉这三项行为的情况，影响他人名誉的，需要承担民事责任。同时，民法典第一千零二十六条规定，认定行为人是否尽到合理核实义务，应当考虑六项因素，分别为内容来源的可信度；对明显可能引发争议的内容是否进行了必要的调查；内容的时限性；内容与公序良俗的关联性；受害人名誉受贬损的可能性；核实能力和核实成本。这对媒体合理核实的义务提出了更高的类型化要求，需要对包括法治新闻工作者在内的所有新闻从业人员给予更多的

---

① 慕明春：《法制新闻的法制属性与原则》，载《当代传播》2006 年第 2 期。

关注。

四、娱乐化低俗化报道

法治新闻娱乐化是指媒体在报道立法、司法和执法等法律现象和法律事件时，违背法治新闻报道准则，既不普及法律知识，也不追踪案件监督权力机关，而是刻意追求庸俗的内容，如渲染当事人的桃色情史、炒作媚俗空洞反常态的细节、过度迎合低级趣味等，造成庄重严肃的法律现象或案件变得随意和低俗的一种法治新闻失范报道方式。

新闻低俗化和新闻娱乐化有一定区别。"娱乐"一般指使别人快乐，在哲学伦理学等层面都有过对快乐的探讨。[①] 娱乐可以是简单的五官感受到的物理性质的刺激，也可以是心理上感受到的幸福和自在。[②] 一般来说，正常的带有趣味性的新闻，并不构成对新闻质量的冲突，并不是我们所反对的对象。只有当娱乐超出一定限度，滑向低级恶俗的层面，甚至膨胀过度，成为媒介的主流，挤压了严肃新闻的空间，才构成我们上文所反对的娱乐化新闻。相比之下，"低俗"的内涵和"娱乐"不太相同。低俗和高雅相对，低俗不存在值得肯定的层面，低俗只有庸俗、恶俗、无聊和让人颓废的含义。

有学者认为，低俗新闻是过度娱乐化的恶果之一。[③] 也有学者认为，低俗新闻和新闻娱乐化有一定的相似之处，只不过对后者的评价存在尺度的把握问题。对此，本文认为，娱乐化和低俗化的确存在一些共同之处，可以将二者重复的负面部分合起来看待。法治新闻低俗化，则是指媒体在进行法律现象或法律案件报道时，刻意选择低俗的、恶俗的细节进行描写，故意上传受害者隐私部位截图，公然开黄腔讲低俗笑话吸引浏览量，这同样是降低法律严肃性、抹杀新闻公共性的一种法治新闻失范报道方式。

需要注意的是，从新闻价值异化的角度来说，低俗化和娱乐化的新闻都

---

① 李岩、孙晓亚、殷畅等：《焦虑与反思：谁是新闻传播娱乐化、低俗化的操盘手》，载《新闻与传播评论辑刊》2007 年第 Z1 期。

② 李毅坚：《新闻娱乐化必须注意的三个问题——兼谈对新闻低俗化的防治》，载《广西职业技术学院学报》2010 年第 1 期。

③ 王彦：《探源新闻娱乐化现象：命名、历史、现实、隐忧》，载《中国电视》2007 年第 1 期。

是对传统传播观念的挑战。在上文中我们已经提到了，娱乐化新闻是指过度掺杂了娱乐因素的新闻，比如名人明星花边新闻、暴力色情细节描写的新闻等；低俗化新闻则是娱乐化新闻更极端的一种表现。我们需要在区分娱乐化法治新闻和低俗化法治新闻的基础上，对法治新闻娱乐化和低俗化作以更全面的了解。

五、自证其罪式涉案报道

自证其罪是指自己在遇到刑事法律诉讼时承认自己有罪的行为。在具体案件侦破过程中，犯罪嫌疑人很有可能被"强迫自证其罪"。比如被使用各种直接的或间接的身体或心理压力的形式，包括刑讯逼供、敲诈、威胁以及以强加司法制裁等方式，迫使其招供。[①]

所谓自证其罪式的新闻报道，是指在刑事诉讼过程中，法院尚未公布最终判决，但媒体在采访犯罪嫌疑人、被告人时，故意引导他们回答，使犯罪嫌疑人、被告人自己承认自己有罪的报道方式。比如采取诱导性提问，让犯罪嫌疑人、被告人掉入记者提问的陷阱里，不知不觉将自己定义为犯罪分子；或者采取封闭式提问，强制或者指示犯罪嫌疑人、被告人进行归罪性陈述；抑或采用镜头语言，让犯罪嫌疑人、被告人在电视上直接承认自己"罪行"的报道行为，我们所熟知的电视认罪，正是这一行为的表现方式之一。

许多国家的法律规定，不能强迫被指控的犯罪嫌疑人自证其罪。任何人对可能使自己受到刑事追诉的事项有权不向当局陈述，不得以强制程序或者强制方法迫使任何人供认自己的罪行或者接受刑事审判时充当不利于自己的证人。[②] 可以说，不得强迫自证其罪是现代法治国家刑事司法的一项重要原则，也是现代法治国家为犯罪嫌疑人、被告人设立的一项基本权利。[③] 我国

---

① 杨宇冠：《论不强迫自证其罪原则》，载《中国法学》2003 年第 1 期。

② 孙长永：《沉默权制度研究》，法律出版社 2001 年版。

③ 董坤：《不得强迫自证其罪原则在我国的确立与完善》，载《国家检察官学院学报》2012 年第 2 期。

现行《中华人民共和国刑事诉讼法》第五十二条规定："严禁刑讯逼供和以威胁、引诱、欺骗以及其他非法方法收集证据，不得强迫任何人证实自己有罪。"作为任何人不受强迫自证其罪原则的延伸和具体保障措施之一，许多国家在诉讼程序中均确认了犯罪嫌疑人、被告人享有法律上的沉默权。①

因此，自证其罪式的报道，本质上是违反我国法律中"不得强迫任何人证实自己有罪"这项规定的失范报道方式。任何情况下，不得强迫自证其罪都是犯罪嫌疑人、被告人的一项权利，它符合程序正义的司法理念，也符合人道主义的要求，对保护犯罪嫌疑人、被告人，使其在诉讼中不受公权力侵害具有重要意义。自证其罪式的新闻报道，不仅失去了法律约束，也失去了法治新闻的崇高使命，它是违反基本法律原则的报道模式，我们应该强烈反对并予以规制。

六、无罪推定与刑案报道

近年来，具有较大社会影响力的刑事案件如"马加爵杀人案""杨佳上海袭警案""云南蒙自公安人员开枪致人死亡案""陕西周老虎案""云南躲猫猫案"等，无不显现着媒体的身影。② 在这些案件中，媒体全程跟踪，有些报道做得公正客观，也有些报道夹杂了很强的主观判断，甚至出现直接或间接在文章中给犯罪嫌疑人、被告人下有罪定论的情形。

无罪推定真正作为一项立法原则在法律上确定，最早可以追溯到1789年法国的《人权宣言》当中。《人权宣言》第九条规定，"任何人在未被宣告有罪之前，应当假定无罪"，其在1791年的宪法中又将无罪推定原则上升成了一项宪法原则。如今世界上大多数国家将无罪推定原则作为刑事诉讼的基本原则之一③，这一项原则毫无疑问已经成为世界上崇尚法治的国家所达成的共识。

---

① 宋英辉、吴宏耀：《任何人不受强迫自证其罪原则及其程序保障》，载《中国法学》1999年第2期。
② 刘贻石：《媒体在刑事案件报道中应遵守无罪推定原则》，载《法制与社会》2009年第9期。
③ 穆昌亮、许家铭：《无罪推定原则在我国刑事诉讼中的缺失与确立》，载《长白学刊》2010年第4期。

我国也不例外。现行《中华人民共和国刑事诉讼法》第十二条明确规定："未经人民法院依法判决，对任何人都不得确定有罪。"把握这一原则需要从两方面含义入手：第一，定罪权只能由人民法院统一行使。除人民法院之外，其他任何机关、社会团体和个人都无权确定被告人有罪。[①] 第二，未经人民法院依法判决，对任何人不得确定有罪。这一规定，是对各国立法通例和国际公约普遍规定的无罪推定原则的借鉴和吸收，从而使无罪推定也成为我国刑事诉讼制度中的一项基本原则，它是我国刑事诉讼制度的重大发展，也是我国社会意识和法治观念进步的重要表现。[②]

七、"起底式"涉案报道

"起底"一词，在现代标准汉语与粤语对照资料库中的含义是"查清楚背景资料"。它的使用最早源于中国香港警方等执法机构，意为调查疑犯的背景资料。自 20 世纪 90 年代中期以来，"起底"被传统媒体广泛采用，至 21 世纪初，互联网上开始流行起"起底"文化。[③]

网络上"起底"他人现象的蔓延，与匿名分享的网络社交方式有关。由于网络是匿名的，一些网民为了达到彰显个性或分享生活的目的，就在网站上发布自己的照片或视频，从而引起网民的关注。2006 年发生了一起巴士阿叔事件，这是令"起底"成为潮流的重要爆发点，此次事件令网民意识到"草根"有机会骤然成为网络名人，而发掘的乐趣亦是满足了网民的好奇心。随后，一旦在互联网上出现矛盾，便会有人煽动网民将之"起底"，也就是通过扒账号、查 IP，将事件当事人的真实姓名、年龄、照片、就读学校或者工作单位、家庭住址等个人信息全部曝光，更有甚者专门开发相关软件来搜集和贩卖网民的真实身份信息。被起底者在这一过程中，个人隐私遭受严重侵犯，并很有可能遭受网络和现实的双重暴力。

---

① 王法军、辛梅：《案件报道须消除有悖"无罪推定"的表述》，载《中国地市报人》2017 年第 10 期。

② 杨志东：《无罪推定原则的确立与刑事案例报道的客观性把握》，载《中国记者》1998 年第 11 期。

③ 范学亮：《新闻报道中"起底"一词考察》，载《青年记者》2014 年第 24 期。

因此，本文认为，所谓"起底式"涉案报道，有些具有新闻价值和新闻规范，比如在反腐报道中，这种叙述方式隐含着一种揭露贪官犯罪过程的意味。但还有一些媒体会为了追求轰动效应，故意使用这样的词汇作为标题，或者干脆在内容中就直接侵犯当事人的个人隐私。比如，为了关注度，从各种渠道深挖娱乐明星、富豪、贪腐人员的小道消息，不经核实或未经核实就直接报道，侵犯当事人的人格权。这种失去报道规范的行为，是我们本节要着重探讨的内容。

八、竞赛式审前案件报道

所谓竞赛式报道，即通俗意义上的抢新闻，是指新闻记者在新闻竞争中，抢先占有新闻事实并予以刊播。然而随着新闻市场化的趋势越来越明显，媒介即讯息延伸到信息即效益、利益，从而使众多的新闻媒体忽视新闻规律，出现过度"抢新闻"现象，导致新闻失实，使媒体公信力减弱。

当"抢新闻"出现在法治案件报道中，在面对严格的法律程序和严肃的法律规定时，为了速度而牺牲真实和质量的报道很容易引起媒体和司法的冲突。这种矛盾突出体现在案件审判之前，《中华人民共和国刑事诉讼法》规定，案件一旦进入侦查阶段，由于当事人可能已经被采取强制措施，为了保证证据和司法进程，媒体便不能够再通过公开采访当事人本人来达到报道的目的。

虽然，媒体在新闻实践中无法接触到被关押的当事人本人，但会对当事人之外的外围采访对象进行大量的报道。这样的报道在法律上虽没有被限制，但其操作流程和规范会影响案件后续的审理程序和审理结果。在司法实践中，很多媒体报道的案件事实与经法院审理认定的事实有着截然相反的出入，如果媒体在法院审理认定前先行披露虚假的或者有偏颇的信息，很容易引起片面的受众信任，而当法院之后再出具真正的认定事实时，受众反而不太愿意相信。这种和公检法机关"比赛"的新闻报道方式，不利于良性传媒和司法关系的构建。

第三章　法治新闻报道及其价值构成

第一节　法治新闻报道的特征

一、法治新闻报道的法治属性

法治新闻报道的法治属性是法治新闻报道区别于其他专业新闻报道的个性特色，它实际上是要分析解剖法治新闻事实，服务于法治建设动态过程以及从这一过程中反映出的运作规律。[①] 法治性是法治新闻的"身份证"。与法治相关的新闻信息包括显性和隐性两种。显性的法治新闻信息是指直接与法律制度相关联的新鲜事物，隐性的法治新闻信息是指那些虽然表现上与法治没有直接的关联，实际上却与之息息相关的新鲜事物。

结合法治价值和新闻价值，从内容来考察，以下类型的材料常常成为法治新闻的素材。

（1）立法方面的重大变化和重大事件，如全国人大及常委会新近制定、修订和颁布的各种法律，国务院及其各职能部门制定和颁布的行政法规、规章，地方各级人大制定和颁布的地方性法规，最高人民法院新近出台的有关司法解释。

（2）立法机关、检察审判机关和行政执法机关新近作出的重大决策、重大举措和重要安排。

（3）新近发生的重大案件、重大变故和重大灾难事故。

（4）刑事、民事、行政诉讼活动中出现的新情况、新动向及引发的法律问题。

（5）检察审判机关及行政执法机关工作人员秉公执法、刚正无私、勤政

[①]　慕明春：《法制新闻的法制属性与原则》，载《当代传播》2006 年第 2 期。

为民的先进事迹及新鲜经验。

（6）检察审判机关及行政执法机关工作人员中的滥用职权、知法犯法、贪赃枉法的腐败行为。

（7）社会上各种有悖现代法治精神的违法乱纪行为和现象，等等。

依法治国是社会进步、社会文明的一个重要标志。实现法治，一方面需要不断完善和健全法律体系，用法律强制力来保证整个社会的和谐与稳定；另一方面则需要从精神上、理念上教育和培育公民树立法律意识和法治观念，使人民自觉尊重和维护法律制度和秩序。而法治新闻报道就是一个非常得力和有效的手段，其重要性不言而喻。

综上所述，法治新闻报道的特征，不但表现在对于社会生活中与法治相关的事实信息的选择和传播，更表现在它对于渗透在社会生活各个方面的法律问题和法律现象的透视，以及这些法律案件和法治事件所反映的法律精神和法律意识。

二、法治新闻报道的题材

对于法治新闻报道题材的划分没有统一的标准，本文介绍几种常见的划分方法。

（一）根据报道内容议题划分

根据媒体对于法治新闻的相关报道内容的分析，可以将法治新闻报道分为以下几种类型：立法资讯；执法情况；纪检监察；领导活动；司法机关动态；反腐维权；司法大案要案；普通案件；与民生有关的法治资讯；法治故事；法律法规解释的适用；其他。

（二）根据部门主体划分

在国际新闻界中，法治新闻报道内容分为犯罪新闻、法院新闻、警事新闻三种。王文军在《法治新闻报道指南》一书中按照部门主体将法治新闻报道划分为警事新闻报道和法院新闻报道。其中，警事新闻报道可以细分为拘留新闻报道、逮捕新闻报道、犯罪新闻报道、事故新闻报道、群体性事件新闻报道、"双规"新闻报道；法院新闻报道可以细分为民事诉讼新闻报道、刑事诉讼新闻报道、冤假错案新闻报道。[①] 下面对这几种细分类型进行简要介绍。

1. 警事新闻报道

（1）拘留新闻报道

拘留新闻是警事新闻的一种。拘留是公安机关依据《中华人民共和国刑法》、《中华人民共和国刑事诉讼法》和《中华人民共和国治安管理处罚法》等法律实施的司法行为。同其他警事新闻一样，拘留新闻会涉及大量暴力、犯罪等耸人听闻的内容，同时，报道处理稍有不当又会给新闻当事人、社会公众造成麻烦和不安。因此，报道拘留新闻应当严格遵循相关法律规定。即便是在提倡新闻自由的西方，不少国家还是通过立法的方式对包括警事新闻在内的具体报道作出限制。例如，德国《新闻工作原则》（《新闻法典》）对包括拘留在内的报道涉及的诸多内容作了明确的限制，如新闻不对暴力和残忍进行不恰当的耸人听闻的描述；在报道中要重视对青少年的保护；等等。

（2）逮捕新闻报道

逮捕新闻与拘留新闻有很大不同。根据新修订的《中华人民共和国刑事诉讼法》第八十一条的规定，"对有证据证明有犯罪事实，可能判处徒刑以上刑罚的犯罪嫌疑人、被告人，采取取保候审尚不足以防止发生下列社会危险性的，应当予以逮捕……"因此，逮捕新闻应当在报道中明确三个要素：有证据证明有犯罪事实；可能判处徒刑以上刑罚；采取取保候审、监视居住等方法，尚不足以防止发生社会危险性。近年来，随着我国法治信息传播的逐步开放，司法实践中有些事件如超期羁押等问题也常常成为引人注意的新闻，越来越受到媒体的关注。

（3）群体性事件新闻报道

群体性事件是法治新闻中比较有中国特色的报道品种。何谓群体性事件？各种资料的概念并不相同，例如，维基百科把群体性事件解释为"骚乱的委

[①] 王文军：《法治新闻报道指南》，北京大学出版社 2015 年版。

婉表达"。我国官方解释群体性事件时，明确把它和骚乱区分开来。2005 年 7 月 7 日，中共中央组织部第一次亮相国务院新闻办新闻发布会，中共中央组织部副部长在新闻发布会上明确指出，当前中国改革进入关键时期，有些矛盾集中显现，并因此发生了一些群体性事件，他特别纠正了国外记者"骚乱"的说法，而代之以"群体性事件"。① 公安部 2005 年发布的《公安机关处置群体性治安事件规定》指出"本规定所称的群体性治安事件，是指聚众共同实施的违反国家法律、法规、规章，扰乱社会秩序，危害公共安全，侵犯公民人身安全和财产安全的行为"。中共中央党校出版社 2009 年出版的《党的建设辞典》将"群体性事件"作为新词，收入其中。它有别于暴动、骚乱，也不同于普通的政治事件。群体性事件是指由某些社会矛盾引发、特定群体或不特定多数人聚合临时形成的偶合群体，以人民内部矛盾的形式，通过没有合法依据的规模性聚集、对社会造成负面影响的群体活动，发生多数人语言行为或肢体行为上的冲突等群体行为的方式，或表达诉求和主张，或直接争取和维护自身利益，或发泄不满，制造影响，因而对社会秩序和社会稳定造成重大负面影响的各种事件。

（4）"双规"新闻报道

"双规"又称"两规"，是一种特殊组织措施和调查手段，也是具有中国特色的法治新闻，其词源出自《中国共产党纪律检查机关案件检查工作条例》第二十八条第三项"要求有关人员在规定的时间、地点就案件所涉及的问题作出说明"。"双规"并非正式司法程序，而是一个先于司法程序的对人身自由进行限制的党内措施。"双规"措施，经过纪委常委会讨论，决定对线索材料初核之时，就可采用。由于检察机关尚无充分证据，不能直接出面，纪委出面采取"双规"措施的目的是防止对象串供、毁灭证据。事件本身还处于不确定状态，因此相关报道中应当慎用诸如"犯罪""涉嫌犯罪"等结论性词汇。

根据中纪委作出的相关政策解释，有权使用"双规"的机关只能是县级

---

① 王文军：《法治新闻报道指南》，北京大学出版社 2015 年版。

以上（含县级）纪检部门。"双规"的适用对象非常特殊，中纪委在不同时期作出过不同内容的数次解释。最初的规定是可以适用所有涉及违纪案件的当事人（包括非中共党员），但随着纪检部门在反腐败中扮演的角色日趋重要，中纪委对"双规"适用范围的要求也日益严格。目前的规定是"双规"只适用于违纪且需要立案查处的中共党员。与之相适应，"双规"新闻在报道该类事件时，一是要关注"双规"对象的现任职务及其简历、职务变化的历史，因为其中可能包含公众希望知晓的新闻信息；二是要跟踪报道"双规"行为后续的发展，往往一条"双规"新闻后面会有"双开"、逮捕、起诉、庭审等一系列法治新闻产生。

2. 法院新闻报道

民事诉讼是法院受理公民之间、法人之间、其他组织之间以及他们之间因财产关系和人身关系提起的民事诉讼。随着中国经济转型，民生问题及由此产生的相关新闻日益受到重视，财产纠纷、房产纠纷、债务纠纷、婚姻纠纷、名誉侵权、继承权争议等民事诉讼新闻也因此在法治新闻中逐渐占据更大的比重。尤其是2021年1月1日起民法典正式生效后，相关的民事诉讼更是成为媒体争相报道的典型。

刑事诉讼是对犯罪行为的控告，它和民事诉讼有着质的不同。刑事诉讼有着严格的法律程序，这些程序在诉讼过程中都会以具体的形式体现出来，新闻报道应当用事实来呈现这些程序而不是停留在抽象的概念层面。例如，刑事案件庭审直播也是一种法院新闻报道的方式。庭审直播是指法院在公开审理案件时，法院或媒体利用电视、广播、网络多媒体等手段以文字、图片、录音、视频等形式向公众实时播报庭审实况的活动。传统的庭审直播方式包括电视直播、广播直播，随着网络技术的发展，又出现了新的庭审直播形式，主要包括网络图文直播、网络视频直播、微博直播，目前利用微博直播应用比较普遍。刑事案件庭审直播具有公开性、真实客观性、同步性、受众广泛性、影响深远性等特点，例如美国的"辛普森杀妻案"、我国的"快播案"等都是受到广泛关注的刑事庭审直播案件。

司法的终极目的是实现正义，司法的核心是程序正义，偏离了正义，司法就会偏离方向。然而，毋庸避讳的是，从古到今、国内国外，尽管社会采取了诸多方法维护正义，但是各种各样的冤案、假案和错案仍然难以杜绝。因司法运作的失误致使无罪之人被错误追究刑事责任的案件同样是我国法治新闻难以回避的话题。近年来，随着现代传媒业、公民新闻、自媒体传播等传播方式的快速发展，冤假错案一经发生，其传播的速度和范围比以往要快得多、广得多。冤假错案特别是比较大的冤假错案常常会成为媒体争相报道的重大新闻。

从法治新闻的角度看，播发冤假错案新闻对报道规范提出了较高的要求。由于冤假错案的"制造者"恰恰是司法机关本身，如何把握报道分寸、如何剖析案件成因、如何对待冤假错案的责任人、如何维护司法公信力，乃至如何重塑司法公正形象等问题，都比其他法治新闻更敏感、更棘手。和其他法治专题新闻一样，冤假错案最重要的新闻价值是维护司法尊严、推进法治建设，报道冤假错案正是为了"刮骨疗毒"。因此，尽管新闻报道的核心问题是司法错误运作结出的结果，但新闻本身不能偏离法治社会基本的理念，必须尊重司法权威。

第二节　新媒体与法治新闻报道

一、媒体融合环境下法治报改革发展的必要性

如今大众的思维、价值观和消费模式正变得越来越多元化。从媒体的角度来看，受众个性化需求凸显，消费者向分众消费发展，因此地方法治报遭到党报、都市报和新媒体的挤压。虽然省级法治报在品牌资源方面相对占优势，但其在战略定位、宣传推广、内容包装等方面与党报、都市报以及网络媒体相比并没有竞争力。因此，省级法治报纸只能通过走特色发展道路，将重点放在建设核心竞争力和降低同质化风险上，把劣势转化为优势。

另外，根据传播学的有限效果论的观点，法治报作为大众传播媒介，不具备直接改变大众对事物的态度的能力。大众作出决定有许多其他重要的影

响因素，包括个人现有的政治、经济、文化和心理倾向以及受众对信息的选择性需求、群体归属感和群体规范、大众传播过程中的人际影响等。作为一个专业的媒体人，我们应该了解读者的心理，总结读者的需求，将整合过的碎片化信息突出主题后在读者面前展示。从专业媒体的角度来看，生产法治新闻爱好者需要的产品，持续策划精品，满足受众需求，使新闻可以让读者再次传播，这是整合传播内容的标准。

虽然我国法治报存在许多差异，但各家法治报在传播法治理念，促进政府依法行政、公正执法、司法为民和普法等方面是一致的，每家法治报都在充分利用新闻资源，突出强调"法治"的特点，实现普法宣传。媒体融合改革策略无论是在理论还是在实践中，对法治报都是关键。编发、管理、品牌创新是法治报的核心内容，通过对法治新闻内容和传输通道的碎片整合发展，促使法治报在媒体竞争中立于不败之地。

二、媒体融合环境下的法治报道

法治新闻生存并发展在新媒体传播环境之下，很难独善其身不受新媒体的影响，因此会面临着新形势下的挑战，也呈现出一些与以往传播环境不一样的传播特点。

1. 法治新闻传播的多渠道性

数字技术的发展使传播渠道从以前的单一变为现在的多样化。传统的报刊、电视、广播三大传播渠道在新媒体环境下受到极大冲击，以网络技术为基础的网络媒体、手机媒体等衍生出多条信息传播渠道，从最初的门户网、博客到当下流行的微博、微信以及各种新闻推送 App，这些都成为新闻信息的传播渠道。众多的传播渠道可以让法治新闻在短时间之内出现在受众的视线当中，使人们第一时间了解相关信息。

2. 法治新闻传播的分众化

以互联网为代表的"第四媒体"的出现不仅打破了报纸、广播、电视"三足鼎立"的局面，也让社会进入了信息爆炸时代。随着我国经济的发展，社会出现了明显的阶级分层。不同群体的动机与需要不尽相同，这种状况直接打开了新媒体环境由"广播"到"窄播"的大门。所谓"窄播"即个性化的传播服务，现在的互联网已具备提供专业新闻的检索功能，通过开辟专题或者专栏的方式将信息分为不同的类型。法治新闻作为新闻的一个分支，拥有固定的受众群，媒体通过将法治新闻直接推送给其固定受众，完成新媒体环境下的分众化传播。

3. 法治新闻传播的快速性

传统的法治新闻多以报纸、电视、杂志等为载体进行传播，从前期的新闻采写到后期的编辑、制作和发布的传统传播过程相对新媒体的传播来说显得更为漫长。在新媒体传播环境下，人们进入以秒为单位的新闻传播方式，无须必须购买报纸或者是等特定时段的节目播出才能知晓信息。通过网站、手机客户端等多种方式与最新的法治新闻信息及时对接，大众可以在第一时间对自己感兴趣的法治新闻进行浏览。基于互联网技术的新媒体报道法治新闻，人们面对的不再是长篇的连续文本或一个排好先后顺序的节目表，而是一个个拥有超链接的标题，不需要在固定时段等待，即可随时随地获取自己感兴趣的信息。同时，在新媒体环境中，传播源的淡化使得法治新闻的传播更为快速、便捷。

4. 法治新闻传播的多媒体化

绝大部分新媒体是开放平台，如微博、微信等，能够提供一个集成的传播环境。新媒体传播是在数字化环境当中实现的，法治新闻在这样一个环境下可以通过文字、图片、声音、视频等各种传播形式，实现多媒体化。相较于传统媒体单一的法治新闻传输形式，新媒体传播的"图文并茂"的方式不仅能给人带来传播的乐趣，更重要的是经过多种形式的解读，提高新闻可读性，能够发挥法治新闻功能的最大化。

三、媒体融合环境下法治新闻报道的转型探索

（一）传播思维的转型

1. 传播理念凸显服务性

在新媒体时代，法治新闻报道呈现出"传统媒体 + 新媒体"融合报道的

发展趋势。法治新闻报道通过微博、微信公众号等新媒体平台，和本地的法治服务资讯相结合，并且还与当地的政法服务系统与律师事务所等单位进行合作，利用微信公众平台开设法律线上咨询、在线客服留言服务、当地政法系统的案件受理等相关服务功能。社会公众既可在新媒体平台浏览法治新闻，也可查阅浏览与法律有关的服务信息，满足多方面法治需求。

2. 报道内容注重人文关怀

在新媒体的传播平台上，法治新闻传播开始着重关注社会上的弱势群体，让报道更具温度，给予报道者相应的人文关怀。虽然在很多新媒体平台播出的法治新闻节目仍将法律事件或相关案件作为新闻报道的由头，但在各新媒体平台播出的法治新闻节目中，涉及农民工群体的维权案件、残障人士的法律咨询服务、老年人群上当受骗等案件的法治新闻越来越多，而在传统媒体播出的法治新闻节目由于媒介属性的不同、节目播出内容和播出时长的限制要求，报道内容大多是属于国家层面和各地政法系统的会议等方面的时政新闻报道，虽也有社会层面法治新闻报道，但对弱势群体的关注仍略显不足，新媒体层面的新闻报道则更加注重人文关怀，彰显出价值理性的光芒。

3. 注重对个人信息以及隐私的保护

在融媒体环境下，法治新闻节目不仅在传统媒体播出，也在诸多新媒体平台进行播出，但因互联网媒体具有一定的开放性和共享性，播出的新闻节目很容易出现个人隐私泄露的情况。特别是在法治新闻节目报道中，因涉及诸多案件行为人的特殊性，一旦相关行为人的个人信息和隐私出现泄露，对相关行为人可能就会产生负面影响，因此有必要对法治新闻节目报道主体的个人信息和个人隐私进行保护。《央视新闻》在对 2019 年于厦门被捕的劳荣枝进行第一次新闻报道时，对犯罪嫌疑人劳荣枝的脸部用马赛克的技术手段进行遮挡。[1]

---

① 侯博：《新媒体语境下法治新闻传播理念和传播方式研究》，载《新媒体研究》2020 年第 10 期。

现在很多融媒体平台播出的法治新闻节目，利用先进的技术手段，对与案件有关的行为人的肖像进行马赛克遮掩处理，利用声音处理技术对与案件有关的当事人的声音进行变声处理，在新闻节目中对一些人物的名字运用化名方式呈现，以保障当事人的合法权益，避免因节目播出后对当事人产生不利影响。

（二）传播方式转型探索

1. "传统媒体＋社交媒体＋短视频"的融合传播方式

在新媒体时代，传统媒体与新媒体各有优劣。传统媒体因具有悠久的新闻生产能力深受社会群体的青睐，但在视觉呈现效果上与新媒体相比略显拙劣；新媒体因互联网大数据的技术发展应用，在信息分发迅速、内容呈现多样等方面比传统媒体更具吸引力。在法治新闻节目生产的媒介组织也抢抓互联网媒介技术发展大势，利用新媒体的优势特征，拓展法治新闻传播的方式。其中，最为典型的法治新闻传播方式就是"传统媒体＋社交媒体＋短视频"的融合传播方式。很多地方频道法治新闻节目就利用这一传播方式，在传统媒体领域，仍采用传统的新闻内容播出方式；在新媒体领域，利用微信和抖音平台对节目中的主要内容重点呈现。在微信公众平台，将电视节目中播出的具有显著性和代表性的法律案件进行分发推送，并且在内容呈现方面采取"文字＋音频/视频"的方式，微信公众平台推送的新闻标题也和电视法治新闻节目的标题有着很大的差距，这些标题从受众角度来说，趣味性和简洁性更加明显。在抖音短视频平台，节目主持人对电视节目中播出的法治新闻案件进行简短的回顾与评述，或者将节目中法律顾问和节目嘉宾所提出的重要内容提炼后呈现，以便达到吸引不同受众观看的效果，拓展了法治信息传播的渠道。

2. 丰富的可视化内容传播方式

在新媒体时代人们改变了以往的阅读习惯和信息获取习惯，加之快速的生活节奏，碎片化的信息接收成为一种趋势。[①] 但是，传统媒体特别是报纸

---

① 彭兰：《网络传播概论》，中国人民大学出版社 2017 年版。

媒介呈现的内容，往往难以适应现代人的需求习惯。为满足当代受众的信息获取需求，很多新闻媒介生产组织对法治新闻的报道采取可视化的传播方式，以起到更加直观生动的传播效果。

在法治新闻报道中，很多纸质媒介在新媒体平台利用数据动图、结构图示、表格交叉的方式呈现新闻案件中的重要信息。《新京报》在 App 平台上就运用统计图表可视化的手段对新闻信息进行呈现，以便读者阅读。很多电视法治新闻节目在涉及车祸肇事等交通案件时，还会利用虚拟动画视频还原现场事故发生时的真实情况，引起受众的观看兴趣，便于其更好地理解法律案件。

3. 互联网大数据与"算法推荐"技术的应用

在法治新闻推送的手机 App 平台，运营后台会根据受众在使用 App 时订阅关注或浏览、点赞、分享等互动行为的相关数据，生成每个用户关注话题的"用户画像"，再利用算法推荐技术根据受众的喜好以及需求程度进行精准推送。"法治号"App 是《法治日报》旗下开发的法治新闻资讯和服务的聚合平台。受众在打开 App 时，即可订阅各种法治资讯板块，还可对推送的新闻内容进行点赞、评论。在受众使用"法治号"平台获取新闻时，后台会记录受众的浏览次数等相关数据，然后根据这些数据利用大数据算法技术，生成受众的"用户画像"。诸如抖音等短视频聚合新媒体平台也会利用互联网大数据的算法推荐技术，根据受众对短视频平台上发布的不同用户生产的法治新闻短视频的关注程度和喜爱程度，对受众进行信息精准推送，以吸引受众的眼球。①

第四章　法治新闻报道与法律事实

法治新闻是新近发生的具有被受众及时知晓意义的法治信息，而法治新

---

① 侯博：《新媒体语境下法治新闻传播理念和传播方式研究》，载《新媒体研究》2020 年第 10 期。

闻报道，则是指人们通过声音、文章、图像等手段，对于新近发生的具有被受众及时知晓意义的法治信息的传播。因此，在法治新闻报道中所涉及的法律事实就显得尤为重要，这一章我们就重点来讲讲法律事实。

第一节　法律事实及其特点

一、法律事实的概念

法律事实，就是法律规定的，能够引起法律关系产生、变更和消灭的现象。法律事实的一个主要特征是，它必须符合法律规范逻辑结构中假定的情况。只有当这种假定的情况在现实生活中出现，人们才有可能依据法律规范使法律关系得以产生、变更和消灭。例如结婚产生夫妻间权利和义务关系，结婚即为法律事实；死亡引起婚姻法律关系的消亡、继承法律关系的产生，死亡即为法律事实。法律事实是一个法律上的术语，是经过一定诉讼程序后能够认定的事实，是通过诉讼各方证据的交锋及对抗，裁判者最终能够认定的事实。法律事实的形成必须符合法律规定的形式并受制于法律的评价。法律与事实二者既有区别又有联系。

事实问题不同于法律问题，当以事实为依据，以法律为准绳时，其实已经默认事实与法律是有区别的。应当承认，在很多情况下，事实与法律的确存在较为明确的区分，如一个人是否杀人是一个事实问题，而要裁定该杀人行为是否构成犯罪（尤其是要作杀人"预备""中止""未遂""既遂"的区分）并是否应当承担刑事责任则是一个法律问题。法律与事实的区别常常出现在分析法律案例中。一般来说，事实问题是指事情的真实情况，强调事情的真实性，而法律问题主要是指国家制定认可的行为规则。

法律事实不同于客观事实，二者的区别最关键就在于法律事实最终是被建构和选择生成的，而客观事实不以任何意志为转移，它是客观实在的。实际上，法律事实是在法官主持下当事人一起构造的人工世界，在这个人工世界的构建过程中，诉讼参与的各方当事人出于自己的利益考虑，对外只提供对自己有利的证据，这就使证据的真实性有一定的概率，以此最终认定的法律事实也有一定的概率。而客观事实是哲学意义上的，它超脱于人们的认识而独立存在，无论人们是否能够认识并证明它，它都是客观存在的。

无论是诉讼制度设计还是诉讼实践，人们都企图追求"法律事实"无限接近"客观事实"，甚至不懈追求二者的完全重合，然而这种理念往往因为诉讼本身的客观规律而不能完全实现，因此，遵循"程序正义"与"实体正义"同等重要。

根据不同的标准可以对法律事实进行多种分类，以下是几种最常见的划分方法。

1. 事件和行为

按照法律事实是否与当事人的意志有关，可以把法律事实分为事件和行为，这是一种最基本、最重要的分类方法。事件又称为法律事件，指的是与当事人意志无关的，能够引起法律关系形成、变更或消灭的事实，事件的特点是，它的出现与当事人的意志无关，不是由当事人的行为引发的。导致事件发生的原因，既可以来自社会，也可以来自自然，除此之外，也可能来自时间的流逝，如各种时效的规定等。行为又称为有法律意义的行为，从法律关系的角度看，它指的是与当事人意志有关，能够引起法律关系产生、变更或消灭的作为和不作为。行为一旦作出，也是一种事实，它与事件的不同之处在于当事人引发此种事实的是主观因素。因此，当事人既无故意又无过失，而是由于不可抗力或不可预见的原因而引起的某种法律后果的活动，在法律上不被视为行为，而被归入意外事件。法律上所说的行为，仅指与当事人意志有关且能够引起法律关系后果的那些行为。

2. 单一的法律事实和事实构成

按照引起法律后果所需要的法律事实具有单数形式还是复数形式，可把它们划分为单一的法律事实和事实构成。单一的法律事实是无须其他事实出现就能单独引起某种法律后果的法律事实。出生、死亡和放弃债权等，都是单一的法律事实，这种事实一旦出现，就会引起法律关系的产生、变更或消灭。事实构成是法律事实的复数形式，是由数个事实同时出现才能引起法律后果的法律事实。多数法律关系的形成、变更或消灭，必须以同时具备数个事实为条件，缺一不可，例如，抵押贷款合同关系就至少同时具备数个事实后才能成立：一方要约、一方承诺、双方意思表示一致等。

二、法律事实的特点

由于社会生活本身是不断变化的，法律关系也就不能不具有某种流动性，从而表现为一个产生、变更法律事实解释体系与消灭的过程。具体来说，法律事实一般具有以下特征。

第一，法律事实的首要特征是客观实在性。

第二，法律事实是一种规范性事实。

第三，法律事实是一种具体的而非抽象的事实。

第四，法律事实是法官依法认定的事实。

法治新闻报道的选题主要限于"法治"范围内。法治，是指以民主为前提和基础，以严格依法办事为核心，以制约权力为关键的社会管理机制、社会活动方式和社会秩序状态。其内涵主要关联立法、执法、司法和守法环节，因此，其主要体现为"有法可依，有法必依，执法必严，违法必究"。凡是能满足这种要求的新闻信息，都可作为法治选题的素材。①

作为一篇法治新闻报道其内容必须与法治密切关联，这是法治新闻报道区别于时政新闻、经济新闻、文化新闻、社会新闻等其他新闻报道的重要标志，无论是消息，还是通讯、特写、评论或调查报告，其内容必须与法治密切相关，否则就不能称为法治新闻报道。法治新闻报道应当是"被受众及时知晓意义"的法治信息，即所报道的法治信息要具有典型性或独特性，新鲜特别或极有新闻价值，而不是凡事与法治相关的信息都去"闻"去"报"，因为这样的信息每天发生得太多了，根本"闻"不绝耳，"报"不应暇。

另外，法治新闻报道应当充分发挥启迪受众的法治意识、向受众传播法治理念与法治原则和法治精神、营造法治文化的氛围、提升受众的法治素质

---

① 姚广宜：《法治新闻采访教程》，北京大学出版社 2007 年版。

的作用，以引导受众学法、守法、用法、护法，推动中国民主与法治的步伐为己任。

法治新闻报道经常涉及的部门行业主要是立法、司法、执法、学法、普法等机构，即各级人大、政府、政法委、法院、检察院、公安、司法行政、纪检、监察等系统及其他法律机构、团体、法学院校等，但从报道内容的角度讲，绝不局限于对上述部门行业出现的法治信息的报道，各行各业、各个部门都有法治新闻。比如足球裁判"吹黑哨"，这一事实发生在体育界，体育新闻更多关注的是事件本身及其后果影响和职业道德等问题，而法治新闻关注的是事件背后的行贿和是否构成犯罪等法律问题。再如，2003年四五月，全国发生非典疫情，如果从部门和行业来讲，则主要属于医疗卫生系统，但法治新闻并非不能介入这个领域进行报道，而是应当从法律制度的角度就其中的法律问题，如《中华人民共和国传染病防治法》的贯彻执行及全国抗非典过程中出现的相关法律问题进行报道。因此，从法治新闻报道的范围来看，凡是与法治密切相关的各行各业新近出现的典型的被受众及时知晓意义的法治信息都在报道之列。

基于此，法治新闻报道中的法律事实除了具备其本身的一般性特点，还需要满足法治新闻报道选题方面的标准和要求。

第二节　法律事实与证据

一、证据及其种类

证据（evidence）是指依照诉讼规则认定案件事实的依据。证据对于当事人进行诉讼活动，维护自己的合法权益，对法院查明案件事实，依法正确裁判都具有十分重要的意义。证据问题是诉讼的核心问题，而且证据应是客观存在的，伪造或毁灭证据都是违法行为，应受到法律的追究。学界对证据制度的研究已经形成一门专门科目，称为证据学或证据法学。

对于证据的分类，我国的三部诉讼法依据不同情形，分别作出了规定。

《中华人民共和国刑事诉讼法》（2018 年 10 月 26 日修正）第五十条规定："可以用于证明案件事实的材料，都是证据。证据包括：（一）物证；（二）书证；（三）证人证言；（四）被害人陈述；（五）犯罪嫌疑人、被告人供述和辩解；（六）鉴定意见；（七）勘验、检查、辨认、侦查实验等笔录；（八）视听资料、电子数据。证据必须经过查证属实，才能作为定案的根据。"

《中华人民共和国民事诉讼法》（2023 年 9 月 1 日修正）第六十六条规定："证据包括：（一）当事人的陈述；（二）书证；（三）物证；（四）视听资料；（五）电子数据；（六）证人证言；（七）鉴定意见；（八）勘验笔录。证据必须查证属实，才能作为认定事实的根据。"

《中华人民共和国行政诉讼法》（2017 年 6 月 27 日修正）第三十三条规定："证据包括：（一）书证；（二）物证；（三）视听资料；（四）电子数据；（五）证人证言；（六）当事人的陈述；（七）鉴定意见；（八）勘验笔录、现场笔录。以上证据经法庭审查属实，才能作为认定案件事实的根据。"

其中，电子数据指的是电子化技术形成的文字、数字等，如电子邮件、聊天记录等；2015 年 2 月 4 日最高人民法院发布的一份司法解释显示，网上聊天记录、博客、微信、手机短信、电子签名、域名等形成或者存储在电子介质中的信息可以被视为民事案件中的证据。

二、法律事实与证据的联系与区别

法律事实和证据都是客观存在的，具有确切的真实性。法律事实是一个法律上的术语，是经过一定诉讼程序后能够认定的事实，是通过诉讼各方证据的交锋及对抗，裁判者最终能够认定的事实。证据则是指依据诉讼程序认定案件事实的依据。认定事实的基础是证据，案件的事实是依据证据来说明的，查明事实的过程也是审查、认定证据的过程。

第三节　法律事实与新闻真实

法律事实，就是法律规定的，能够引起法律关系产生、变更和消灭的现象。法律事实的一个主要特征是，它必须符合法律规范逻辑结构中假定的情况。只有当这种假定的情况在现实生活中出现，人们才有可能依据法律规范使法律关系得以产生、变更和消灭。例如结婚产生夫妻间权利和义务关系，结婚即为法律事实；死亡引起婚姻法律关系的消亡、继承法律关系的产生，死亡即为法律事实。

新闻真实是新闻的主要特性之一，包括两重含义：第一重含义要求新闻对所报道的事件、人物、思想观点，在细节、言语上都必须准确可靠；引文、数字、史料等背景材料同样要准确、有据。然而，对事实描述的准确并不等于一篇新闻或整体新闻报道是真实的。因此，新闻真实的第二重含义是指准确地全面报道事实，对事实的发生原因、对事件实质的解释，也必须以事实为依据。新闻的意义可以超出事实的时空范围，但报道的事件本身不能超越它所在的时空。若回避事实中的重要情节，尽管报道中所写的事实是准确的，报道本身仍然可能是不真实的。

法律事实和新闻真实，二者都以客观事实为基础，如实地反映客观事实要素，并根据客观事实的变化不断运动并变化。这是法律事实与新闻真实二者的联系与相同点。

然而新闻真实与法律事实也具有很大区别，新闻真实不等于法律事实。

法律真实是指具有证据支持的真实，因为法律只承认具有证据的事实。

1991 年，《海峡都市报》因报道某酒店存在"色情服务"被告上法庭，当偷拍偷录的证据被法庭不予采信后无法提供更有力的证据，结果败诉。

证据的收集最好在新闻报道之前已经做好，一旦诉讼发生后再去搜集，毕竟时过境迁，现场的东西——直接证据不可能再找到。虽然有些间接证据仍可搜集到，但此时费时费力，作用也就打了折扣。

在报道时要把握平衡原则，规避新闻纠纷。新闻真实不等于法律事实，这既是舆论监督记者应具备的常识，也是在实践中指导他们的准则，或者说是技巧。但是在实际新闻操作中，有些新闻记者往往把新闻事实完全等同于法律事实，使自己成为一方当事人的代言人，结果导致新闻侵权纠纷的发生。

所以，如何才能避免这类事情发生？平衡报道是避免成为一方代言人的良方。所谓"平衡报道"，是指给双方当事人以平等的陈述事实和表达观点的机会，不能只听一面之词。换言之，在采访纠纷类、法制类以及舆论监督类的新闻时，要采访双方当事人，甚至权威部门，听一听他们对这个问题的看法，最终的新闻稿件应该是观点比较全面的报道。兼听则明，偏听则暗。不能偏听偏信，单纯地报道当事一方的说法及观点。多搜集线索和资料并进行认真的核对，这样才能保证新闻的真实，进而实现法律的真实。

讲求平衡，不是说各方当事人的采访时间绝对相同，各种观点完全在新闻报道中出现。"一个绝对平衡的新闻界等于没有新闻界。平衡是一种道德责任，不能用秒表或者直尺来衡量。"新闻报道不等于客观事实，新闻节目也绝不能"有闻必录"，客观报道不等于客观主义。"平衡其实不是不同观点的芜杂堆积，而是有其倾向性，但是这种倾向性并非偶然的随意的，而应该以媒体对社会所应承担的责任为支撑。"

第四节　法治新闻来源与法律事实获取途径

一、法治新闻来源

记者在获取法治新闻时要注意新闻要素来源清晰。法治新闻报道要求所报道发生的时间、地点、人物、事件经过、结果、原因等准确，不能模糊。而在《媒体报道称武大受贿案源自学生公寓承建行贿》这篇报道中，其以"媒体报道称"作为标题开头，首先就违背了法治新闻内容必须准确、不能模糊的原则。而且在文中记者多次用到了"媒体报道称""记者了解到"等指向模糊的语言。在没有经过现场采访的情况下，根据道听途说的情况进行报道，很容易报道内容失实，从而违背了法治报道的社会意义和功能。同时，记者没有经过调查研究、深入采访，很难作出客观真实的报道。

二、法治新闻对法律事实的选择

随着我国民主法治化建设的进程，法治新闻报道正立足"法"面向大众

"社会"，其可供报道的视角越来越多层次化，报道形式多样化，牵扯的报道领域和知识面也越来越广。媒体近年来大量涌现的法治新闻案例报道已经开始深入社会、经济、民主、立法等层面深度开掘，取得了良好的社会效果。

然而，法治新闻案例报道收到良好效果的同时，还存在价值取向猎奇、庸俗化等倾向，案例报道面不宽，局限于案件本身报道等问题。正视这些问题的存在，就必须研究法治新闻案例报道的价值和题材的选择。

第五章　法治新闻报道与现代法治精神

法治新闻从业者需以法治精神为指导，做好法治新闻的"把关人"，通过合法合规合理的法治新闻报道，切实提升"四力"，大力开展法治宣传教育，弘扬社会主义法治精神。引导社会公众树立遇事主动寻求法律帮助、依法维权和依法解决纠纷的意识，利用不断完善的法律制度保护自身权利，使法治成为群众的共识，让法治切实成为维护社会秩序的基石。

第一节　法治精神

一、法治精神的概念界定

"法治精神"的提出可溯源至 1913 年[①]，并于 1924 年被编入教科书[②]。2005 年初，胡锦涛同志在中央党校省部级主要领导干部研讨班上就明确提出要弘扬法治精神。随后，在党的十七大报告中，进一步强调要"深入开展法制宣传教育，弘扬法治精神，形成自觉学法守法用法的社会氛围"。党的十

[①] 《法治国之精神》，载《盛京时报》1913 年 10 月 22 日。转引自赵炎才：《民初时论中法治精神管窥》，载《法学论坛》2009 年第 4 期。

[②] 《新学制公民教科书》第 16 课的标题即为"法治精神"。参见傅国涌：《百年转型中的公民教科书》，载《江淮文史》2011 年第 3 期。

八大强调要"弘扬社会主义法治精神，树立社会主义法治理念，增强全社会学法尊法守法用法意识"。作为一个历史上长期受封建文化传统影响的国家，厘清法治精神的内涵、特性和要素等对于法治实践、发展中国特色社会主义法治精神至关重要。

从不同视角出发，对法治精神内涵、实质的理解各异。从法治精神的定位视角出发，我国学者对于法治精神的界定主要分为两类：法治要件说和法治价值说。[①] 从观念的主客观性出发，可以分为客观价值说、主观价值说、主客观统一说。[②] 客观价值说认为，法治精神是法治的基本机制、原则、本质及核心观念。主观价值说认为，法治精神是人们的法律意识、法律信仰、法律崇尚等主观认知。主客观统一说则综合参考了上述两种观点，认为法治精神既包括法治的内在核心价值，也包括人们对法治的信仰、评价等主观认知。

为了消除理论上、实践上的分歧，本文采用客观价值说来定义法治精神，以便读者更好地把握法治精神内涵，形成研究共识。

二、法治精神与法治意识

法治精神，即法治的内在品质、内在价值、内在要素的基本关联，包含规则治理与良法善治、自由人权与平等和谐、官民共治与全民守法、积极履责与制约公权、惩恶扬善与以人为本、公平正义与效率效益等原则。

法治意识，是指作为生活在现代社会公民所应当具备的与现代民主政治、市场经济和文明形态相适应的，为法治社会所必需的法律素养、法律精神和法律价值观念。主要包括守法意识、契约意识、理性意识、人本意识和程序意识。[③]

法治意识带有价值判断的元素，体现着公民对社会法治的认知、评价、认可，反映了公民对法律的认知水平和法律性评价，以及基于这种认知形成

---

① 王守贵：《论当代中国的法治精神》，吉林大学 2010 年博士学位论文。
② 江必新：《法治精神的属性、内涵与弘扬》，载《法学家》2013 年第 4 期。
③ 夏丹波：《公民法治意识之生成》，中共中央党校 2015 年博士学位论文。

的对法律的效用和功能的基本态度和信任、依赖程度。① 而法治精神则追求如何实现良法善治，从而指导法治建设。两者的区别和联系如下。

（1）两者的目的性不同。

法治意识侧重于对社会公众法律认知水平的客观描述，一般不具有强烈的目的性和意向性，只有在个别语境下才有意向性。而法治精神则是就法治而言，追求法治、良法善治和法治价值，带有强烈的意向性。

（2）两者的外延不同。

根据不同的标准，法律意识包括公法意识、私法意识、成文法意识、惯例法意识，或者国际法意识、国内法意识等；而法治精神则一般包括法律至上精神、公平正义精神、监督制约公权力精神、司法独立精神等，或者立法精神、执法精神、守法精神、司法精神等。

（3）法治意识和法治精神协同发展、相互促进。

良好的法治精神能够促进法治意识的培养，健全的法治意识能够促进法治精神的发展。一个国家的法治发展程度及法治精神决定着公民法治意识的强弱，公民法治意识的强弱反过来也会影响法治建设的质量和水平。

三、法治精神与法治文化

"法治文化"是与"人治文化"相对立的一种文化类型，是指熔铸在人们心底和行为方式中的法治意识、法治原则、法治精神、法律行为及其价值追求，是一个国家的法律制度、法律机构、法律设施体现出来的文化内涵，是公民在日常生活、工作中所表现出的涉及法治的行为方式。② 作为法治精神的集中体现，法治文化深植于法治建设实践，能够从思想深处规范和约束人们的行为，以更高水准推动立法、执法、司法、守法，是法治建设实践的观念形态反映与表达，又反作用于法治实践。

党的十八届四中全会从建设社会主义法治国家的战略高度明确提出，

---

① 柯卫：《法治与法治意识》，载《山东社会科学》2007 年第 4 期。
② 刘斌：《当代法治文化的理论构想》，载《中国政法大学学报》2007 年第 1 期。

"弘扬社会主义法治精神，建设社会主义法治文化，增强全社会厉行法治的积极性和主动性，形成守法光荣、违法可耻的社会氛围，使全体人民都成为社会主义法治的忠实崇尚者、自觉遵守者、坚定捍卫者"。作为以法治为核心的文化体系，法治文化的全部文化特征都围绕着法治的社会结构和功能展开，以"法治精神"一以贯之①，追求让法治精神、法治思维、法治方法和法治效果渗透于社会生活的方方面面，在日常的社会生活中形成以法治为规范的思想观念。

作为精神层面的内容，法治精神是法治文化的一部分，法治文化包含法治精神，但法治精神却不能涵盖法治文化，因为法治文化还存在刑具器物、法官服装等物质内容。此外，法治文化的内涵更为广泛，包罗万象且并不带有价值判断。反对法治的文化也是一种法治文化，漠视法治、崇尚法治都是法治文化的表现，尽管这种精神是与法治精神相背离的。而法治精神则带有鲜明的价值趋向，需要体现公平正义，漠视法治绝不是法治精神的体现。

第二节　法治新闻报道中的法治精神

一、树立法律权威至上的报道思想

新闻媒体在进行法治新闻报道时，应当树立法律权威至上的思想，自觉尊重国家的法律法规、尊重报道对象。新闻媒体可以利用宪法所赋予的权利行使舆论监督权，但任何个人或组织不能凌驾于法律之上。在采编评流程中，坚守新闻的客观性、平衡性、准确性、真实性准则，如实报道、均衡呈现各方面的意见，尽量避免倾向性评论和指向性表述。对正在进行的司法活动只应随程序作客观报道和案件信息的呈现，通过每一个司法案件和判决传播和巩固法治精神。

---

① 李德顺：《法治文化论纲》，载《中国政法大学学报》2007 年第 1 期。

二、增进法治新闻工作者法治精神的培养

法治新闻工作者必须具备良好的法治精神，既包括基础的法律知识储备，也包括对法律的信仰和依赖。从知识储备上看，如果一名法治新闻报道从业人员缺乏相应的法律专业知识，只对法治实践进行一知半解的报道，不但不能培养受众良好的法律基础，反而会误导受众，在无形之中混淆人们对法律的认知，造成舆论混乱，甚至影响司法进程。此外，法治新闻从业者法治精神的缺失还会导致报道过程中产生一系列报道失范问题，借助大众媒体的力量，应以法治的观念来引导民众理性思考，而不是使用倾向性的观点损害法治精神的根基。

三、严格遵守法治新闻报道的内容准则

对于法治新闻报道的内容规范，中宣部、国家广电总局、新闻出版总署出台了诸多从业管理规定，新闻从业人员需要加强自律，用马克思主义新闻观指导新闻实践，继承和发扬党的新闻工作优良传统，自觉了解相关法律并遵守职业道德，承担媒体的社会责任，做好法治新闻的"把关人"，审视和修正报道中存在的问题，避免有违法治精神的不规范、不合适的报道，在社会主义法治社会建设中充分发挥应有的作用。

第三节　媒介审判

一、无罪推定原则

《中华人民共和国刑事诉讼法》第十二条规定："未经人民法院依法判决，对任何人都不得确定有罪。"这一无罪推定原则是现代法治国家的一项重要刑事诉讼原则，是国际公约确认和保护的一项基本人权，也是联合国在刑事司法领域制定和推行的最低限度标准之一。

就无罪推定的内涵而言，无罪推定既包括证据法上证明责任分配的含义，

也包括刑事诉讼法上正当程序要素的内涵①，其中，英美法系更多地将无罪推定原则确立为一项证据规则，用以分配证明责任，即被告人有罪的事实需要由控方举证加以证明，而被告人无罪的事实不需要加以证明；只要控方没有证据证明被告人有罪或者证明被告人有罪的证据不充分，就应推定被告人无罪。而大陆法系国家更多地认为，除了用以分配证明责任，无罪推定原则也是正当程序的构成要素。② 尽管两大法系对无罪推定原则内涵认知的侧重点不同，但均认可在法院判决犯罪嫌疑人、被告人有罪之前，在法律上应假定其无罪或推定其无罪，犯罪嫌疑人、被告人享有获得律师帮助、上诉等权利来对抗国家追诉权。由控诉机关或人员承担证明被告人犯罪事实的责任，并且证明程度需要达到排除合理怀疑的程度。在此基础上，只有法院才拥有法律意义上的定罪权，只有法院经过合法、公正、理性的审判程序，才能最终认定被告人有罪，其他任何机关都无权宣判被告人有罪。

二、媒体越位，影响司法独立审判

"媒介审判"一词出自美国，是指新闻报道形成某种舆论压力，妨害和影响司法独立与公正的行为。③ 在我国，魏永征教授对"媒介审判"给出了较为完善的界定，即新闻媒介超越司法程序，抢先对涉案人员作出定性、定罪、定刑以及胜诉或败诉等结论。④《中共中央关于全面推进依法治国若干重大问题的决定》提出，"规范媒体对案件的报道，防止舆论影响司法公正"，这是党中央平衡独立审判和表达自由两种价值的原则，是对新闻媒体报道司法案件、行使新闻舆论监督权利提出的要求，也是现代法治国家对新闻媒体的定位，即以法治思维和法治方式客观、规范地进行案件报道，行使舆论监督，最大限度地追求公平正义。

社交媒体时代信息传递的便捷性，使其发挥着重要的资讯沟通、分享功

---

① 易延友：《论无罪推定的涵义与刑事诉讼法的完善》，载《政法论坛》2012 年第 1 期。
② 陈光中、张佳华、肖沛权：《论无罪推定原则及其在中国的适用》，载《法学杂志》2013 年第 10 期。
③ 吴献举：《"媒体审判"是"媒体舆论监督权"的滥用》，载《新闻记者》2002 年第 9 期。
④ 魏永征：《新闻传播法教程》，中国人民大学出版社 2019 年版。

能，也带来新闻媒体在新闻内容生产方面的局限，社交媒体的即时性、近用权使新闻媒体所具有的"公共领域"角色受到冲击。在法治新闻报道领域，依然存在情绪先行的媒介审判，在案件尚未进入司法程序时，就有媒体迫不及待地进行各种报道，使用"暴徒""凶残""罪大恶极"等负面词语对犯罪嫌疑人做有罪报道，行文中暗含了媒体的定罪倾向。更多模糊的案件信息和单方面曝光的主观叙述出现在社交媒体平台，相关信息具有强烈的模糊性、情绪性，引起公众的猜测和情绪表达。在司法机关办案过程中，一些媒体不仅没有发挥定分止争的信息沟通功能，承担起相应的社会责任，反而煽情炒作产生负面作用。由于办案过程中相关部门不会透露过多案情信息，一些媒体便通过捕风捉影、主观猜测和虚构，详细报道犯罪场景、犯罪方法，引起舆情声讨，种种不当表述和报道形式具有媒介审判之嫌，影响司法独立审判。此举不但不利于维护独立审判，保护犯罪嫌疑人的合法权益，反而通过一次次媒介审判和反转新闻损害了全社会的法治意识。

第六章　社会舆论与司法公正

第一节　舆论与司法之间的关系

一、舆论与司法相互促进、相互成就

舆论能够对司法进行舆论监督以促进司法公正，司法也能基于法律保障表达权，二者相互促进、相互成就。

首先，舆论能够对司法进行舆论监督以促进司法公正。通过舆论监督，可以在一定程度上保证弱势群体得到法律保护，使正义得到伸张，司法公正得以实现。反之，就容易产生久拖不决、暗箱操作、偏袒强势以及干脆不处理等情形。如在"邓玉娇案"中，舆论监督对公安机关公开侦查信息、检察机关提起诉讼、人民法院公开公正审理或是对再审程序的启动和最终结果，

都起到了一定的积极作用，也使民众能够及时了解案情，实现知情权。如果没有媒体对这个案件的监督，案件的"主人公"邓玉娇面临的可能就是另一番不同的境遇。①

其次，将司法置于舆论监督能够提高司法机关的公信力。2016 年的"于欢案"中，司法机关将案件的审理公开，给予舆论充分的监督渠道和机会，对于该案件的司法和司法机关的形象树立起到了较为积极的作用。主流媒体首先进行报道引发关于犯罪与伦理间的大讨论，形成舆论。二审庭审中，山东省高级人民法院通过官方微博全程直播，全面呈现庭审过程，检察员、辩护人及受害方代理人轮番问答深挖案件事实，重要证人依次出庭做证，控辩双方对相关证据进行质证。这种置于公众平台的司法审判，为舆论监督提供了更加直接、更加透明的渠道，也提高了民众对司法公正的认可度。之后二审判决的宣判，依然通过官方微博进行现场播报，接受全民围观与监督，积极回应公众的知情权。事实上，把案件放在聚光灯下接受围观与审视，也是司法自信与司法担当的体现。近年来，公检法通过微博、微信等新媒体平台全程公开，置自身于全面监督中，这一法治新常态正在不断提升人民群众公平正义的获得感。②

最后，司法机关能够根据法律保障表达权。民主的一个表征就是公民知情权和表达权的满足与落实。

二、舆论干扰司法公正和司法独立

在互联网传播时代，网络的开放性、匿名性，导致网上言论空前自由，加之自如的表达平台和方式，网络舆论杂乱无章，潜藏着巨大风险。同时，网络传媒的个性化倾向使得个体意见中出现偏激和攻击性的言论，导致对司法裁判的随意评判和对司法机关的过度贬损，进一步加剧公众对司法机关的不满，导致司法公信力、既判力下降，严重削弱了司法威严。在媒体的有意

---

① 吴钰瑶：《舆论监督与司法公正关系初探》，载《人民论坛》2010 年第 26 期。
② 王秀平：《微媒体时代舆论监督与司法公正的关系探究》，载《青年记者》2018 年第 11 期。

渲染下，民意的道德和情感诉求有时会被无限放大，法律和理性的含量被压缩，出于朴素的善恶观和正义感的网民若在不了解案件事实的情况下，就盲目进行个人"道德审判"，民意就会挟道德之名义形成一种强大的影响力，无形中对法官施加"公众意愿"的压力，影响法官独立审判案件。① 如在2009 年发生的"杭州飙车案"中，在本案的侦查、起诉、审判阶段，网络力量无不渗透其中。先有网友发现肇事者胡某的网络日志在被刑拘当日仍在更新，后更有网友通过网络平台组织杭州市民及浙大学生自发走上街头为被害人谭某追思。关于胡某是"富二代"、其飙车同伴是"官二代"的传闻更是在网络上迅速传播开来。在案件进入审判阶段之前，舆论明显偏向于受害者谭某一方，早已为审判结果定调。虽然本案中双方当事人对案件的审理结果没有异议，但过度的舆论监督会产生"绑架"司法的结果，使法官先入为主，影响其对案件真实的判断，导致案件审理受到影响，其结果往往不利于被舆论指责的一方，进而影响司法公正。②

审判独立是司法工作的基本原则。司法公正要求司法机关依法独立行使审判权，不受任何方面的非法干涉。舆论监督在一些情况下是能够维护审判独立的。比如，当司法活动受到外部势力的不当干预，自由舆论可以批评干预，以保护审判独立。但是，学界和业界对于审判独立与舆论的探讨更多是关于二者之间的冲突与矛盾，这与实践中频频出现的问题现象有关。在前文中，曾提及媒体与司法的正义观的问题。媒体的正义观是以公民的情感和常识为基础的，是基于道德价值的正义判断。司法活动是一个严谨的专业化的过程，其评判司法公正的标准是蕴含法律精神的法意，司法的判断强调学识阅历、法律素养、逻辑推理、司法经验的作用。司法认定的事实是国家司法机关根据相关的法律，独立对一个案件进行调查的审判，依据一定的技术支持和法律程序确认的司法事实。司法认定的事实更具有独立性、封闭性、权威性。一个具体案件的审理，需要对事实进行多方调查、取证，严格按照法

---

① 王海英：《网络舆论与公正司法的实现》，载《法学论坛》2013 年第 2 期。

② 吴钰镕：《舆论监督与司法公正关系初探》，载《人民论坛》2010 年第 26 期。

律规定作出公正判决以追求法律上的公正。① 而舆论的主体是社会上的普通大众，舆论本身便具备平民性和非理性，因此舆论并不总是正确的。同时，公众舆论的形成也会受到媒体的引导和操控。公众对于案件的态度和评判主要以从新闻媒体处所获得的信息为判断依据，媒体按照自己的媒介框架和话语生产策略有意识地选择、加工新闻内容，因此人们所看到的关于案件的信息有可能是片面的、经过删减的。普通民众所能作出的实体判断至多只能认为是基于朴素的道德观念而作出的粗略判断。这种非制度化的民意在内容上往往产生于朴素的义愤，比如对社会公害的憎恶、对公德问题的关注、对贫富差距的抱怨等，并且往往通过个案表达出来。这种义愤大多属于道德范畴且主观性和大众性很强，因而难免会带有情感特征。再者，公民的法律素养、法律信仰、整体素质和理性思维的差异，极易导致民意的无序、多变以及无视基本历史理性和现实的盲从情绪，找不到一种真正符合法治理性的解决方式。

于是，在媒体曝光某一件造成严重后果的案件后，人们往往站在道德的立场上，依据公序良俗和价值观对此进行谴责和抨击形成舆论，有时甚至在愤怒的情绪渲染下失去理性，造成群体极化的、极端的观点，道德的判断代替了法律的分析，惩罚的愿望往往压倒正当程序的要求。而对案件的公正处理，更多地依赖对于事实的准确认定和对于法律的理性分析。舆论可以揭露司法过程中的腐败行为，但是对案情的倾向性报道和未审先断的评论却可能会产生以下三个弊端：一是给法官以先入之见，使法官对案情的认识和对法律的理解发生偏差；二是造成法官屈于舆论压力、民愤左右司法的后果；三是引起领导超越法律的干预。②

除此之外，不当舆论也会动摇司法权威。

有些舆论内容具有鲜明的民粹主义色彩，将批判的矛头指向司法机关。这些极其偏激和具有高度攻击性的言论有可能会导致公众对司法机关的不满。

---

① 王海英：《网络舆论与公正司法的实现》，载《法学论坛》2013 年第 2 期。
② 侯键：《舆论监督与司法公正》，载《中国法学》2003 年第 1 期。

当这些以司法机关和司法人员为批判对象的舆论未能够得到正确的引导时，会使社会中一部分人对司法机构和司法人员产生极大的不信任情绪，降低司法机关和司法程序的公信力，从而削弱法律的权威，不利于法治社会的发展。另外，有些法官对于案件的判断和审理会受到舆论的影响和操控，他们为了求得社会的赞同，片面追求司法的社会效果，刻意行使甚至滥用自由裁量权，不断地改进和矫正自己的行为，以期与社会赞同的评价体系相一致，从而使司法裁判向舆论趋同。以这种迫于各方压力作出迎合"民意"的审判，看似顺应了民意，实则更加弱化了司法权威，降低了法律的威信。失去信赖和尊重意味着司法失去了其社会认同的基础。①

第二节 舆论影响司法的途径与方式

一、舆论影响司法的途径：直接影响和间接影响

一般来看，舆论影响司法的途径主要是：人们通过新闻媒体获取司法领域的相关信息，形成自己对于该事件或议题的判断和评价，此后新闻媒体作为舆论监督主体和客体的桥梁将人们的观点公开表达形成舆论环境。舆论作为一种公开表达的公共意见，必然会受到司法部门的重视，司法部门根据舆论环境对自身的司法工作进行自省、审视和判断，最终舆论以达到表彰、约束或监督司法的目的。具体而言，舆论影响司法的途径主要分为直接影响和间接影响两种。②

（一）直接影响

司法公正以司法人员的职能活动为载体，体现在司法人员的职能活动之中，依靠司法人员的具体行为来实现。当司法人员看到传媒公开的报道或批评后，或多或少、或大或小、或正或反总要受到影响。张雯等认为，司法人

---

① 王海英：《网络舆论与公正司法的实现》，载《法学论坛》2013 年第 2 期。
② 刘斌：《法治新闻传播学》，中国政法大学出版社 2012 年版。

员既是执法者，又是生活在社会中的人，处在社会力量的影响下。当新闻媒体的舆论监督发生作用时，他们作为社会大众的一部分，不可避免地被传播的这些信息影响到。[1]

（二）间接影响

间接影响分为两种情况：第一，媒体的传播极具广泛性，不仅司法人员可以看到或听到，司法人员的家属、亲戚、朋友也能够看到、听到，如果媒体报道或批评的内容与之接近或直接相关，他们极有可能将获悉的这些信息与司法人员交流，这样也会对司法人员形成影响。第二，媒体的报道很容易为上级领导甚至党和国家领导人所关注，领导通过批示或查询等方式影响司法。这后一种间接影响作用最大，是传媒影响司法效果最为显著的一种途径，尤其是监督批评类的报道。[2]

二、舆论影响司法的方式

舆论聚焦于当下热点事件，公开表达民众的心声。舆论从本质上是一种公共意见，因此舆论大多数情况是以表达明确诉求的形式出现。公共意见对于国家治理和法治建设的重要性无须赘述，因此司法机关和司法人员都十分重视作为公共意见的舆论。相关部门和人员也会充分关切舆论态度，推进立法改进以及包括司法制度、监督制度、政治制度在内的其他各项制度的完善。同时，在不妨碍司法独立的前提下尽可能考虑舆论的价值诉求，推动案件朝着公正的方向发展，增强民意对司法的价值认同。

孙志刚事件引起了大众对于《城市流浪乞讨人员收容遣送办法》的舆论探讨，大量网友和多名司法专业人士呼吁解决《城市流浪乞讨人员收容遣送办法》的违宪问题，最终推动了《城市流浪乞讨人员收容遣送办法》的废止，更好地维护了社会的公平正义。"新晃操场埋尸案"引发了广泛舆论，并引起更高层的司法机关和相关部门的注意，使司法部门了解了人们的明确

---

① 刘斌：《论传媒与司法公正》，载《社会科学论坛》2005 年第 6 期。
② 刘斌：《论传媒与司法公正》，载《社会科学论坛》2005 年第 6 期。

诉求，更高效率地解决问题以回应民意。

第三节　司法公开与司法公正、司法公信

一、司法公开的内涵

司法公开的内容包括主体、对象和方式。① 司法公开的主体是负责处理案件的司法机关及其工作人员。司法公开的对象是案件当事人与社会公众、社会组织和其他政法机构。司法公开的方式具有多样性，包括最高人民法院明文界定的六个方面，即立案公开、庭审公开、执行公开、听证公开、文书公开和审务公开。通过让公众了解司法权运行轨迹，实现公众对司法结果的信任与认同。

司法公开是提高司法公信力的重要方法之一。推进司法公开，一方面能够满足公众对司法工作的知情权和表达权，提高公众对司法工作的信任和满意程度；另一方面能够满足公众对司法工作的参与权和监督权，会产生一种"倒逼机制"，即反过来影响法官、检察官追求司法公正，提高办案质量和效率。首先，公众通过了解司法实际状况，增强对司法的正确认识，进而提出有益司法的建议，帮助司法机关改进工作。这一过程中，公众就会亲身感受到司法的公正，从而对司法工作更加理解和信任。② 其次，在公开透明的司法环境下，司法队伍的素质、能力和作风直接面对公众的评判，司法审判的任何瑕疵和疏漏都可能被公众关注，这既可以提高司法人员自觉公正司法和接受监督的意识，也能有效避免"权力寻租"等司法腐败现象发生。③

但是，司法公开并不意味着无限制的完全公开，需要遵循如下要求：依法公开、实质公开、及时公开和规范公开，即司法公开要避免泄露国家秘密

① 孟军、甄贞：《司法改革中司法公信力问题研究》，载《湖北社会科学》2015 年第 9 期。
② 公丕祥：《司法公开：提升司法公信力的重要保证》，载《中国党政干部论坛》2012 年第 7 期。
③ 王立民：《司法公开：提高司法公信力的前提》，载《探索与争鸣》2013 年第 7 期。

和个人隐私，应在依法可以公开的范围内，及时、切实、有序地公开公众真正希望了解的事项，以消除司法神秘主义，让公众更多地接近司法，使司法获得更多的公众理解、信赖和支持。[①]

虽然司法公开并不意味着无限制的完全公开，是有条件的司法公开，但是在司法公开的实践中，过度限制的司法公开会产生诸如"选择性公开"和"形式化公开"的司法公开问题，对司法公信和司法公正产生负面的影响。司法公开的"选择性公开"是指对社会关注度较高的重大案件，选择性公开审判信息的内容、方式与时机。司法机关进行"选择性公开"可能是由于担心舆论场会对司法产生强大的压力，或是深知司法活动中某些问题和环节经不起舆论监督。"选择性公开"并没有做到在依法可以公开的范围内满足民众的知情权，不利于司法公正和司法公信。[②]"形式化公开"是指法院公布的裁判文书内容简单、说理性不足的现象，一般仅包括事实陈述、法律适用和判决结果三个方面，在控辩双方的辩论、证据如何采信以及法律适用的法理阐释等方面明显不足。[③]司法公开的信息模式化、形式化，未能满足民众的知情需求，无论司法机关是否公正审理案件，都会引起人们的猜测和怀疑，不利于司法机关公平正义的形象建立。而更常见的情况是闭门审判掩盖下的司法腐败丛生，对司法公信的形成产生严重的负面影响。[④]

二、司法公正及其内涵

关于何为司法公正，我国学界持有多种观点：第一种观点主张司法公正包括了实体公正和程序公正；第二种观点主张司法公正是程序公平、实体公正和制度正义三者的结合；第三种观点认为司法公正是由司法的权威性、司

[①] 公丕祥：《司法公开：提升司法公信力的重要保证》，载《中国党政干部论坛》2012年第7期。

[②] 龙宗智：《影响司法公正及司法公信力的现实因素及其对策》，载《当代法学》2015年第3期。

[③] 包有鹏：《转型期中国司法公信力的争论、困境与路径选择》，载《法制与社会》2016年第6期。

[④] 宣璐、黄明明：《论司法公信的逻辑体系》，载《理论界》2016年第9期。

法活动被社会伦理的认同、司法制度的正义和司法程序的合理性等要素构成的综合体；第四种观点认为司法公正是由司法制度合理、司法程序合理、裁判结论确定、法官形象端正和司法环境良好等要素组成的。[①] 因此，中国法学界一般认为，司法公正是司法公信力实现的关键要素，包括实体公正和程序公正。实体公正是指正确的裁决结果[②]，是当事人参与诉讼所追究的最终目标。实现实体公正，不仅要追求公正的处理结果，还要极力避免冤假错案，冤假错案不仅是不公正的审判，还严重侵犯公民人权，对司法公信力造成极为恶劣的影响。[③] 程序公正是指一系列能够保障法律准确适用的措施和手段。[④] 程序公正是实体公正的保障，一方面，程序公开透明、中立独立，将有效避免出现刑讯逼供等违法情形，保护当事人的合法权益；另一方面，程序公正将包容实体结果的处理瑕疵，即使当事人对实体结果不满，但因遵循了公开公正的司法程序，当事人不会将败诉结果归结于司法不公。[⑤]

近年来，有学者提出增添"行为公正"，作为司法公正中除"实体公正"与"程序公正"之外的第三种司法公正样态，认为法官行为公正是连接实体公正、程序公正与人民群众之间的过渡性环节，也是人民群众对司法公正感受的最直接来源。联结实体公正、程序公正与人民群众之间的过渡性环节就是法官的行为公正。从动态上说，司法系统与其他组织或个人发生作用，始终要通过法官的行为来实现。换言之，法院主要通过法官具有意志性的裁判行为与社会发生关系，而人们也总是通过认知和理解法官行为来认知法律。行为公正的内涵主要包括：第一，行为公正的主体是作为审理者的法官，作为法律走向生活和生活被法律"格式化"的媒介，法官行为在法律适用中的作用必不可少，而行为公正就是对法官角色的要求。法官作为司法权的行使者，在审理案件时的司法能力和职业操守直接决定了能否做到行为公正。第

[①] 王夏昊：《司法公正概念的反思和重构——以法律论证理论为基础》，载《河南大学学报（社会科学版）》2018 年第 3 期。

[②] 刘青、张宝玲：《司法公信力问题研究》，载《法制与社会》2007 年第 2 期。

[③] 陈光中：《略谈司法公信力问题》，载《法制与社会发展》2015 年第 5 期。

[④] 刘青、张宝玲：《司法公信力问题研究》，载《法制与社会》2007 年第 2 期。

[⑤] 陈光中：《略谈司法公信力问题》，载《法制与社会发展》2015 年第 5 期。

二，行为公正要求不仅止于法官的司法履职行为，人民群众对司法公平正义的感受往往直接源于对法官行为是否正当的感受。虽然法官的履职行为对当事人产生的作用更为直接，但法官日常行为的影响同样不容忽视，因此，对法官行为公正的要求就不能仅仅着眼于司法履职行为，而应从关注法官的司法履职行为向日常行为延伸，从规范法官的业内行为向业内行为与业外行为并重拓展。第三，行为公正对法官的要求高于普通公务人员。法官在特定社会中的特定角色对于行为公正起着决定性作用，法官的司法活动是社会生活正义的"高端象征"。①

三、司法公信

司法公信是指社会公众在对司法制度、司法机关、司法权运行过程及结果进行认知和判断后，所形成的一种信任和尊重的社会心理状态。司法往往被认为是一种国家权威。任何社会都需要靠权威来维持，因而也需要维持权威。但是真正的权威并不单纯仰仗强力。在一个民主和法治的国家，法律是否被普遍遵守主要不是取决于国家的强制。只有当国家和法在一定程度上反映了社会的共同意志和普遍利益，在人民内心得到认同时，才有充分的实效，这就是司法公信。只有体现司法公信的法才会得到人民内心的拥护。②

司法公信与司法公信力是密切相关的概念。司法公信是对司法权运行状况社会评价的一种描述，司法公信力则是反映这种评价的指标。在我国，司法公信和司法公信力往往是通用的。关于司法公信的内涵，我国法学理论界的一种代表性观点认为，司法公信是既能够引起普遍服从，又能够引起普遍尊重的公共性力量，表现为司法权所具有的赢得社会公众信任和信赖的能力。③另一种代表性观点则认为，司法公信是社会公众对司法制度以及在该

---

① 孙辙、张龚：《行为公正：司法公正的"第三种样态"》，载《学海》2020年第6期。
② 蒋德海：《公平正义与司法公信》，载《华东师范大学学报（哲学社会科学版）》2013年第5期。
③ 郑成良、张英霞：《论司法公信力》，载《上海交通大学学报（哲学社会科学版）》2005年第5期。

司法制度下法官履行其审判职责的信心和信任的程度。[①] 前一种观点揭示了司法权在司法公信中的重要地位，却忽略了社会公众对司法的认知和评价。后一种观点揭示了公众评价在司法公信中的价值地位，却忽视了司法公信的行为主体和评价对象。[②]

而法官作为司法权的实际操作者，其在行使司法权过程中一旦出现不廉洁的行为，将直接影响公众对司法的评价，对司法公信造成严重损害。当法官违背内心真实判断，违法作出裁决，媒体报道也可以起到制约作用。媒体对案件审理情况和过程进行的客观报道，可以遏制庭审不规范现象，促进审判人员不断提升办案水准、完善审判程序。同时间接参与司法过程，降低司法专横和司法武断的可能性，在一定程度上可以起到防止和矫正司法偏差的作用。媒体对诉讼结果所作的社会评价以及反映的民众评价，亦可以促进再审等救济程序的提起。而对案件的公开讨论和广泛传播有助于减少司法审判被非法干预的可能性，防止媒介审判的发生。总而言之，自由的媒体言论可以在一定程度上弥补司法体制的缺陷。

第七章　法治舆论引导策略

第一节　法治新闻的议程设置

对于法治新闻从业者来说，设置议题对于引导法治舆论至关重要，而要进行适宜的议程设置，就需要新闻从业者将眼光放得长远、胸怀大局、着眼大事，找准议题切入点和着力点，随后因势而谋、顺势而为，引导法治舆论走向积极面。以山东"辱母案"中的议程设置为例，最早由《南方周末》以"刺死辱母者"为题的报道并未引起关注，然而随着以凤凰网和网易为首的

---

① 毕玉谦：《司法公信力研究》，中国法制出版社 2009 年版，第 3 页。
② 公丕祥：《概念与机制：司法公信的价值分析》，载《法律适用》2012 年第 11 期。

网络媒体在线上的大量转发，以及线下《新京报》对此发表了以"刀刺辱母者案：司法要给人伦留空间"为题的评论，一时间，线上线下大量的相关报道促使"辱母案"迅速发酵，成为舆论焦点。根据数据统计，当时新浪网上的相关报道有 342 篇，凤凰网 350 篇，搜狐网 313 篇，网易 261 篇，腾讯 93 篇，官方网站上人民网发布了 58 篇，新华网 61 篇。[①] 然而，就在舆论场中大部分民众一边倒向于欢母子，愤怒地认为法院判刑不当时，部分保持了理性的媒体发表了"舆论是舆论，法律是法律，两者不能混淆，法律也不能被舆论控制"的观点并邀请相关法律专业人士对于法院判决进行了解释说明，点醒了被情绪操控的民众，重新从司法的角度来看待案件，将舆论引导回正轨。除此之外，媒体从案件本身拓宽到了定罪事实、量刑标准等多方面，关注点包括：催债者是否存在侮辱行为？当人身受到伤害时，可以进行正当防卫，但当人格遭受侮辱时，又能否进行正当防卫？怎样才算正当防卫？如果防卫过当是否需要负相关法律责任？防卫过当的判断标准又是什么？并据此进行了大量报道，引发了民众对于该事件更深层的法律讨论与思考。从"辱母案"整个报道过程来看，新闻媒体通过选择合适议题来引发和引导民众走向积极的舆论面，对全社会进行了一次普法教育，民众的法治理念也在讨论过程中得到了提升。

因此，在法治舆论引导中，议程设置的作用是不可忽视的。要想最大限度地发挥好议程设置在引导法治舆论中的作用，法治新闻从业者就需要遵循议程设置的基本原理，包括议题生产方式、信息的传播途径等，努力扩大主流媒体的影响力，将中国法治文化融入新闻报道中，在更大的范围内传播崇尚法律、遵守法律、运用法律及维护法律的法治观念。

第二节　善用首因效应，积极发声赢取舆论主动权

首因效应是系列位置效应中的一种形式，是指在识记一系列项目时，系

[①] 郭其云、刘娅婷：《论网络舆情事件中网络媒体对公共舆论的积极引导——基于属性议程设置的于欢案网络传播实证研究》，载《治理现代化研究》2019 年第 2 期。

列开始部分项目的记忆效果要优于中间部分项目的现象，反映了人们最先接触的信息对后续接触和认识的其他信息产生的影响，因此又称为"第一印象效应"。从本质上看，首因效应是一种信息优先效应，当面对不同时间点出现的信息时，人们往往会更为认可和重视最早出现的信息，即便人们同样重视了后面的信息，也会不自觉地认为后面的信息是非本质的、表层的、偶然的，并会习惯于按照最先出现的信息来接受后出现的信息，若后出现信息与先出现信息不一致，会倾向于接受先出现信息而否定后出现信息，从而形成整体一致印象。

根据首因效应的特点来看，当发生法治事件时，公众会对最先接收到的新闻和其他信息印象深刻并深信不疑，并根据最初的信息来认知之后出现的信息，即使之后发布的信息告诉他们最初的信息是虚假的不客观的，他们也很难改变最初的认知。当印象已经形成，再想有效清除这些"第一印象"，可能需要花费数倍的时间和精力，其效果也往往不好。由此可见，要想减少负面法治舆论，把握法治舆论的导向，加强舆论引导能力，塑造健康和谐的法治舆论环境，政府和法治新闻媒体就需要积极利用首因效应，在法治事件发生的第一时间就及时应对，主动发声、主动出击，第一时间抢占舆论阵地。

在传统媒体时代，对于处置突发事件或者舆论情况有"黄金24小时"的说法，具体来说就是在事发的24小时之内，官方发布权威消息进行舆论的引导是平息事件和舆论的关键。然而进入移动互联网的自媒体时代，突发事件一旦发生，往往几分钟内就有目击者或者其他了解事件的人将现场图片、视频和相关信息发布到微博、微信和抖音等社交网站上，十几分钟内就会被各种微博大V、自媒体等转载，然后在网上爆发大量讨论，形成舆论热点。例如，2016年发生的"4·3北京和颐酒店劫持事件"，受害人将自己在北京和颐酒店遭一陌生男子袭击的经历和监控视频上传至微博，随着众多大V的转发和评论，引发舆论狂潮，短短3小时内，微博阅读量就破了1亿次，这样短时间内的舆论爆发，导致涉事的酒店和相关政府部门猝不及防，应对不及。因此，在当下这个信息飞速传播的时代，传统媒体时代奉行的"黄金24小时"法则渐显无力。为了能够更好地达到首因效应，实现对舆论的有效引导，2010年人民网舆情监测室提出了"黄金4小时"法则，还有一些学者则提出了更高的反应要求，认为政府要在法治事件发生的2小时内就作出回应，因为在当下的媒体环境中，从事件发生到舆论形成，往往只需要1—2小时，这段时间是政府和法治新闻媒体作出回应来打破谣言、赢得舆论主动权和话语权、实现舆论正向引导的最好时刻。如果政府在2小时之后仍然沉默不语，不对法治事件作出任何的回应，法治新闻媒体也纷纷不做相关报道陷入失语状态，那么公众就会陷入各种小道消息和谣言中，无法自拔。在当下的网民群体中，很多时候并没有自己的主观态度，大部分是网络舆论斗争中的"墙头草"，对发生的法治事件并没有专业认识，更多的是通过情感在判断，加上从众心理，导致他们的立场和态度极易被舆论轻轻一带就倒向一边，当官方话语缺失时，大众第一时间接触到的就是没有经过真假验证的谣言，那他们就会自然而然地倾向于接受那些小道消息和谣言中所谓的"真相"、态度和立场，形成负面法治舆论。与此同时，政府和媒体长时间沉默，公众的质疑得不到回应，还会进一步激发公众的愤怒情绪，激化矛盾，甚至产生对政府和司法机关的不信任。

然而，当下许多政府部门，在发生重大法治事件时，由于事件复杂，一时难以调查清楚，并且对于公安机关这样的执法机关来说，在没有获得全部事实和掌握确切证据前，不能匆忙开口，妄下结论，因此便选择一言不发，默默走访调查，直至调查结果全部出来后，再向公众通报。从专业角度是可以理解这样的行为的，但绝大部分的公众并不具有这样的专业素养，可以理解相关部门不发声的原因，他们的情感优先于理智，沉默只会被认为是在隐瞒和拖延时间。这样滞后的事件通报，已经错过了最好的舆论引导时期，各种谣言先发制人，抢占了公众的认知，导致之后官方再发布通告，即使附带了各种完整的证据和调查结果，也已经很难获得公众的信任。因此，在遇到重大法治事件一时无法查清时，政府应该与媒体联合，随着事件的发生、发展的全过程，及时多次公布调查情况，让公众的认知第一时间被官方发布的客观、公正、真实的信息占据，不给谣言和猜想留下空间，及时消除质疑与对立，形成良好的法治舆论。

以 2021 年发生的"5·9 成都四十九中学生坠楼事件"和"5·29 南京新街口突发恶性伤人事件"作为正反两面的案例来详细说明首因效应对于舆论引导的重要性。

这两个事件发生时间只隔了短短的 20 天，但却因为相关部门和媒体的回应时间不同，造成了法治舆论截然不同的走向。先来看作为反面案例的"5·9 成都四十九中学生坠楼事件"，学生坠亡发生在 5 月 9 日 18:40，其母亲在 5 月 10 日的 6:35 发微博称自己儿子在学校坠亡，学校却只是在事件发生后简单地通知了家属，并将家属拒之门外拒绝透露其他情况，也不提供事发时的监控录像。短时间内，该微博在网上引发大量讨论，微博形成的话题"成都四十九中学生从楼道坠亡"阅读量超 4500 万次，讨论量也超 8 万次。一时之间，网友们纷纷质疑学校为何不提供监控，是否在隐瞒什么，舆论进一步升级。然而就是在舆论愈演愈烈的情况下，官方却一直保持沉默没有任何回应，也正是由于官方话语的缺失，导致了公众的第一印象被各种谣言占据，其中传播最广的谣言就是该学生坠亡与学校化学老师有关，是其占用化学老师孩子的出国名额。经过 20 小时舆论的发酵之后，直至 11 日 3:54 学校所在的区教育局官方微博才第一次发出情况通报，称经联合调查组全面调查认定，该学生在学校发生高空坠亡排除刑事案件，基本判断是因个人问题轻生。然而该通报发出后并未能平息舆论质疑，反而由于通报滞后严重，语言生硬冷漠，调查过程缺失，只讲结论不讲过程，对网友所关注的一些主要疑点并未作出回应，并且通报发布主体为何是教育局而非警方等问题，造成通报不被网友接受和信任的同时，更加激起了网友的愤怒，引发次生舆论。直至 11 日 19:43，与坠亡学生母亲发出微博时隔了整整 37 小时后，成都市公安局成华区分局才在官方微博上发布了警方通报，称排除刑事案件，家属对结论无异议。但该通报依然存在套话多、实质内容少、语言生硬、缺乏人情等问题。当公众都在期待着一个详细的通报说明，警方仍然只是寥寥数语，只有结论，没有对经过和结论的详细说明，导致这份警方通报毫无说服力，同时造成公众对执法机关的执法能力和司法公正都产生了质疑。甚至还有部分"浑水摸鱼"的声音借此机会攻击我们的政府和国家，大肆鼓吹国外制度的优越性，企图破坏我国民众对政府和司法机关的信任。若官方和媒体一直无法给出让公众信任和接受的说明，舆论将会进一步恶化，造成更为严重的后果。因此，5月13日早晨《人民日报》在其官方微博上公开了事发之时坠亡学生的活动轨迹监控录像，在视频的佐证下，公众终于接受了坠亡学生是由于个人原因才作出轻生的举动，并不存在其他的隐情，舆论至此也终于得到平息。回顾整个事件，可以发现，导致负面法治舆论形成的根本原因就在于相关部门和媒体无视了首因效应的影响，在事件发生时，没有及时有效地回应，直至20小时后才第一次发出通报，在通报之前，得不到有效信息的公众，只能依靠一些流言来获取"真相"，这些第一印象的"真相"直接影响了公众对于后续官方通报内容的认可，造成官方通报内容不仅不被接受和信任反而备受质疑。

而"5·29南京新街口突发恶性伤人事件"中官方的应对方式作为正面案例，则恰恰证实了把握好首因效应对实现法治舆论的正向引导具有重大作用。5月29日21时许，犯罪嫌疑人吉某某因感情纠纷行凶，驾车撞伤其前妻并持刀捅伤周围多位市民，部分在事发现场的民众拍下了照片和视频发布在微博上，一时间，"南京新街口"上了微博热搜，成为舆论焦点。而当网友们纷纷谴责行凶者的凶残行为时，一些缺乏法治精神的网友反其道而行开始为行凶者说话并网传说其是因为妻子出轨才被迫行凶。正当谣言蔓延，网友们不知该持何立场时，江苏省南京市公安局官方微博于5月30日00：36，此时事发不到3小时，发布警方通报，简短介绍了案件情况和受伤市民现状并表明案件正在进一步侦办中。南京警方及时通报，直接减少了各种不实信息，消除了不良舆论对于受害者的二次伤害，并有效将公众的关注点从行凶者的妻子是否存在出轨行为转移到案件本身，实现了法治舆论的正向引导。之后，5月30日中午，南京市召开新闻发布会就5月29日晚发生的恶性伤人事件进行相关情况发布，其中内容包括市公安局介绍案件的侦破情况和市卫健委介绍受伤人员抢救及救治情况。南京市委宣传部在新闻发布会结束后迅速将发布会内容整理成稿在其官方微信公众号和官方微博上发布，让公众及时了解案件进展，其发布内容清晰明确，在理性、客观、法治的同时，还充满了人情味，文稿的最后，写到希望公众能够尊重受害人，不传播相关图片与视频。可以说整个新闻稿内容有理有据，有情有理，真真正正做到了情与法的平衡，让公众能够感受到法治精神的同时，还感受到了人文关怀。在之后的新闻媒体报道中，媒体也摒弃了以往总将关注点放在行凶者身上，希望了解其行凶原因的报道视角，将关注点放在了案件中见义勇为的市民身上，通过对这些见义勇为市民的后续报道，进一步向广大民众传递积极的法治精神和法治文化，实现正向的法治舆论引导。

综观这两个正反案例，可以发现，造成这两个事件中舆论走向不同的根本原因在于政府和媒体是否有重视首因效应。只有在事件发生后，第一时间应对，主动发声、主动出击，获取舆论主动权和话语权，才能打破谣言，引导公众走向积极的法治舆论方向。而那些回应滞后或者直接无视舆论沉默到底的应对方法，只会加重公众对政府和媒体的不满情绪，丧失对司法公正的信任，形成消极的法治舆论。此外，在进行发声时，政府和媒体还需要注意语言的表达，在客观真实的表达基础上，多一点温暖的人情味，少一点冷漠生硬的程序化，将心比心，这样的官方声音才能被公众更好地接受和信任，法治舆论的引导也会事半功倍。

第三节　提升法治新闻采访技巧

首先，新媒体环境下法治新闻报道的采访技巧要着眼于采访内容的表述。一是适当增加案件背景介绍。每个公民的知识掌握程度参差不齐，尤其是有些人对于法学知识非常陌生，在采访中对案件背景知识的调查和补充，可以使法治新闻在表述上更加通俗易懂，更富有知识性。二是挖掘法治新闻的深度。新媒体的迅猛发展带来了碎片化的阅读趋势，受制于简短的篇幅，法治新闻报道往往存在不成体系、缺乏深度等问题，权威信息的传输成了法治新闻报道的"痛点"之一。从时代的高度对法治新闻报道的深度进行重新审视是一项重要的课题。在采访中，更深入地挖掘和剖析法治新闻事件的社会意义，可以更多地吸引读者，使新闻更具看点、亮点。三是最大化地满足受众需求。美国威廉·梅茨认为，接近性是新闻重要的特性之一，受众需要的法治新闻报道，是能够为他们的生活和工作服务的报道。在法治新闻采访中，除了关注事件的法律争议，同时需要看到事件服务受众、满足受众需求的方面。

其次，在采访中盯紧政法口。政法口是指我国立法机关、司法检察机关和政府行政执法部门。作为法治新闻采访的重要对象，记者需要做到三个方面：第一，时刻关注政法口新动态、新形式、新问题，及时捕捉和反馈有知晓意义的法治信息；第二，采访中要抓住正发展性的重点工作，找中心工作、重大决策、重大举措；第三，采集信息要及时，抢先占有相关信息。

最后，规范法治新闻采访。第一，坚持正面宣传，坚持正确的舆论导向。2016年2月19日，习近平同志在党的新闻舆论工作座谈会上讲话指出，牢牢坚持正确舆论导向。舆论导向正确，就能凝聚人心、汇聚力量，推动事业发展；舆论导向错误，就会动摇人心、瓦解斗志，危害党和人民事业。一篇好的法治新闻报道，可以起到弘扬社会风气、警示震慑罪犯、引导教育公民等的正面作用；一篇不好的法治新闻，潜藏着损害城市形象、动摇人民信心、影响社会稳定等风险。因此，广大法治新闻记者要高举旗帜，以成为党和人民信赖的新闻工作者为目标，谨遵习近平总书记2016年11月7日在会见中国记协第九届理事会全体代表和中国新闻奖、长江韬奋奖获奖者代表时讲话的精神，"坚持正确政治方向，做政治坚定的新闻工作者；坚持正确舆论导向，做引领时代的新闻工作者；坚持正确新闻志向，做业务精湛的新闻工作者；坚持正确工作取向，做作风优良的新闻工作者"。第二，尊重法的精神，谨守法治底线。法治新闻报道的基本要求是要坚持以事实为依据，以法律为准绳。客观真实是新闻的主体和生命力，以事实为依据，应该认识到法治新闻报道要求的事实与通常意义上的新闻对事实要求的区别。法律真实，不仅要求法治新闻的记者广泛深入地观察和理解客观世界，从中总结普遍规律，而且要求法治新闻记者遵守诉讼和证据等相关法律的规定，法治新闻中对于案件事实的报道，不应该也不能够超越法官依照法律规定通过梳理纷繁复杂的证据以认定的案件事实的范围。也就是说，法治新闻中的事实"更强调构成法官判案依据之一的证据的真实"。法治新闻记者在报道中要注重证据的保存，必要时可以采取录音、录像、拍照等方式保存证据，网络检索中注重界面截图以免网页删除后出现百口莫辩的情况等。第三，坚持创新原则。一篇能够引发社会深刻反思的法治新闻，一定是有着独特视角和深刻内涵的新闻报道。其一，要写好法治新闻，新闻工作者最先要做的就是在每日发生的无数案例中进行取舍，关注人民在当下最关心的问题，深入挖掘案件背后隐藏的法治思想，选取最有典型性和代表性的案件。即使是相同的法制事件，好的法治报道往往能从与众不同的角度切入展开论证，为法学理论和实践讨论注入新的观点，引领读者走出愤怒、恐惧、怨恨等负面情绪，甚至能够为司法制度的发展提供新的方向。坚持创新原则，要求新闻记者在采访中始终保持客观中立，多方面求证，多角度思考。在着手采访之前，记者应该对法律事件有广泛而深刻的理解，能够通过调查发掘出主体新闻背后深层次的原因。其二，在调查的基础上，记者要能够从不同的学科角度对案件进行探讨，作出解释性报道，通过为不同观点提供交流和碰撞的平台，颠覆部分受众对案件的固有观念。其三，新闻记者通过揭露事实背后的法治观念，可以引发大众对于司法制度的思考。第四，注意对受访人的保护。对受访人的保护体现在：法治新闻的特殊性决定了受访者的身份和地位可能具有敏感性。法律面前人人平等，在保护公众的知情权的基础上，犯罪嫌疑人、被告人、罪犯的人格尊严应当得到尊重，其隐私权、名誉权、个人信息等合法权益也应该得到保护。尤其要注意未成年犯罪人，《最高人民法院关于加强新时代未成年人审判工作的意见》（法发〔2020〕45号）第三条中指出，对于未成年人犯罪的审判，确保未成年人依法得到特殊、优先保护。在采访中，记者要有意识地隐去敏感身份受访人的姓名、工作、家庭住址等身份信息，若是电视采访还需要对受访人的面部进行技术性处理。另外，法治新闻报道中有时会出现暴力、血腥的场面，特别是在电视法治新闻采访中，对暴力、血腥的画面进行处理，一方面是保护受访人的隐私信息，另一方面也是电视节目审美尺度的固然要求。

（作者：法治文化研究会新闻宣传专业委员会课题组负责人、中国政法大学光明新闻传播学院教授　姚泽金）

中国优秀传统法治文化

研　究

（下　册）

中国法学会法治文化研究会 / 编

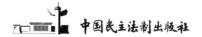
中国民主法制出版社

目 录
CONTENTS

以社会主义核心价值观为引领
推动新时代法治文化建设

摘　要：坚持以社会主义核心价值观为引领推动新时代社会主义法治文化建设，对于深入贯彻习近平新时代中国特色社会主义思想和党的十九大精神，全面落实依法治国基本方略具有重要意义。中国特色社会主义法治文化在丰富多彩的世界法治文化种类中具有独特内涵，作为中国特色社会主义文化的有机组成部分，源自中华优秀传统法治文化、革命法治文化与社会主义先进法治文化，表现为社会主义法治思维、法治行为与法治环境，包括社会主义立法文化、执法文化、司法文化、廉政文化、守法文化等要素。新时代建设社会主义法治文化，要深入学习贯彻习近平新时代中国特色社会主义思想和党的十九大精神，以社会主义核心价值观为引领，更好地发挥法治和德治在国家治理中相互补充、相互促进、相得益彰的积极作用，推进国家治理体系和治理能力现代化，为全面依法治国提供法治文化氛围和精神动力。

关键词：中国特色社会主义　社会主义核心价值观　法治文化

党的十九大从开创中国特色社会主义事业全局和战略的高度，对全面建设社会主义现代化国家描绘了宏伟蓝图、作出了全面部署，提出了一系列新思想、新观点、新论断、新部署、新要求，特别是提出了建设中国特色社会主义法治体系和法治国家的法治建设总目标，强调要深化依法治国实践，加大全民普法力度，建设社会主义法治文化。这中间，社会主义核心价值观作为当代中国精神的集中体现，凝结着全体人民共同的价值追求，不仅是社会主义法治建设的灵魂，更是法治文化建设的核心理念和内在精神。坚持以社会主义核心价值观为引领推动新时代社会主义法治文化建设，对于深入贯彻习近平新时代中国特色社会主义思想和党的十九大精神，坚持依法治国和以德治国相结合，推动社会主义核心价值观更加深入人心，为实现"两个一百年"奋斗目标，实现中华民族伟大复兴的中国梦提供强大价值引导力、文化凝聚力和精神推动力具有重要意义。

一、习近平总书记关于建设中国特色社会主义法治文化的重要论述

（一）建设社会主义法治文化是习近平新时代中国特色社会主义思想的重要论断

党的十八大以来，以习近平同志为核心的党中央围绕新时代坚持和发展什么样的中国特色社会主义、怎样坚持和发展中国特色社会主义这个重大时代课题，形成了习近平新时代中国特色社会主义思想。习近平新时代中国特色社会主义思想是马克思主义中国化最新成果，是党和人民实践经验和集体智慧的结晶，是全党全国人民为实现中华民族伟大复兴而奋斗的行动指南。党的十九大把习近平新时代中国特色社会主义思想确立为我们党必须长期坚持的指导思想，并写入党章，实现了党的指导思想又一次与时俱进。十三届全国人大一次会议通过的《中华人民共和国宪法修正案》，把习近平新时代中国特色社会主义思想载入宪法，以国家根本法的形式确立习近平新时代中国特色社会主义思想在国家政治和社会生活中的指导地位，具有重大的现实意义和深远的历史意义。

建设社会主义法治文化是习近平新时代中国特色社会主义思想的重要论断。党的十九大报告强调，要加大全民普法力度，建设社会主义法治文化，树立宪法法律至上、法律面前人人平等的法治理念。习近平总书记多次就社会主义法治文化建设作出重要指示，强调"全面推进依法治国需要全社会共同参与，需要全社会法治观念增强，必须在全社会弘扬社会主义法治精神，建设社会主义法治文化"，这为我们推动社会主义法治文化建设提供了根本遵循，指明了前进方向。

习近平新时代中国特色社会主义思想博大精深，关于法治建设的重要论述是这个科学理论体系的重要组成部分，集中体现了党的十八大以来我们党在法治领域的理论创新、制度创新和实践创新，对于建设社会主义法治文化具有更为直接的指导意义。习近平总书记高度评价在世界几大法系中独树一帜的中华法系，注重挖掘和汲取中华传统法律文化精华。习近平总书记关于法治建设的重要论述中如法治与德治相结合，法律是治国之重器，良法是善治之前提，法律的权威源自人民的内心拥护和真诚信仰，宪法法律的生命在于实施，宪法法律的权威也在于实施等一系列重要论断和阐述，都与我国传统法律文化一脉相承，充分体现了我们党对法治建设的道路自信、理论自信、制度自信和文化自信。

（二）社会主义法治文化是中国特色社会主义法治体系的社会基石

党的十八大以来，以习近平同志为核心的党中央，对建设中国特色社会主义法治文化作出一系列重要论述，主要体现在《中共中央关于全面推进依法治国若干重大问题的决定》和党的十九大报告中，对建设社会主义法治文化的重要意义、主要目标和具体内容作了深刻阐述。

第一，社会主义法治文化是社会主义法治实施的重要基础。《中共中央关于全面推进依法治国若干重大问题的决定》从"增强全民法治观念，推进法治社会建设"的角度，阐述了社会主义法治文化建设的重要意义，其中指出："法律的权威源自人民的内心拥护和真诚信仰。人民权益要靠法律保障，法律权威要靠人民维护。必须弘扬社会主义法治精神，建设社会主义法治文化，增强全社会厉行法治的积极性和主动性，形成守法光荣、违法可耻的社会氛围，使全体人民都成为社会主义法治的忠实崇尚者、自觉遵守者、坚定捍卫者。"这意味着社会主义法治文化可以外化为"守法光荣、违法可耻的社会氛围"，内化为"全体人民的守法精神"，构成使"全体人民都成为社会主义法治的忠实崇尚者、自觉遵守者、坚定捍卫者"的内在驱动力。从这个意义上讲，社会主义法治文化是中国特色社会主义法治建设的社会基础，建设社会主义法治文化是建设中国特色社会主义法治体系和法治国家的重要内容，是建设法治国家、法治政府和法治社会不可或缺的部分。

第二，树立"宪法法律至上"理念是建设社会主义法治文化的重要目标。习近平总书记在党的十九大报告中明确指出："加大全民普法力度，建设社会主义法治文化，树立宪法法律至上、法律面前人人平等的法治理念。"这一重要论述，不仅阐明了建设社会主义法治文化的重要方式之一就是"加大全民普法力度"，而且明确界定了社会主义法治文化的重要目标之一就是"树立宪法法律至上、法律面前人人平等的法治理念"。某些领导干部之所以产生"以言代法、以权压法、逐利违法、徇私枉法"等违法违纪行为，其根源是违反法治精神的"特权思想"在作祟。因此，各级党组织和全体党员要带头尊法学法守法用法，消除"超越宪法法律"的"特权思想"，确立宪法法律至上的权威理念。这是我国社会主义法治文化建设的重要目标。

第三，"全民守法"的社会主义道德是社会主义法治文化的重要内容。党的十八届四中全会提出要"强化道德对法治文化的支撑作用"。社会道德观念、道德风尚、道德习惯是社会文化构成中的重要内容，弘扬社会主义核心价值观就需要重视道德的教化作用，弘扬中华传统美德，培育社会公德、职业道德、家庭美德、个人品德，以道德滋养法治精神，培育全体公民尊崇法律的理念，强化社会主义道德对法治建设的支撑作用，在法治文化建设的过程中实现法律和道德的良性互动、相辅相成。

二、中国特色社会主义法治文化的独特内涵

中国特色社会主义法治文化，是以习近平总书记关于法治建设的重要论述为指导，以社会主义核心价值观为核心理念，将中国特色社会主义法治思维、法治行为、法治环境融为一体的、多层次的文化系统。美国学界认为，法律的文化研究是描述法治的时间形态与空间形态，前者是描述性探索，追寻概念的历史，后者是批判性探索，描绘法治的信仰结构，由此而形成法治的"谱系学"与"构造学"。① 这种观点固然不乏西方法学者的偏见，但是此

---

① ［美］保罗·卡恩：《法律的文化研究》，康向宇译，中国政法大学出版社 2018 年版，第 92 页。

种法治"谱系学"和"构造学"的研究视角与研究进路值得我们借鉴。我们要坚定中国特色社会主义法治文化自信，就需要梳理世界范围内法治文化的谱系，厘清中国特色社会主义法治文化的基本内涵。

（一）法治文化的谱系

一般而言，现代法治文化谱系主要由以下四种法治文化构成。

第一，英美法系的法治文化。英美国家的普通法制度主要经由司法判例而形成，与英美两国的经验主义、实用主义哲学传统相契合，因而其法治文化虽然具有多元特色，却是以"经验主义"（英国）或"实用主义"（美国）为哲学基础，以"法制的渐进改良"为其法治文化之精神，以"普通法权威"为其法治文化之内核。譬如，英国宪法学家认为，英国法治模式具有三层内涵：英吉利人民受法律统治且独受法律统治；法律面前人人平等；宪法不是个人权利的渊源而是司法判决的结果。[①] 这一概括，也揭示了英国法治文化的重要内涵。实际上，除了"王在法下"，其他几项内容也是美国法治文化的重要特征。相较于具有不成文宪法传统的英国，美国是世界历史上最早的立宪国家，公民的基本权利源于宪法文本。因此，美国法治文化的基本特征是"宪法主治"或者"宪法至上"。

第二，大陆法系的法治文化。相较于英美法系的经验主义哲学传统，欧洲大陆法系国家具有唯理论哲学传统，因而在相当程度上催生了"法典编纂""法典主治"的法治模式。因此，其法治文化的形成，并非像英美法系那样由法官等富有法律经验的职业阶层所主导，而是由法学家、哲学家等理论界人士所主导。在大陆法系国家中，德国不仅是最早提出"法治国"理论的国家，而且其法治国理念历经多次变迁，最为生动地体现了大陆法系法治文化的内在精神。自1798年一位德国哲学家首次使用"法治国"一词以后，德国法治文化成为西方国家法治文化的另一种典型范例。有学者根据德国法治国理念的变迁，将德国"法治国"的发展过程划分为六个阶段：18世纪末至19世纪30年代的"自由法治国"时期，19世纪30年代至20世纪初的

---

① ［英］戴雪：《英宪精义》，雷宾南译，中国法制出版社2001年版，第244—245页。

"形式法治国"时期，1919 年至 1933 年的"混合法治国"时期，1933 年至
1945 年的"实质法治国"时期，1949 年至 1990 年的"公正法治国"时期，
以及 1990 年德国统一后的法治国时期。① 德国法治国的变迁过程，实际上也
是德国法治理念与法治文化的变迁过程。在这一过程中，1933 年至 1945 年
德国第三帝国时期的"实质法治国"，公然废弃"罪刑法定主义原则"等
"法治原则"，完全混淆道德、习俗与法律的区别，造成了德国法治文化发展
历史上最惨烈的教训。

第三，新加坡等"威权国家"的法治文化。在世界法治谱系中，新加坡
以《破坏性行为法》《报业与印刷新闻业法》《维护宗教和谐法》等立法，
构成了西方学者眼中的"非自由主义的法治模式"。新加坡独立于冷战时期，
亲西方的人民行动党与公然反殖民主义的社会主义阵线两个政党构成了新加
坡政治生态的两极。新加坡的"威权国家"法治模式，主要是以李光耀等人
提出的"脆弱国家"论作为法理依据。受美国国家利益及意识形态等因素的
影响，新加坡的"威权式法治模式"成为"被欧美承认的东方法治模式"。
新加坡地理位置处于马来西亚和印度尼西亚之间，历史上被日本侵占、印度
尼西亚入侵、马来西亚抛弃，内部存在难以调和的宗教和族群矛盾，受这些
因素的影响，新加坡构成了"脆弱国家"的表象，进而成为其威权式法治模
式的现实依据。"国家脆弱论这一说辞之所以持久有效，部分因为它反映了
一代新加坡人的生活经历。脆弱论符合'中间形态知识'和社会记忆。"②
"脆弱国家"论构成新加坡"威权主义法治模式"的法理基础，并被西方国
家承认。

另外，在广大伊斯兰国家，其法治文化具有明显的伊斯兰教的特点，这
些一方面说明了西方国家所谓"法治标准"及法治理论的虚伪性；另一方面
说明西方法治模式绝非具有所谓"普世价值"的制度模式。

① 郑永流：《法治四章——英德渊源、国际标准和中国问题》，中国政法大学出版社 2002 年版，
第 81—157 页。
② ［新加坡］约西·拉贾：《威权式法治：新加坡的立法、话语与正当性》，陈林林译，浙江大
学出版社 2017 年版，第 21 页。

第四，中国特色社会主义法治文化。社会主义法治文化是中国特色社会主义文化的有机组成部分，也是建设法治国家的基本要素和内生动力，同中国特色社会主义文化一道，源自中华民族五千多年文明历史所孕育的中华优秀传统文化，熔铸于党领导人民在革命、建设、改革中创造的革命文化和社会主义先进文化，植根于中国特色社会主义伟大实践。它以独有的教化人心的作用，成为培育法治国家、法治政府和法治社会的文化土壤。以社会主义核心价值观为引领，社会主义法律与社会主义道德的和谐共存、相互促进，是中国特色社会主义法治文化的主要特征之一。

有学者认为："西方从未形成过道德文明秩序，所以没有独立的范畴和关系可供研究和发展理论。在这一点上，中国的情况恰好相反。也只有在中国，道德文明秩序把繁缛复杂的人际关系概念化、抽象化之后才有可能为伦理学提供独立的领域。然而，遗憾的是中国古代文化从未为法学和神学的发展提供可能性。"① 进言之，欧美的法治文化，无论是英美法系还是大陆法系的法治文化，均脱胎于基督教的宗教文化，基督教"人性尊严"理念与教规教条体系，对其构成了深刻影响。相对而言，中国传统的道德伦理学说以儒家"性命说"为基础，自古以来就形成了逻辑自洽的体系，可作为社会主义法治文化的重要参考。比如，古代思想家孟子曾言："仁义礼智，非由外铄我也，我固有之矣，弗思耳矣。""心之所同然者何也？谓理也，义也。"中国传统儒家的"性命说"，预设所有人类个体均因其先天具备的"德行"而获得"人性尊荣"，并因此而享有"为人之'分'（权利）"，但是他们还需要通过后天的道德修养和法律管制去彰显其"德行"——此种"德行"，一方面，表现为他们恪守伦理准则和法律规范实现了权利主体之自我节制的品格；另一方面，基于人性的道德尊荣，所有社会成员均须接受非自由主义模式下的政府管制。汲取中华传统法律文化之精华，弘扬家国相通的大局观、仁义诚信的价值观、天人合一的和谐观、礼法结合的秩序观、情理法融合的正义观，就能让优秀传统文化在新时代焕发光彩。

---

① 於兴中：《法治东西》，法律出版社 2015 年版，第 60 页。

（二）中国特色社会主义法治文化的基本内涵

习近平总书记指出："文化的影响力首先是价值观念的影响力。"① 核心价值观在一定社会的文化中是起中轴作用的，社会主义核心价值观是社会主义法治建设的"灵魂"，也是社会主义法治文化的"价值指针"。从哲学价值论的视角来看，中国特色社会主义法治文化的基本内涵，需要从文化主体、文化内容与文化本质的角度进行理解。

第一，中国特色社会主义法治文化的主体。我国宪法序言开篇即指出："中国是世界上历史最悠久的国家之一。中国各族人民共同创造了光辉灿烂的文化。""人民"是中国"光辉灿烂的文化"的创造主体，当然也是中国特色社会主义法治文化的创造主体和行为主体。习近平总书记在十三届全国人大一次会议闭幕会上的讲话中指出："中国人民是具有伟大梦想精神的人民，只要13亿多中国人民始终发扬这种伟大梦想精神，我们就一定能够实现中华民族伟大复兴。有这样伟大的人民，有这样伟大的民族，有这样的伟大民族精神，是我们的骄傲，是我们坚定中国特色社会主义道路自信、理论自信、制度自信、文化自信的底气，也是我们风雨无阻、高歌行进的根本力量。"以人民为中心是新时代坚持和发展中国特色社会主义的根本立场。社会主义法治文化建设，必须为了人民、依靠人民、造福人民，以维护最广大人民根本权益为出发点和落脚点，满足人民群众日益增长的法治文化需求，保障人民在依法享有权利和自由、承担义务、维护社会公平正义的过程中，通过各种途径和形式管理国家事务，管理经济文化事业，管理社会事务，进而使人民认识到法律既是保障自身权利的有力武器，也是必须遵守的行为规范，最终在全社会增强尊法学法守法用法意识，使法律为人民所掌握、所遵守、所运用，形成"守法光荣、违法可耻"的社会道德风尚。

第二，中国特色社会主义法治文化的内容。在人类学家看来，"文化是通过学习而代代相传的传统与风俗，它构成并引导那些浸润在该种文化中的

---

① 中共中央文献研究室编：《习近平关于社会主义文化建设论述摘编》，中央文献出版社2017年版，第105页。

人们的信念与行为。""文化传统是经历了许多世代的发展，对各种适当与不适当的行为所产生的风俗与观念。"① 但是，社会主义法治文化的内涵并不仅仅局限于"风俗""观念""信念""行为"，它的内涵主要体现为：以"宪法法律至上"为基本理念，以"守法光荣、违法可耻"的社会道德观念为价值指针，以社会主义法治思维、社会主义法治行为和社会主义法治环境为基本表征。

第三，中国特色社会主义法治文化的本质。2018 年 3 月 11 日第十三届全国人民代表大会第一次会议通过的《中华人民共和国宪法修正案》第三十六条规定："宪法第一条第二款'社会主义制度是中华人民共和国的根本制度。'后增写一句，内容为：'中国共产党领导是中国特色社会主义最本质的特征。'"坚持党的领导是社会主义法治的根本要求，是全面推进依法治国的题中应有之义，也是社会主义法治文化的本质。社会主义法治文化建设要坚持党的领导这个中国特色社会主义最本质的特征，按照党的十九大部署，深入开展全民普法工作，真正让法治理念深入人心，让法治成为全社会的思维方式和行为模式。

三、中国特色社会主义法治文化的构成要件

中国特色社会主义法治文化作为中国特色社会主义文化的有机组成部分，源自中华优秀传统法治文化、革命法治文化与社会主义先进法治文化，表现为社会主义法治思维、法治行为与法治环境，包括社会主义立法文化、执法文化、司法文化、廉政文化、守法文化等要素。

（一）社会主义法治文化的主要渊源

第一，传统法治文化。习近平总书记在哲学社会科学工作座谈会上指出："要加强对中华优秀传统文化的挖掘和阐发，使中华民族最基本的文化基因与当代文化相适应、与现代社会相协调，把跨越时空、超越国界、富有永恒

---

① ［美］康拉德·菲利普·科塔克：《文化人类学：欣赏文化差异》，周云水译，中国人民大学出版社 2012 年版，第 5 页。

魅力、具有当代价值的文化精神弘扬起来。"19世纪以来，欧美列强以"文明等级论"为由，认定中国属于"半文明半开化"国家，因而在中国主张"治外法权"，迫使清政府仿照西方法律制定新律。受西方法学影响，中国古代"法治"理论在近代就被清末主持修律的大臣沈家本断定为韩非子、申不害等人的法家思想，"以刻核为宗旨，恃威相劫"，其价值被否定。① 实际上，中国传统法治并非单纯的刑律之治，而是"礼法之治"。中国古代的礼制，在相当程度上属于民事规范、宪法规范、行政法规范与道德规范的混合体，"礼法并用""德主刑辅"的"礼法传统"，构成了中国传统法治文化的重要特色。克服欧美法治文化对中华传统法治文化的偏见，深化对中华传统法治文化的认识，有助于我们理解传统法治文化的本源与特质，剔除其中的封建文化糟粕，从中汲取优秀传统文化的经验智慧，为建设中国特色社会主义法治文化提供借鉴。

第二，革命法治文化。以中国共产党为主体的革命法治文化，形成于中国共产党带领中国人民走向独立、改革和建设的过程之中，它反映了中国共产党的优良的法治作风。深化对革命法治文化的认识，有利于指导我国进行改革和建设。2018年7月，中共中央办公厅、国务院办公厅印发的《关于实施革命文物保护利用工程（2018—2022年）的意见》强调："以开展爱国主义教育、培育社会主义核心价值观为根本，以弘扬革命精神、继承革命文化为核心，统筹推进革命文物保护利用传承。"《中华人民共和国英雄烈士保护法》第八条第二款规定："中央财政对革命老区、民族地区、边疆地区、贫困地区英雄烈士纪念设施的修缮保护，应当按照国家规定予以补助。"这充分说明革命法治文化已经深入法律之中。

第三，社会主义先进法治文化。习近平总书记在党的十九大报告中指出："中国共产党从成立之日起，就是中国先进文化的积极引领者和践行者，当代中国共产党人和中国人民应该而且一定能够担负起新的文化使命，在实践创造中进行文化创造，在历史进步中实现文化进步。"中国特色社会主义文

---

① 李贵连：《现代法治》，法律出版社2017年版，第11页。

化是中国特色社会主义的重要组成部分，是激励全党全国各族人民奋勇前进的强大精神力量。中国特色社会主义法治文化既是中国特色社会主义文化的有机组成部分，也是建设法治国家的基本要素，是落实坚持全面依法治国基本方略的内生动力，在推动全面依法治国中具有重要作用。

（二）社会主义法治文化的基本形态

第一，社会主义法治思维。《全国人大常委会 2016 年工作要点》中提出："提高运用法治思维和法治方式推动发展的能力……认真学习宪法和法律，不断增强法治观念、法治素养，认真学习人大的议事规则和工作程序，坚持民主集中制，坚持依法按程序办事，在法治轨道上推动国家各项工作开展。"法治思维在法治宣传教育、社会治理和国家治理中发挥着重要作用。一般认为，"法治思维"也可称"法律思维"，系指"以合法性为出发点，追求公平正义为目标，按照法律逻辑和法律价值观思考问题的思维模式"。我们认为，符合法治精神的思维模式就是法治思维。法治思维的特点是：以合法性为出发点，凡事都要追问"是否合法"；以追求公平正义为目标，重视和强调证据、依据、程序、权利义务的统一性。① 这一观点深刻阐述了"法治思维"的本质特征，即"法律权威思维""法律规范思维""法律程序思维"。社会主义核心价值观是社会主义法治建设的灵魂，对于党员和领导干部而言，"法治思维"还体现在善于将各种工作纳入法治化、制度化、规范化的轨道，同时把社会主义核心价值观融入法治建设、制度建设。这不仅是加强社会主义核心价值观建设的重要途径，也是领导干部提升法治思维的重要内容之一。

第二，社会主义法治行为。社会主义法治行为需要以社会主义法律为依据，在法律的规范内行使国家权力，政府要依法行政，公民需要遵守法律的规定，按照法律行使自身的权力和履行自身的义务。但是，法律实施行为不能等同于法治实施行为或者"法治行为"。从本质上讲，"法治行为"是在法治思维支配下的行为，它是法治思维外化的结果，但是并非都可以表现为符

---

① 胡建淼：《提升领导干部运用法治思维的能力》，载《紫光阁》2014 年第 3 期。

合法治原则的行为。法治实施行为要完全符合法治精神与法治原则，需要在社会主义核心价值观的引领下，提高法治实施者的理论素养和道德素养。

第三，社会主义法治环境。中共中央办公厅、国务院办公厅印发的《关于进一步把社会主义核心价值观融入法治建设的指导意见》中指出："各级党委要高度重视把社会主义核心价值观融入法治建设工作，加强组织领导，加大工作力度。人大、政府、政协、审判机关、检察机关要认真履职尽责，各领域各部门要充分发挥各自优势，积极主动开展工作。党委宣传部和政法委要加强工作指导，统筹各方力量、协调各方职能，形成齐抓共管的工作合力，为社会主义核心价值观建设创造良好法治环境。"社会主义法治环境建设，主要是通过推进宪法和法律实施，形成办事依法、遇事找法、解决问题用法、化解矛盾靠法的社会导向，形成人们不敢违法、不能违法、不愿违法的社会环境。要发挥社会主义法治在道德建设中的重要作用，依法惩处公德失范、诚信缺失的违法行为，大力整治突破道德底线、丧失道德良知的现象。通过法律机制加强社会信用体系建设，完善守法诚信褒奖激励机制和违法失信行为惩戒机制，加大司法执行中失信被执行人信用监督、威慑和惩戒力度。通过社会自治组织建设，深化政风行风建设，切实纠正行业不正之风。在社会主义核心价值观引领下，不断完善市民公约、乡规民约、学生守则、行业规章、团体章程等社会规范，发挥党和国家功勋荣誉表彰制度的引领作用、礼仪制度的教化作用，使社会规范与法律规范相得益彰，使全社会成为培育和践行社会主义核心价值观的实践基地。

（三）社会主义法治文化的基本体系

第一，社会主义立法文化。党的十九届二中全会指出，要贯彻科学立法、民主立法、依法立法的要求，注重从政治上、大局上、战略上分析问题，注重从宪法发展的客观规律和内在要求上思考问题，维护宪法权威性。中共中央办公厅、国务院办公厅印发的《国家"十三五"时期文化发展改革规划纲要》提出："加快文化立法进程，强化文化法治保障，全面推进依法行政。"《关于进一步把社会主义核心价值观融入法治建设的指导意见》明确指出："要坚持以社会主义核心价值观为引领，恪守以民为本、立法为民理念，把社会主义核心价值观的要求体现到宪法法律、法规规章和公共政策之中，转化为具有刚性约束力的法律规定。"要加强重点领域立法，深入分析社会主义核心价值观建设的立法需求，把法律的规范性和引领性有机结合起来，坚持立改废释并举，积极寻找把社会主义核心价值观融入法律、法规的嵌入点，推进相关领域立法，使法律法规更好地体现国家的价值目标、社会的价值取向、公民的价值准则。要加快完善体现权利公平、机会公平、规则公平的法律制度，依法保障公民权利，维护公平正义。

第二，社会主义司法文化。习近平总书记指出："提高司法公信力。司法是维护社会公平正义的最后一道防线。"近年来，司法机关高度重视以社会主义核心价值观引领司法文化建设，颁发了一系列文件，取得了显著成绩。《最高人民法院　中华全国归国华侨联合会关于在部分地区开展涉侨纠纷多元化解试点工作的意见》中指出："各级人民法院和侨联组织应当充分运用各种传媒手段，宣传多元化纠纷解决机制的优势。将华侨爱国主义、集体主义精神同中华传统解纷理念有机融合，引导广大归侨侨眷和海外侨胞加强自我管理、自主解决纠纷，不断发挥中华司法文化对完善中国特色社会主义司法制度的促进作用。"社会主义核心价值观是社会主义司法文化的灵魂，特别是"民主""法治""文明""和谐"等价值形态。要认真贯彻落实坚持依法治国和以德治国相结合的要求，加强社会主义核心价值观、人民司法优良传统，打牢干警公正廉洁司法的思想道德基础。

第三，社会主义执法文化。习近平总书记在党的十九大报告中指出："建设法治政府，推进依法行政，严格规范公正文明执法，加强行政体制改革，深化依法治国实践，完善中国特色社会主义法治体系。"执法必须有法可依，国家机关必须严格依照法律的规定行使国家公权力，没有法律的授权，行政机关不得滥用法律赋予其的国家权力。在具体实践中，社会主义执法文化主要体现为行政机关的执法文化。行政执法文化是行政执法部门在从事行政执法工作中表现出来的以价值理念为核心的特有思维、心理和行为方式。[1]

---

[1]　王菲：《加强行政执法文化建设》，载《人民日报》2014年10月9日，第7版。

行政执法文化首先体现为行政执法部门严格执法、平等执法、公正执法的理念，其次体现为行政机关建立健全行政执法责任制，以及执法监督、制约机制，使得行政执法人员的执法行为受到全方位、全过程的监督。

第四，社会主义廉政文化。习近平总书记在参加十二届全国人大三次会议江西代表团审议时指出："抓作风建设要着力净化政治生态，营造廉洁从政的良好环境。自然生态要山清水秀，政治生态也要山清水秀。严惩腐败分子是保持政治生态山清水秀的必然要求。党内如果有腐败分子藏身之地，政治生态必然会受到污染。因此，必须做到有腐必反、除恶务尽。"从内容上看，社会主义廉政文化主要包括两个方面的内容：一是廉政法律文化，二是廉政党纪文化。党纪以中国共产党的党内法规为主要渊源，属于广义上的法律。党纪严于国法，与国法相辅相成。廉政文化建设，要求广大党员干部，特别是领导干部在思想上，把国家的法律、法规、党的纪律看作不能逾越的雷池，不可触碰的高压线，在廉政实践中，做到违反党纪国法的事不做，违反党纪国法的话不讲，严于律己，遵法执政。在廉政制度和廉政环境的建设上，要把权力关进制度的笼子里，形成不敢腐的惩戒机制、不能腐的防范机制、不易腐的保障机制。

第五，社会主义守法文化。习近平总书记在党的十九大报告中指出："深入推进全民守法；各级党组织和全体党员要带头尊法学法守法用法，任何组织和个人都不得有超越宪法法律的特权，绝不允许以言代法、以权压法、逐利违法、徇私枉法。""守法"是一个法治社会的共识，不仅是公民要遵守法律，国家在行使公权力时，也应当遵守法律的规定。守法文化作为一种法治文化，能够有效地促进法律的实施和依法治国实践。

四、党的十八大以来中国特色社会主义法治文化建设的伟大成就

党的十八大以来，在以习近平同志为核心的党中央坚强领导下，各地区各部门积极运用法治思维和法治方式，加强问题导向，着眼落细落实，注重统筹协调，坚持依法治国和以德治国相结合，大力弘扬社会主义法治精神，全方位地推动社会主义核心价值观融入法治建设，各方面工作呈现向上向好

的发展态势。党的十九大报告中明确指出："科学立法、严格执法、公正司法、全民守法深入推进，法治国家、法治政府、法治社会建设相互促进，中国特色社会主义法治体系日益完善，全社会法治观念明显增强。"

（一）中国特色社会主义法治文化理论研究取得重大进展

第一，中国特色社会主义法治文化理论源于习近平总书记关于法治建设和社会主义文化建设的重要论述。从来源上看，习近平总书记关于法治建设的重要论述主要体现在习近平总书记关于全面依法治国的系列重要讲话中，以党的十八届四中全会通过的《中共中央关于全面推进依法治国若干重大问题的决定》，党的十九大报告中"坚持全面依法治国""深化依法治国实践"等内容为主。社会主义法治文化理论的来源并不局限于习近平总书记关于法治建设的重要论述，社会主义法治文化属于社会主义文化的有机组成部分，因此，习近平总书记有关社会主义文化建设的系列重要讲话，特别是有关社会主义核心价值观的重要论述，也是中国特色社会主义法治文化理论的重要来源。

第二，社会主义核心价值观已经成为中国特色社会主义法治文化的核心理念与内在精神。中共中央办公厅、国务院办公厅印发的《关于进一步把社会主义核心价值观融入法治建设的指导意见》（以下简称《意见》）中明确指出："社会主义核心价值观是社会主义法治建设的灵魂。""进一步把社会主义核心价值观融入法治建设，必须全面贯彻党的十八大和十八届三中、四中、五中、六中全会精神，深入贯彻习近平总书记系列重要讲话精神和治国理政新理念新思想新战略，全面落实依法治国基本方略，坚持依法治国和以德治国相结合，把社会主义核心价值观融入法治国家、法治政府、法治社会建设全过程，融入科学立法、严格执法、公正司法、全民守法各环节，以法治体现道德理念、强化法律对道德建设的促进作用，推动社会主义核心价值观更加深入人心，为实现'两个一百年'奋斗目标、实现中华民族伟大复兴的中国梦提供强大价值引导力、文化凝聚力和精神推动力。"2018年5月，中共中央印发的《社会主义核心价值观融入法治建设立法修法规划》（以下简称《规划》）明确指出："推动社会主义核心价值观入法入规，必须遵循的原则是：坚持党的领导，坚持价值引领，坚持立法为民，坚持问题导向，坚持统筹推进。"《规划》还明确了六个方面的主要任务：一是以保护产权、维护契约、统一市场、平等交换、公平竞争等为基本导向，完善社会主义市场经济法律制度；二是坚持和巩固人民主体地位，推进社会主义民主政治法治化；三是发挥先进文化育人化人作用，建立健全文化法律制度；四是着眼人民最关心最直接最现实的利益问题，加快完善民生法律制度；五是促进人与自然和谐发展，建立严格严密的生态文明法律制度；六是加强道德领域突出问题专项立法，把一些基本道德要求及时上升为法律规范。《意见》和《规划》的制定，不仅标志着我国法治建设思路更为明晰，更体现了中国特色社会主义法治文化理论的伟大成就：从本质上讲，社会主义核心价值观不仅是社会主义法治建设的灵魂，更是中国特色社会主义法治文化的核心内容与内在精神。

（二）社会主义法治文化建设实践取得伟大成就

第一，社会主义核心价值观融入立法取得重要突破。《中华人民共和国国家安全法》第二十三条规定："国家坚持社会主义先进文化前进方向，继承和弘扬中华民族优秀传统文化，培育和践行社会主义核心价值观，防范和抵制不良文化的影响，掌握意识形态领域主导权，增强文化整体实力和竞争力。"《中华人民共和国公共文化服务保障法》第三条规定："公共文化服务应当坚持社会主义先进文化前进方向，坚持以人民为中心，坚持以社会主义核心价值观为引领；应当按照'百花齐放、百家争鸣'的方针，支持优秀公共文化产品的创作生产，丰富公共文化服务内容。"《中华人民共和国公共图书馆法》第三条规定："公共图书馆是社会主义公共文化服务体系的重要组成部分，应当将推动、引导、服务全民阅读作为重要任务。公共图书馆应当坚持社会主义先进文化前进方向，坚持以人民为中心，坚持以社会主义核心价值观为引领，传承发展中华优秀传统文化，继承革命文化，发展社会主义先进文化。"由此可见，社会主义法治文化正在通过立法纳入法律规范之中。

第二，社会主义核心价值观融入司法执法取得重要成就。2015 年 10 月 12 日，最高人民法院发布的《关于在人民法院工作中培育和践行社会主义核心价值观的若干意见》提出："大力加强法官职业道德建设，保证法官正确履行宪法法律职责，促进全社会不断提高社会主义核心价值观的建设水平。"《最高人民法院关于新形势下加强人民法院文化建设的指导意见》也指出，发挥法院文化功能推进司法为民、公正司法，用法院文化引导干警强化对中国特色社会主义司法制度的高度认同，强化对公平正义的执着追求，强化对法治原则的坚定恪守，强化对司法事业的忠诚热爱，正确认识和积极支持司法改革，努力为建设中国特色社会主义法治国家而奋斗。2018 年 1 月 31 日，最高人民检察院印发的《关于充分发挥检察职能作用，深入开展扫黑除恶专项斗争的通知》强调："要运用法治思维和法治方式，突出打击重点，全面履行检察职责，确保依法、准确、有力惩处黑恶势力犯罪。加强组织领导和督促检查，充分发动和依靠群众，确保扫黑除恶专项斗争取得良好政治效果、法律效果和社会效果。"

第三，社会主义核心价值观融入普法实践取得重要发展。习近平总书记深刻指出："法律要发挥作用，需要全社会信仰法律。对法律有了信仰，群众就会自觉按法律办事。推进全民守法，必须着力增强全民法治观念，坚持法制教育与法治实践相结合，把全民普法和守法作为依法治国的长期基础性工作来抓。"全民守法，是法治中国建设的基础，是社会主义法治文化建设的核心。因此，《意见》指出："根植于全民心中的法治精神，是社会主义核心价值观建设的基本内容和重要基础。要坚持法治宣传教育与法治实践相结合，建设社会主义法治文化，推动全社会树立法治意识、增强法治观念，形成守法光荣、违法可耻的社会氛围，使全体人民都成为社会主义法治的忠实崇尚者、社会主义核心价值观的自觉践行者。"为了明确各部门的普法责任，2017 年 5 月，中共中央办公厅、国务院办公厅颁布《关于实行国家机关"谁执法谁普法"普法责任制的意见》，其中指出，要全面贯彻落实党中央关于法治宣传教育的决策部署，按照"谁执法谁普法"的要求，进一步明确国家机关普法责任，健全工作制度，加强监督检查，不断推进国家机关普法工作深入开展。

五、新时代社会主义法治文化建设的目标与任务

随着中国特色社会主义文化写入党章，作为中国特色社会主义文化重要组成部分的法治文化建设也摆在了更加重要的位置。从知与行的角度，发掘每个人心底蕴藏的善良道德意愿、道德情感，让社会主义核心价值观，内化为社会群体和个人的意识，外化为群体和个人的行为规范，才能产生凝聚力、焕发战斗力，为法治文化建设注入不懈动力。新时代建设社会主义法治文化，要深入学习贯彻习近平新时代中国特色社会主义思想和党的十九大精神，进一步增强"四个意识"、坚定"四个自信"，以社会主义核心价值观为引领，更好地发挥法治和德治在国家治理中相互补充、相互促进、相得益彰的积极作用，推进国家治理体系和治理能力现代化，为全面依法治国提供法治精神支撑。

（一）以社会主义核心价值观引领社会主义立法文化建设

第一，中国特色社会主义立法文化建设的目标。习近平总书记在党的十九大报告中强调："推进科学立法、民主立法、依法立法，以良法促进发展、保障善治。"法律是治国之重器，良法是善治之前提；立法文化建设的目标是树立社会主义"良法"理念，培育崇尚"科学""民主""法治"的"良法文化"。法律法规体现鲜明价值导向，社会主义法律法规直接影响人们对社会主义核心价值观的认知认同和自觉践行。要坚持以社会主义核心价值观为引领，恪守以民为本、立法为民理念，把社会主义核心价值观的要求体现到宪法法律、法规规章和公共政策之中，把具有可操作性的内容转化为具有刚性约束力的法律规定。

第二，中国特色社会主义立法文化建设的任务。《中共中央关于全面推进依法治国若干重大问题的决定》指出，立法要"恪守以民为本、立法为民理念，贯彻社会主义核心价值观，使每一项立法都符合宪法精神、反映人民意志、得到人民拥护。要把公正、公平、公开原则贯穿立法全过程，完善立法体制机制，坚持立改废释并举，增强法律法规的及时性、系统性、针对性、有效性"。要培育崇尚"科学""民主""法治"的"良法文化"，首先，应

当树立"科学立法"的理念。立法机关坚持科学立法，应当以社会主义核心价值观为引领，深入分析社会的立法需求，坚持立改废释并举，使法律法规更好地体现市场规律、社会规律和法治实施的规律。其次，应当确立"民主立法"的方法。立法机关需要恪守以民为本、立法为民的理念，健全立法机关和社会公众沟通机制，开展立法协商，充分发挥政协委员、民主党派、工商联、无党派人士、人民团体、社会组织在立法协商中的作用，探索建立有关国家机关、社会团体、专家学者等对立法中涉及的重大利益调整论证咨询机制。拓宽公民有序参与立法途径，健全法律法规规章草案公开征求意见和公众意见采纳情况反馈机制，广泛凝聚社会共识，使每一项立法都反映人民意志、得到人民拥护。最后，应当遵循"依法立法"的原则。宪法是党和人民意志的集中体现，是国家根本大法，每一项立法必须符合宪法精神与宪法规范。为此，既需要完善全国人大及其常委会宪法监督制度，健全宪法解释程序机制，加强宪法备案审查制度建设，又需要在全社会广泛开展宪法教育，弘扬宪法精神，维护宪法权威，营造依法立法的氛围。

（二）以社会主义核心价值观引领社会主义司法文化建设

第一，中国特色社会主义司法文化建设的目标。《中共中央关于全面推进依法治国若干重大问题的决定》明确指出："公正是法治的生命线。司法公正对社会公正具有重要引领作用，司法不公对社会公正具有致命破坏作用。必须完善司法管理体制和司法权力运行机制，规范司法行为，加强对司法活动的监督，努力让人民群众在每一个司法案件中感受到公平正义。"司法是维护社会公平正义的最后一道防线，社会主义司法文化的核心理念是"司法公正"。要在党的领导下全面深化司法体制改革，加快建立健全公正高效权威的社会主义司法制度，确保审判机关、检察机关依法独立公正行使审判权、检察权，提供优质高效的司法服务和保障，努力让人民群众在每一个司法案件中感受到公平正义。让人民群众在每一个司法案件中感受到公平正义，从而自觉地崇尚公平正义、捍卫公平正义，这是我国社会主义司法文化建设的重要目标。

第二，中国特色社会主义司法文化建设的任务。习近平总书记在全国司法体制改革推进会上强调，要遵循司法规律，把深化司法体制改革和现代科技应用结合起来，不断完善和发展中国特色社会主义司法制度。为了让人民群众在每一个司法案件中感受到公平正义，从而自觉地崇尚公平正义、捍卫公平正义，关键在于落实司法责任制。因此，司法责任制不仅是我国司法体制改革的重要内容，也是中国特色社会主义司法文化建设的重要任务。全面落实司法责任制，深入推进以审判为中心的刑事诉讼制度改革，开展综合配套改革试点，提升改革整体效能。要统筹推进公安改革、国家安全机关改革、司法行政改革，提高维护社会大局稳定、促进社会公平正义、保障人民安居乐业的能力。在确保法官、检察官要有审案判案的权力的同时，也要加强对他们的监督制约，加强对司法权的法律监督、社会监督、舆论监督，确保每一位法官、检察官做到"以至公无私之心，行正大光明之事"，形成司法系统乃至全社会都崇尚公平正义的社会氛围。

（三）以社会主义核心价值观引领社会主义执法文化建设

第一，中国特色社会主义执法文化建设的目标。"天下之事，不难于立法，而难于法之必行。"党的十八届四中全会通过的《中共中央关于全面推进依法治国若干重大问题的决定》中明确指出："加快建设职能科学、权责法定、执法严明、公开公正、廉洁高效、守法诚信的法治政府。"据此，我国执法文化建设的目标是建立社会主义法治政府，培育"严明""公开""公正""廉洁""高效""守法""诚信"的执法文化氛围。

第二，中国特色社会主义执法文化建设的任务。执法文化建设不能流于空洞的口号和标语，首先，要通过深化行政执法体制改革，根据不同层级政府的事权和职能，按照减少层次、整合队伍、提高效率的原则，合理配置执法力量，形成职能科学的执法体制。其次，要推进各级政府事权规范化、法律化，推进机构、职能、权限、程序、责任法定化，推行政府权力清单制度，纠正不作为、乱作为，使各级政府官员养成权责法定的执法思维、执法严明的执法作风。最后，坚持不懈地不断推进行政决策公开、执行公开、管理公开、服务公开、结果公开，使全体公职人员养成公开公正的执法理念，形成廉洁高效的执法风格，防止和克服地方和部门保护主义，坚决惩治执法腐败现象。

（四）以社会主义核心价值观引领社会主义廉政文化建设

第一，中国特色社会主义廉政文化建设的目标。《建立健全惩治和预防腐败体系 2013—2017 年工作规划》中指出："积极借鉴我国历史上优秀廉政文化，把培育廉洁价值理念融入国民教育、精神文明建设和法制教育之中。发挥文化馆、纪念馆和廉政教育基地等的作用，加强廉政文化精品工程建设，开展廉政文化创建活动，扬真抑假、扬善抑恶、扬美抑丑，培育良好的民风社风。"我国廉政文化建设的目标是形成以廉为荣、以贪为耻的良好社会风尚，在广大党员干部中形成"不敢腐、不能腐、不想腐"的"廉政作风"，确保各个部门都能做到干部清正、政府清廉。

第二，中国特色社会主义廉政文化建设的任务。要通过反腐倡廉教育基地、廉政文化创建活动、反腐倡廉专题民主生活会制度、领导干部述职述廉制度等系列措施，抓好领导干部的思想理论建设、党性教育和党性修养、道德建设，从而夯实党员干部廉洁从政的思想道德基础，筑牢拒腐防变的思想道德防线。要善于用法治思维和法治方式反对腐败，积极借鉴世界各国反腐倡廉的相关立法，积极借鉴我国历史上反腐倡廉的宝贵遗产，加强和完善反腐败国家立法，加强反腐倡廉党内法规制度建设，让法律制度刚性运行，让廉政文化建设成为法治建设的有机组成部分。

（五）以社会主义核心价值观引领社会主义守法文化建设

第一，中国特色社会主义守法文化建设的目标。法律要想发挥作用，必须全体人民从内心拥护和真诚信仰法律。习近平总书记在党的十九大报告中指出："加大全民普法力度，建设社会主义法治文化，树立宪法法律至上、法律面前人人平等的法治理念。"守法文化建设的目标是全社会形成"法律权威意识"，依照宪法和法律行使权利、履行义务，自觉抵制违法行为，自愿捍卫法治权威，形成"守法光荣、违法可耻"的文化氛围。

第二，中国特色社会主义守法文化建设的任务。建设中国特色社会主义守法文化，关键在于使法治理念深入人心，形成全民共同崇尚法治的氛围。为此，需要深入开展法治宣传教育，把法治教育纳入国民教育体系和精神文明创建内容，健全普法宣传教育机制，实行国家机关"谁执法谁普法"的普法责任制，加强社会诚信建设，加强公民道德建设。要健全依法维权和化解纠纷机制，强化法律在维护群众权益、化解社会矛盾中的权威地位，建立健全社会矛盾的预警机制、利益表达机制、协商沟通机制、救济救助机制，畅通群众利益协调、权益保障法律渠道，健全社会矛盾纠纷预防化解机制，完善调解、仲裁、行政裁决、行政复议、诉讼等有机衔接、相互协调的多元化纠纷解决机制，深入推进社会治安综合治理，完善立体化社会治安防控体系。要把法治宣传教育和开展个性化法律服务结合起来，运用网络信息和人工智能革新技术，提高法治宣传和法律服务的实效性。建设中国特色社会主义守法文化，还应当充分发挥社会主义道德的教化作用，强化道德对法治文化的支撑作用。没有守法道德的支撑，社会主义法治文化就缺乏源头活水，法律实施就缺乏坚实社会基础。因此，在推进依法治国过程中，必须大力弘扬社会主义核心价值观，弘扬中华传统美德，培育社会公德、职业道德、家庭美德、个人品德，提高全民族思想道德水平，为依法治国创造良好人文环境与社会氛围。

社会主义法治文化建设是一个系统工程，需要方方面面的共同努力。我们要坚持以习近平新时代中国特色社会主义思想为统领，把社会主义核心价值观融入法治文化建设，努力推动中国特色社会主义法治文化大发展、大拓展、大繁荣，为推进全面依法治国、建设法治中国提供精神动力和强大支撑。

（作者：中国法学会党组成员、副会长　张苏军）

建设中国特色社会主义法治文化

编者按：2017 年 12 月 9 日出版的《中国法学》第 6 期刊发了中国法学会党组成员、副会长张苏军同志题为《建设中国特色社会主义法治文化》的文章。文章指出，党的十九大提出了建设中国特色社会主义法治体系和法治国家的法治建设总目标，强调要深化依法治国实践，加大全民普法力度，建设社会主义法治文化。这为新时代做好法治文化研究会工作明确了行动指南，为建设中国特色社会主义法治文化指明了根本方向，为我们投身新时代中国特色社会主义建设提供了力量源泉。我们要按照党的十九大的要求部署，团结和引领法治文化战线，做新时代中国特色社会主义法治文化建设的践行者和推动者。

党的十九大是在全面建成小康社会决胜阶段、中国特色社会主义进入新时代的关键时期召开的一次十分重要的大会，在我们党和国家发展进程中具有极其重大的历史意义。习近平总书记在大会上作的报告，全面总结了党的十八大以来党和国家各项事业所取得的巨大成就，深刻分析了我们党当前所面临的复杂的国内外形势，全面阐述了习近平新时代中国特色社会主义思想和基本方略，从开创中国特色社会主义事业全局和战略的高度，就全面建设社会主义现代化国家描绘了宏伟蓝图、作出了全面部署，提出了一系列新思想、新观点、新论断、新部署、新要求。报告特别提出了建设中国特色社会主义法治体系和法治国家的法治建设总目标，强调要深化依法治国实践，加大全民普法力度，建设社会主义法治文化。这为弘扬社会主义法治精神，建设中国特色社会主义法治文化指明了方向。

一、加强法治文化建设

文化是一个国家、一个民族的灵魂。文化兴国运兴，文化强民族强。党的十九大指出，中国特色社会主义文化是中国特色社会主义的重要组成部分，是激励全党全国各族人民奋勇前进的强大精神力量。中国特色社会主义法治文化既是中国特色社会主义文化的有机组成部分，也是建设法治国家的基本要素，更是落实坚持全面依法治国基本方略的内生动力。它源自中华民族五千多年文明历史所孕育的中华优秀传统文化，熔铸于党领导人民在革命、建设、改革中创造的革命文化和社会主义先进文化，植根于中国特色社会主义伟大实践。

中国优秀传统文化中，"法令既行，纪律自正，则无不治之国，无不化之民""奉法者强，则国强；奉法者弱，则国弱"等思想，至今仍闪烁着智慧的光芒，为中国特色社会主义法治文化建设提供着思想养分。习近平总书记高度评价在世界几大法系中独树一帜的中华法系，注重挖掘和汲取中华传统法律文化精华。在中国共产党领导人民进行革命、建设、改革的奋斗中发展出了许多尊重规律、遵守纪律、注重制度建设、推动法治进步的新文化风尚。习近平总书记提出的"法治与德治相结合""法律是治国之重器，良法是善治之前提""宪法法律的生命在于实施，宪法法律的权威也在于实施"等一系列重要论断和阐述，既与我国传统法律文化一脉相承，也是中国特色社会主义法治文化的重要内容。同时要看到，在我国这样有着数千年封建社会历史、特权思想还在不同程度存在的社会主义国家，要实行法治、实现建成法治国家的目标，在马列主义经典著作里找不到现成的答案，更不能照搬照抄西方国家的法治模式。只有坚持以中国特色社会主义法治理论为指导，不断增强法治道路自信、法治理论自信、法律制度自信和法治文化自信，坚持从我国国情和实际出发，正确解读中国现实、回答中国问题，才能走出具有鲜明中国特色、鲜明时代特色的社会主义法治道路。

中国特色社会主义法治文化建设是体现在中国特色社会主义法治体系各方面的基础性工作，也是贯穿法治中国建设全过程的基本要素，对法学理论研究、科学立法、公正司法、严格执法、全民守法都产生"润物细无声"的内在影响。我们要从全面推进依法治国的战略高度出发，进一步加强中国特色社会主义法治文化建设。加强法治文化建设必须牢牢掌握法学法律领域的意识形态工作的领导权、管理权、话语权、主动权。当前法学法律意识形态领域总体态势健康向上，但也要清醒认识到，法学法律意识形态领域的斗争是长期的、复杂的。我们要以习近平新时代中国特色社会主义思想为指引，提高思想理论辨析能力，增强政治敏锐性和抵制错误思想侵蚀的定力，确保中国特色社会主义法治文化建设沿着正确方向前进。

二、把社会主义核心价值观融入法治文化建设

社会主义核心价值观是当代中国精神的集中体现，凝结着全体人民的共同价值追求。中共中央办公厅、国务院办公厅于 2016 年 12 月印发的《关于进一步把社会主义核心价值观融入法治建设的指导意见》强调，要进一步把社会主义核心价值观融入法治建设，推动社会主义核心价值观更加深入人心，为实现"两个一百年"奋斗目标、实现中华民族伟大复兴的中国梦提供强大价值引导力、文化凝聚力和精神推动力。把社会主义核心价值观融入法治建设是汲取中华民族传统治国智慧的当代选择，是坚持依法治国和以德治国相结合的必然要求，是推进国家治理体系和治理能力现代化的客观需要。要把法治文化建设作为社会主义核心价值观融入法治建设的重要载体：在法学理论研究中增强法律文化自信，坚持研究工作的正确方向；在立法中把社会主义核心价值观的要求体现到法律法规中，并由国家强制力保障实施，由"软性要求"转化为"刚性规范"；在法律实施中增强人民群众践行社会主义核心价值观的自觉性和约束力，促进社会主义核心价值观的规范化、制度化、常态化，提升人民群众对法律法规的认同感。习近平总书记深刻指出，没有道德滋养，法治文化就缺乏源头活水，法律实施就缺乏坚实社会基础。在推进依法治国过程中，必须大力弘扬社会主义核心价值观，坚持依法治国和以德治国相结合，弘扬中华传统美德，培育社会公德、职业道德、家庭美德、个人品德，提高全民族思想道德水平，为依法治国创造良好的法治文化和人

文道德环境。

社会主义核心价值观建设是一个关乎国家与社会发展的根本性、全局性问题。培育和践行社会主义核心价值观，作为当前诸多领域建设的根本任务和灵魂工程，起着"龙衮九章但挈一领"的作用。只有牢牢把握这个根本，才能在法治文化建设方面坚定正确方向、凸显"精气神"。要把社会主义核心价值观作为社会主义法治文化建设的思想主导，面对当前法学研究中存在的西方法治文化话语，我们应当结合我国实现现代化和建设社会主义法治国家的具体国情，予以冷静地分析，以我为主、为我所用地加以取舍。社会主义核心价值观是中国特色社会主义法治文化建设的价值理念，中国特色社会主义法治文化的建构要围绕其展开。要将社会主义核心价值观融入社会发展的各方面，渗透到百姓日常生产生活中，转化为人们的情感认同和行为习惯。让社会主义核心价值观和法治文化在建设过程中互相交叠、互相支持、互相驱动，最大限度地释放出各自活力。

三、加大全民普法力度

党的十九大报告强调指出，要提高全民族的法治素养和道德素质。在一个有十几亿人口的发展中大国，实现人人尊法、信法是一项长期而艰巨的历史任务。提升全民族的法治素养，要真正形成尊崇法律、敬仰法律的法治文化风气，这对全民普法提出了新的具体的要求。习近平总书记指出，要在广大干部群众中树立法律的权威，使人们充分相信法律、自觉运用法律，形成全社会对法律的信仰，弘扬法治精神，培育法治文化。党的十九大报告强调，要加大全民普法力度，建设社会主义法治文化，树立宪法法律至上、法律面前人人平等的法治理念。全民普法要在运用法治文化上多下功夫，把法治文化建设放在更重要的位置，发挥法治文化的引领、熏陶作用，发挥法治文化的渗透力、吸引力和感染力，真正用新时代法治文化的力量去传播法律知识、弘扬法治精神、涵养法治信仰，推动法治宣传教育不断深化，充分使人民真诚信仰和内心拥护法律，让法治成为全社会的思维方式和行为模式。

"七五"普法规划强调要推进社会主义法治文化建设。而法治文化建设的基础在于全民普法教育的深入开展，真正把法律交给亿万群众，让法治走进百姓心田。要在创新普法工作方式方法、加强新媒体新技术的深度应用上聚焦用力，创造出更加有效的普及法律知识、传播法治精神、培育法治信仰的新载体。比如，针对青少年，探索使用新的传播手段，通过 VR、人工智能等形式，立体直观地展现法治场景，让青少年身临其境；要落实好国家机关"谁执法谁普法"的普法责任制，推行法官、检察官、行政执法人员等以案释法制度，让典型案件依法公开处理，成为全民法治教育课；要把法治文化建设纳入现代公共文化服务体系，推动法治文化与地方文化、行业文化、企业文化融合发展。繁荣法治文化作品的创作推广，培育有正能量、有感染力的法治文化精品。利用重大纪念日、民族传统节日等契机开展法治文化活动，组织开展法治文艺展演展播、法治文艺演出下基层等活动，满足人民群众日益增长的法治文化需求。把法治元素纳入城乡建设规划设计中，加强基层法治文化公共设施建设。党的十九大报告提出"成立中央全面依法治国领导小组"，可以更好地协调普法宣传和国民教育相结合，协调普法工作和各个行业规范要求相结合，使普法工作能够有明确的工作要求，有具体的考核标准，使"软任务"逐步硬起来。

四、弘扬社会主义法治精神

弘扬社会主义法治精神是建设社会主义法治文化的重要内容。习近平总书记强调，再多再好的法律都必须转化为人们的内心自觉才能真正为人们所遵行。历史和现实表明，法治只有被认同，内化于心、熔铸于脑，成为人们的坚定信念和文化情感，才会转化为内在的法治信仰。由于受封建文化的影响，我国在法治观念、契约精神、尊重秩序等方面较为薄弱，比如，有些人对法律没有信任度和依赖感，遇到问题靠上访、找门路、托关系，甚至采取一些极端方式，突出体现了法治精神的缺失，因此，我们在建设中国特色社会主义法治文化时就必须特别加强法治精神的培育。只有全社会都树立起法治精神，使法治精神熔铸到内心中、根植于头脑里、落实到行为上，才能为全面依法治国提供精神动力和社会基础。

弘扬社会主义法治精神，必须积极培育社会主义法治文化，这是我国社会发展新阶段的必然要求。法治文化欠缺，法治精神就只能是无源之水。良好法治文化氛围的营造，关键在于努力把法治精神、法治意识、法治观念熔铸到人们的头脑之中，形成广泛的影响力和长久的约束力。改革越深入，全面建成小康社会目标越接近，群众对依法保护公平正义的期待就越热切，全面依法治国方略的紧迫感就越强烈。只有主动聚焦人民在法治文化方面日益增长的需要，用好现代化手段传播法治文化，用足文艺作品潜移默化渗透的优势，全面培养、形成、弘扬包括理性精神、诚信守法的精神、尊重法律权威的精神、权利与义务对称的精神、依法维权和依法解决纠纷的习惯等内容在内的法治文化，才能最大限度地凝聚社会共识，弘扬法治精神，形成推动我国法治社会发展的合力。要坚持抓住"关键少数"，发挥党员干部的模范带头作用。各级党组织和全体党员应带头尊法学法守法用法，既要坚持高标准，更要守住最底线，清醒认识自身在法治建设中的关键地位和作用，狠下决心纠正不适应法治发展的思路、方式和做法，在厉行法治上当模范、做表率，带头强化对法治的追求、信仰和执守，养成善于运用法治思维和法治方式抓改革、谋发展、促稳定的思想自觉和行动自觉，履行好自身的职责使命，带头弘扬法治精神。

五、加强法治文化人才队伍建设

法治人才队伍，作为国家治理体系的重要人才支撑，是法治中国建设的重要力量，更是培育全民法治信仰、营造全社会法治氛围的灵魂工程师，同时肩负着弘扬法治精神、研究法治理论和创作法治文艺作品等多重使命。在法治文化建设系统工程中，法治文化人才培育和法治文化队伍建设工作具有特殊地位和作用，是必须抓紧抓好的一项长期系统工程。党的十八届四中全会提出，必须着力建设一支忠于党、忠于国家、忠于人民、忠于法律的社会主义法治工作队伍，推进法治专门队伍正规化、专业化、职业化。习近平总书记强调，法律的生命在于实施，法律的实施在于人，所以法治人才的培养是依法治国的关键。法治人才培养上不去，法治文化领域不能人才辈出，社会主义法治文化建设就不可能做好。因此，要高度重视法治文化人才培育和法治文化队伍建设。中国法学会是党领导下的人民团体、群众团体、学术团体和政法战线的重要组成部分，有着理论部门与实务部门相结合、人才荟萃的独特优势。中国法学会法治文化研究会是中国特色社会主义法治文化研究、建设、推广的国家队，要充分发挥优势，坚持以习近平新时代中国特色社会主义思想为指导，认真研究谋划新时代法治文化建设各项工作，团结引领广大法治文化工作者坚定理想信念、坚定文化自信，自觉与以习近平同志为核心的党中央保持高度一致，把艺术理想融入党和人民的事业之中，以法治文化视角观察和剖析法治实施中的疑难重症，充分发挥法治文化在法治建设中的作用，大力弘扬社会主义法治精神，建设社会主义法治文化，凝聚和彰显法治力量；要服务好法治文化人才队伍建设，牢固树立人才是最重要的法治资源的理念，花大心血、下大力气在法治文化研究和实践中发现人才、培养人才、举荐人才、造就人才，建构法治文化人才队伍培养交流体系；要建立健全法治文化人才培育激励机制，把创新体制机制的着眼点定位在让人才资源释放最大能量上，努力培养一批结构合理、素质优良、富有创新能力的法治文化人才，为法治文化实践提供智力支持和人才保障，努力推动中国特色社会主义法治文化建设实现大发展、大拓展、大繁荣。

（作者：中国法学会党组成员、副会长　张苏军）

以习近平法治思想为指导
建设社会主义法治文化

　　中央全面依法治国工作会议明确了习近平法治思想在全面依法治国中的指导地位，这是我国社会主义法治建设进程中具有里程碑意义的大事。习近平法治思想从历史和现实相贯通、国际和国内相关联、理论和实际相结合上深刻回答了新时代为什么实行全面依法治国、怎样实行全面依法治国等一系列重大问题，是顺应实现中华民族伟大复兴时代要求应运而生的重大理论创新成果，是马克思主义法治理论中国化最新成果，是习近平新时代中国特色社会主义思想的重要组成部分，是全面依法治国的根本遵循和行动指南。习近平总书记围绕中国特色社会主义法治建设、文化建设与法治文化建设等问题发表了一系列重要讲话，形成习近平法治思想中关于法治文化建设的重要论述，丰富和发展了我国的社会主义法治理论和文化理论，为我们在新时代积极推进中国特色社会主义法治文化建设提供了根本遵循。

　　一、习近平总书记关于法治文化建设的重要论述是习近平法治思想的重要组成部分

　　（一）习近平总书记关于法治文化建设的重要论述的法理内涵

　　第一，习近平总书记关于法治文化的重要论述。

　　一是习近平总书记关于法治文化建设的重要论述的形成发展。党的十八大以来，以习近平同志为核心的党中央在坚持和发展中国特色社会主义的探索中，紧紧围绕新时代为什么要全面依法治国、怎样全面依法治国、如何建设法治中国等重大问题，从法治理论上作出科学回答，从顶层设计上作出战

略部署，从法治实践上着力全面推进，开启了党领导人民建设法治中国的新征程，形成和发展了习近平法治思想。习近平总书记关于法治文化建设的重要论述作为习近平法治思想的重要组成部分，内含于"习近平新时代中国特色社会主义思想"之中，在党的十八大以后逐渐形成和发展，并随着习近平总书记有关"社会主义法治""社会主义文化""社会主义法治文化"等系列重要讲话而逐渐丰富，已经成为一个富有民族特色和时代精神的法治文化理论体系，是新时代我国法治研究的重要理论成果。

二是习近平法治思想中关于法治文化建设的重要论述。关于加强法治宣传教育，树立宪法权威。习近平总书记在首都各界纪念现行宪法公布施行30周年大会上的讲话中指出，"我们要在全社会加强宪法宣传教育，提高全体人民特别是各级领导干部和国家机关工作人员的宪法意识和法制观念，弘扬社会主义法治精神，努力培育社会主义法治文化"。习近平总书记进一步强调，"必须把宣传和树立宪法权威作为全面推进依法治国的重大事项抓紧抓好"。由此可见，弘扬宪法精神，树立宪法权威，培育社会主义法治文化，首先应当加强宪法宣传教育。关于弘扬中华传统美德，创造法治环境。习近平总书记在《求是》杂志发表的《加快建设社会主义法治国家》一文中指出，"发挥好道德的教化作用，必须以道德滋养法治精神、强化道德对法治文化的支撑作用"，"全面推进依法治国需要全社会共同参与，需要全社会法治观念增强，必须在全社会弘扬社会主义法治精神，建设社会主义法治文化"。习近平总书记的这些论述，深刻阐明了法治文化与道德文化之间相互支撑、相互渗透，甚至相互转化的内在联系。关于加大全民普法力度，培育法治文化。习近平总书记在参加十二届全国人大四次会议黑龙江代表团审议时指出，"法治是一种基本的思维方式和工作方式，法治化环境最能聚人聚财、最有利于发展。要提高领导干部运用法治思维和法治方式开展工作、解决问题、推动发展的能力，积极培育社会主义法治文化，引导广大群众自觉守法、遇事找法、解决问题靠法，深化基层依法治理，把法治建设建立在扎实的基层基础工作之上，让依法办事蔚然成风"。这是习近平总书记对于法治文化之社会经济价值的精辟论述。为了培育法治文化，必须加强法治教育和法治宣传，引导广大人民群众和领导干部形成法治思维，养成"尊法学法守法用法"的习惯。

第二，习近平法治思想中关于法治文化建设的重要论述的基本性质。

一是习近平法治思想中关于法治文化建设的重要论述是马克思主义法学思想在当代中国的继承、发展和创新。马克思主义法学思想作为马克思主义科学理论体系的重要组成部分，对中国特色社会主义法治体系的建立与发展起到了重要的指导作用。以毛泽东同志为主要代表的中国共产党人开启了马克思主义法学中国化的进程，毛泽东同志领导制定了《中华人民共和国宪法》。以邓小平同志为主要代表的中国共产党人对马克思主义法学思想发展最大的理论贡献，在于开辟了中国特色社会主义法治道路。江泽民同志明确提出了"依法治国，巩固社会主义国家的长治久安"等观点，此后"依法治国，建设社会主义法治国家"正式写入党章和宪法。胡锦涛同志提出"实行依法治国的基本方略，首先要全面贯彻实施宪法"，并系统阐述了社会主义法治理念。党的十八大以来，习近平总书记科学运用马克思主义基本原理，在马克思主义法治理论中国化已有成果的基础上，对中国特色社会主义法治建设问题发表了系列论述，形成了习近平法治思想体系。习近平法治思想中关于法治文化建设的重要论述从马克思主义的理论视角，深刻揭示社会主义文化建设与政治建设、法治建设之间的内在联系，阐明了中国特色社会主义法治理论的部分基础理论问题，是马克思主义法律思想在当代中国的继承、发展和创新。

二是习近平法治思想中关于法治文化建设的重要论述是中国特色社会主义法治理论的重要组成部分。中国特色社会主义法治文化是我国社会主义法治国家建设的社会文化基础，习近平法治思想中关于法治文化建设的重要论述作为中国特色社会主义法治理论的重要组成部分，不仅体现了中国特色社会主义法治的区域特色与民族特色，也展示了中国社会主义法治理论之高度的文化自觉与文化自信。随着依法治国实践的深化，坚持以习近平新时代中国特色社会主义思想为指导发展中国特色社会主义法治理论，应重点加强"中国特色社会主义法治的思想价值理论""中国特色社会主义法治的制度实践理论""中国特色社会主义法治的相关关系理论"等方面的理论研究。习近平法治思想博大精深，我们可以从不同视角予以深入学习和研究。

三是习近平法治思想中关于法治文化建设的重要论述是对域外法治文明理论的借鉴和当代法治文明理论的发展。习近平总书记指出，"法治是人类文明的重要成果之一，法治的精髓和要旨对于各国国家治理和社会治理具有普遍意义，我们要学习借鉴世界上优秀的法治文明成果。但是，学习借鉴不等于是简单的拿来主义，必须坚持以我为主、为我所用，认真鉴别、合理吸收，不能搞'全盘西化'，不能搞'全面移植'，不能照搬照抄"。在论及我国民法典的重要意义时，习近平总书记指出，"民法典系统整合了新中国成立 70 多年来长期实践形成的民事法律规范，汲取了中华民族 5000 多年优秀法律文化，借鉴了人类法治文明建设有益成果，是一部具有鲜明中国特色、实践特色、时代特色的民法典"。习近平总书记的这些重要讲话，体现了他对"法治文明"概念的精准把握、精深理解和精辟论述，说明习近平法治思想中关于法治文化建设的重要论述是借鉴域外法治文明理论、创新当代法治文明理论的重大理论成果。

（二）习近平法治思想中关于法治文化建设的重要论述的重要价值

第一，习近平法治思想中关于法治文化建设的重要论述是实现党的领导、人民当家作主、依法治国有机统一的文化基础。

一是开展宪法宣传教育，夯实法治权威的群众基础。开展宪法宣传教育，是全面贯彻实施宪法的重要基础性工作。习近平总书记反复强调，"必须把宣传和树立宪法权威作为全面推进依法治国的重大事项抓紧抓好"。设立国家宪法日，是我国加强宪法宣传教育、全面贯彻实施宪法的具体举措。习近平总书记指出，"要以设立国家宪法日为契机，深入开展宪法宣传教育，大力弘扬宪法精神，切实增强宪法意识"。他进一步指出，"回顾我国宪法制度发展历程，我们愈加感到，我国宪法同党和人民进行的艰苦奋斗和创造的辉煌成就紧密相连，同党和人民开辟的前进道路和积累的宝贵经验紧密相连"。结合党和人民艰苦奋斗的历史讲好中国宪法故事，既是开展宪法宣传教育活动的重要方式，也是增强人民对我国宪法的认同感及信念感的必由之路。

二是建立宪法宣誓制度，强化法治权威的基本信念。宪法宣誓作为加强宪法实施的重要制度，是树立宪法权威的重要机制。《中共中央关于全面推进依法治国若干重大问题的决定》提出"建立宪法宣誓制度，凡经人大及其常委会选举或者决定任命的国家工作人员正式就职时公开向宪法宣誓"。2018年《中华人民共和国宪法修正案》第四十条规定，"宪法第二十七条增加一款，作为第三款：'国家工作人员就职时应当依照法律规定公开进行宪法宣誓'"。2018年3月17日，习近平当选为中华人民共和国国家主席，在人民大会堂以国家领导人身份首次作宪法宣誓，展示了党和国家领导人以身作则，带头遵守宪法、维护宪法的法治形象。宪法宣誓在本质上是一种法治文化活动，其实施过程正是广大党员干部及人民群众宪法信仰构建的过程。通过宪法宣传教育活动与宪法宣誓仪式等法治文化活动，使宪法精神深入人心，正是"坚持党的领导、人民当家作主、依法治国"统一于"宪法"的法治文化重大工程。

第二，习近平法治思想中关于法治文化建设的重要论述是实现法治国家、法治政府和法治社会一体建设的文化基础。

一是倡导尊法学法守法用法，树立社会主义法治意识。习近平总书记指出，"高级干部做尊法学法守法用法的模范，是实现全面推进依法治国目标和任务的关键所在"，"只有内心尊崇法治，才能行为遵守法律。只有铭刻在人们心中的法治，才是真正牢不可破的法治"。

二是增强全民守法观念，夯实社会主义法治的社会根基。长期以来，有些法学研究人员重视引介域外法理论或者借鉴域外法制度，却忽视法治宣传教育的重要意义。习近平总书记强调，"要在全社会树立法律权威，使人民认识到法律既是保障自身权利的有力武器，也是必须遵守的行为规范，培育社会成员办事依法、遇事找法、解决问题靠法的良好环境，自觉抵制违法行为，自觉维护法治权威"，"坚持把全民普法和守法作为依法治国的长期基础性工作，深入开展法治宣传教育"，"健全公民和组织守法信用记录，完善守法诚信褒奖机制和违法失信行为惩戒机制，使尊法守法成为全体人民共同追求和自觉行动"。习近平总书记的这些重要论述，指明了我国社会主义法治文化建设的重要方向和主要举措。

二、习近平总书记关于法治文化建设的重要论述是新时代中国特色社会主义文化建设的重要内容

（一）习近平法治思想中关于法治文化建设的重要论述的历史文化渊源

第一，习近平法治思想中关于法治文化建设的重要论述的中华优秀传统文化渊源。

一是德治融入法治问题的文化渊源。法律是成文的道德，道德是内心的法律，法律和道德都具有规范社会行为、维护社会秩序的作用。治理国家、治理社会必须一手抓法治、一手抓德治，既重视发挥法律的规范作用，又重视发挥道德的教化作用，实现法律和道德相辅相成、法治和德治相得益彰。

二是党规严于国法问题的文化渊源。《中共中央关于全面推进依法治国若干重大问题的决定》（以下简称《决定》）指出，"党规党纪严于国家法律，党的各级组织和广大党员干部不仅要模范遵守国家法律，而且要按照党规党纪以更高标准严格要求自己"。党规党纪与国家法律都是社会主义法治体系的重要组成部分，两种行为规范主要来自源远流长的中华民族的传统道德伦理。中国先贤非常强调道德修养，强调"善为国者必先治其身"。由此而言，《决定》强调"党规党纪严于国家法律"，要求领导干部以身作则、以上率下，这是对中国共产党党纪党规基本原理的阐发，具有深厚的传统文化渊源。

三是家庭家教家风问题的文化渊源。习近平总书记在 2015 年春节团拜会上指出，"家庭是社会的基本细胞，是人生的第一所学校"，"要重视家庭建设，注重家庭、注重家教、注重家风，紧密结合培育和弘扬社会主义核心价值观，发扬光大中华民族传统家庭美德"。习近平总书记进一步指出，"我们要重视家庭文明建设，努力使千千万万个家庭成为国家发展、民族进步、社会和谐的重要基点，成为人们梦想启航的地方"。习近平总书记关于"家庭"和"家庭文明"的重要讲话，不仅是对中华传统伦理的传承和发展，也指明

了我国法治文化建设的重要方向，即重视家庭的法律保护和法治文化建设。习近平总书记高度重视家庭教育，明确指出，"家庭是人生的第一个课堂，父母是孩子的第一任老师"，"广大家庭都要重言传、重身教，教知识、育品德，身体力行、耳濡目染，帮助孩子扣好人生的第一粒扣子，迈好人生的第一个台阶"，"要在家庭中培育和践行社会主义核心价值观，引导家庭成员特别是下一代热爱党、热爱祖国、热爱人民、热爱中华民族"，"推动人们在为家庭谋幸福、为他人送温暖、为社会作贡献的过程中提高精神境界、培育文明风尚"。由此可见，习近平总书记关于家庭教育的重要讲话，高度强调了品德教育的重要性，同时将现代法治社会的伦理规范融入其中，为我国法治文化建设的推进拓展了新的道路，提出了新的要求。要重视家风培育。我国古代的"诸葛亮诫子格言"、《颜氏家训》与《朱子家训》等，其目的都是形成良好的家风。家风是社会风气的重要组成部分。家风好，就能家道兴盛、和顺美满；家风差，难免殃及子孙、贻害社会。领导干部的家风，不仅关系自己的家庭，而且关系党风政风。各级领导干部特别是高级干部要继承和弘扬中华优秀传统文化，保持高尚道德情操和健康生活情趣，严格要求亲属子女，教育他们树立遵纪守法、艰苦朴素、自食其力的良好观念，为全社会作表率。

第二，习近平法治思想中关于法治文化建设的重要论述的中国革命文化渊源。

一是党对政法工作的绝对领导。各级政法机关首先要加强政治建设，通过学习和贯彻党规国法，加强政法文化建设，增强"四个意识"、坚定"四个自信"、做到"两个维护"，坚决听从党中央指挥，坚决贯彻党中央决策部署。其次要加强能力建设，按照习近平总书记对政法工作的重要指示要求，强化忧患意识，提高政治警觉，增强工作预见性，全面提升防范应对各类风险挑战的水平；加强过硬队伍建设，深化智能化建设，严格执法、公正司法，在党委的统一领导下，切实履行好维护国家安全和社会安定的重大使命，形成风清气正的政法组织生态，其本质上就是政法组织文化建设。最后要加强作风建设。长期以来，政法干警公正执法的形象问题与作风问题就是社会民众关注的焦点问题之一。习近平总书记在 2014 年中央政法工作会议上指出，"'公生明，廉生威。'要坚守职业良知、执法为民，教育引导广大干警自觉用职业道德约束自己"，"要靠制度来保障，在执法办案各个环节都设置隔离墙、通上高压线，谁违反制度就要给予最严厉的处罚，构成犯罪的要依法追究刑事责任"。近年来，习近平总书记多次提及"法治教育""法治思维""法治信仰"，这些问题都涉及政法机关的作风建设，同时也是法治文化建设中的关键问题。

二是党对法治宣传工作的领导。习近平总书记在党的新闻舆论工作座谈会上指出，"随着形势发展，党的新闻舆论工作必须创新理念、内容、体裁、形式、方法、手段、业态、体制、机制，增强针对性和实效性。要适应分众化、差异化传播趋势，加快构建舆论引导新格局"。我们要认真学习领会习近平总书记的讲话精神，以理念创新引领法治宣传工作创新。法治宣传工作的手段创新，尤其需要依据法律法规，运用现代传媒技术，采取法治措施，遏制网上"谣言"等不当言论，营造良好的网络环境。习近平总书记指出，法治宣传工作要实现基层工作创新，新闻舆论工作者需要增强政治家办报意识，在围绕中心、服务大局中找准坐标定位，牢记社会责任，不断解决好"为了谁、依靠谁、我是谁"这个根本问题。要提高业务能力，勤学习、多锻炼，努力成为全媒型、专家型人才。要转作风改文风，俯下身、沉下心、察实情、说实话、动真情，努力推出有思想、有温度、有品质的作品"的重要指示落到实处。

三是党对法治文艺创作的领导。实现中华民族伟大复兴需要中华文化繁荣兴盛。近年来，《人民的名义》《破冰行动》电视剧，屡屡创下电视收视率的新纪录。文艺是时代前进的号角，最能代表一个时代的风貌，最能引领一个时代的风气。法治文学艺术作品要成为法治进步的号角，代表法治中国时代的风貌，引领法治文化的风气。我国法治文化建设，需要以优秀的法治文艺作品为载体，广泛团结网络作家、签约作家、自由撰稿人、独立制片人、独立演员歌手、自由美术工作者等新的文艺群体，寓法治教育于文艺作品之中，提高法治文化工作的社会效果。要坚持以人民为中心的创作导向，坚持为人民服务、为社会主义服务这个根本方向。社会主义法治文艺的本质是人民的法治文艺。法治文艺要体现人民对法治理想的追求，体现我国社会主义法治保护人民权益的基本精神。我国法治文艺创作工作者需要深刻领会社会主义法治文化的基本精神，创作出更多、更好的体现中国精神的社会主义法治文艺作品。要加强和改进党对文艺工作的领导。法治文艺作品创作与传播是法治文化培育的重要途径，加强党对法治文化建设的领导，就必须加强和改进党对法治文艺工作的领导。为此，我们需要协调好党内不同工作部门之间的关系，形成社会主义文艺工作的合力。

第三，习近平法治思想中关于法治文化建设的重要论述的社会主义先进文化渊源。

一是坚持马克思主义在意识形态领域指导地位的根本制度。习近平总书记在"不忘初心、牢记使命"主题教育工作会议上指出，"马克思主义是我们立党立国的根本指导思想"，"我们党一路走来，无论是处于顺境还是逆境，从未动摇对马克思主义的坚定信仰"。坚持马克思主义、发展马克思主义，是中国共产党取得革命和建设伟大成就的重要原因之一。新时代推进文化治理现代化，积极推进社会主义法治文化建设，就必须坚持和发展马克思主义法治理论与马克思主义文化理论，贯彻落实习近平法治思想中关于法治文化建设的重要论述。

二是健全人民权益保障的文化法治制度与法治文化制度。全心全意为人民服务，是我们党一切行动的根本出发点和落脚点，是我们党区别于其他一切政党的根本标志。检验我们一切工作的成效，最终都要看人民是否真正得到了实惠，人民生活是否真正得到了改善，人民权益是否真正得到了保障。满足人民基本文化需求，保障人民群众的基本文化权益，是社会主义文化建设的基本任务。近年来，各级党委和政府积极加强文化基础设施建设，不断推进公共文化服务网络的发展完善，使越来越多的人民群众能够享有免费或优惠的基本公共文化服务，同时依托公共文化服务体系积极开展法治宣传教育工作，实现了我国文化法治建设和法治文化建设的快速发展。

三是建立健全"把社会效益放在首位、社会效益和经济效益相统一"的法治文化建设体制机制。《中共中央关于深化文化体制改革　推动社会主义文化大发展大繁荣若干重大问题的决定》提出要"坚持把社会效益放在首位、社会效益和经济效益相统一"。党的十九大报告进一步指出，"要深化文化体制改革，完善文化管理体制，加快构建把社会效益放在首位、社会效益和经济效益相统一的体制机制"。由此可见，"把社会效益放在首位、社会效益和经济效益相统一"已经成为我国文化建设的基本原则。同样，我国的法治文化建设，不仅是法治文化艺术创作还是法治文化产品和服务的生产，都应当贯彻"把社会效益放在首位，坚持社会效益和经济效益相统一"的原则。

（二）习近平法治思想中关于法治文化建设的重要论述的价值引领理论

第一，社会主义核心价值观全面引领社会主义法治文化建设。

一是社会主义核心价值观融入社会主义法治建设。2014 年 2 月 24 日，习近平总书记在主持中共中央政治局第十三次集体学习时强调，"要把社会主义核心价值观的要求转化为具有刚性约束力的法律规定，用法律来推动核心价值观建设"。中共中央办公厅、国务院办公厅印发的《关于进一步把社会主义核心价值观融入法治建设的指导意见》指出，"要坚持以社会主义核心价值观为引领，恪守以民为本、立法为民理念，把社会主义核心价值观的要求体现到宪法法律、法规规章和公共政策之中，转化为具有刚性约束力的法律规定"，"要坚持法治宣传教育与法治实践相结合，建设社会主义法治文化，推动全社会树立法治意识、增强法治观念，形成守法光荣、违法可耻的社会氛围，使全体人民都成为社会主义法治的忠实崇尚者、社会主义核心价值观的自觉践行者"。

二是社会主义核心价值观引领文化法治与法治文化建设。2018 年中共中央印发的《社会主义核心价值观融入法治建设立法修法规划》明确的主要任务中有几项工作与我国社会主义法治文化建设紧密相关：首先，发挥先进文化育人化人作用，建立健全文化法律制度。文化法治是文化建设的法治基础，承载着以法律制度引领、规范和保障法治文化建设的重要职能。其次，加强道德领域突出问题专项立法，把一些基本道德要求及时上升为法律规范。在核心价值体系和核心价值观中，道德价值具有十分重要的作用。国无德不兴，人无德不立。一个民族、一个人能不能把握自己，在很大程度上取决于道德价值。法律与道德的关系问题是法理学上的重要问题之一，我国社会主义法治建设不能对西方法理学原理亦步亦趋，而是应该"坚持在我国大地上形成和发展起来的道德价值"，将一些基本道德要求及时转化为法律规范。这不仅是社会主义法治建设的重要内容，也是我国法治文化建设的题中应有之义。

第二，社会主义核心价值观融入社会主义法治文化建设。

一是社会主义司法文化建设方略。司法是维护社会公平正义的最后一道防线。社会主义核心价值观是社会主义司法文化的灵魂。近年来，司法机关高度重视以社会主义核心价值观引领司法文化建设，认真贯彻落实坚持依法治国和以德治国相结合的要求，加强社会主义核心价值观、人民司法优良传统、法官职业道德教育，打牢干警公正廉洁的思想道德基础。

二是社会主义执法文化建设方略。执法必须有法可依，国家机关必须严格依照法律的规定行使国家公权力，没有法律的授权，行政机关不得滥用法律赋予的国家权力。在具体实践中，社会主义执法文化主要体现为行政机关的执法文化。行政执法文化是行政执法部门在从事行政执法工作中表现出来的以价值理念为核心的特有思维、心理和行为方式。行政执法文化首先体现为行政执法部门严格执法、平等执法、公正执法的理念，其次体现为行政机关建立健全行政执法责任制，以及执法监督、制约机制，使得行政执法人员的执法行为受到全方位、全过程的监督。

三是社会主义廉政文化建设方略。习近平总书记在参加十二届全国人大三次会议江西代表团审议时强调，"要着力净化政治生态，营造廉洁从政良好环境。严惩腐败分子是保持政治生态山清水秀的必然要求"。社会主义廉政文化主要包括廉政法律文化和廉政党纪文化。党纪以中国共产党的党内法规为主要渊源，属于广义上的法律。党纪严于国法，与国法相辅相成。廉政文化建设，要求广大党员干部尤其是领导干部在思想上，把国家的法律、法规、党的纪律看作不能逾越的雷池，不可触碰的高压线；在廉政实践中，做到违反规章、法纪的事不做，违反规章、法纪的话不说，严于律己，遵章执政；在廉政制度和廉政环境的建设上，把权力关进制度的笼子里，形成不敢腐的惩戒机制、不能腐的防范机制、不易腐的保障机制。

四是社会主义守法文化建设方略。习近平总书记在党的十九大报告中指出，"各级党组织和全体党员要带头尊法学法守法用法，任何组织和个人都不得有超越宪法法律的特权，绝不允许以言代法、以权压法、逐利违法、徇私枉法"。守法是一个法治社会的共识，不仅仅是公民要遵守法律，国家在行使公权力时，也应当遵守法律的规定。守法文化作为一种法治文化，能够有效地促进法律的实施和依法治国的实践。

（三）习近平法治思想中关于法治文化建设的重要论述的文化强国理论

第一，习近平法治思想中关于法治文化建设的重要论述是中华民族伟大复兴进程中法治研究的重大成果。

一是"全面推进依法治国"是实现中华民族伟大复兴的长远考虑。在习近平新时代中国特色社会主义思想体系中，"实现中华民族伟大复兴"是具有引领作用的宏伟奋斗目标，是中华民族近代以来最伟大的梦想。党的十八大以来，我们党的理论研究和实践探索，都围绕这个崇高的奋斗目标而展开。习近平法治思想中关于法治文化建设的重要论述不仅体现了"政治建设"、"文化建设"与"社会建设"等几个方面的内在统一，更体现了"全面推进依法治国"之于"实现中华民族伟大复兴"这个总目标、总任务的重要意义。

二是"加强法治文化建设"是"全面推进依法治国"的基础工程。《中共中央关于全面推进依法治国若干重大问题的决定》从"增强全民法治观念，推进法治社会建设"的角度，阐述了社会主义法治文化建设的重要意义。从文化建设的视角来看，社会主义法治文化也属于社会主义先进文化的重要组成部分，社会主义法治文化建设是社会主义文化建设的重要内容。积极推进社会主义民主法治建设，确保我国法治建设实践始终不偏离正确方向，就必须始终重视加强社会主义法治文化建设。习近平总书记关于"法治""文化""法治文化"的系列重要论述，阐明了全面推进依法治国是实现中华民族伟大复兴中国梦的长远考虑，积极推进法治文化建设则是全面推进依法治国的基础工程等重要原理。

第二，习近平法治思想中关于法治文化建设的重要论述是当今世界正经历百年未有之大变局背景下的理论思考。

从习近平总书记的重要讲话精神来看，"世界百年未有之大变局"主要有以下几个特点。

一是"风险挑战之严峻前所未有"。当今世界正经历百年未有之大变局，国际形势复杂多变，改革发展稳定、内政外交国防、治党治国治军各方面任务之繁重前所未有，我们面临的风险挑战之严峻前所未有。当今时代，世界格局面临扑朔迷离的前景，习近平总书记高瞻远瞩，明确指出，"和平与发展仍然是我们这个时代的主题"，并强调要"增强机遇意识和风险意识"。

二是"国与国的竞争日益激烈"。归根结底，国与国之间的竞争是国家制度的竞争。中国发展呈现出"风景这边独好"的局面，其中很重要的原因就是我国国家制度和法律制度具有显著优越性和强大生命力。这是我们坚定"四个自信"的一个基本依据。在新形势下，我国如何从容应对各种挑战？习近平总书记从"制度执行"的角度作了非常深刻的阐述。他指出，"制度的生命力在于执行"，"要强化制度执行力，加强制度执行的监督，切实把我国制度优势转化为治理效能。各级党委和政府以及领导干部要增强制度意识，善于在制度的轨道上推进各项事业"。"增强制度意识""维护制度权威"，在本质上都是社会主义法治文化建设的问题。因此，习近平法治思想中关于法治文化建设的重要论述是"近百年世界未有之大变局"背景下的理论思考，指明了我国通过"法治文化建设"夯实"制度建设基础"，通过"制度建设"应对"世界百年未有之大变局"的基本方略。

第三，习近平法治思想中关于法治文化建设的重要论述是提高国家文化软实力的重要遵循。

一是中国特色社会主义法治理论的成功实践是我国提升国家软实力的重要基础。全面深化改革、全面依法治国、全面从严治党是三大战略举措，为如期全面建成小康社会提供重要保障。中国特色社会主义法治理论指导之下的"全面依法治国"实践，作为我国"全面建成小康社会"的重要战略举措，是实现"全面建成小康社会"及党和国家的长治久安的法治保障。而我国"全面建成小康社会"的伟大实践和伟大成就，有效提升了我国的经济实力、军事实力等"硬实力"，构成了我国提升软实力的重要基础。

二是中国特色社会主义法治理念的对外传播是我国提升国家软实力的重要路径。首先，讲好中国法治故事。近年来，随着中国综合国力的增长，不少国家的政客刻意误导舆论，肆意宣传"中国威胁论"；与此相应，中国国内却有不少所谓"自由知识分子"故意"唱衰中国"，宣传"中国崩溃论"等失败主义、悲观主义论调。对此，习近平总书记在 2013 年全国宣传思想工作会议上指出，"要精心做好对外宣传工作。国际舆论格局是西强我弱，西方主要媒体左右着世界舆论，我们往往有理说不出，或者说了传不开。这个问题要下大气力加以解决"。党的十九大报告明确提出，"加强中外人文交流，以我为主、兼收并蓄。推进国际传播能力建设，讲好中国故事，展现真实、立体、全面的中国，提高国家文化软实力"。鼓励文艺工作者创作更多、更好的法治文学作品、文艺作品。讲好中国法治故事，是我国推进社会主义法治文化建设、提升法治文化软实力的重要途径。其次，做好法治文化产品。文化产品和文化服务是文化软实力的重要载体。近年来，党中央、国务院高度重视文化产业发展。在党的十八届二中全会第一次全体会议上，习近平总书记提出，"要加快文化产业结构调整，提高文化产业规模化、集约化、专业化水平，不断增强文化整体实力和竞争力"。在文化产业体系中，传媒产业尤其是现代数字传媒产业，已经成为现代文化产业的重要业态。党的十九大报告明确提出，要"健全现代文化产业体系和市场体系，创新生产经营机制，完善文化经济政策，培育新型文化业态"。通过电影等文化产品讲好法治故事、弘扬法治精神、传递法治能量，是我国克服国内外各种偏见、提升文化软实力的有效途径。最后，用好法治文化标识。近年来，习近平总书记高度重视"国家形象"和"文化标识"等问题。关于"文化标识"，习近平总书记指出，"要把优秀传统文化的精神标识提炼出来、展示出来，把优秀传统文化中具有当代价值、世界意义的文化精髓提炼出来、展示出来"。"中华文化标识"事关中国的"国家形象"，是国家"文化软实力"的重要标志，在国家治理和国际交往中发挥着重要作用。我国需要支持"中华文化标识"保护和合理利用等工作，塑造和传播"獬豸"等"公正司法意象"，打造和传播"公正司法形象"，构造完善的中华法治文化标识体系。

第四，习近平法治思想中关于法治文化建设的重要论述是对人类命运共同体建设发展规律的深邃思考。

一是人类命运共同体的形成是世界发展的大势所趋。新中国成立以来，尤其是改革开放以后，中国遵行独立自主的和平发展道路，取得了举世瞩目的伟大成就。当前，世界多极化、经济全球化、社会信息化、文化多样化深入发展，各国相互关联、相互依存程度之深前所未有，充分印证了马克思、恩格斯在《共产党宣言》中所作的科学预见。每个国家都有发展权利，同时都应该在更加广阔的层面考虑自身利益，不能以损害其他国家利益为代价。我们要坚持统筹推进国内法治和涉外法治，更好维护国家主权、安全、发展利益，同时要坚定不移扩大对外开放，推动国际社会共担时代责任。树立国际视野，从中国和世界的联系互动中探讨人类面临的共同课题，为构建人类命运共同体贡献中国智慧、中国方案。由此可见，当前人类社会面临扑朔迷离的发展前景，经济全球化的大局决定了世界各国需要共同面对挑战和机遇，"人类命运共同体"的形成已经成为世界发展的大势所趋。

二是构建人类命运共同体需要合作创新与法治共赢。中国作为负责任的大国，不仅在社会主义核心价值观指引下形成了新的理想主义国际关系观，而且本着"务实""创新"的精神提出了建构新型国际关系的系列观点。习近平总书记在国际刑警组织第八十六届全体大会开幕式上作主旨演讲时指出，"法治是人类政治文明的重要成果，是现代社会治理的基本手段。国与国之间开展执法安全合作，既要遵守两国各自的法律规定，又要确保国际法平等统一适用，不能搞双重标准，更不能合则用、不合则弃"，"要坚持和维护联合国宪章以及国际刑警组织章程，认真履行打击跨国犯罪公约和反腐败公约，不断完善相关国际规则，确保国际秩序公正合理、人类社会公平正义"。习近平总书记关于国际关系发展及构建人类命运共同体的相关论述，不仅坚持了"平等""互利"等国际关系基本准则，而且阐述了中国政府关于"合作""创新""法治""共赢"等构建新型国际关系的基本方法和基本立场，堪称国际关系理论上"现实主义"、"理想主义"与"建构主义"三种学说合理组合的经典论述。

2018 年 3 月 23 日，联合国人权理事会第三十七届会议通过了中国提出的"在人权领域促进合作共赢"决议。这深刻体现了习近平总书记代表中国提出的"构建人类命运共同体"理念，标志着中国国际法治理念的成功实践，体现了习近平法治思想中关于法治文化建设的重要论述对于人类命运共同体建设之发展规律的深邃思考。

三、习近平总书记关于法治文化建设的重要论述是当代中国特色社会主义法治文化理论

（一）习近平法治思想中关于法治文化建设的重要论述是中国特色社会主义法治文化理论的最新成果

第一，从中西方法治文化的横向对比看，习近平法治思想中关于法治文化建设的重要论述体现了"文明互鉴论"，相对于西方法治文化的"文明等级论"而言，是世界法治文化理论的重大进展。

一是习近平总书记鞭辟入里地驳斥了"文明等级论"等谬论。自近代以来，欧洲诸国提出的"文明等级论"，在相当程度上主导了国际法秩序的形成。他们将世界各地人群归为五个等级，此种将西方文明标准作为文明等级划分依据的理论，经历过几个世纪的发展，已经形成了一套经典化的论述，深深烙刻在近代以来的思想潮流中，直接介入了对现代世界秩序的创造。西方国家借助于其在国际经济、政治、文化、科技等中的强势地位，通过主导建立国家组织，掌控"文明标准"的判断权，并将自身的价值和理念具化为国际法律规则，形成了以"西方文明等级论"为基础的国际法治文化。2017年 1 月 18 日，习近平总书记在联合国日内瓦总部演讲时明确指出，"不同历史和国情，不同民族和习俗，孕育了不同文明，使世界更加丰富多彩。文明没有高下、优劣之分，只有特色、地域之别。文明差异不应该成为世界冲突

的根源，而应该成为人类文明进步的动力"。

二是习近平总书记高屋建瓴地提出了"文明互鉴论"等理论。2013 年，习近平总书记在访问中亚四国时首次提出，"两千多年的交往历史证明，只要坚持团结互信、平等互利、包容互鉴、合作共赢，不同种族、不同信仰、不同文化背景的国家完全可以共享和平，共同发展"。2014 年，习近平总书记在联合国教科文组织总部发表演讲时提出，"文明交流互鉴不应该以独尊某一种文明或者贬损某一种文明为前提"，"我们应该推动不同文明相互尊重、和谐共处，让文明交流互鉴成为增进各国人民友谊的桥梁、推动人类社会进步的动力、维护世界和平的纽带"。习近平总书记在比利时《晚报》发表署名文章时指出，"我们要共同坚持文明多样性，引领文明互容、文明互鉴、文明互通的世界潮流，为人类文明共同进步作出贡献"。习近平总书记提出的文明交流互鉴理论已经引起了全球广泛共鸣，表明中国倡导一种更加开放和包容、以交流交融化解对抗冲突的新型文明观，这是促进世界永久和平的精神基石，是推动人类文明进步与世界和平发展的新动力。

三是联合国等国际组织已经普遍接受"文化多样性"等原则。联合国教科文组织于 2015 年通过《保护和促进文化表现形式多样性公约》，明确宣布：文化多样性是人类的一项基本特性，是人类的共同遗产，应当为了全人类的利益对其加以珍爱和维护；文化多样性创造了一个多姿多彩的世界，成为各社区、各民族和各国可持续发展的一股主要推动力，也对于地方、国家和国际层面的和平与安全不可或缺。我国于 2006 年批准通过《保护和促进文化表现形式多样性公约》，遵循公约的要求开展国际活动。习近平总书记在同上海合作组织成员国领导人共同会见记者时强调，"各国悠久历史和灿烂文化是人类的共同财富。各方愿在相互尊重文化多样性和社会价值观的基础上，继续在文化、教育、科技、环保、卫生、旅游、青年、媒体、体育等领域开展富有成效的多边和双边合作，促进文化互鉴、民心相通"。就此而言，以"文化多样性"为价值理念的国际法规则构建，在实践上矫正了"西方文明等级论"等富有种族歧视立场等学说，构成了国际法治秩序良性发展的重要成果。

第二，从近现代法治文化的纵向对比看，习近平法治思想中关于法治文化建设的重要论述体现了"文化自信观"，相对于近代中国的文化"全盘西化论"而言，是中国法治文化理论的历史转折。

一是"独立思考论"对新中国法治建设的影响。1940年，毛泽东同志就在《新民主主义论》一文中驳斥了"全盘西化论"："所谓'全盘西化'的主张，乃是一种错误的观点。"毛泽东同志还明确指出，"我们中国人必须用我们自己的头脑进行思考，并决定什么东西能在我们自己的土壤里生长起来"。中国人民政治协商会议根据中国国情制定共同纲领，1954年全国人大制定《中华人民共和国宪法》，并以此为基础构建中国的法律体系。改革开放以来，中国立足本国国情，于1982年通过现行宪法。邓小平同志指出，"我们党的十一届三中全会的基本精神是解放思想，独立思考，从自己的实际出发来制定政策"。近年来，我国在中国共产党领导下，坚持独立思考，以宪法为基础，全面推进依法治国，中国特色社会主义法治体系不断完善，取得了举世瞩目的伟大成就。

二是"文化自信观"对当代中国法治建设的指引。近年来，习近平总书记多次强调"文化自信"。2014年，习近平总书记在《加快建设社会主义法治国家》一文中指出，"坚持从我国实际出发，不等于关起门来搞法治"，"我们要学习借鉴世界上优秀的法治文明成果"。习近平总书记进一步指出，"全党要坚定道路自信、理论自信、制度自信、文化自信"。习近平法治思想中关于法治文化建设的重要论述体现了鲜明的"法治文化自信"观。此种"文化自信"，乃是以中国法治建设实践经验为依据，合理参考和借鉴域外法治模式与人类法治文明成果，以中国本土法治实践需求为导向，在中国社会主义法治实践过程中所形成的"法治文化自信"。

第三，从中外法治建设的理论探索上看，习近平法治思想中关于法治文化建设的重要论述体现了"法治系统观"，相对于形形色色的中外"法治模式论"而言，是法治国家建设规律的高度概括。

一是中外法学理论界的"法治模式"理论。首先，欧美国家的"法治模式"理论观点。在世界法治谱系中，新加坡以《破坏性行为法》《报业与印刷新闻业法》等立法，构成了西方学者眼中的"非自由主义的法治模式"，赢得了西方社会的认同。新加坡独立于冷战时期，受美国国家利益及意识形态等因素影响，新加坡的"威权式法治模式"颇为罕见地成为"被欧美承认的东方法治模式"。该法治模式主要是以李光耀等人提出"脆弱国家"论作为法理依据。"脆弱国家"论被西方国家承认，一方面说明了其所谓"法治标准"及法治理论的虚伪性，另一方面说明西方法治模式绝非具有所谓"普世价值"的制度模式。其次，中国学者的"法治模式"理论研究。在中国法理学界，"法治模式"研究一直是法理学者关注的重要问题之一。根据中国学者的"法治模式论"，各国法治模式都是基于不同的文化背景与历史过程而形成，它们促进了世界法治的发展，形成了多种多样的法治文明与法治文化。

二是习近平法治思想中关于法治文化建设的重要论述中的"法治系统观"。首先，社会主义法治体系从属于中国特色社会主义事业。《中共中央关于坚持和完善中国特色社会主义制度 推进国家治理体系和治理能力现代化若干重大问题的决定》指出，为了实现国家治理体系和治理能力现代化，坚持和完善中国特色社会主义法治体系的重点工作包括："健全保证宪法全面实施的体制机制""完善立法体制机制""健全社会公平正义法治保障制度""加强对法律实施的监督"，等等。由此可见，社会主义法治体系并非一个封闭自足的体系，它作为中国特色社会主义事业的一个重要构成部分，必然要与其他部分产生关联并相互作用。其次，社会主义法治体系本身就是一个完整的系统构成。社会主义法治体系包括"完备的法律规范体系""高效的法治实施体系""严密的法治监督体系""有力的法治保障体系""完善的党内法规体系"，等等。社会主义"法治理念""法治信仰""法治意识"等法治文化的构成要素，则是贯穿社会主义法治系统之各个构成部分，并发挥"整合""沟通""调节"等重要作用的"精神要素"。最后，社会主义法治体系的实施是一个复杂的系统工程。社会主义法治系统需要"坚持依法治国、依法执政、依法行政共同推进"，"坚持法治国家、法治政府、法治社会一体建设"，"实现科学立法、严格执法、公正司法、全民守法，促进国家治理体系和治理能力现代化"。社会主义法治体系这个复杂的系统工程，在各个环节、各个领域都可以分为两个内容，此即"法治制度建设"与"法治文化建设"，这两者之间也是一种相互依赖、相互促进的关系：只有法治制度建设缺乏法治文化建设，法治制度的实施就会因为没有文化支撑而缺乏灵活性、适应性；仅有法治文化建设没有法治制度建设，法治文化的生长就会因为没有制度支持而缺乏可操作性。

（二）习近平法治思想中关于法治文化建设的重要论述是中国社会主义法治话语体系的思想内核

第一，西方法治实践中的"法治文化悖论"及其"话语霸权"。

一是英美法治模式的"悖论"。在近代西方的国际法学家那里，"西方与非西方、先进与落后、'文明'与'野蛮'以及国际社会之内和之外这一系列殖民主义时代的典型二分法在19世纪实证国际法学派的分析中始终占据着核心地位"。不仅如此，19世纪的美国还以"东方例外主义"为理由，在近代中国主张"治外法权"，却在1882年起通过一系列《排华法案》禁止美国的华人居民前往中国后重新进入美国。美国联邦政府由此确认了联邦政府之不受宪法制约的管控中国移民、印第安人乃至菲律宾人等特定"东方"族群的绝对权力。但是从现实层面来看，英美所谓"法治"所内含的"悖论"，乃是基于其国家治理的现实主义考量。实际上，印第安人以及中国移民等亚洲人被排除在"法治"之外，这是因为此种"法治模式"实质上无法真正解决其中的族群冲突与文化冲突问题，因而构成了其法治理论无法自圆其说的"悖论"。

二是英美法治话语的"霸权"。2016年"英国脱欧"、美国总统选举中特朗普胜选，这两大事件都标志着英美国家"新保守主义"势力的崛起，昭示其"法治话语危机"的到来。有学者认为，美国当代的"新保守主义"起源于20世纪六七十年代的"新基督教右派"，他们主要以共和党为依托，要求坚持美国正统的宗教观念及政治、经济政策，反对"女权主义""性革命"等社会运动，尤其对国际移民增加所导致的文化多元主义、文化相对主义思潮保持警惕。从某种意义上说，英美国家"新保守主义思潮"的兴起，恰恰说明其所谓"自由""平等""人权"等为核心价值理念的"法治话语危机"已经呈现。在此背景下，英美政府可能会撕下所谓"自由""平等"的伪装，为了彰显其话语霸权而无视国际公理之存在，甚至公然践踏国际法规则。

第二，中国法治实践中的"法治文化"建设及其话语体系建构。

一是中国法治实践中的"法治文化"建设。首先，养成法治思维，增强法治素养。在 2014 年中央政法工作会议上，习近平总书记指出，"党委政法委要明确职能定位，善于运用法治思维和法治方式领导政法工作，在推进国家治理体系和治理能力现代化中发挥重要作用"。《全国人大常委会 2016 年工作要点》中指出，"提高运用法治思维和法治方式推动发展的能力"，"认真学习宪法和法律，不断增强法治观念、法治素养，认真学习人大的议事规则和工作程序，坚持民主集中制，坚持依法按程序办事，在法治轨道上推动国家各项工作开展"。一般意义上讲，凡是符合法治精神的思维模式就是法治思维。"法治思维"包括"法律权威思维""法律规范思维""法律程序思维"等。但是，对于中国共产党的广大党员和领导干部而言，"法治思维"还要求他们善于将各种事务尽可能纳入法治化、制度化、规范化的轨道，同时把社会主义核心价值观融入法治建设和法治实施的全过程。其次，引导法治行为，建设法治环境。2006 年，《中央宣传部、司法部、全国普法办关于开展"法律六进"活动的通知》明确提出，要"大力开展法治文化建设，努力创造符合我国国情、体现时代特色的法治文化，为建设社会主义法治国家营造良好的社会环境"。2011 年，中央宣传部、司法部制定的"六五"普法规划明确规定，普法工作主要目标包括"促进社会主义法治文化建设，推动形成自觉学法守法用法的社会环境"。

二是中国"社会主义法治话语权"的构建。首先，参与法治文明对话，促进法治文化交流。2013 年 12 月 30 日，习近平总书记在主持中共中央政治局第十二次集体学习时指出，"提高国家文化软实力，要努力提高国际话语权。要加强国际传播能力建设，精心构建对外话语体系，发挥好新兴媒体作用，增强对外话语的创造力、感召力、公信力，讲好中国故事，传播好中国声音，阐释好中国特色"。中国法治建设的成功实践，为中国法治文化话语体系的构建提供了坚实的基础。中国必须从国内和国际两种视野构建中国法治话语权体系。在"国内法治文化话语权"构建过程中，必须始终坚持党的领导、人民当家作主和依法治国的有机统一，有序推进法治文化建设；在"国际法治文化话语权"构建中，则应当以"构建人类命运共同体"为目标，以"文明互鉴论"为指导，积极参与国际规则制定，提升我国在国际法律事务和全球治理方面的话语权和影响力。其次，推进法治理论研究，构建中国法治文化学派。习近平总书记在哲学社会科学工作座谈会上指出，"要按照立足中国、借鉴国外，挖掘历史、把握当代，关怀人类、面向未来的思路，着力构建中国特色哲学社会科学，在指导思想、学科体系、学术体系、话语体系等方面充分体现中国特色、中国风格、中国气派"。我们要认真学习宣传贯彻习近平法治思想，特别是习近平总书记关于法治文化建设的重要论述，着力建构具有中国特色、中国风格、中国气派的"中国法治文化学派"，建设社会主义法治文化，为不断开创法治中国建设新局面贡献力量。

（作者：中国法学会党组成员、副会长　张苏军）

以习近平法治思想为指导
加强社会主义法治文化建设

    2020 年 11 月召开的中央全面依法治国工作会议，明确了习近平法治思想在全面依法治国中的指导地位，这是我国社会主义法治建设进程中具有重大现实意义和深远历史意义的大事。党的十八大以来，以习近平同志为核心的党中央在全面推进依法治国的进程中，高度重视社会主义法治文化建设，作出了许多重要论述，习近平法治思想为社会主义法治文化建设提供了根本遵循和行动指南。

    文化是一个国家、一个民族的灵魂。法治文化是社会法律制度及其实践所具有的深沉文化内涵，是法治国家的精神构成要素。社会主义法治文化是中国特色社会主义文化的重要组成部分，是社会主义法治国家建设的重要支撑。加强社会主义法治文化建设，要深入学习宣传贯彻习近平法治思想和习近平总书记关于文化自信的重要论述，按照中共中央办公厅、国务院办公厅《关于加强社会主义法治文化建设的意见》要求，把建设社会主义法治文化作为建设中国特色社会主义法治体系、建设社会主义法治国家的战略性、基础性工作和建设社会主义文化强国的重要内容，着力建设面向现代化、面向世界、面向未来的，民族的科学的大众的社会主义法治文化，为全面依法治国提供坚强思想保证和强大精神动力，为全面建设社会主义现代化国家、实现中华民族伟大复兴的中国梦夯实法治基础。

    全面依法治国要在完善法律制度、加强法律实施的同时，建设社会主义法治文化，使法治信仰、法治意识、法治观念、法治思维在全社会牢固树立起来。在这一过程中，必须坚持党对全面依法治国的领导，牢固确立习近平法治思想在全面依法治国中的指导地位，确保社会主义法治文化建设的正确方向，增强"四个意识"、坚定"四个自信"、做到"两个维护"，坚定不移走中国特色社会主义法治道路；必须坚持以人民为中心，把体现人民利益、反映人民愿望、维护人民权益、增进人民福祉落实到法治文化建设各方面，积极回应人民群众新要求新期待；必须坚持法安天下、德润人心，把社会主义核心价值观融入法治建设、融入社会主义法治文化建设，坚持依法治国和以德治国相结合；必须坚持继承发展、守正创新，弘扬中华优秀传统文化、革命文化、社会主义先进文化，借鉴国外法治有益成果，不断发展和繁荣社会主义法治文化。

要深入学习宣传贯彻习近平法治思想。习近平总书记在中央全面依法治国工作会议上指出："推进全面依法治国是国家治理的一场深刻变革，必须以科学理论为指导，加强理论思维，从理论上回答为什么要全面依法治国、怎样全面依法治国这个重大时代课题，不断从理论和实践的结合上取得新成果，总结好、运用好党关于新时代加强法治建设的思想理论成果，更好指导全面依法治国各项工作。"习近平法治思想内涵丰富、论述深刻、逻辑严密、系统完备，是马克思主义法治理论中国化最新成果，是全面依法治国的根本遵循和行动指南。要把习近平法治思想学习宣传同普法工作结合起来，同法治政府建设示范创建活动等结合起来，发挥好各类基层普法阵地的作用。加强宣传解读，通过媒体报道、评论言论、理论文章、学习读本、短视频等形式，运用各类融媒体手段和中国法学会七大区域法治论坛等平台，推动习近平法治思想深入人心。加大对重大法治理论、法治文化研究课题支持力度，加强法律实务部门和理论研究部门的交流互动，为法治实践提供高质量的决策参考。坚持马克思主义在意识形态领域的指导地位，严格落实法治领域意识形态工作责任制，加强对法治领域错误思想观点的辨析批驳，帮助干部群众明辨是非，坚定走中国特色社会主义法治道路的信心。

要大力弘扬宪法精神。习近平总书记在党的十八届四中全会上所作的说明中强调："宪法是国家的根本法。法治权威能不能树立起来，首先要看宪法有没有权威。"要落实国家工作人员宪法宣誓制度，通过宪法宣传教育活动与宪法宣誓仪式等法治文化活动，使宪法精神更加深入人心。抓住"关键少数"，增强领导干部宪法意识，促进领导干部带头以宪法为根本活动准则，带头尊法学法守法用法，提高运用法治思维和法治方式深化改革、推动发展、化解矛盾、维护稳定、应对风险的能力。在全社会广泛开展尊崇宪法、学习宪法、遵守宪法、维护宪法、运用宪法的宣传教育，把宪法教育和爱国主义教育有机地结合起来，增进各族群众对伟大祖国、中华民族、中华文化、中国共产党、中国特色社会主义的认同，使全体人民成为宪法的忠实崇尚者、自觉遵守者、坚定捍卫者。

要在法治实践中持续提升公民法治素养。习近平总书记指出："全民守法是法治社会的基础工程。"要注重公民法治习惯的实践养成，促进人民群众广泛参与法治，用科学立法、严格执法、公正司法的实践教育人民，推动全民守法。2021年是全面启动"八五"普法工作的开局之年。要立足新发展阶段，紧扣推动高质量发展、构建新发展格局，主动对标"十四五"规划的宏伟蓝图，深入学习宣传宪法法律和党内法规，加大全民普法工作力度，扎实开展青年普法志愿者法治文化基层行等形式多样的法治宣传活动，把中国特色社会主义法治建设的理论和实践带进千家万户，不断增强广大人民群众的法律意识和法治观念，推动全社会把法治作为一种生活方式，让法治成为全体人民的共同信仰。落实"谁执法谁普法"普法责任制，特别是要加强青少年法治教育。强化依法治理，培育全社会办事依法、遇事找法、解决问题用法、化解矛盾靠法的法治环境。重视发挥道德教化作用，把法律和道德的力量、法治和德治的功能紧密结合起来，把自律和他律紧密结合起来，引导全社会积极培育和践行社会主义核心价值观，树立良好道德风尚。

要推动中华优秀传统法律文化创造性转化、创新性发展。习近平总书记强调："自古以来，我国形成了世界法制史上独树一帜的中华法系，积淀了深厚的法律文化。"要传承中华法系的优秀思想和理念，研究我国古代法制传统和成败得失，挖掘民惟邦本、礼法并用、以和为贵、明德慎罚、执法如山等中华传统法律文化精华，根据时代精神加以转化，加强研究阐发、公共普及、传承运用，使中华优秀传统法律文化焕发出新的生命力。大力加强反腐倡廉教育和廉政文化建设，深入研究"政者，正也。子帅以正，孰敢不正""富贵不能淫，贫贱不能移，威武不能屈""克勤于邦，克俭于家""儆戒无虞，罔失法度。罔游于逸，罔淫于乐""直而温，简而廉""公生明，廉生威""无教逸欲有邦，兢兢业业"等思想，坚持古为今用、推陈出新，使之成为新形势下加强反腐倡廉教育和廉政文化建设的重要资源。

要繁荣法治文艺、深化对外交流。深入学习贯彻习近平总书记关于"文艺的性质决定了它必须以反映时代精神为神圣使命"重要讲话精神，充分利用中国法学会法治文化研究会等平台，推动创作具有鲜明时代烙印和特征的优秀法治文艺作品，组织开展法治动漫微视频征集展播等群众喜闻乐见的法治文化活动，把最好的精神食粮奉献给人民。注重发掘、研究、保护共和国红色法治文化，传承红色法治基因。加大法治文化惠民力度，利用"三下乡"等活动，在重大节庆日、法律法规实施日等时间节点，组织丰富多彩的法治文艺下基层。把建设社会主义法治文化作为提高国家文化软实力的重要途径，对外阐释构建人类命运共同体的法治内涵和法治主张。把法治外宣作为国际传播能力建设的重要内容，善于讲述中国法治故事，展示我国法治国家的形象，不断提升社会主义法治文化影响力。认真学习贯彻习近平总书记向中国法治国际论坛致信的精神，举办好中国法治国际论坛，注重在共建"一带一路"中发挥法治文化作用，开展与世界各国法治文化对话，为运用法治手段推动共建"一带一路"、更加有力地应对全球性挑战贡献中国智慧和力量。

（作者：中国法学会党组成员、副会长　张苏军）

深入学习贯彻习近平法治思想
加强社会主义法治文化建设

　　习近平法治思想是顺应实现中华民族伟大复兴时代要求应运而生的重大理论创新成果，是马克思主义法治理论中国化的最新成果，是习近平新时代中国特色社会主义思想的重要组成部分，是新时代全面依法治国的根本遵循和行动指南。其中，习近平总书记就法治文化建设作了许多重要论述，形成了关于法治文化建设的重要观点，丰富和发展了我国社会主义法治理论和文化理论，为我们在新时代积极推进中国特色社会主义法治文化建设指明了前进方向、提供了根本遵循。中共中央办公厅、国务院办公厅印发《关于加强社会主义法治文化建设的意见》（以下简称《意见》），这是深入学习宣传贯彻习近平法治思想的重要举措，是全面推进依法治国和建设社会主义文化强国的必然要求，是深化新发展阶段全民普法的有效途径，正当其时、意义重大。结合中国法学会工作实际，对学习贯彻习近平法治思想，特别是以习近平法治思想为指导，贯彻《意见》精神，建设社会主义法治文化谈几点体会。

一、充分认识习近平总书记关于法治文化建设重要观点的重大意义

　　第一，习近平总书记关于法治文化建设的重要观点是马克思主义法治理论在当代中国的继承、发展和创新。马克思主义法治理论作为马克思主义科学理论体系的重要组成部分，对中国特色社会主义法治体系的建立与发展起到了重要的指导作用。党的十八大以来，习近平总书记从坚持和发展中国特色社会主义全局和战略高度定位法治、布局法治、厉行法治，将全面依法治

国纳入"四个全面"战略布局，科学系统地阐述了新时代建设社会主义法治国家一系列根本性、方向性、战略性问题，开创了社会主义法治国家建设新局面，形成了习近平法治思想。习近平法治思想是一个完整的体系，这个体系围绕当前和今后一个时期推进全面依法治国、建设社会主义法治国家、最终实现法治中国的重点工作展开，紧密结合中国特色社会主义法治实践，从历史和现实相贯通、国际和国内相关联、理论和实际相结合上，深刻回答了新时代为什么实行全面依法治国、怎样实行全面依法治国等一系列重大问题。习近平法治思想中关于法治文化建设的重要观点从马克思主义的理论视角，深刻揭示社会主义文化建设与政治建设、法治建设之间的内在联系，阐明了中国特色社会主义法治理论的部分基础理论问题，是马克思主义法治理论在当代中国的继承、发展和创新。

第二，习近平总书记关于法治文化建设的重要观点是对国内外法治文明理论的借鉴和当代法治文明理论的发展。习近平总书记指出，"法治是人类文明的重要成果之一，法治的精髓和要旨对于各国国家治理和社会治理具有普遍意义，我们要学习借鉴世界上优秀的法治文明成果。但是，学习借鉴不等于是简单的拿来主义，必须坚持以我为主、为我所用，认真鉴别、合理吸收，不能搞'全盘西化'，不能搞'全面移植'，不能照搬照抄"。在论及我国民法典的重要意义时，习近平总书记指出，"民法典系统整合了新中国成立 70 多年来长期实践形成的民事法律规范，汲取了中华民族 5000 多年优秀法律文化，借鉴了人类法治文明建设有益成果，是一部具有鲜明中国特色、实践特色、时代特色的民法典"。习近平总书记在中央全面依法治国工作会议上指出："自古以来，我国形成了世界法制史上独树一帜的中华法系，积淀了深厚的法律文化。中华法系形成于秦朝，到隋唐时期逐步成熟，《唐律疏议》是代表性的法典，清末以后中华法系影响日渐衰微。与大陆法系、英美法系、伊斯兰法系等不同，中华法系是在我国特定历史条件下形成的，显示了中华民族的伟大创造力和中华法制文明的深厚底蕴。中华法系凝聚了中华民族的精神和智慧，有很多优秀的思想和理念值得我们传承。出礼入刑、隆礼重法的治国策略，民惟邦本、本固邦宁的民本理念，天下无讼、以和为贵的价值追求，德主刑辅、明德慎罚的慎刑思想，援法断罪、罚当其罪的平等观念，保护鳏寡孤独、老幼妇残的恤刑原则，等等，都彰显了中华优秀传统法律文化的智慧。近代以后，不少人试图在中国照搬西方法治模式，但最终都归于失败。历史和现实告诉我们，只有传承中华优秀传统法律文化，从我国革命、建设、改革的实践中探索适合自己的法治道路，同时借鉴国外法治有益成果，才能为全面建设社会主义现代化国家、实现中华民族伟大复兴夯实法治基础。"习近平总书记的这些重要论述，体现了他对"法治文明"概念的精准把握、精深理解和精辟论述，说明习近平法治思想中关于法治文化建设的重要观点是借鉴国内外法治文明理论、创新当代法治文明理论的重大理论成果。

二、全面把握习近平总书记关于法治文化建设重要观点的科学内涵

党的领导是社会主义法治文化建设的根本保证。习近平总书记指出，"党的领导是推进全面依法治国的根本保证"，"全党同志都必须清醒认识到，全面依法治国决不是要削弱党的领导，而是要加强和改善党的领导。要健全党领导全面依法治国的制度和工作机制，推进党的领导制度化、法治化，通过法治保障党的路线方针政策有效实施"。中国特色社会主义法治文化建设贯穿于全面推进依法治国的各个领域、各个方面，这就要求在法治文化建设中必须坚持党的领导，实现党领导立法、保证执法、支持司法、带头守法，确保全面推进依法治国和中国特色社会主义法治道路的正确方向。

中国特色社会主义法治文化体现人民的主体地位，要发挥人民的主体作用。习近平总书记指出，"全面依法治国最广泛、最深厚的基础是人民，必须坚持为了人民、依靠人民。要把体现人民利益、反映人民愿望、维护人民权益、增进人民福祉落实到全面依法治国各领域全过程，保证人民在党的领导下通过各种途径和形式管理国家事务、管理经济文化事业、管理社会事务，保证人民依法享有广泛的权利和自由、承担应尽的义务"。中国特色社会主义法治文化建设必须坚持为了人民、围绕人民，法治文化成果体现人民意志，

反映人民愿望，满足人民对法治文化的需求；必须坚持人民立场，践行全心全意为人民服务的根本宗旨，维护人民利益，增进人民福祉；必须坚持尊重人民、依靠人民，发挥人民主体作用和创造精神。在建设社会主义法治文化的过程中，人民群众是法治文化建设的根本力量，只有依靠广大人民群众的积极参与和共同创造，中国特色社会主义法治文化建设才能取得辉煌成就。

宪法是国家的根本法，具有最高的法律效力。开展宪法宣传教育，夯实法治权威的群众基础，是全面贯彻实施宪法的重要基础性工作。习近平总书记强调，"必须把宣传和树立宪法权威作为全面推进依法治国的重大事项抓紧抓好"。设立国家宪法日，是我国加强宪法宣传教育、全面贯彻实施宪法的具体举措。习近平总书记指出，"要以设立国家宪法日为契机，深入开展宪法宣传教育，大力弘扬宪法精神，切实增强宪法意识"，"回顾我国宪法制度发展历程，我们愈加感到，我国宪法同党和人民进行的艰苦奋斗和创造的辉煌成就紧密相连，同党和人民开辟的前进道路和积累的宝贵经验紧密相连"。宪法宣誓作为加强宪法实施的重要制度，是树立宪法权威的重要机制。2018 年 3 月 17 日上午，十三届全国人大一次会议举行宪法宣誓仪式。这是宪法宣誓制度实行以来首次在全国人民代表大会上举行的宪法宣誓活动。习近平当选中华人民共和国主席、中华人民共和国中央军事委员会主席，进行宪法宣誓。实施宪法宣誓过程正是广大党员干部及人民群众宪法信仰构建的过程。通过组织宪法宣传教育活动与宪法宣誓仪式等法治文化活动，宪法精神更加深入人心。

法律是成文的道德，道德是内心的法律，法律和道德都具有规范社会行为、维护社会秩序的作用。治理国家、治理社会必须一手抓法治、一手抓德治，既重视发挥法律的规范作用，又重视发挥道德的教化作用，实现法律和道德相辅相成、法治和德治相得益彰。习近平总书记指出，"要把社会主义核心价值观的要求转化为具有刚性约束力的法律规定，用法律来推动核心价值观建设"。中共中央办公厅、国务院办公厅印发的《关于进一步把社会主义核心价值观融入法治建设的指导意见》指出，"要坚持以社会主义核心价值观为引领，恪守以民为本、立法为民理念，把社会主义核心价值观的要求体现到宪法法律、法规规章和公共政策之中，转化为具有刚性约束力的法律规定"，"要坚持法治宣传教育与法治实践相结合，建设社会主义法治文化，推动全社会树立法治意识、增强法治观念，形成守法光荣、违法可耻的社会氛围，使全体人民都成为社会主义法治的忠实崇尚者、社会主义核心价值观的自觉践行者"。要发挥先进文化育人化人作用，建立健全文化法律制度，加强道德领域突出问题专项立法，把一些基本道德要求及时上升为法律规范。

习近平总书记指出，"依法治国、依法执政、依法行政是一个有机整体，关键在于党要坚持依法执政、各级政府要坚持依法行政。法治国家、法治政府、法治社会相辅相成，法治国家是法治建设的目标，法治政府是建设法治国家的重点，法治社会是构筑法治国家的基础"。社会主义法治体系的实施是一个复杂的系统工程，需要"坚持依法治国、依法执政、依法行政共同推进"，"坚持法治国家、法治政府、法治社会一体建设"，"实现科学立法、严格执法、公正司法、全民守法，促进国家治理体系和治理能力现代化"。要增强全民守法观念，夯实社会主义法治的社会根基。习近平总书记强调，"要在全社会树立法律权威，使人民认识到法律既是保障自身权利的有力武器，也是必须遵守的行为规范，培育社会成员办事依法、遇事找法、解决问题靠法的良好环境，自觉抵制违法行为，自觉维护法治权威"，"坚持把全民普法和守法作为依法治国的长期基础性工作，深入开展法治宣传教育"，"健全公民和组织守法信用记录，完善守法诚信褒奖机制和违法失信行为惩戒机制，使尊法守法成为全体人民共同追求和自觉行动"。习近平总书记的这些重要论述，深刻指明了我国社会主义法治文化建设的重要方向和主要举措。

"法治素养是干部德才的重要内容。"对领导干部的法治素养，从其踏入干部队伍的那一天起就要开始抓，加强教育、培养自觉，加强管理、强化监督。提升全社会的法治素养要从"关键少数"抓起，通过领导干部的示范引领和模范带头作用，提升全民法治素养，在全社会形成弘扬社会主义法治精神、恪守社会主义法治原则和法治理念的文化氛围，为全面推进依法治国奠定坚实的法治文化基础。

三、深入学习贯彻习近平总书记关于法治文化建设的重要观点，建设社会主义法治文化

深入学习宣传贯彻习近平法治思想，是当前和今后一个时期全国法学法律界的一项重大政治任务。我们要坚持以习近平法治思想为指导，深入学习贯彻习近平总书记关于法治文化建设的重要观点，学习贯彻《意见》精神，建设社会主义法治文化，为推动开创法治中国建设新局面作出积极贡献。

第一，坚持马克思主义在意识形态领域的指导地位。要坚定文化自信，坚持以社会主义核心价值观引领法治文化建设，加强社会主义精神文明建设，围绕举旗帜、聚民心、育新人、兴文化、展形象的使命任务，促进满足人民文化需求和增强人民精神力量相统一，为推进社会主义文化强国建设贡献力量。要建设具有强大凝聚力和引领力的社会主义法治领域意识形态，坚持党对法治领域意识形态工作的领导。要坚持正确舆论导向，宣传展示社会主义法治建设新进展新成就，激浊扬清、弘扬正气。要严格落实法治领域意识形态工作责任制，旗帜鲜明反对和抵制西方"宪政""三权鼎立""司法独立"等各种错误观点，敢于斗争、善于斗争、依法斗争。

第二，加强社会主义宪法文化建设。要在全社会牢固树立宪法法律至上、法律面前人人平等、权由法定、权依法使、权利义务相一致等法治理念，弘扬宪法精神，维护宪法权威。要抓住"关键少数"，增强领导干部宪法意识，促进领导干部带头以宪法为根本活动准则，带头尊法学法守法用法，提高运用法治思维和法治方式深化改革、推动发展、化解矛盾、维护稳定、应对风险的能力。要注重加强宪法的国民教育，把宪法文化渗透到校园文化各方面，在青少年成人礼中设置礼敬宪法环节，增强青少年宪法观念。要把宪法教育和爱国主义教育有机地结合起来，以宪法教育激发爱国热情，增进各族群众对伟大祖国、中华民族、中华文化、中国共产党、中国特色社会主义的认同。

第三，在法治实践中培育全社会法治信仰。2021 年是全面启动"八五"普法工作的开局之年。要积极参与法治文化在法治政府、法治乡村、法治单

位等法治创建和平安建设中的工作，培育和践行社会主义核心价值观，推进德法共治。要立足新发展阶段，紧扣推动高质量发展、构建新发展格局，主动对标"十四五"规划的宏伟蓝图，深入学习宣传宪法法律和党内法规，加大全民普法工作力度，开展青年普法志愿者法治文化基层行等形式多样的法治宣传活动，把中国特色社会主义法治建设的理论和实践带进千家万户，弘扬社会主义法治精神，不断增强广大人民群众的法律意识和法治观念，推动完善公共法律服务体系，夯实依法治国群众基础，为积极谋划"八五"普法贡献智慧。

第四，繁荣发展社会主义法治文艺。要推动创作优秀法治文艺作品，综合运用"报、网、端、微、屏"等资源，开展一系列线上线下活动。要充分利用各种重大节庆日、法律法规实施日等时间节点，组织开展群众性法治文化活动和优秀法治文艺作品征集推广活动。要充分利用"文化、科技、卫生"三下乡活动，组织开展丰富多彩的法治文艺下基层，增强实效性。要推动法治文化与地方文化、行业文化、机关文化、企业文化、校园文化有机融合，促进法治文化进机关、进农村、进社区、进企业、进学校、进网络、进军营，推出更多更好的文艺作品。

第五，充分发挥中国法学会法治文化研究会的重要平台和阵地作用。中国法学会法治文化研究会作为中国法学会直属研究会，承担着引领和繁荣法治文化学术研究，推进法治文化创新，促进法治文化学术研究成果的转化应用和推广，为法治中国建设提供理论支持和智力服务等任务。要坚持正确政治方向，坚定不移坚持党的领导，深入学习贯彻习近平法治思想，学习贯彻中共中央办公厅《关于进一步加强法学会建设的意见》精神，增强"四个意识"、坚定"四个自信"、做到"两个维护"，不断提高政治判断力、政治领悟力、政治执行力，坚定不移走中国特色社会主义法治道路，自觉在思想上政治上行动上同以习近平同志为核心的党中央保持高度一致。要坚持以人民为中心，深入学习贯彻"我将无我、不负人民""江山就是人民，人民就是江山"等重要指示精神，坚持眼睛向下、面向基层，立足发现人才、培养人才、团结人才、服务人才的职责，推动建设德才兼备的高素质法治文化工作队伍，通过开展各类活动，满腔热情地做好服务群众工作，不断满足人民群众日益增长的法治文化需求。要把不断提高执行力作为抓手，推进工作落实，增强工作成效，及时拿出高质量意见建议，为全面建设社会主义现代化国家、实现中华民族伟大复兴的中国梦提供有力法治保障，以优异成绩迎接中国共产党成立一百周年！

（作者：中国法学会党组成员、副会长　张苏军）

当代法治文化建设存在的问题及其对策

文化是一个国家、一个民族的灵魂。习近平总书记指出："文化自信，是更基础、更广泛、更深厚的自信，是更基本、更深沉、更持久的力量。坚定中国特色社会主义道路自信、理论自信、制度自信，说到底是要坚定文化自信。"① 文化自信是一个国家、民族、政党对自己文化价值的肯定与认同，是对自己文化生命力的坚定信念与敬仰，是更为基础、更为持久、更为深厚的自信。所以习近平总书记强调"没有高度的文化自信，没有文化的繁荣兴盛，就没有中华民族伟大复兴"②，号召"坚定文化自信，建设社会主义文化强国"③。对于一个民族或国家来说，文化是根、文化是血脉、文化是人们的精神家园，建设社会主义法治国家，必须建立与之相适应的主导文化体系，这就是中国特色社会主义法治文化。

一、法治建设与法治文化建设

（一）法治建设

1. 法治的内涵

关于法治的内涵，学术界有多种解读。笔者赞同这样一种对"法治"的解释，即法治是遵循法律至上的原则，以民主为前提、以制约公权力为重心、严格依据法律来行为处事的一种社会管理模式和社会秩序状态。

法治、法律和法制三者既有联系，又有区别。一般来说，法律是由国家

---

① 习近平：《坚定文化自信，建设社会主义文化强国》，载《求是》2019 年第 12 期。
② 习近平：《坚定文化自信，建设社会主义文化强国》，载《求是》2019 年第 12 期。
③ 习近平：《坚定文化自信，建设社会主义文化强国》，载《求是》2019 年第 12 期。

享有立法权的机关制定颁布，并以国家强制力保障其实施的规范文本；法制属于制度的范畴，是法律制度的简称，指各类法律规范及其制度；而法治是相对于"人治"，指法的统治，是一种治国理政的原则和方法。任何国家都存在法律和法制，但法治只存在于民主制的国家。法治的基础是民主，法治的基本特征是法律至上，法治的核心价值是公平正义，法治的基本职责是保障权利制约权力，法治的基本表现形式是"依法治国"，法治对于一个国家来说，具有固根本、稳预期、利长远的保障作用。

法律、法制、法治三者有着内在的联系，法律是法制的重要组成部分，法制是法治的基础和前提，实行法治必须有完备的法制。法治与法律二者的区别在于：法律的表征是条文，是强制性的规范；法治的表现形式是法的统治，是一种社会治理模式。法制与法治二者的主要区别在于：第一，法制一般只注重法的工具性功能，认为法律是治国的一种工具和手段；而法治更注重法的价值目标和追求，以民主和权利为本质要求。法制则不一定以民主为前提，有时法制可以完全建立在专制的基础上，排斥或不讲民主。第二，就其内涵而言，法制是指法律制度及其实施，属于制度的范畴，是一种实际存在的东西；而法治是法律统治的简称，是相对于"人治"而言，是一种治国原则和方略，是民主社会的一种治理模式。第三，就其产生而言，法制的产生与所有国家直接相联系，在任何时代的任何国家都存在法制；而法治是人类社会发展到一定阶段的产物，只有在民主制的国家才能产生法治。第四，就其所奉行的原则而言，法制所奉行的原则是有法可依、有法必依、执法必严、违法必究；而法治所奉行的原则是法律至上、法律面前人人平等、依法治国、权力要受到制衡与监督。第五，就其基本要求而言，法制的基本要求是各项工作都法律化、制度化；而法治的基本要求是严格依法办事，法律具有至上性、权威性和强制性，不能由当权者肆意妄为。第六，就其主要标志而言，实行法制的主要标志是一个国家从立法、司法、执法到法律监督等方面，都有比较完备的法律和制度；而实行法治的主要标志是一个国家的任何机关、团体和个人，包括国家最高领导人都必须严格遵守法律和依法办事。

2. 法治建设的主要内容

法治建设的内容主要包括立法、执法、司法、守法四个层面。

法治建设必须坚持科学立法。依法治国，首先要有法可依。用明确的法律规范来调节社会生活、维护社会秩序，是古今中外的通用手段。同时，我们也要看到，实践是法律的基础，法律要随着实践发展而发展。转变经济发展方式，扩大社会主义民主，推进行政体制改革，保障和改善民生，加强和创新社会管理，保护生态环境，都会对立法提出新的要求。

法治建设必须坚持严格执法。法律的生命力在于实施。我们必须加强宪法和法律实施，维护社会主义法制的统一、尊严、权威，形成人们不愿违法、不能违法、不敢违法的法治环境，做到有法必依、执法必严、违法必究。行政机关是实施法律法规的重要主体，要带头严格执法，维护公共利益、人民权益和社会秩序。执法者必须忠实于法律，既不能以权压法、以身试法，也不能法外开恩、徇情枉法。各级领导机关和领导干部要提高运用法治思维和法治方式的能力，努力以法治凝聚改革共识、规范发展行为、促进矛盾化解、保障社会和谐。

法治建设必须坚持公正司法。公正司法是维护社会公平正义的最后一道防线。坚持公正司法，需要做的工作很多。要努力让人民群众在每一个司法案件中感受到公平正义，所有司法机关都要紧紧围绕这个目标来改进工作，重点解决影响司法公正和制约司法能力的深层次问题。要坚持司法为民，改进司法工作作风，通过热情服务，切实解决好老百姓打官司难问题。特别是要加大对困难群众维护合法权益的法律援助力度，加快解决有些地方没有律师和欠发达地区律师资源不足问题。

法治建设必须坚持全民守法。要深入开展法治宣传教育，在全社会弘扬社会主义法治精神、传播法律知识、培养法律意识，在全社会形成宪法至上、守法光荣的良好氛围。要坚持法治教育与法治实践相结合，广泛开展依法治理活动，提高社会治理法治化水平。

3. 法治建设的重心

法治建设的重心在于建设法治政府、法治社会和法治国家。2020 年，党的十九届五中全会审议通过《中共中央关于制定国民经济和社会发展第十四个五年规划和二〇三五年远景目标的建议》，提出到 2035 年基本实现社会主义现代化远景目标，"基本建成法治国家、法治政府、法治社会"。

法治政府建设的重心在于依法行政。依法行政是实行依法治国基本方略，是中国共产党在新的历史条件下领导方式和执政方式的重大转变，也是发展社会主义民主政治、建设社会主义政治文明的必然要求。

法治社会是构筑法治国家的基础。2020 年 12 月，中共中央印发《法治社会建设实施纲要（2020—2025 年)》（以下简称《纲要》），提出到 2035 年基本建成信仰法治、公平正义、保障权利、守法诚信、充满活力、和谐有序的社会主义法治社会。建设社会主义法治社会，要坚持"八项原则"，即坚持党的集中统一领导，坚持以中国特色社会主义法治理论为指导，坚持以人民为中心，坚持尊重和维护宪法法律权威，坚持法律面前人人平等，坚持权利与义务相统一，坚持法治、德治、自治相结合，坚持社会治理共建共治共享。如何建设法治社会？《纲要》提出的内容主要包括：维护宪法权威、增强全民法治观念、健全普法责任制、建设社会主义法治文化、完善社会重要领域立法、促进社会规范建设、加强道德规范建设、推进社会诚信建设、健全公众参与重大公共决策机制、保障行政执法中当事人合法权益、加强人权司法保障、为群众提供便捷高效的公共法律服务、引导社会主体履行法定义务承担社会责任、完善社会治理体制机制、推进多层次多领域依法治理、发挥人民团体和社会组织在法治社会建设中的作用、增强社会安全感、依法有效化解社会矛盾纠纷、完善网络法律制度、培育良好的网络法治意识、保障公民依法安全用网、强化组织领导、加强统筹协调、健全责任落实和考核评价机制、加强理论研究和舆论引导。

法治国家是全面依法治国的总目标。法治国家建设的根本目的是维护人民当家作主的地位，保证人民能够行使当家作主的权利，其主要任务包括完善中国特色社会主义法律体系，提高党依法执政的水平，建立社会主义法治政府，健全司法体制与制度，完善权力制约与监督机制，培植社会主义新型法治文化。法治国家建设的重心是要确保公民的民主权利和自由应当得到充分的保障；国家政治权力的结构实现民主，并形成健全的监督机制；国家权力的行使和公民权利的保障要有民主程序；民主必须制度化、法律化，真正做到全过程民主。

（二）法治文化建设

1. 法治文化的内涵

对于"法治文化"这一概念的解读，学术界至今众说纷纭、莫衷一是。在笔者看来，法治文化是社会发展到民主制阶段呈现出来的一种文化状态和生活样式。具体而言，法治文化是指熔铸在人们心底和行为方式中的法治意识、法治原则、法治精神及其价值追求，是一个国家的法律制度、法律组织、法律设施所具有的文化内涵，是人们在日常的生活和工作中涉法的思维模式和行为方式，是法治文学艺术作品、法律语言与文书以及涉法的乡规民俗中所反映和体现的法治理念与精神。①

"法治"与"法治文化"两个概念的联系与区别大致可以从以下五个方面来认识。

第一，法治回答的是"是什么"的问题，法治文化回答的是"为什么"的问题。学术界较为一致的认识，法治的含义是"法的统治"（rule of law），是一种社会治理模式或治国理政方式。法治文化实际上是要回答为什么要实现"法的统治"，而不是"人治"或使用法律手段进行统治（rule by law）？为什么要实行民主政治和奉行法律至上的理念？为什么要保障权利和制约权力？为什么要追求社会的公平正义？为什么说法治是人类社会迄今为止最好的社会治理模式或治国理政方式？等等。

第二，法治文化伴随着法治的产生而产生，有了法治，就有了相应的法

---

① 详见刘斌：《法治文化三题》，载《中国政法大学学报》2011 年第 3 期。

治文化；有什么样的法治，就会有什么样的法治文化。但法治文化不是完全被动地体现着法治的状况，而是在体现法治状况的同时促进法治更加健全与完善。因为文化一旦形成，就具有一种理解力、规范力和推动力，就会潜移默化地植根于人们的心中，就会在人们的脑海中增强对法治的信仰，就会在心灵里规范人们日常的涉法行为，进而推动一个社会法治的昌明、进步与完善。法治越发展、越健全，法治文化的积淀就越深厚，法治文化积淀得越深厚，就会越有力地促进法治的进步与完善。

第三，法治是一种规则化的社会治理模式；法治文化是公民、法人以及国家机构在这种规则化的社会治理模式之下的一种生活样式。法治的表现形式是法的统治；法治文化则是法的统治下呈现出来的一种文化状态和精神风貌，是指熔铸在人们心底和行为方式中的法治意识、法治原则、法治精神及其价值追求，是一个国家的法律制度、法律组织、法治载体、涉法民俗习惯所具有的文化内涵，是人们在日常生活和工作中涉法的行为方式，是法律语言、法治文学艺术作品和法律文书中所反映和体现的法治内涵及其精神。

第四，法治是表层的东西，法治文化是内在的东西。即使是物态的法治文化（如法治类建筑设施、器物设施、服饰设施、文化设施等）和法治文化的载体（如法治文学艺术作品、法治类报刊书籍、法治类媒体、法律语言与法律文书等）也都体现着法治的精神与理念，展示着人们对法治的认知、情感、态度和行为方式。如果说法治主要体现在法律制度的制定与实施以及治国理政方式的层面，那么法治文化就主要体现在法律制度制定与实施的理念层面和治国理政的精神层面。例如，法律制度的制定与实施是法治的重要方面，而为什么要制定该项法律制度、制定该项法律制度的背景与宗旨、采取怎样的程序以及如何实施该项法律制度等问题就是法治文化的重要内容。

第五，法治是动态的，任何一个国度的法治不可能一蹴而就，有一个逐步健全与完善的过程。我们正处于一个向法治社会过渡或者转型的阶段，这个过渡或转型阶段是动态的，也可能出现短暂的反复，但总的趋势是非常明确的，就是中国社会必然走向法治。法治文化同样是动态的，有一个不断培育和构建的过程。培育和构建法治文化的基础在于增强公民的法治信仰、提高公民的法治素质，路径在于推动政治的民主化、推进立法的科学化、促进司法的文明化、强化执法的规范化、实现守法的常态化、保障监督的高效化。

2. 法治文化、法制文化与法律文化

与法治文化相近的称谓主要是法律文化与法制文化，由于"法律"、"法制"与"法治"含义的不同，必然带来"法律文化"、"法制文化"与"法治文化"内涵的差异。本文认为，法律文化、法制文化、法治文化反映了人们认识事物的不断深化，也反映着我们国家法治进程的不同阶段。就称谓产生的时间顺序来看，大致是法律文化在先，法制文化紧随其后，法治文化又在其后。在有些学者使用法律文化一词不久，另一些学者提出法制文化的概念，随着我国民主与法治进程的加快和依法治国基本方略的提出，又有一些学者使用法治文化这一概念。目前这几个称谓并用，你中有我、我中有你，没有明确的界限，而且学者们各自不断地为这三个概念注入新的内容，对每一个概念也有不同的表述和解读。此外，还有的学者使用"法文化"这一概念。①

法律文化是法律在起源、制定、实施、演变、沿革、执行过程中所具有的文化内涵和所体现的精神风貌，法治文化是法治社会呈现出来的一种文化状态和精神风貌。一般来说，法律文化较多地侧重于历史，法治文化更多地侧重于现代。虽然有些学者认为法律文化的内涵是指一个民族或国家在长期的共同生活过程中所认同的、相对稳定的、与法和法律现象有关的制度、意

---

① 张晋藩、俞荣根等先生称"法文化"，其内涵似乎泛指与法相关一切文化，既包括法律文化，也包括法制文化与法治文化。俞荣根先生在《文化与法文化》一书中，曾用多章篇幅对"法文化"进行了思考与探索，该书由法律出版社 2003 年 9 月出版。此外，丁金山在《天道演化哲学》中认为，法文化指人类改造自然及构建社会所依照的方法、惯例、标准、规程等组成的文化的总称。广义的法文化可以追溯至人类起源时期，狭义的法文化主要目的是以强制力量规范社会关系。

识和传统学说的总体，包括法律意识、法律制度、法律实践，是法的制度、法的实施、法律教育和法学研究等活动中所积累起来的经验、智慧和知识，是人民从事各种法律活动的行为模式、传统、习惯。① 但从倡导法律文化的研究者来看，主要集中在研究法律制度史及法律思想史的学者群，而法治文化的倡导者主要从事法理、现代法及法学之外学科的学者，还有不少政法系统实务部门的人士。此外，从近几年大众传媒与学术期刊的提法来看，这两个概念也在逐渐明晰，称谓一般是"中国传统法律文化"与"中国当代法治文化"。法律文化的研究并非摒弃现代法治②，法治文化的研究也脱离不开传统的法律文化③，两者的区别除了侧重点不同，根本区别在于法律文化主要是就法律本身而言，法治文化主要是就社会或国家的治理方式而言。可以说，我们国家有着历史悠久的法律文化，但不能讲我们国家具有历史悠久的法治文化。

法制文化与法治文化既有联系，又有区别。其联系主要在于实行法治必须有完备的法律制度；其根本区别在于法制文化主要是就法律制度本身而言，法治文化主要是就社会或国家的治理方式而言。可以说，我们国家有着悠久的法制文化，但我们国家不具有现代意义上的悠久法治文化。因为中国古代思想家、政治家讲"法治"是指把法律当作工具和手段来治理国家，是"以法治之"，而非"依法而治"。例如，《管子·明法》讲："以法治国，则举

---

① 关于法律文化的内涵，还有的学者认为："法律文化是人们从事法律活动的行为模式和思想模式。""它泛指一个国家、地区或民族的全部法律活动的产物和结晶，既包括法律意识，也包括法律制度、法律实践，是法的制定、法的实施、法律教育和法学研究等活动中所积累起来的经验、智慧和知识，是人们从事各种法律活动的行为模式、传统、习惯。"有的学者认为："法律文化是人类文化的组成部分之一，它是社会上层建筑中有关法律、法律思想、法律制度、法律设施等一系列法律活动及其成果的总和。它是以往人类法律活动的凝结物，也是现实法律实践的一种状态和完善程度。""法律文化由法律思想、法律规范、法律设施和法律艺术组成。"有的学者认为："法律文化是文化的一种具体形态，它是一个国家、一个民族对法律生活所持有的思想观念、理想人格、情感倾向、行为趋向。即关于权利与义务的价值选择、思维模式、情感模式和行为模式的总和。"有的学者将法律文化理解为"法律现象的精神部分，即由社会的经济基础和政治结构决定的，在历史过程中积累下来并不断创新的有关和法律生活的群体性认知、评价、心态和行为模式的总汇"。

② 例如中国法律史学会 2005 年召开的年会，就将"中国文化与现代法治"作为主要的议题。

③ 例如中国政法大学学报编辑部与人文学院 2009 年联合举办的高端学术论坛，也是以"中华文化与现代法治"作为会议的主题。

措而已。"《晏子春秋·谏上九》讲："昔者先君桓公之地狭于今，修法治，广政教，以霸诸侯。"《史记·廉颇蔺相如列传》："（赵奢）收租税，而平原君家不肯出租，奢以法治之，杀平原君用事者九人。"《淮南子·汜论训》："知法治所由生，则应时而变；不知法治之源，虽循古终乱。"这些虽然也是使用"法治"二字，但其内涵与我们今天所讲的"法治"不能画等号。

法治文化不仅关注法律、制度本身及与之相关的社会政治、经济、文化中的法律现象和法制问题，同时还注重对法治意识、法治观念、法治精神、法治原则的阐发，注重对法的价值追求的体现以及对人的尊严和权利的维护。区分"法律文化"、"法制文化"与"法治文化"，既是不同内涵的要求，又是厘清相互之间界限的要求，也是不同时代的要求。①

3. 法治文化建设的主要内容

法治文化建设的主要内容包括法治理念文化、法律组织文化、法律制度文化、法律行为文化、法治载体文化、乡规民约文化、法律语言文化和法治文学艺术文化。

法治理念文化是指与法治密切相关的基本概念、法治的基本原则、法治所涉及的基本关系中具有的文化内涵，是要对法治涉及的一些基本概念作出科学的界定，对法治涉及的一些基本原则作出进一步明确，对法治涉及的一些基本关系在理论上予以厘清。

法律组织文化是指该法律组织在长期实践中形成的、为组织成员普遍认可和遵循的、具有本组织特色的思维模式、价值观念、群体意识、精神风貌、风尚习惯、行为规范和管理方法。如果我们按照法律组织机构及其建制，可以把法律组织文化分为人民代表大会文化、政府法治文化、纪检监察文化、法院文化、检察文化、公安文化、司法行政文化和仲裁文化等。

法律制度文化是指国家机关、社会组织依法制定的法律规章制度所具有的文化内涵、所体现的法治精神。法律制度文化涉及的主要内容包括政治制度、经济制度、文化制度、军事制度、司法制度、党内法规制度等。

---

① 刘斌：《法治文化三题》，载《中国政法大学学报》2011 年第 3 期。

法律行为文化是指国家机关、各种组织、自然人作为行为主体的涉法行为所具有的精神内涵、所秉持的价值取向、所体现的文化特征。法律行为文化既包括立法行为、司法行为和执法行为，也包括守法行为和尊法行为。法律行为文化最能在本质上反映一个社会的法治文化状态。

法治载体文化是指用来保障和实施法律制度的建筑场所、服饰器物，用来传播和弘扬法治精神的报刊书籍、广播电视及新媒体等。这些法治载体蕴含着法治理念、彰显着法治价值、承载着法治文化、传播着法治精神，是法治文化体系的重要组成部分。

乡规民约是基层社会组织的成员共同制定的、约束全体成员的规约，其实质是一种社会行为规范，是观察和研究中国乡村社会的重要样本，不仅在传统乡村社会治理中发挥了重要作用，在现代乡村社会治理中同样扮演着不可替代的角色，具有独特的法治文化价值。因此，乡规民约文化也是法治文化体系的重要组成部分。

法律语言文化是指法律语言内涵的文化，语言既是法律的载体，也是文化的载体，还是文化的传播方式。法律语言就其形式而言，可以分为口头语言与书面语言两大类；就其类型而言，包括立法语言、司法语言、执法语言、学术法律语言等。

法治文学艺术文化是指法治文学艺术作品所塑造的法治形象、所传达的法治理念、所表达的法治情感、所彰显的法治原则、所弘扬的法治精神。就法治文学艺术作品的体裁而言，包括诗歌、小说、报告文学、纪实文学、散文随笔以及影视、歌曲、曲艺、小品、建筑、雕塑、书法、绘画、摄影等。

4. 法治文化建设的重心

当代法治文化建设的重心和着力点应当放在加强法治理论研究、完善法治体系建设，增强公民的法治信仰、提高公民的法治素质，构建法治文化体系，理顺党与法治的关系、从严治党等方面。

加强法治理论研究、完善法治体系建设是当代法治文化建设的基本内容。应当说，我国的法治理论建设尚处于初级阶段，表现为理论框架体系尚未建立、研究基本处于解读文件水准、有分量的理论著述较少、缺乏系统全面深入的探讨。我们应当结合中国国情，立足中国法治进程的实践，继承和汲取中华传统文化中的精华，重视西方先进法治理念的借鉴，在马克思主义法学理论和中国化了的马克思主义法治理论的指导下，从不同角度、不同层次、运用不同形式深入开展法治理论研究，丰富和完善社会主义法治理论的内涵，夯实法治文化建设的理论基础，以中国特色的社会主义法治理论引领当代法治文化建设。同时，形成完备的法律规范体系、高效的法治实施体系、严密的法治监督体系、有力的法治保障体系和完善的党内法规体系，既是当代法治文化建设的主攻目标，也是法治文化建设的主要抓手。这五个体系的建设总揽全局，牵引各方，对于法治文化的建设具有极其重大意义。

增强公民的法治信仰、提高公民的法治素质是当代法治文化建设的基础工程。依法治国、建立社会主义法治国家，首先依赖公民对法治的信仰，没有公民对法治的真诚信仰，要谈实现依法治国、建设社会主义法治国家只能是空中楼阁。公民对法治的信仰不仅是一个国家实现法治内在的精神意蕴，也是建设社会主义法治国家的前提和基础。培育公民的法治信仰要着重解决好以下几个问题：一是立法需充分体现公民普遍认同的道德标准；二是司法需充分体现社会的公平正义；三是执法需充分体现"必依、必严、必究"；四是守法需领导干部发挥表率与示范作用；五是要加大普法宣传的力度、营造法治文化的氛围。公民法治素质的高低是衡量一个社会文明程度的重要标尺，提高公民的法治素质是社会主义法治文化建设的主要目标。法治素质的培育与养成是一个长期的过程，没有最好，只有更好，提升公民的法治素质要从应具备的法律知识、应具有的法治意识、应秉承的法治理念、应形成的法治思维、应奉行的守法行为、应具有的运用和维护法律的能力六个维度来着力。

构建法治文化体系是当代法治文化建设的基本任务。当代法治文化体系应当建立在民主、权利、公平正义、法律至上四块基石之上。民主是指以人民为主体，真正由人民当家作主，按照平等和少数服从多数，同时尊重少数人权利的原则来共同管理国家事务；权利是指必须保障公民在国家权利体系或社会生活中应当享有的地位与权利；公平是指公民参与政治、经济、文化及其他社会活动的权利、机会、程序和结果公平，正义包括政治、社会、法律正义等，体现在司法领域主要是指程序公正、及时高效和依法公正审判；法律至上是指法律成为评判公民、法人和国家机关行为最基本的准则，其他任何规范都不能与法律相冲突，任何组织或者个人都不能有超越宪法和法律的特权。在四块基石之上，应当从法治理念文化、法律组织文化、法律制度文化、法律行为文化、法治载体文化、法治文学艺术文化、法律语言文化、涉法乡规民俗文化八个维度来构建当代法治文化体系。

理顺党与法治的关系、从严治党是当代法治文化建设的关键。党与法治的关系既是法治建设的核心问题，也是法治文化建设的关键问题。党的领导既是中国特色社会主义的政治基础，也是中国特色社会主义的最本质的特征；坚持党的领导，既是社会主义法治的根本要求，也是全面推进依法治国的题中应有之义；党领导人民制定宪法法律，党领导人民实施宪法法律，党必须在宪法法律范围内活动。[①] 进入新时代，法治中国的建设要靠党的领导，党要履行好执政兴国的重大职责就必须实行法治、从严治党。因此，党应当完善党内法规制定体制和机制，依据党章从严治党，运用党内法规把从严治党落到实处。中国共产党作为执政党，必须依据宪法治国理政，必须在宪法和法律范围内活动，真正做到党领导立法、保证执法、带头守法，每一名党员干部必须坚守法律、纪律、政策和道德四条底线。

当代法治文化建设的目的是完善中国特色社会主义文化体系，为建设中国特色社会主义法治体系和建设社会主义法治国家提供理论支撑。其建设的

[①] 1981 年 6 月 27 日，党的十一届六中全会通过的《关于建国以来党的若干历史问题的决议》首次明确"党的各级组织同其他社会组织一样，都必须在宪法和法律的范围内活动"。1982 年 9 月 6 日，党的十二大通过的党章正式写入"党必须在宪法和法律的范围内活动"。党的十五大正式把依法治国确定为党领导人民治理国家的基本方略。党的十八届六中全会通过的《关于新形势下党内政治生活的若干准则》明确提出："党的各级组织和领导干部必须在宪法法律范围内活动，增强法治意识、弘扬法治精神，自觉按法定权限、规则、程序办事，决不能以言代法、以权压法、徇私枉法，决不能违规干预司法。"

基础主要在于培育公民信仰法律和尊崇法治的理念，构建以公平正义为核心的价值体系，提升公民的法治素质，使法治成为公民的生活方式。

二、当代法治文化建设存在的问题

社会主义法治文化是建设社会主义法治体系和法治国家的战略性、基础性工程，在推进社会主义法治文化建设的进程中，我们国家还存在着诸多与法治精神不相和谐的问题。本文认为，当代中国法治文化建设仍面临一些主要问题亟须解决。

（一）思想意识层面

从思想意识层面看，我们存在法治意识淡薄、法治信仰尚未形成的问题。依法治国、建设社会主义法治国家，首先依赖全社会高度的法治意识和对法治的真诚信仰。"法治意识是一种观念性的法治文化，是人们从法治的视角对社会现象形成的意念、感觉、识见和心理态度，学术界有人将规则意识、程序意识、权利与义务意识界定为法治意识。"[1] 有学者认为："法治意识主要包括信仰法律、遵守法律、运用法律、维护法律等意识。信仰法律的意识反映了人们对法律的情感和态度，是指公民要在心目中尊重法律、推崇法律、信奉法律。法治的实现首先在于人们对法的信仰，一种虔诚真挚的信仰。遵守法律的意识是指行为主体要有自觉地用法律来约束自己的言论和行为的意识；运用法律的意识是指有寻求法律保护的意识，要用法眼看待问题，用法理分析社会现象，用法治精神和原则区辨是与非和罪与非罪；维护法律的意识是指要有捍卫法律尊严、敢于同违法犯罪和专权弄法的行为作斗争的意识。"[2] 当下我们国家公民的法治意识整体上还处于比较淡薄阶段，守法光荣、违法可耻的社会氛围尚未完全形成，法治尚未成为公民发自内心的真诚

---

① 刘斌：《中国当代法治文化的研究范畴》，载《中国政法大学学报》2009 年第 3 期。又见王运声、易孟林主编：《中国法治文化概论》，群众出版社 2015 年版，第 96 页。又见李德顺主编：《中国特色社会主义法治文化研究》，中国政法大学出版社 2016 年版，第 39 页。

② 刘斌：《中国当代法治文化的研究范畴》，载《中国政法大学学报》2009 年第 3 期。又见刘斌主编：《中国当代法治文化体系建构研究》，人民法院出版社 2020 年版，第 30 页。

信仰。现实生活中，我们国家公民的法治意识虽然较之改革开放之前有了很大的提高，但规则意识、契约意识与程序意识还较薄弱，义务意识和守法意识还有些欠缺，民主意识与权利意识也有待提高，离实现依法治国、建立社会主义法治国家的要求仍有一定距离。

（二）体制制度层面

从现行的制度与体制层面看，我国存在权力集中、制约监督不到位的问题。邓小平曾经指出：权力高度集中特别是领导者个人高度集权的问题是我国传统政治体制的基本特征和"总病根"。中国这样国情的大国，"东西南北中，党是领导一切的"，必须坚持中国共产党的领导，这是毋庸置疑和不能动摇的。但是，党的领导是指集体领导，而不是党委书记的个人领导，"不适当地、不加分析地把一切权力集中于党委，党委的权力又往往集中于几个书记，特别是集中于第一书记，什么事都要第一书记挂帅、拍板。党的一元化领导，往往因此而变成了个人领导"①。尤其是在人事任免和干部使用问题上，有的地方或部门完全是"一把手"说了算，没有党内的民主协商，这种把权力集中在"一把手"的体制必然会滋生官僚主义，难免会发生个人专断或家长制的情形。在这种情形下，民主容易流于形式，法治不会具有权威。我们在宪法中作出一切国家机关和国家工作人员必须接受人民监督的规定，同时规定了多种监督，但监督的效果有待增强。从监督的主体看，至少有人大监督、法律监督、纪检监察监督、审计监督、人民政协监督、新闻舆论监督等，不同程度地存在"不便监督、不好监督、不敢监督、不善监督、不愿监督"的问题，同时存在对下级监督多、对本级监督少，对事监督多、对人监督少，程序性监督多、实质性监督少，柔性监督多、刚性监督少等问题。习近平总书记在第十八届中央纪律检查委员会第二次全体会议上的讲话中强调："要加强对权力运行的制约和监督，把权力关进制度的笼子里。"② 习近

① 邓小平：《党和国家领导制度的改革》，载《邓小平文选》（第2卷），人民出版社1994年版，第329页。

② 见2013年1月22日习近平总书记在第十八届中央纪律检查委员会第二次全体会议上的讲话。

平总书记又在省部级主要领导干部学习贯彻党的十八届四中全会精神全面推进依法治国专题研讨班上的讲话中要求："每个党政组织、每个领导干部必须服从和遵守宪法法律，不能把党的领导作为个人以言代法、以权压法、徇私枉法的挡箭牌。权力是一把双刃剑，在法治轨道上行使可以造福人民，在法律之外行使则必然祸害国家和人民。把权力关进制度的笼子里，就是要依法设定权力、规范权力、制约权力、监督权力。"① 习近平总书记还在第十八届中央纪律检查委员会第七次全体会议上的讲话中指出："在中国共产党领导的社会主义国家，一切权力属于人民，决不能依据地位、财富、关系分配政治权力。"② 中国社会进入新时代之后，如何把权力关进制度的笼子里、如何使权力在阳光下运行成为习近平总书记反复强调的问题。

（三）社会生活层面

从社会生活层面看，我国存在公平正义不能够充分体现的问题。公平是指按照一定的社会标准、规则及正当的程序平等地待人处事。公平包含公民参与政治、经济、文化及其他社会活动的权利公平（尤其是制定规则权利的平等）、机会公平、程序公平、结果公平。权利公平是指公民的权利不因性别、职业、职位和其他差别而有所不同，宪法规定公民的各项基本权利能够得到平等的尊重与保障；机会公平是指公民有平等地参与政治、经济、文化和社会发展中的各种机会；程序公平是指公民在参与政治、经济和其他社会活动中，程序合理，公开透明；结果公平是实质公平，是指无论是公民的政治利益、经济利益还是其他各方面的利益在最终结果上要公平。但公平不是相等，也不是平均，具有历史性和相对性。③ 正义是指社会中的公正的义理，包括政治正义、社会正义、法律正义等。监察与司法领域里的公平正义，主

---

① 见 2015 年 2 月 2 日习近平总书记在省部级主要领导干部学习贯彻党的十八届四中全会精神全面推进依法治国专题研讨班上的讲话。

② 见 2017 年 1 月 6 日习近平总书记在第十八届中央纪律检查委员会第七次全体会议上的讲话。

③ 公平正义的历史性表现在它受一定时期生产力发展水平和与之相适应的包括政治、法律等上层建筑发展状况的制约，在不同历史条件下的实现方式和实现程度都是不同的。公平正义的相对性则表现在它是相对于一定时期社会某种不合理的规则或现状而言，不存在绝对不变的衡量标准。

要是指程序公正、及时高效和依法公正审判。在法治文化建设中，司法公正具有极为重要的意义，它既是司法最本质的要求，也是司法赢得民众信任的最基本保证。

古往今来，诸多先贤关于公平正义给我们留下丰富的思想遗产。古希腊时期，柏拉图在《理想国》中就认为："在我看来，失手杀人其罪尚小，混淆美丑、善恶、正义与不正义，欺世惑众，其罪大矣。"亚里士多德认为："公正是赏罚公明者的美德。"诗人米南德认为："正义胜似法律。"古罗马时期，奥古斯丁在《论自由意志》中主张："如果法律是非正义的，它就不能存在。"优士丁尼在《法学阶梯》中认为，"法是关于人世和神世的学问，关于正义与不正义的科学"，"正义是给予每个人他应得的部分的这种坚定而恒久的愿望"。西塞罗则强调："让我们记住，公正的原则必须贯彻到社会的最底层。"罗马帝国时期，伦理学家普卢塔克认为正义是至高无上的尊号。文艺复兴时期，培根认为"哪里有正义，哪里就是圣地"，他在《论司法》中认为："一次不公的裁判比多次不平的举动为祸尤烈。因为这些不平的举动不过弄脏了水流，而不公的裁判则把水源败坏了。"丹宁勋爵主张："正义不仅应当被实现，而且应当以看得见的方式实现。"罗曼·罗兰大声疾呼："即使全世界都毁灭了，正义是不能没有的。"拿破仑认为："在政府事务中，公正不仅是一种美德，而且是一种力量。"丹·笛福主张："公正是施政的目的。"美国著名的政治家丹尼尔·韦伯斯特认为"正义是人类最大的利益"，"只要提着正义之剑攻击，再柔弱的手臂也会力大无穷"。马丁·路德·金名言："正义是不分国家疆界的，任何地方的不公正不平等，都是对其他地方公平公正的威胁。"美国大法官休尼特指出："正义从来不会缺席，只会迟到。"西·史密斯讲得更为形象："真理是正义的侍女，自由是正义的孩儿，和平是正义的伙伴；安全化在它的步履中，胜利跟在它的裙裾后。"① 约翰·罗尔斯把实行法治视为实施社会正义的前提条件，他在《正义论》中提出了

---

① 亨·乔治认为："高于道德的东西必须基于公正，包含公正，并通过公正的途径去获取。"阿拉伯也有谚语曰："做事公正一小时，胜过祈祷五昼夜。"

四条正义准则：一是法律的可行性；二是类似案件类似处理；三是法无明文规定不为罪；四是自然正义观，即用以保持司法程序完整性的方针。公平正义是人类共同追求的社会理想，中国当代法治文化的建设应当充分体现这一理念。

公平正义是人类文明的重要标志，是我国社会主义制度的本质要求。总体上讲，公平正义是一种合法合理的社会状态，"就是社会各方面的利益关系得到妥善协调，人民内部矛盾和其他社会矛盾得到正确处理，社会公平和正义得到切实维护和实现"。① 同时，公平正义是社会主义法治的灵魂，是协调社会各个阶层相互关系的基本准则，其核心是制度的公平正义。② 就二者的关系而言，公平是实现正义的前提，没有公平就不可能实现正义；正义是公平的精髓，是公平要追求或要实现的目标。公平正义是衡量一个国家或社会文明发展的标准，是法治社会的理想和追求的目标。

（四）立法层面

从立法层面看，我国存在立法质量和立法效率有待提高的问题。改革开放以后，我们国家的立法工作取得长足进展，2011年，时任全国人大常委会委员长的吴邦国宣布中国特色社会主义法律体系已经形成。但是，我们在立法领域依然存在需要改善的问题：一是立法质量需要进一步提高，立法效率需要进一步提高，立法技术需要进一步提高，立法滞后现象有待进一步改善，立法的方法也有待改进。二是现有的一些法律法规全面反映客观规律和人民意愿不够，解决实际问题有效性不足，针对性、可操作性不强。三是立法工作中存在部门化倾向的现象。四是有些法律与法律之间、法律与法规之间还存在着不协调、不一致、不配套的情形。至于地方立法，存在问题主要如下：第一，有的地方立法在决策方面，地方需要制定什么法律、何时制定、由哪一个部门具体负责，尚未真正按照立法法的有关规定进行。第二，有些地方

---

① 详见2005年2月19日胡锦涛同志在省部级主要领导干部提高构建社会主义和谐社会能力专题研讨班上的讲话。

② 参见徐显明：《公平正义：社会主义法治的价值追求》，载《法学家》2006年第5期。

立法存在仓促立项、匆忙起草的现象，缺乏系统调研、科学分析。第三，有的地方行政法规设置不够科学，程序不够公正，在立法之前缺乏足够的民主协商，在立法起草阶段缺乏足够的民主参与。第四，一些地方法规的逻辑不严密，结构不严谨，条文规定过于原则，缺乏可操作性。第五，有的地方立法与上位的法律不够统一，有的地方立法与行政法规有冲突，有的地方对于已经过时的地方法规清理不及时。第六，还有一些地区利用设立地方法规，实行地方保护主义。2023年全国人大新修正了《中华人民共和国立法法》，期望能够更好地发挥立法的引领和推动作用，规范立法活动，提高立法质量和效率，进一步完善中国特色社会主义法律体系。

（五）司法层面

从司法实践看，我国存在司法权地方化、司法公信力不足的问题。

这里所讲的"司法"是指狭义的"司法"，即主要指审判机构（法院）和法律监督机构（检察院）。在我国司法机制下，我们的司法体制不够完善、司法职权配置和权力运行机制不够科学、人权司法保障制度不够健全、司法机关系统内的监督机制疲软等问题依然存在；现行的以行政管理方式来管理司法工作的内部管理体制制约着司法责任制的真正实现；司法体制改革与司法制度改革二者关系理得不顺畅，同时推进二者改革的步伐也不协调；司法的地方化、行政化和非专业化的问题至今没有得到很好的解决，尤其是存在司法权地方化的问题。本文认为，在司法改革的过程中，有必要对现行的司法体制进行调整，司法机关实行自上而下的垂直领导体制，经费预算和物资配备单列。从法院的角度看，在前一阶段的司法改革中，"员额制"备受瞩目，承担着重要的使命，"审者不能判、判者又不审"的现象开始得到有效改变。但在新旧办案机制衔接转换过程中出现一些问题：有的法官司法能力与改革的要求不相适应，常态化的员额进退机制有待建立健全；"员额制"的配套改革政策滞后，入额法官的人员配备保障、经费保障及职业保障等措施尚未及时跟上；全国法官队伍人员流失的现象较为普遍，法院审判辅助人员严重短缺，加之新增案件数量较大，有的地方存在未入额法官实际承担办案任务的现象。① 从检察院的角度看，一方面检察院既是司法机关，也是法律监督机关，有权监督其他司法机关，但是如何监督检察机关的检察权问题，除了人大的工作监督和纪委监督，目前尚无其他明确的硬性规定；另一方面检察机关对审判机关的审判行为进行的监督只是一种事后监督，在实践中检察机关发现审判机关的审判行为违法时，只能以抗诉的形式要求审判机关纠正。此外，司法领域的司法腐败现象依然存在。

（六）行政执法层面

从行政与执法层面看，存在行政不作为、作为不依法、执法不严格的问题。"行政"是法定职责，所谓依法行政，首先是要求合法行政，合法行政既包括行政主体与行政职权合法，也包括行政行为与行政程序合法。其核心要义是：主体必须系依法设定，并具备相应的资格；职权必须在法律授权范围内行使，越权无效；行为必须以事实为依据，以法律为准绳；程序必须遵循严格的法定顺序、步骤和时限。其次，依法行政包括合理行政、程序正当、高效便民、诚实守信、权责统一等要素。20 多年前国务院就发布《关于全面推进依法行政的决定》（国发〔1999〕23 号），之后在 2004 年国务院又发布《全面推进依法行政实施纲要》（国发〔2004〕10 号）（以下简称《实施纲要》）。《实施纲要》提出的基本实现建设法治政府的目标包括："政企分开、政事分开，政府与市场、政府与社会的关系基本理顺，政府的经济调节、市场监管、社会管理和公共服务职能基本到位。中央政府和地方政府之间、政府各部门之间的职能和权限比较明确。行为规范、运转协调、公正透明、廉洁高效的行政管理体制基本形成。权责明确、行为规范、监督有效、保障有力的行政执法体制基本建立。提出法律议案、地方性法规草案，制定行政法规、规章、规范性文件等制度建设符合宪法和法律规定的权限和程序，充分

---

① 2017 年 11 月 1 日周强在第十二届全国人民代表大会常务委员会第三十次会议上所作的《关于人民法院全面深化司法改革情况的报告》中认为：还有的"改革举措的协同性不足，一些关联度高、相互制约的改革举措推进不同步，改革的系统性不够强。比如以审判为中心的刑事诉讼制度改革，需要进一步加强公检法配合制约，加强跨部门数据交换"。

反映客观规律和最广大人民的根本利益，为社会主义物质文明、政治文明和精神文明协调发展提供制度保障。法律、法规、规章得到全面、正确实施，法制统一，政令畅通，公民、法人和其他组织合法的权利和利益得到切实保护，违法行为得到及时纠正、制裁，经济社会秩序得到有效维护。政府应对突发事件和风险的能力明显增强。科学化、民主化、规范化的行政决策机制和制度基本形成，人民群众的要求、意愿得到及时反映。政府提供的信息全面、准确、及时，制定的政策、发布的决定相对稳定，行政管理做到公开、公平、公正、便民、高效、诚信。高效、便捷、成本低廉的防范、化解社会矛盾的机制基本形成，社会矛盾得到有效防范和化解。行政权力与责任紧密挂钩、与行政权力主体利益彻底脱钩。行政监督制度和机制基本完善，政府的层级监督和专门监督明显加强，行政监督效能显著提高。行政机关工作人员特别是各级领导干部依法行政的观念明显提高，尊重法律、崇尚法律、遵守法律的氛围基本形成；依法行政的能力明显增强，善于运用法律手段管理经济、文化和社会事务，能够依法妥善处理各种社会矛盾。"①

依法行政是建设廉洁、勤政、务实、高效法治政府的基本要求，也是依法治国基本方略的重要组成部分和关键。但是我国的依法行政依然存在一些不足。有学者认为，当前依法行政存在行政立法的不规范和不完善，行政执法机构不健全、职责不清，缺乏完善的监督机制，行政执法人员综合素质低，依法行政的保障制度不健全等问题。② 也有学者认为，我国基层政府依法行政存在依法行政的意识不强、依法行政能力不足、依法行政措施不完善等问题。③ 至于行政执法，存在的问题主要包括：第一，现存的行政执法体制与现行的行政管理体制和政府职能转变尚未形成全方位的对接，因而存在行政执法体制不顺畅、相互掣肘的情形。第二，有的行政机关存在行政执法职责不清、政出多门、各自为政的情形。第三，有些行政执法部门相互之间缺乏

---

① 详见 2004 年 3 月 22 日国务院《全面推进依法行政实施纲要》（国发〔2004〕10 号）。
② 详见廖华：《当前依法行政存在的问题及对策研究》，人民网·强国论坛 2017 年 6 月 23 日。
③ 详见金波：《基层政府依法行政存在的问题及对策研究》，载《基层建设》2016 年第 25 期。

协调配合，存在很难形成合力、办事效率不高的情形。第四，有些行政执法机构在设置上较为随意，权限不明、职责不清，存在执法不力、执法不严的情形。

（七）法治设施层面

进入 21 世纪，全国许多行政系统、部门、单位和省、市、县、乡、村相继建设了为数不少的法治文化宣传阵地，一些法意建筑、法意器物、法意服饰、法意文化设施也应运而生，一度掀起"法治文化设施热"，这应当说在一定程度上起到了推动法治宣传、弘扬法治精神的作用。法治设施作为表达法治理念、弘扬法治精神的文化符号，具有鲜明的文化特征，它具有直观性、专属性、严肃性、时代性、象征性、民族性等特征。[①] 法治设施建设要统筹考虑，合理布局，重点推进；要发动全社会参与，发挥各行各业的资源优势；法治设施建设的形式要多样，内容要丰富，主题要突出，针对性要强；同时要采取"以评促建"的措施，充分发挥先进单位的示范和引领作用。但是问题在于：各地区、各行业的法治阵地文化建设发展不平衡，有些地区或行业的领导对法治设施文化阵地不重视，有些法治阵地文化建设注重形式、轻视内涵，有些法治阵地文化建设注重建设、轻视效果、利用率不高、不注重发挥其作用，有些法治阵地文化建设不接地气、不符合实际，有些法治阵地文化建设主题不突出、形式不灵活，有些地区虽然政府重视、司法部门积极，但并未形成全社会参与的氛围。此外，还存在区域性法治文化阵地集群和行业特色法治文化阵地集群并未有机融合等不足。

（八）法治队伍建设和法治宣传层面

总体而言，我们现有的法治工作队伍思想政治素质和业务工作能力参差不齐，部分基层法律组织的工作人员文化水平不高，缺乏系统的法律知识，处理问题只凭经验和热情，不能运用法治思维去思考问题，不能用法治的方式去解决问题。此外，法治工作队伍的职业道德水准也有待进一步提高。因

---

① 详见李德顺主编：《中国特色社会主义法治文化研究》，中国政法大学出版社 2016 年版。

此，全面提高法治工作队伍的素质，建设一支政治坚定、业务精通、作风优良、司法公正、执法严格的正规化、专业化、职业化法治工作队伍任重道远。

从法治宣传的情况看，存在宣传的力度和广度不够、效果不够理想的问题。我国经过过去七个五年的普法工作，尤其是实行国家机关"谁执法谁普法"的普法责任制以来，普法宣传效果有了较大的改善，但是普法宣传依然存在一些不足：第一，有的党委和政府对法治宣传教育的重视不够，不能适应全面推进依法治国的战略需求。第二，有的普法宣传多是注重法律法规条文的宣传，缺乏系统性和完整性。第三，社会群体对法律需求存在多样性和多层次性，有的普法工作缺乏针对性，缺乏分门别类，因而群众对普法活动的热情和兴趣不高。第四，有的普法宣传形式单调，手段落后，并非人民群众喜闻乐见。第五，有的普法宣传力度不够，普法宣传的广度不够，各行各业的参与度也不够，全社会尚未形成法治文化的浓厚氛围。

（九）理论研究层面

从法治文化理论研究的现状来看，存在理论创新少的问题。据有的学者研究，中国法治文化的研究大致经历了萌芽期、成长期、发展期、繁荣期四个阶段，而且呈现出法治文化研究具有明显的阶段性、各级党委和政府高度重视、各级司法机关等实务部门较之学术机构动作大且行动快、实务界有更多的人士参与法治文化的研究队伍等特点。① 理论研究是法治文化建设的重要方面，在很大程度上引领着法治文化建设的实践，从近年来法治文化的理论研究现状来看，出版和发表了一些有分量、有见解的论著和论文，但也存在一些问题，主要表现为：一是法治文化的内涵与外延泛化。在提倡法治文化的初期，出现过短暂的"概念窄化"时期，将其类同于"文化事业"，学术研究关注的是涉法的诗文书画及文艺活动，后来法治文化的概念迅速泛化，法治文化的研究范围越来越大，只要涉法，无所不包、无处不在。二是法治文化的相关概念研究不够深入。在法治文化的研究中，涉及一些相关的概念

---

① 详见李德顺主编：《中国特色社会主义法治文化研究》，中国政法大学出版社2016年版。

术语，例如法治意识、法治观念、法治理念、法治价值、法治原则、法治精神、法治思想、法治思维、法治情怀、法治理论、法治学说等。诚如李林在一篇文章中所言，这些名词概念究竟具有什么科学含义，各个概念之间到底是什么关系？对此有待进一步系统研究和深入辨析。① 三是法治文化理论研究的重头论著少，质量亟待提高。在关于法治文化研究的文章中，应当说涌现出一些有分量的论著，但更多的文章是应景性的、描述性的、解释性的，翻来覆去是阐释或演绎文件或解读领导人讲话。大量的文章人云亦云，炒来炒去缺乏独到深入的见解和观点，而且话语体系是官腔，语言风格是套话，缺乏深入细致的研究和理论创新。法治文化研究要走向深入，有关部门需要按照中共中央办公厅、国务院办公厅《关于加强社会主义法治文化建设的意见》做好顶层设计，相关的科研机构应当认真部署落实，而相关的研究人员应当少做应景性、描述性、演绎性、解读性的文章，少说官话套话，多在澄清法治文化的相关概念、界定法治文化的基本范畴、明确法治建设遵循的原则、厘清法治涉及的基本关系、构建法治文化的体系等方面做出深入独到的研究。

三、形成当代法治文化建设问题的原因

在推进当代法治文化建设的进程中，我们国家还存在着一些与法治精神不相和谐甚至相悖的矛盾和问题，这些矛盾和问题在深层次上制约和阻碍着社会主义法治文化的建设。究其原因，主要表现在以下几个方面。

（一）缺乏法治意识与思维

法治意识是一种观念性的法治文化，是人们从法治的视角对社会现象形成的意念、感觉、识见和心理态度。学术界有人将规则意识、程序意识、权利与义务意识界定为法治意识，有学者认为，法治意识表现为人们对法治的理性认知和情感认同，程序与规则意识是基础，权利与义务意识是核心，平

---

① 详见李林：《社会主义法治文化概念的几个问题》，载《北京联合大学学报（人文社会科学版）》2012 年第 2 期。

等与公正意识是灵魂。① 本文认为，法治意识主要包括信仰法律、遵守法律、运用法律、维护法律等意识。信仰法律的意识反映了人们对法律的情感和态度，是指公民要在心目中尊重法律、推崇法律、信奉法律。应当说，近年来我国公民的法治意识较之改革开放初期有了大幅提升，但是不可否认还有一些公民缺乏民主意识和义务意识，不能够很好地行使自己的权利和履行自己的义务；缺乏遵守法律的意识，不能够自觉地运用法律来约束自己的言论和行为；缺乏运用法律的意识，不能够寻求法律保护自己的合法权益；缺乏维护法律的意识，不能够挺身而出捍卫法律尊严、不能够敢于同违法犯罪的行为作斗争。

法治思维是一种运用法治理念、法治精神、法治原则和法治的其他要素来认识问题、分析问题、处理问题的理性思维方式。关于法治思维的含义，学术界有诸多解读，② 有人认为，法治思维可以分为四个层次：一是认知判断层次，即运用法治的概念原理对社会生活中的种种问题进行认识并得出初

---

① 参见教育部编：《道德与法治》（八年级下册）"法治意识的内涵、要素和意义"，人民教育出版社 2016 年版，第 53—60 页。

② 刘静认为，法治思维，即法律思维方法，是在法治理念背景下，按照法律的逻辑（包括法律的规范、原则和精神）来观察、分析和解决社会问题的思维方式。杨小军认为，法治思维，就是将法治作为判断是非和处理事务标准的思维，主要包含了五个方面的思维内容，即合法性思维、权利义务思维、公平正义思维、责任后果思维和治官治权思维等。罗志坚、万高隆认为，法治思维是指按照法治的逻辑来观察、分析和解决社会问题的思维方式，它是将法律规定、法律知识、法治理念付诸实施的认识过程，直接关系到依法行政、依法办事的效果。姜明安认为，法治思维是执政者在法治理念的基础上，运用法律规范、法律原则、法律精神和法律逻辑对所遇到或所要处理的问题进行分析、综合、判断、推理和形成结论、决定的思想认识活动与过程。蒋传光认为，法治思维是一种整体性的思维，是一种社会思维，是一种国家治理的理念、视角和思路。参见张渝田：《试论法治思维与法治方式》，载《天府新论》2013 年第 3 期。此外，郑成良将法律思维方式概括为：以权利与义务为分析线索、普遍性优于特殊性、合法性优于客观性、形式合理性优于实质合理性、理由优于结论五个特点。也有人认为，法律的思维方式就是法律职业者的思维方式，其特点有五个：一是通过程序进行思考，运用法律术语进行观察、思考和判断；二是遵循向过去看的习惯，表现得较为稳妥，甚至保守；三是注重缜密的逻辑，谨慎地对待情感因素（客观公正，以事实为根据，以法律为准绳）；四是追求的程序中的真，不同于科学中的求真；五是判断结论总是非此即彼，不同于政治思维的权衡。另有人认为，法治思维主要包含了五个方面的思维内容，即合法性思维、权利义务思维、公平正义思维、责任后果思维和治官治权思维等。还有人将法律思维方式归纳为权利义务相统一、重证据、讲程序。刘平在《法治与法治思维》（上海人民出版社 2013 年版）、韩春晖在《社会管理的法治思维》（法律出版社 2013 年版）、江必新在《领导干部的法治思维与法治方式》（中国法制出版社 2014 年版）等著作中亦多有论述。

步判断的层次。二是逻辑推理层次，即运用法治原则、规范对问题进行分析判断、综合推理，并得出结论乃至解决办法的层次。三是综合决策层次，即在前述法律性的认知判断、分析推理的基础上，还需要结合其他因素，进行综合性衡量，并作出符合法治要求的决策。四是建构制度层次，即在前面三个层次的思维基础上进一步深化、抽象，从而能够通过建构或改革法律制度对更宏观的问题提出长远的解决方案。[①] 本文认为，法治思维以民主政治为基础，以规范、约束和监督公权力为核心，以保障人权、实现公平正义为目的，以科学立法、严格执法、公正司法为手段，以注重程序、依法办事为规则。就是要用法眼看待问题，用法理分析社会现象，用法治精神和原则区辨是与非。

（二）法治信仰尚未形成

信仰是一种高于相信与信任的执着信奉，是一种特别神圣的情感。[②] 信仰的特征在于发自内心的认同，执着专一的尊崇，外在行为的准则。[③] 法治信仰是指人们对于法治心悦诚服的认同、将之作为奉行不渝的行为准则并能

[①] 参见张立伟：《什么是法治思维和法治方式》，载《学习时报》2014 年 3 月 31 日。

[②] 关于信仰，学术界有多人从不同的角度进行阐释。例如，万俊人认为："信仰是指特定社会文化群体和生活于该社群文化条件下的个体，基于一种共同价值目标期待基础之上，共同分享或选择的价值理想或价值承诺。"详见万俊人：《信仰危机的"现代性"根源及其文化解释》，载《清华大学学报（哲学社会科学版）》2001 年第 1 期。李幼穗、张镇认为："信仰是人们世界观、人生观、价值观等精神世界的信奉和遵循，与人的知、情、意相联系，并且贯穿于整个意识领域和精神活动之中。"详见李幼穗、张镇：《精神信仰的心理学涵义》，载《天津师范大学学报（社会科学版）》2002 年第 6 期。徐明德等认为："我们可以把信仰概括为：信仰是主体源于实际生活实践而对某种对象（理论、价值或人格化的神灵等）的极度信服，并视之为具有终极价值以作自己精神寄托的强烈情感和思想倾向。这一概念有两层内容，一是从内容和表现形式上看，信仰是人们对自认为具有最高价值的理论、学说或主义、人格化的神灵的极端信服崇拜的一种心理状态。表现为人的认识、情感、意志对真、善和自由幸福境界的无限向往和不懈追求。二是从根源上看，信仰来源于生活实践，又高于生活实践，是对现实（包括实然之社会和实然之我）的超越，或者说是对现实的超现实表达或理想主义追求。"徐明德、熊建圩、黄明理：《信仰的含义及特征》，载《南昌航空工业学院学报（社会科学版）》2005 年第 4 期。

[③] 关于信仰的基本特征，徐明德等人概括为四个特征：一是信仰对象的非现实性，二是信仰价值目标的超越性，三是信仰表达的非逻辑性，四是信仰价值指向的专一排他性，即执着性或唯一性。详见徐明德、熊建圩、黄明理：《信仰的含义及特征》，载《南昌航空工业学院学报（社会科学版）》2005 年第 4 期。

够用自己的行动捍卫其尊严。① 正如陶爱萍所言:"法治信仰就是在对法治的理性科学的认知的基础上对其所产生的一种发自内心的认知认同和期待,并且坚信法治所具有的价值和功能能够促成人类所追求的民主、自由、平等、人权、公平、正义、秩序、效益、幸福和以人的全面发展为核心的社会进步与发展的实现,从而把法治当作自己的理想追求,把法治理想的实践作为自己的一种生活方式,以一种自觉、主动、积极的态度真正参与其中,同时自觉地维护法律的权威和尊严并以之作为自己行动的指南。"②

依法治国、建立社会主义法治国家,首先依赖公民对法治的信仰。法律界有两句格言说得非常到位,一句是卢梭所讲的"法律既不是铭刻在大理石上,也不是铭刻在铜表上,而是铭刻在公民们的内心里";另一句是伯尔曼所说的"法律必须被信仰,否则它将形同虚设"③。《中共中央关于全面推进依法治国若干重大问题的决定》中也指出:"法律的权威源自人民的内心拥护和真诚信仰。"无论从理论还是社会实践的角度看,我们完全可以将法治信仰视为建设法治国家的基石和国家治理的基础与前提。

客观地说,中国当前公民的法治信仰较之改革开放初期有了长足的进步,但信仰法治还没有形成一种社会氛围。我们的传统法律文化没有法治信仰的

---

① 谢晖认为,法律信仰具有规范神圣、法律权威、法律信用三个法律因素,同时细致分析法律信仰形成的价值基础、主体精神基础、制度基础和经济基础四个基础。详见《法律信仰的理念与基础》,山东人民出版社 2003 年版,第42—91、138—458 页。胡江从四个方面阐释法治信仰:第一,锚点法治信仰只能存在于民主、权利、自由和文明得到充分尊重和保障的社会里;第二,法律的地位和作用得到充分的尊重和维护,法律拥有不可动摇的法律权威;第三,社会公众或者全体公民对法律有着极大的信任,并从内心深处将法律作为自己行为的准则和评判事物的标准;第四,法律的实施及其发生效力,公众对法律的认可和服从均排除了政治权力的不适当的干预和左右,即是全体民众出自自我内心的确信并据此作出的选择。胡江:《中国社会法治信仰的缺失及其建构》,载《华商》2008 年第 18 期。毛杰认为,法治信仰是公民基于对法律的理性认识而逐渐形成的一种体验和情感,法治信仰既包括主体对法律价值的感受与认同,也包括主体的权利意识、理想意识和守法精神。法治信仰是现代社会公民的精神寄托,是人类精神世界的高级发展,也是现代社会治理的理性选择。毛杰:《论公民法治信仰的培育路径》,载《中州学刊》2016 年第 10 期。黄鑫认为:"法治信仰是人们对一个国家成文法律、法律制度、法律文化、法治环境等方面的认知认同和崇敬,在国家治理中,无论立法、行政、司法,行使公权力和私权力,自发地以法律及法治要求作为行动榜样和指南。"黄鑫:《新形势下公民法治信仰的培育路径》,载《犯罪研究》2017 年第 4 期。

② 陶爱萍:《论我国公民法治信仰的构筑》,载《前沿》2007 年第 3 期。

③ [美]伯尔曼:《法律与宗教》,梁治平译,中国政法大学出版社 2003 年版,第 3 页。

内在基因，传统给予我们的是崇尚权力而非崇尚法律。在我国，不同地区、不同群体、不同职业的公民法律素养不同，特别是边远地区和流动人口等群体缺乏法律常识，缺乏法治意识，同时缺乏对法治的认同和信任，一些人的守法行为不是建立在由于法律能够保护自己合法权益的基础之上，而是建立在因为惧怕法律给予的制裁和惩罚的心态之上。因此，即便守法也不是积极守法，而是被动消极守法，这些观念与行为都严重制约着全民法治信仰的形成。

（三）法律的权威性不强

树立法律的权威性首先应当确立法律至上的理念。所谓"法律至上"，是指在整个社会调控系统中法律具有最大的权威和最高的效力，是评判人们行为的最高准则，是解决社会冲突的首要选择，任何组织和个人都必须服从法律，严格依法办事。诚如伯尔曼所言："法律必须被信仰，否则它将形同虚设。"① "法律至上"的思想最早源于古希腊亚里士多德等思想家，亚里士多德指出："法律应在任何方面受到尊重而保持至上的权威。"② 罗马时期的思想家西塞罗更加明确地强调了法律至高无上的权威性。③ "法律至上"作为一项原则是 17 世纪新兴资产阶级针对封建专制主义的"王权至上"论而提出来的。④ 近代资产阶级革命时期的思想家如洛克、孟德斯鸠、卢梭、潘恩等人也都对法律至上进行过深刻的论述。例如，洛克就认为："法律一经制

---

① ［美］伯尔曼：《法律与宗教》，梁治平译，中国政法大学出版社 2003 年版，第 3 页。

② ［古希腊］亚里士多德：《政治学》，吴寿彭译，商务印书馆 1965 年版，第 192 页。

③ ［古罗马］西塞罗：《论共和国、论法律》，王焕生译，中国政法大学出版社 1997 年版，第187—193 页。此外，13 世纪英国著名法学家布莱克顿在《英国的习惯和法律》一书中也写道："国王不应服从任何人，应服从上帝和法律，因为法律创造了国王。"

④ 在封建社会，君主拥有无上的权力，国王的意志就是法律。法国国王路易十四就宣称"朕即国家"，"法律皆出于我"；英国国王詹姆斯一世也说："是国王创造了法律，决不是法律创造了国王。"17 世纪初发生在英国王座法院首席大法官爱德华·柯克与国王詹姆斯一世之间的经典辩论，柯克法官最后引用布莱克斯通的至理名言"国王贵居万众之上，却应该受制于上帝和法律"作为结束。这场争论导致柯克法官被监禁半年。但后来在光荣革命之后，"王在法下"的原则在 1689 年英国的《权利法案》中得到了确认，法律至上的思想成为普通法中法治的基本思想。例如，法国 1793 年宪法第四条规定："法律就是公共意志之自由而庄严的表现；它对于所有的人，无论是实行保护或处罚，都是一样的。"

定，任何人也不能凭自己的权威逃避法律的制裁。"① 20 世纪著名的古典自由主义者哈耶克继承了西方法律传统中的法律至上主义，在其代表作《自由宪章》一书中对法治原则进行了详细的阐述，主张维护法律的权威性。② 法律至上作为普通法的核心原则，成为西方法治的核心精神。

法律至上是法治的本质体现，也是实现法治的首要条件。法律至上意味着法律具有至高无上的权威，神圣不可侵犯；意味着法律高于其他任何行为规范，在整个社会规范体系中具有至高无上的地位；意味着法律是评判公民、法人和国家机关行为最基本的准则，是解决社会冲突与纠纷最基本的手段。法律至上的体现是：国家机关的一切职权根源于法律，应当依法行使；其他任何社会规范都不能与法律相冲突；任何组织或者个人都不能有超越宪法和法律的特权；社会生活中的各个方面都必须依靠法律来进行调整；所有政党、组织、个人都必须在法律的范围内活动；法律高于国家领导人的个人意志。

法律至上原则具有至高的规范性、普遍的适用性和不可违抗的强制性三个属性：法律至高的规范性是指在所有的行为规范中，宪法处于至高无上的地位，一切法律、行政法规和地方性法规都不得同宪法相抵触；在整个社会规范体系中，法律最具权威性，一切法规与制度规范不得同法律相抵触。普遍的适用性是指"一切国家机关和武装力量、各政党和各社会团体、各企业

---

① ［英］洛克：《政府论》（上篇），瞿菊农、叶启芳译，商务印书馆 1964 年版，第 59 页。

② 哈耶克在其代表作《自由宪章》一书中对法治原则进行了详细的阐述，其主要内容是：第一，法的普遍性与抽象性。普遍与抽象的规则是实质意义上的法律，它们不涉及特定的人。第二，法的确定性原则，真正的法律必须是明确的，以及人所共知的和确定的。第三，法的普遍有效性和平等原则。所有法规应平等地适用于所有的人，其中包括立法者和执法者。第四，限制行政裁量权。法治原则意味着行政机关在公民的私人领域中不享有自由裁量权，为此，必须以规则和制度手段严格限制政府行政行为。第五，基本权利和公民自由。个人自由包括所有不被普遍规则明确禁止的行为。公共意见是反对压制自由的唯一保障。第六，程序保障。人身保护令、陪审团审判等程序保障措施是自由的主要基础，司法程序规则和原则的存在的前提是：个人之间及个人与国家之间的每一个争执都可以适用普遍性法律来解决。详见［英］哈耶克：《自由宪章》，杨玉生等译，中国社会科学出版社 2012年版。

事业组织都必须遵守宪法和法律"①。所有国家机关、社会组织和公民个人都依法享有和行使法定职权与权利，同时要承担和履行法定职责与义务。不可违抗的强制性是指一切违反宪法和法律的行为，必须予以追究。

（四）权力缺乏有效制约

马克思、恩格斯在总结巴黎公社经验的基础上提出以普选制为核心的权力制约思想，"为了防止国家和国家机关由公仆变为主人"，就要"把行政、司法和国民教育的一切职位交给由普选出来的人担任，而且规定选举者可以随时撤换被选举者"②。恩格斯1842年9月18日在《莱茵报》发表一篇题为《集权与自由》的文章，对法国基佐内阁政府的集权统治的批判和反思，他认为"集权始终是法国的立法中出现倒退的主要原因"③。马克思、恩格斯对权力制约监督的论述没有停留在权力运行的表面，而是深入对权力本源的追究上，对于中国当代法治建设具有重大的指导意义。

我们国家存在权力过分集中、权力很难受到有效制约的问题，社会上腐败现象的出现都与此分不开。当年，邓小平深刻认识到权力过分集中、不受制约的严重后果，他认为："权力不宜过分集中。权力过分集中，妨碍社会主义民主制度和党的民主集中制的实行，妨碍社会主义建设的发展，妨碍集体智慧的发挥，容易造成个人专断，破坏集体领导，也是在新的条件下产生官僚主义的一个重要原因。"④

权力制衡与监督是法治的重要原则⑤，要使权力得到有效制约必须确立权力制衡与监督原则。权力制衡是指对权力的限制和平衡，是通过平衡权力

---

① 见《中华人民共和国宪法》第五条，2018年3月11日第十三届全国人民代表大会第一次会议修正。

② 《马克思恩格斯选集》（第2卷）人民出版社1995年版，第335页。

③ 《马克思恩格斯全集》（第41卷），人民出版社1982年版，第393页。

④ 邓小平：《党和国家领导制度的改革》，载《邓小平文选》（第2卷），人民出版社1994年版，第326页。

⑤ 一个自由的健全的国家必然是一个权力受到合理、合法限制的国家，因为从事物的性质来说，要防止滥用权力就必须以权力限制权力，这也是法治精神的重要原则。阳光是最好的防腐剂，为了确保权力正确行使，保证人民赋予的权力始终用来为人民谋利益，就必让权力在阳光下运行，注重发挥制度的作用，建立健全决策权、执行权、监督权既相互制约又相互协调的权力结构和运行机制，增强监督合力和实效等，真正做到有权必有责、用权受监督、违法要追究。

之间的关系使得权力之间相互牵制，进而限制权力的扩张与滥用。制衡是权力结构内部以权力制衡权力，是平等的法律主体相互之间的制约与平衡。权力制衡一般发生在权力的运行前和运行之中，具有横向性和双向性等特征。权力监督是指对权力运行的监察和督促。权力监督以授权为前提，监督的主体与客体法律地位不同，监督的主体既可以是权力结构内部的监督，例如人大监督、审计、监察、检察机关的专门监督等，也可以是来自权力体系外部的监督，例如民主党派监督、新闻舆论监督等。权力监督一般发生在权力运行之中，更多的监督发生在权力运行之后，具有纵向性和单向性等特征。

习近平总书记指出，要解决权力过分集中和权力腐败的问题，就要"加强对权力运行的制约和监督，把权力关进制度的笼子里"①，就要充分发挥权力制衡与监督原则的作用，就要不断加强权力监督与制衡的制度创新，构建权力监督与制衡的合理结构，完善权力制衡的监督体系，整合权力制衡的监督力量，强化权力制衡的监督职能，加强执政党内部权力监督，还要规避权力监督与制衡的道德风险。② 权力制衡与监督的重心在于制约和监督"一把手"的权力，不仅要对"一把手"权力的行使进行制约和监督，还要对"一把手"权力的获得进行制约和监督，使之在监督约束中行使权力，在行使中又受到监督约束。

（五）制度建设存在短板

我国的法律制度划分为政治制度、经济制度、社会制度、文化制度、司法制度、监察制度、党内法规制度等。政治制度主要包括人民代表大会这一国家根本制度、中国共产党领导的多党合作和政治协商制度、民族区域自治制度和基层群众自治制度，这些制度体现中国特色社会主义政治制度的核心特征。经济制度主要包括所有制形式、社会财富分配制度及经济运行制度，如计划经济或市场经济等。经济制度也指一定社会各个经济部门和领域的各

---

① 见 2013 年 1 月 22 日习近平在十八届中央纪委第二次全会上的讲话。
② 详见吴振钧：《权力监督与制衡》第十一章至第十四章，中国人民大学出版社 2008 年版。

种具体的规章制度。社会制度主要指以保障民生和维护社会稳定为目的的社会保障和社会救济制度。① 文化制度主要包括教育、科技、文学艺术、广播电影电视、医疗卫生、体育、新闻出版、文物以及社会意识形态等方面的有关制度。司法制度是指司法机关及其他的司法性组织的性质、任务、组织体系、组织与活动的原则以及工作制度等方面规范的总称。我国的司法制度包括侦查制度、检察制度、审判制度、监狱制度、司法行政管理制度、人民调解制度、律师制度、公证制度、国家赔偿制度等。司法的人民性是我国司法制度与西方国家制度的根本区别。监察制度是指负责有监察职责的机关对政府各部门及其工作人员是否履行职责进行监督、纠举和惩戒的制度。党内法规制度是以党章为根本，以民主集中制为核心，以准则、条例等中央党内法规为主干，由各领域各层级党内法规制度组成的有机统一整体。

改革开放以来，我国法律制度建设成就突出。1997 年 9 月，党的十五大明确提出，到 2010 年形成中国特色社会主义法律体系的立法工作目标。2011年，我国宣布中国特色社会主义法律体系已经形成，国家经济建设、政治建设、文化建设、社会建设以及生态文明建设的各个方面实现有法可依。但是，我国的法律制度建设依然存在短板，主要表现在：第一，法律制度体系不够完备，重点领域、新兴领域相关法律制度存在薄弱点和空白区，尤其是涉外法治立法不足、司法不力、人才短缺等。第二，法律制度建设的成就并不能自动带来预期的法律和社会效果，有法不依、执法不严、违法不究的现象还存在于社会生活之中。第三，经济制度、社会制度、文化制度、司法制度、监察制度、党内法规制度等还不够完善，需要逐步健全。第四，有些制度与制度之间、有些制度内部、有些地方法规和乡规民约与国家制度之间存在互相冲突的问题。形成这些短板的重要原因，一是在快速建立起来的法律制度背后，还缺乏某种法律文化的支持；二是作为解决一统性问题的国家制度与作为解决地方性问题的地方法规和乡规民约，会形成不同的场域或相对独立

---

① 广义上的社会制度指反映并维护一定社会形态或社会结构的各种制度的总称，包括社会的经济、政治、法律、文化、教育等制度。

的社会空间，不同场域之间的冲突会导致国家法难以在乡村社会扎根落地。因此，没有法律制度背后的价值观念的支撑，就不可能达到预期的社会治理效果。

（六）队伍素质有待提高

依法治国要靠人来实现，法治中国要靠人来建设，当代法治文化也需要人来建设，没有一支思想政治素质好、业务工作能力强、职业道德水准高、忠于法律的法治工作队伍，依法治国就是空谈，当代法治文化建设就是空话，法治中国的建设就是空中楼阁。搞好法治队伍建设是依法治国、法治中国和当代法治文化建设的基本保证。

法治素质是指在法治社会中一个公民应具备的法律知识、应持有的法律态度、应秉承的法治理念、应奉行的守法行为以及运用和维护法律的能力。应具备的法律知识是指至少要知晓与自己工作、学习、生产、生活相关的法律常识；应持有的法律态度是指要信仰法律、遵守法律、运用法律、维护法律；应秉承的法治理念是指要坚持公平正义、民主自由、依法办事，权利与义务相统一等理念；应奉行的守法行为是指自觉遵守法律、履行义务；运用和维护法律的能力是指能够运用法律维护自己的权益，勇于同违法犯罪行为作斗争。法治文化研究应当分析公民法治素质缺失的文化背景及社会原因，探讨如何提高公民法治素质的措施和途径。

我们国家法治队伍的素质近十几年来有了整体性提高，但是仍然存在队伍素质参差不齐的问题。有的人员不具备基本的法律知识，有的人员不熟悉所在领域的法律法规，有的人员缺乏法治思维、不能运用法治方式处理问题。由于我国幅员广大、发展不平衡，城市与乡村、内地与边疆、经济发达与欠发达地区法律工作者的法治素质也存在参差不齐的问题。因此，我们需要着力推进立法、司法、行政执法专门队伍的正规化、专业化、职业化建设；我们需要打造一支高水平的法学家和专家团队，建设高素质的法学专兼职教师队伍；我们需要构建社会律师、公职律师、公司律师等优势互补、结构合理的律师队伍；我们需要大力培育公证员、基层法律服务工作者、人民调解员队伍；同时我们也需要创新法治人才培养机制，培养和造就熟悉法律、信仰法治、践行社会主义法治的后备人才队伍。

（七）法治运行机制有待完善

法治运行不尽如人意主要表现在两个方面：一是法律应有的权威尚未形成；二是运行机制不够畅通。

法律权威是指一切国家及社会行为均须以法律为依据，法律在整个社会调整机制和全部社会规范体系中居于主导和权威的地位，不得以道德、习俗、政策、领导人讲话或其他社会规范冲击或取代法律。新中国成立后，我们既有反右斗争和"文化大革命"等惨痛教训，也有有法不依、执法不严的历史教训，诚如卢梭所讲的那样："一旦法律丧失了力量，一切就都绝望了，只要法律不再有力量，一切合法的东西也都不会再有力量。"① 改革开放后，党和国家从以前主要依靠政策及人治化手段逐步转向依法执政、运用法治的方式治国理政，特殊历史条件下形成的领袖个人权威至上逐步转向树立法律的至上权威。但是在现实生活中，法律应有的权威尚未完全形成，尤其是宪法的权威和地位尚未达到应有的高度，还存在权大于法、以言代法、徇私枉法的现象，权力未能在法治的轨道上运行等问题。进入新时代，我们党更加意识到树立宪法与法律权威的重要意义。习近平总书记多次强调宪法的权威性，2012 年 12 月 4 日习近平总书记在首都各界纪念现行宪法公布施行 30 周年大会上的讲话中指出："宪法是国家的根本法，是治国安邦的总章程，具有最高的法律地位、法律权威、法律效力，具有根本性、全局性、稳定性、长期性。"在党的十八届四中全会上习近平总书记又强调"宪法的生命在于实施，宪法的权威也在于实施"。在 2014 年首个国家宪法日到来之际，习近平总书记再次强调，宪法是国家的根本法，是治国安邦的总章程，是党和人民意志的集中体现，具有最高的法律地位、法律权威、法律效力。2015 年，国家还以立法的形式确立了宪法宣誓制度。应当说在我们党和政府执政理念的层面，宪法与法律的地位已经得到确立。在实施和实践层面，我们国家宪法与法律

---

① 参见［法］卢梭：《社会契约论》，何兆武译，商务印书馆 2003 年修订版，第 146 页。

尚未完全形成应有的权威。

有关法治的运行机制不够畅通也是形成原因之一。例如，行政执法和刑事司法衔接机制就存在衔接机制不畅、运行机制不够科学的问题。薛江武认为，造成行政执法和刑事司法衔接不畅的主要原因在于：一是法律层级较低，制度刚性不足，由于相关法律中没有对检察机关监督行政执法机关移送涉嫌犯罪案件作出规定，行政执法和刑事司法衔接机制框架主要为行政法规、地方规定和各级检察机关与公安机关、行政执法机关会签的规范性文件，协调性安排多，强制性规定少。二是监督信息缺乏、知情渠道不畅，制约了行政执法和刑事司法衔接工作的有效开展，特别是在行政执法机关多头执法、行政处罚权力分散行使的情况下，行政执法信息整体上还处于情况不清、底数不明的状态，必然导致司法机关无法及时获取犯罪线索，检察机关发现监督线索的能力也严重受限，立案监督无法有效实施，严重影响了打击犯罪的效果。三是职能延伸有限、监督手段乏力，无法保障检察机关法律监督效果。当前检察机关对行政执法行为的监督，主要是立足对公安机关的立案监督职能适当向前延伸监督触角，虽已涉及行政执法领域，但整体上还是一种刑事立案监督。同时，案件移送标准不明确、证据标准不统一等问题，也在一定程度上影响了行政执法和刑事司法衔接工作的效果。此外，我国当前有些执法部门间的职责界限划分模糊，执法程序不规范，有些执法单位以部门利益为目的去执法，以罚款的方式处理违法行为，以罚代法、重罚轻管的现象还存在，也影响了执法的严肃性和公正性。

四、当代法治文化建设的路径

习近平总书记发出的"坚定文化自信，建设社会主义文化强国"号召，中国特色社会主义法治文化在深层次上反映中国当代法治的现状及其文化内涵。建设好中国特色社会主义法治文化对于实现建设中国特色社会主义法治体系和建设社会主义法治国家这个总目标，对于促进社会的公平正义、维护社会的和谐稳定、确保党和国家的长治久安既具有重大的理论意义，同时也具有重大的实践价值。

当代法治文化的建设路径可以有多条，但有一些最为基本的路径需要遵循，实施"六化"是法治文化建设的基本途径。

（一）推动政治的民主化

民主政治是人类政治生活追求的目标，说到底就是要实现人民当家作主。[①]总体来看，应当说中国的民主政治进程是在不断向前推进的，但其发展是渐进的、缓慢的，主要特点是由执政党主导推进与发展。致使中国政治民主化进程缓慢的原因有多种，但政治体制改革滞后是首要的原因。[②] 此外，中国古代历经数千年形成的官治、人治、集权专制的观念残余、当今社会经济发展不平衡形成的城乡贫富差别和东西部发展差别、既得利益集团形成的障碍以及民族问题的复杂性、国际上敌对势力的渗透和周边国家关系的不稳定等因素也在阻碍着中国政治民主化的进程。政治民主化一方面迫在眉睫，另一方面阻碍重重，如何推进中国的政治民主化进程？许多学者从不同角度提出

---

① 学术界普遍认为，政治民主化是指在人类历史发展进程中政治从少数人统治向多数人统治发展的过程。具体而言，政治民主化是指从传统社会向现代社会转型过程中政治的形式和内容从非民主走向民主、从专制走向民主的过程。改革开放以来，中国的民主政治发展取得了一些成果，出现了多方面的积极趋势。例如：领导干部终身职务制的废除，党与政府重叠的对口部门的取消；人民代表大会制度和政治协商制度的发展；村民自治制度和基层民主制度的创新；人事制度的改革；公务员制度的初步建立；行政机构的大部制改革；等等。周光辉认为，中国民主政治改革开放以来出现了十方面的积极趋势，一是国家和社会的关系从高度一体化转向适度分离，二是政府权力从中央高度集权转向寻求中央和地方集权与分权的相互协调，三是政治权威从神圣化转向世俗化，四是政治决策从注重经验转向注重科学，五是社会控制从以行政权力为主转向以法律控制为主，六是对权力主体从强调道德自律转向注重制度约束，七是政治文化开始从群众文化转向公民文化，八是政治参与从动员型转向自主型，政治参与制度化程度在提高，九是政治发展道路的选择从追求激进转向寻求渐进，十是从实行闭关自守政策转向全面的、全方位的对外开放。详见周光辉：《当代中国政治发展的十大趋势》，载《政治学研究》1998 年第 1 期，第 29—42 页。

② 现行政治体制中存在的诸多弊病。关于这一点，党和国家领导人也有清醒的认识。早在 1980 年 8 月的中共中央政治局（扩大）会议上，邓小平就作了《党和国家领导制度的改革》的讲话，成为进行政治体制改革的指导性文件，邓小平还多次强调，所有的改革最终能不能成功，还是决定于政治体制的改革。温家宝在一次答记者问中曾指出，政治体制改革势在必行，如果不进行，中国现在取得的经济社会建设的成就还有可能会失去，像"文革"那样的悲剧还有可能会发生。党的十八大报告明确指出："政治体制改革是我国全面改革的重要组成部分。必须积极稳妥推进政治体制改革，发展更加广泛、更加充分、更加健全的人民民主。"实践已经证明邓小平"所有的改革最终能不能成功，还是决定于政治体制的改革"论断的正确，因此，中国政治体制的改革势在必行。

一些措施。① 民主是一个过程，国情决定了中国民主化的进程只能采取渐进式，不能采取急风暴雨式的政治革命。② 中国的政治民主化应当充分地考虑中国当下的国情、现有的制度体系和法律依据以及改革的可行性，重点从以下三个方面推动中国的政治民主化。一是健全和完善人民代表大会制度入手，使人民代表大会真正成为国家的最高权力机构，使宪法赋予人大的各项职权真正落到实处。③ 二是政治民主化应将干部选拔作为切入点或突破口。在实质上要从任命制尽快过渡到真正意义上的民主选举制，形式上从举手表决改变为实行匿名票决制，过程中候选人要形成竞争，从等额选举改变为实行差额选举，层次上尽快从基层民主直接选举尽快扩大到省市级，在民主直接选举尚未到达的层级则推行协商民主和自由民主。④ 三是以有效的制约和监督

① 有的认为应当从扩大基层民主入手推进我国的民主化进程，这是一种"自下而上"的改革思路，是一种从体制外寻求我国民主化突破口的路径选择。详见荣敬本：《村民自治——民主的蝴蝶在飞》，载刘智峰主编：《中国政治体制改革问题报告》，中国电影出版社 1999 年版，第 320—326 页。有的认为，应当从建构市民社会入手推进我国的民主化进程，这也是一种"自下而上"的改革思路，是一种从体制外寻求民主化切入点的路径选择。详见邓正来：《国家与社会——中国市民社会研究》，四川人民出版社 1997 年版，第 4 页；方朝辉：《对 90 年代市民社会研究的一个反思》，载《天津社会科学》1999 年第 5 期。有的认为应当从另一种方式入手推进我国的民主化进程，主要是一种"自上而下"的改革思路，是一种从体制内寻求我国民主化切入口的路径选择。详见蔡定剑：《中国人民代表大会制度》，法律出版社 1998 年版，序言第 1 页。有的认为应当从完善党内民主入手推进我国的民主化进程，这是一种从现行体制内培育民主的生长点，沿着从党内到党外、从体制内到体制外的顺序，平稳有序地推动政治民主化进程的路径选择。详见胡伟：《党内民主与政治发展：开发中国民主化的体制内资源》，载《复旦学报》1999 年第 1 期；孙关宏：《改革党内选举制度是体制内民主化的切入点》，载《探索与争鸣》1999 年第 7 期；杨宏山：《试论中国政治民主化的路径选择》，载《云南行政学院学报》2000 年第 4 期。还有的学者主张从较为发达的大中城市和沿海地区入手推进我国的民主化进程；还有的学者主张从思想自由、新闻自由入手推进我国的民主化进程。上述观点均有各自的道理，但也存在目前不具有操作性或理论脱离国情的问题。

② 从现实的状况看，民主是社会主义的本质要求，中国的政治民主化不能照搬西方的模式，但民主是国家现行的一项政治制度，也是公民的一种政治权利；从趋势来看，民主必须与法治相结合，没有民主的法治是丧失基础的法治，没有法治的民主是无政府状态下的民主。

③ 人民代表大会制度是我国的根本政治制度，现实的问题在于，宪法赋予人民代表大会的权力没有真正落到实处，人大作为国家权力机关的地位和作用并未完全体现。宪法是国家的根本大法，拥有最高法律效力，依法治国首先是依宪治国，任何组织和任何个人都必须遵守宪法的规定，维护宪法的权威。因此，推进国家政治的民主化首先应当从健全和完善人民代表大会制度入手。

④ 就一般情况而言，任命制选出来的干部是对实施任命行为的上级机构或领导负责，而民主选举选出来的干部是对选民负责。现实的问题是，党委书记往往兼任人大常委会主任，干部选拔的权力集中于党委"一把手"，由"一把手"拍板决定，即使在党委班子内部，也缺乏真正意义上的民主，推动政治民主化就要把解决这个问题作为重中之重。民主选举是民主政治发展的基础，要稳固这个基础就必须实行真正意义上的民主选举。

防止集权演化为专制。在中国这样幅员广阔、人口众多、多民族、经济发展不平衡的大国，在特殊的发展时期不搞集权恐怕很难办成改革与发展中遇到的大事，很难解决国计民生面临的突出问题，在一个短时的、特殊的时期，执政者拥有集权可能会加快推进中国现代化的进程，因此，我们的关注点不应单纯地放在集权上，而应当放在这种集权是否有可能形成专制。为了防止集权转化为专制，就必须强化有效的制约和监督。① 习近平总书记在党的二十大报告中指出："我国是工人阶级领导的、以工农联盟为基础的人民民主专政的社会主义国家，国家一切权力属于人民。人民民主是社会主义的生命，是全面建设社会主义现代化国家的应有之义。全过程人民民主是社会主义民主政治的本质属性，是最广泛、最真实、最管用的民主。"同时指出："我们要健全人民当家作主制度体系，扩大人民有序政治参与，保证人民依法实行民主选举、民主协商、民主决策、民主管理、民主监督，发挥人民群众积极性、主动性、创造性，巩固和发展生动活泼、安定团结的政治局面。"要发展全过程人民民主、保障人民当家作主，就必须加强人民当家作主制度保障，全面发展协商民主，积极发展基层民主，巩固和发展最广泛的爱国统一战线。

（二）推进立法的科学化

2006年3月，全国人大提出立法科学性的命题②，这一命题既是将科学

---

① 民主政治是人类政治生活追求的目标，政治民主化是历史的必然，但就政治民主化的进程而言，在历史发展的一些特殊阶段，执政者的集权统治不见得都一无是处，也不见得都是弊病劣政。集权在我们所经历过的任何一个社会形态都存在，从治国理政的历史看，既有希特勒法西斯统治给世界人民带来苦难，也有汉朝的"文景之治"、初唐诸君的集权专制铸就的辉煌。西方一些民主国家实施的总统制做出了有益的尝试，其经验值得我们借鉴。所以，问题的关键不在于集权，而在于我们采取什么程序赋予这种权力，如何有效地制约权力的肆意乱为、如何有效地监督权力、如何把权力关进制度的笼子里、如何使权力在阳光下运行。美国的塞缪尔·P. 亨廷顿认为，"在那些传统政治制度或崩溃或软弱或根本不存在的政体中"，"强大的政党组织是唯一能最终排除腐化型的或力夺型的或群众型的社会动乱的选择"。在这种情况下，"政党就不仅仅是辅助性的组织，而是合法性和权威性的源泉"。详见［美］塞缪尔·P. 亨廷顿：《变革社会中的政治秩序》，王冠华等译，上海人民出版社2008年版，第87页。

② 2000年颁布的《中华人民共和国立法法》提出："立法应当从实际出发，科学合理地规定公民、法人和其他组织的权利与义务，国家机关的权力与责任。"这里只是提出科学地设定权利义务等问题，而没有就立法所有环节中的科学性作出规定。

性作为中国立法的价值判断，也是对中国立法理论的重大提升。立法的科学化主要表现在五个方面：① 一是科学地把握立法的主旨。推进立法的科学化首先必须明确每一项立法的主旨都在于维护公民的基本权利、维护国家和集体的利益、维护社会的秩序，这一主旨具有唯一性。② 二是科学地设定立法程序，立法科学化表现在程序上就是要求在议案、草案、讨论、通过、颁布这五个环节缺一不可，互相衔接，前后次序不能倒置，同时必须明确各个阶段的工作内容和传递给下一阶段的必备条件，确保立法"流水线"的通畅。③

---

① 有观点认为，科学立法是指立法过程中必须以符合法律所调整事态的客观规律作为价值判断，并使法律规范严格地与其规制的事项保持最大限度的和谐，法律的制定过程尽可能满足法律赖以存在的内外在条件。此定义表明科学立法要符合它的内在条件，即与其规制的事项保持契合，立法要与外在条件保持一致，是各种内在与外在因素共同作用的结果。也有人认为，科学立法科学性的主体要件是立法权的专属性，主观要件是立法过程的有准备性，客体要件是立法事态的法调整性，客观要件是立法行为的程序性。参见关保英：《科学立法科学性之解读》，载《社会科学》2007 年第 3 期。

② 本文认为，法治时代的立法应当体现出一种人文关怀，法律不仅要有硬度，还要有温度，这个温度就是以人性暖慰人心，使公民不是恐惧法律，而是信仰法律，遵守法律，维护法律，运用法律保护自己。同时，立法要尽可能完善，不要留有大的漏洞，不要成为导致社会成员做出非人性举动的原因。人本化应当是科学立法的本质体现，它涉及立法的目的和价值取向。立法应当顺应人性，以保障人的自然权利和社会权利为基本的价值取向，并将其作为出发点和归宿。当法的价值形态如正义、公平、平等、自由、秩序、效益等发生冲突时，以人为本是解决冲突的依据和标准，解决之道应当是衡量在当时的情景下哪种价值的实现更有利于人的权利保障。此外，李龙在《人本法律观简论》（《社会科学战线》2000 年第 6 期）中、危玉妹在《法律人性化价值取向与和谐社会建设》（《东南学术》2005 年第 5 期）中都阐述了法律人性化的问题。

③ 在立法程序的各个环节中，如何保证所立的法律法规中能够最大限度地反映民情、表达民意、体现人性是立法程序是否科学的本质要求。由于立法活动是制定对社会主体行为具有法律约束力、对社会成员利益具有重大影响的规范性法律文件的过程，这就要求立法者的视野不能局限于某个部门或某个方面，不能根据自己的意志和需要去制定法律法规。但我国存在的问题是，现行的许多部门法律法规多是由该部门起草制定，有些法律虽经全国人大常委会讨论审议，却很难完全跳出维护部门权益的藩篱。部门立法的弊端在于：设定法律的出发点难以避免从部门便于管理的角度出发，立法的内容容易出现注重维护部门利益而相对忽视社会大众权益的现象，更何况某些行政机关既是立法者，又是经营者和执法者；既当裁判员，又当运动员。例如：邮政法规是由行政部门制定的，而它同时又是邮政的经营者，那么邮政部门如果侵犯了公民的权益，就很难有办法去依法制约它。如果再让邮政部门去严格执法，那结果更是不堪设想。再如，假设 1999 年的那部由气象部门起草的气象法通过，那么不仅这部气象法将成为气象部门争夺专营权、罚款权和有偿服务权等"依法争利""依法扩权"的工具，而且我们普通民众将不能获得无偿了解气象信息的权利，甚至出现小区的老人义务为广大社区居民发布和提示气象也要被罚款的"超级"笑话。参见刘斌：《法治的人性基础》，载《中国政法大学学报》2008 年第 2 期。

三是科学地处理权利与义务的关系①，权利和义务是法律设立及运行过程的轴心，权利的实现总是以义务的履行为条件的。在法律调整的价值趋向上，权利与义务有主从关系，权利是目的，义务是手段，义务的设定应该以保障权利的实现为出发点，但就其本质而言，权利和义务是对立统一关系。② 四是科学地划分权利与权力的界限，法治社会应当是以权利为本位的社会③，在立法中科学地划分权利与权力的界限尤为重要，科学合理地规定国家机关的权力与责任也是立法科学化的重要体现。在设定国家机关的权力时，必须同时考虑国家机关应承担的责任。④ 五是科学地构建立法体制和机制⑤，中国

---

① 近代法律意义上的"权利"是19世纪末从西方输入中国的，我们很难给权利作出一个准确的定义。有人认为，权利是指在社会中产生并以一定社会承认为前提的、由其享有者自主享有的权能和利益。费因伯格认为给权利下一个"正规的定义"是不可能的，应该把权利看作一个"简单的、不可定义、不可分析的原初概念"。转引自夏勇：《人权概念起源》，中国政法大学出版社2001年版，第31页。

② 权利和义务是相辅相成的，任何一项法律权利都有相对应的法律义务，法律义务就是法律责任，享受权利的同时也必须履行义务。法律上的权利与义务是构成法律关系的基本要素之一。有人认为：从逻辑结构上看，权利和义务是对立统一的关系；从整体数量上看，权利与义务具有量上的等值关系；从价值功能上看，权利与义务具有互补关系；从法律运行的角度看，权利与义务之间具有制约关系；从法律调整的价值取向上看，权利与义务具有主从关系；等等。参见"法律168网站，网友关于法律关系构成的回复"。详见刘斌：《法治的人性基础》，载《中国政法大学学报》2008年第2期。

③ 张光博、张文显在《以权利和义务为基本范畴重构法学理论》一文中认为："从宪法、民法到其他法律，权利规定都处于主导地位，并领先于义务，即使是刑法，其逻辑前提也是公民、社会和国家的权利。"详见《求是》1989年第10期。孙国华在《法的真谛在于对权利的认可和保护》一文中认为，"权利最能把法律与现实生活联系起来的范畴"，"法的真谛在于对权利的认可和保护"。详见《时代评论》1988年创刊号。

④ 现在的问题是，立法主体在制定法律法规的过程中，偏重于考虑规定国家机关的权力，而对其应承担的责任考虑不够。公权力膨胀，很难受到约束；私权利萎缩，经常受到挤压。权力机关的权力太大，有时权力机关不作为，有时权力机关还乱作为；权力机关的管理意识太强，服务意识太弱，依法行政意识太差。

⑤ 现行的立法体制是：全国人民代表大会及其常务委员会制定、修改法律，国务院制定行政法规，国务院各部委在本部门的权限范围内制定部门规章，省、自治区、直辖市人民代表大会及其常务委员会制定地方性法规，省、自治区、直辖市和较大的市的人民政府制定地方政府规章，较大市的人民代表大会及其常务委员会制定报批准后施行的地方性法规，经济特区所在地的省、市的人民代表大会及其常务委员会制定在经济特区范围内实施的法规，民族自治地方的人民代表大会制定报批准后施行的自治条例和单行条例，中央军事委员会制定在武装力量内部实施的军事法规，特别行政区制定特区的法律法规，最高人民法院和最高人民检察院制定具有法律效力的司法解释。多级并存的立法体制意味着立法主体之间存在着级别之差，同时意味着法律效力存在着位阶之差；而多类结合是指民族自治法规、经济特区和港澳特别行政区的立法及其法规与上述其他立法及其所制定的规范性文件在类别上不同，适用的区域不同。

现行的立法体制是多级并存、多类结合的立法权限划分体制。① 要保证立法的科学性，必须科学地构建和创新立法机制。一是立法调研论证机制②，二是立法计划编制机制③，三是民主参与立法机制④，四是立法技术创新机制⑤，五是专家参与立法论证机制⑥，六是立法审议机制⑦，七是政府立法回避机制⑧，八是立法协调机制⑨，九是立法计划实施与清理机制⑩。

---

① 有人提出，立法中有一项工作长期被忽视，这就是司法解释的整理。我国公开正式的司法解释应该说是不多的，但非正式的司法解释多如牛毛（如最高司法机关的批文、公函以及内部解答等），存在三个问题值得讨论：一是司法解释的规格问题。司法实践中，哪些大量的非正式的司法解释都具有实际的法律效力，这既不科学，也不严肃，应一概禁止，凡是司法解释均应是正式的。首先要行文条理化，具有司法解释通常应有的格式；其次要公布，不能内部执行。二是越权司法解释问题，司法解释是在不违背立法精神的前提下，在现有法律的范围内，对个别法律问题进行具体的解答，否则就是越权解释，如通过对刑法的某某司法解释增加了一个刑法中没有的罪名，这就是越权解释，是违法的，这个问题应通过立法机关的监督予以解决。三是司法解释的杂乱无章，司法解释同法律、法规一样，也有一个汇编整理的问题，要使法制系统科学化，必须对司法解释予以整理，使之系统化。

② 立法是一项制定普遍性的行为规范及其运作秩序的活动，前提是要科学地选择立法调整对象，厘清在哪些方面最急迫、最需要立法、是否具备制定该项法律规范文件的基础和条件。

③ 立法主体要根据轻重缓急作出长计划、短安排，将前瞻性与现实性相结合，针对性与可行性相结合。

④ 民主参与立法是保证立法科学性的基石，只有广泛征求社会各方面、各阶层人士的意见才能反映民意、集中民智、符合民心。

⑤ 包括规范法律法规的名称，科学合理安排体例结构、章节设计、条款项排列，运用庄重、严谨、精练的法言法语等。

⑥ 立法是一项专业性很强的工作，相关领域的专家学者视野比较宽广，立场比较客观中立，对专业性很强的问题能作出较为准确的判断，是保证立法质量的重要因素。

⑦ 法律法规具有相对的稳定性，不能朝令夕改，所以立法主体的审议应当严肃认真，对问题或争议较大的法律法规草案必要时实行二审制，重要法规可以实行三审制。

⑧ 为了避免部门和地方本位主义可能影响立法程序及实体公正的情况，应当建立政府立法回避制度，为政府立法营造一个相对纯洁的制度环境。政府立法中的回避制度是指与某一立法项目有直接明显利害关系的单位和个人，不得参与行政法规或行政规章的起草、评审和审查，不得主导立法进程的制度。在起草阶段，回避的主体是政府中的某个或某些特定的职能部门。在评审阶段，负责立法评审的专家如果与立法项目有直接利害关系的，应当回避。在审查阶段，回避的主体只能是法制机构中的具体工作人员，而不是作为整体的法制机构，整体回避可能瓦解行政机关的管辖权，致使行政权系统的正常运转受到阻碍。

⑨ 系指立法主体在调研、起草、审议等各个环节应当加强与有关部门和群体的沟通与协调，充分发挥整体合力作用。

⑩ 系指立法主体应当提出具体可行的立法计划实施工作步骤表，明确任务、时间、人员，保证立法工作有序、高效进行，同时要根据社会发展与变化的需要，及时对已有的法律法规进行清理。本段文字的撰写参考了浙江省人大常委会课题组：《推进立法科学化的体制机制保障研究》，载《法治研究》2010年第5期。

（三）促进司法的人性化

司法人性化是指在司法活动中要以人的权利为核心，在符合法治精神和法治原则以及法定程序的基础上，充分地关心人、尊重人，兼顾人的正当情感、理性和需求，体现出一种人文情怀，这是司法以人为本价值取向的进一步延伸和发展。司法人性化要求司法必须尊重人的权利，包括与生俱来的自然权利和应当享有的社会权利和精神权利；① 要求司法理念要符合人性的正当需求；② 要求司法判决不能无视犯罪的社会原因，注意妥善处理好情、理、法的关系；要求在司法实践中不断强化人权意识和人权观念。③ 在司法活动中，尊重人、关心人、保障人的权利、突出人的主体地位、使司法行为更具有"人情味"，应当成为司法活动的理念和宗旨。近年来，我们国家的司法人性化虽然有了较大的进步④，但是离法治中国建设的要求还有很大的距离，因此如何推进司法的人性化就成为当代法治文化建设的重要内容。本文认为，以下六个方面是当前推进司法人性化的着力点：第一，要继续强化司法人员尊重人权这一最为基本的意识；第二，要培育司法人员的司法良知；第三，要树立司法为民的信念；第四，要培养司法人员公正司法的情怀；第五，要培养司法人员洞悉世情民意，恰当处理法、理、情关系的能力；第六，要将司法人性化纳入法治的轨道，作为司法改革的重要组成部分，通过上位立法整体协调、统筹安排。此外，司法的人性化如何"化"，"化"到什么程度，

① 在具体的司法活动中，司法人员必须尊重当事人，无论他们是违法还是犯罪，他们都具有无差别的人的共同本质，都要把他们当作人来看待，不能因为他们涉嫌违法或涉嫌犯罪，就给他们以非人的待遇、侮辱、虐待他们。

② 人的需求和满足既有正当的也有非正当的，正当的需求包括生存、尊严、自由、发展、亲情、名誉等，司法应当尽最大努力为满足人的这些正当需求提供保障。如果司法不能保障人的这些最起码的正当需求，那么司法的以人为本就是一句空话。

③ 近年来，人权保障越来越受到司法机关的重视，人性化司法在各地司法部门多有实践。比如，能够满足死刑犯在临刑前会见亲属这样一种人性需求，并不是对犯罪行为的宽容，而是为了更好地实现每一个人的权利，是司法机关尊重人权、司法走向人性化的表现。给犯罪者以应有的人文关怀，他们就多了一分成功改造、重新做人的希望，少了一分自暴自弃、再次为害社会的可能。即使他们中有的人不会再有"重新做人"的机会，也可以给他在临死前一点心理安慰，给他的亲属一点精神安慰，这就叫作司法的"终极关怀"。

④ 例如，司法实践中推行的恢复性司法、司法改革中最高人民法院推出的第二个《人民法院五年改革纲要》和《关于人民法院民事执行中查封、扣押、冻结财产的规定》、检察机关推行的"诉前走访"和办理未成年人刑事案件时试行"污点限制公开制度"等。

是法治文化建设中应当关注的一个问题，司法的人性化不能违背法律的基本原则，不能损坏法律的统一性，不能为"人性化"而"人性化"。①

（四）强化执法的文明化

执法是法律价值的实现方式，执法的文明化主要体现在行政机关的执法过程中，要求执法主体的执法行为必须限定在法定的权力范围内，执法主体的管理行为必须以法律为根据。要做到执法的文明化，第一，要做到执法规范化，规范化执法意味着要实现执法队伍的专业化、执法行为的标准化、执法管理的系统化、执法流程的信息化，要求着力构建完备的执法制度体系、规范的执法办案体系、系统的执法管理体系、有力的执法保障体系，同时要明确和细化法定的执法程序，使执法人员有章可循②，确保公正执法；要建立健全执法责任制和执法考评机制③，保证执法质量。第二，执法的文明化要求执法机关改变森严、冷峻的"专政"色彩和衙门作风，在严格遵守和执行法律上要"刚"，在执法的细节和手段上要"柔"，刚柔相济，彰显人性，体现出人文关怀。④ 第三，执法的文明化要求执法机构转变重管理、轻服务、

①　将司法人性化泛化或者不适度地使用，很可能冲击法律面前人人平等原则，因为司法人性化要求刑罚个别化，在具体的个案中对行为人及危害结果具体情况具体分析，既要考虑行为人的主观恶性，又要考虑刑罚执行的有效性，所以司法人性化与法律面前人人平等原则存在形式正义和实质正义的冲突。泛化或者不适度的司法人性化还可能引发道德价值与法律价值的冲突，道德价值与法律价值的矛盾运动有可能对司法人性化的推行产生两种负面导向：一是司法在追求公正的过程中忽视对当事人人权的保护；二是过分强调司法人性化而损害法律的尊严，使司法有失公正。详见刘斌：《法治的人性基础》，载《中国政法大学学报》2008 年第 2 期。

②　例如，公安部门每年修订《公安机关执法细则》，使警察的执法较之以前更为规范，但其他许多行政部门的执法并非有章可循。

③　详见刘斌：《法治的人性基础》，载《中国政法大学学报》2008 年第 2 期。

④　过分强调法律的惩治功能就会导致法律失去亲和力，过分强调执法的刚性化就会导致法律的僵化，过分强调法律的震慑力就会导致法律失去人性。在这一问题的处理上，中国古代汉朝的官吏就比秦朝官吏更有智慧和理性。秦朝的法律体系具有明显的"严而少恩"特色，百姓所能感受到的只是法律对自己极为严格的控制和惩罚，却无从体悟法律对自身的保障与呵护。秦末陈胜之所以能率同行戍卒揭竿而起，一个主要的原因就是秦律有戍守途中"失期，法皆斩"的硬性规定。汉朝时则比较重视法律的人性化，虽然立法上"汉承秦制"，但"执法宽平、议法从轻"。推崇执法宽平是汉代官场的主导倾向，以西汉张释之、于定国父子、东汉郭躬父子为代表的一批以执法宽平的官员，被奉为吏治的楷模。议法从轻的主张，同样在汉代的执法思想中占据主流，例如西汉后期的杜钦，主张"罚疑从去"，这与现代法理的"疑罪从无"相类似；东汉中期的陈宠，官至廷尉，其曾祖父陈咸是两汉之际的法学名家，他留给子孙的规诫就是："为人议法，当依于轻，虽有百金之利，慎无与人重比。"

重实体、轻程序的观念，构建以人性为基础、以人权为底线的执法新模式。第四，执法的文明化要求执法者注重执法效果，行政管理要"柔"①，行政指导要"实"②，要努力营造一种以人为本、体现人的价值、充满人文关怀的执法环境。第五，执法的文明化不能被扭曲，行政执法不能以罚代管，更不能使行政处罚成为常态。法治文化建设强调文明执法，是指在有法可依的基础上，讲究执法态度和执法方式，尊重执法对象的人格与尊严，而不能有损法律的权威，不能违背法律的基本原则，不能损坏法律的统一性，不能为"文明化"而"文明化"。③

（五）实现守法的常态化

守法是指按照国家的法律法规行为和处事，是宪法规定行为主体应尽的义务。④守法的主体既包括一切组织，也包括每一位公民；守法的内容既包

---

① 在传统的行政管理模式中，行政机关单纯依赖行政检查、行政许可、行政处罚、行政强制等强制性手段，这些刚性监管方式虽然见效快、显权威，但也易于激化行政机关与当事人之间的矛盾和冲突。实践证明，完全使用强制性执法已经不适应当前的城市管理，各级政府也正在积极探索"柔性"管理，改善政府形象。作为柔性监管方式之一的行政指导行为，近年来在行政实务中得到越来越广泛的运用。例如，泉州、北京、沈阳等地工商行政机关尝试运用行政指导，就取得了提高监管功效、构建和谐工商的积极效果。北京城管执法部门于2007年9月公布了将在全市逐步推开的六项柔性执法指导措施，取代曾经"一步到罚"的简单执法方式。比如，初次无照经营将只会受到告诫而不再处罚，摆摊设点、店外经营等违法行为也将不再仅依靠罚款进行处置，执法方式由刚变柔，更加人性化。参见莫于川：《刚性监管易致冲突，行政可以更"柔"些》，载《瞭望》2007年9月17日。

② 行政指导是行政机关在职责范围内实施的指导、劝告、建议、提醒等柔性管理行为，具有非强制性、示范引导性、广泛适用性、柔软灵活性、方法多样性、选择接受性、沟通协调性等诸多特点，它与行政合同、行政奖励、行政资助等非强制手段一道，构成柔性监管行为体系，在经济与社会管理领域发挥着积极作用。行政指导体现以人为本、行政为民的理念，有利于尊重和保障公民合法权益。

③ 本部分主要参照刘斌《法治的人性基础》一文的有关章节写成，见《中国政法大学学报》2008年第2期。

④ 我国《宪法》第五条第四款规定："一切国家机关和武装力量、各政党和各社会团体、各企业事业组织都必须遵守宪法和法律。"《宪法》第三十三条第四款规定："任何公民享有宪法和法律规定的权利，同时必须履行宪法和法律规定的义务。"《宪法》第五十一条规定："中华人民共和国公民在行使自由和权利的时候，不得损坏国家的、社会的、集体的利益和其他公民的合法的自由和权利。"《宪法》第五十三条规定，"中华人民共和国公民必须遵守宪法和法律"。

括履行法律义务，也包括依法行使权利。① 实现守法常态化的前提和基础在于一切组织和每一位公民知法懂法，知道自己应该干什么，不应该干什么，必须要做什么，什么行为是违法的，什么行为是合法的。尤其是国家机关、武装力量、政党、社会团体、企业事业组织要更应该做到知法懂法、依法办事。② 实现守法常态化的关键在于以上率下，领导干部带头守法，"法之不行，自上犯之"，领导干部守法的状况在很大程度上影响和决定着人民群众对法治的态度，所以能否实现守法常态化，领导干部是关键。③ 实现守法常态化需要有遇事找法、办事循法的制度安排。我们国家存在两种现象：一是有的人心存"青天情结"，发生纠纷不是通过法律途径来解决，而是"信访不信法、信官不信法、信闹不信法"；二是遇到问题找媒体曝光，力图形成舆情给有关部门施加压力，进而使问题得到解决。这些现象的根源并不在于老百姓，而在于我们的体制和机制存在弊端，制度安排存在问题。实现守法

---

① 履行法律义务是指按照法律法规的要求做出或不做出一定的行为以保障权益主体的合法权益得以实现，行使权利是指通过自己做出一定的行为或者要求他人做出或不做出一定的行为来保证自己的合法权利得以实现，行使权利要在法律授权的范围内，同时不得损害他人的合法权利。有学者就守法状态提出如下观点，认为守法状态是指守法主体行为的合法程度，守法状态包括守法的最低状态、守法的中层状态和守法的高级状态三种类型。守法的最低状态是不违法犯罪。在这种状态中，从守法的心理来说，守法主体对法的态度是否定的或模糊的，往往把法看成异己之物，以消极的心理去守法，虽为守法主体，却不是法的主人，法并没有自我内化。其之所以守法是因为法具有强制性，是为了避罪远罚。从守法的内容来说，守法者仅仅是或者主要是履行法律义务，没有充分行使法律权利。守法的中层状态是依法办事，形成统一的法律秩序。在这种状态中，从守法的心理来说，守法主体对法的态度是基本肯定的，但并未完全实现法的自我内化，守法主体还不是严格意义上的法的主人。从守法的内容来说，守法主体既履行法律义务，又行使法律权利。守法的高级状态是守法主体无论是外在的行为，还是内在动机都符合法的精神和要求。在这种状态中，从守法心理来说，守法主体对法的态度是完全肯定的，守法主体是以法的主人的姿态自觉地、积极地、主动地去守法，已完全实现了法的自我内化。从守法内容来说，守法主体严格履行法律义务，充分行使法律权利，从而真正实现法律调整的目的。

② 法治的真谛在于全体人民的真诚信仰和忠实践行，法治的观念深入人民的内心，人民才会遵守法律，法律权威才能真正树立，守法才能实现常态化。人民心目中形成的法治观念和法治信仰既是依法治国的内在动力，也是法治中国能够成为现实的精神支撑。只有增强全民的法治信仰，使信法、守法、用法成为全体人民的共同追求，使全体人民成为社会主义法治的忠实崇尚者、自觉遵守者、坚定捍卫者，全民守法才能成为社会常态，全面推进依法治国的社会基础才能夯实。

③ 领导干部由于身份特殊，带头守法会产生示范作用，起到引领社会风气、形成守法氛围的良好效果，但领导干部若不能以身作则，其违法行为也会引起公众的关注并产生巨大的负面影响，进而损害法律的权威，失去全民的信任。所以，各级领导干部应当率先垂范，对法律怀有敬畏之心，牢固树立法律红线不能逾越、法律底线不能触碰的观念，不能以言代法、以权压法、徇私枉法，不能行使不该由自己行使的权力，带头做遵守宪法和法律的模范，努力养成依法办事的习惯，带动全体人民自觉尊法守法，让全民守法成为社会常态。

常态化必须尽快提高违法的成本。① 因违法成本低而形成的违法案件比比皆是，网络泄密、证券领域的内幕交易与市场操纵、制假屡禁不止、诈骗频频发生等，均与违法成本太低相关，有些单位甚至发生"前罚后继"的情况，尤其是在医药、食品和环境保护等领域发生的违法犯罪行为更是触目惊心。要让全民守法，就必须改变违法成本低的现状；要改变违法成本低的现状，必须提高违法成本，让敢于冒犯法律的当事人付出极其昂贵的代价。②

（六）保障监督的高效化

我们国家现有多种类型的监督，例如政治监督、行政监督、法律监督、社会监督、民主监督、舆论监督、党内监督等，如果依据实施监督的主体来划分，主要有六种类型：一是人大监督③，二是检察机关监督④，三是纪检监

---

① 违法成本是指当事人为其违法行为所付出的代价，违法成本低是诸多违法行为频繁发生的主要原因，以网络用户信息泄露的事件为例：连锁酒店多达 2000 万条客户开房信息遭泄露、借贷宝 10G 裸贷照片和视频压缩包在网上广泛流传、雅虎 2 亿用户数据泄露、中国铁路购票网站 12306 漏洞危机、小米论坛遭"脱裤"导致 800 万小米社区用户数据泄露，2017 年 3 月，京东与腾讯协助公安部破获一起窃取和盗卖公民信息多达 50 亿条的特大案件……参见刘艳：《违法成本太低导致个人信息泄露频发》，载《科技日报》2017 年 3 月 15 日，第 1 版。

② 2013 年 2 月 23 日，习近平在十八届中央政治局第四次集体学习时的讲话中强调指出："要坚决改变违法成本低、守法成本高的现象，谁违法就要付出比守法更大的代价，甚至是几倍、十几倍、几十倍的代价。"2014 年 10 月 23 日中国共产党第十八届中央委员会第四次全体会议通过的《中共中央关于全面推进依法治国若干重大问题的决定》中又强调要"加强社会诚信建设，健全公民和组织守法信用记录，完善守法诚信褒奖机制和违法失信为惩戒机制，使尊法守法成为全体人民的共同追求和自觉行动"。

③ 人大及其常委会的监督权是宪法和法律赋予的职能，监督的对象主要是"一府一委两院"及其工作人员，监督的内容与范围主要涉及人民群众当家作主的重大问题和那些带有根本性、长远性的重大事项，实施监督的特点是集体行使监督权，即监督意向的确定，监督行为的实施，监督结论的形成，都要按照法定程序，经过集体讨论，通过会议表决来决定。人大及其常委会行使监督权不是事无巨细，样样都管，不能包办代替"一府一委两院"的工作，不能直接处理或办理案件，做到既不失职，又不越权，对监督检查中发现的问题，应责成有关部门予以处理解决。人大代表、人大常委会委员个人视察、调查只能提出意见和建议，或为人大及其常委会行使监督权提供信息和建议。主任会议和常委会的工作机构也主要是为常委会的监督做必要的准备和组织协调、了解督办等工作，不能直接作出决定和进行处理，任何处理决定都由人大及其常委会集体作出。

④ 检察机关的法律监督是以国家名义进行，负有确保国家法律统一正确实施、防止权力滥用的神圣职责。依据现行的检察院组织法和三大诉讼法，法律监督的方式主要有四种：一是通过控诉犯罪，督促全体公民尊重和遵守法律；二是通过参与诉讼，维护法律适用的合法性；三是通过调查职务犯罪，促使国家官吏勤勉、廉洁和依法行事；四是通过对确有错误的刑事、民事和行政裁判的抗诉，维护司法公正。按照不同的标准、从不同角度可以对法律监督进行分类，检察机关的法律监督在理论上具有权威性，但实践中并不尽然，其主要原因是受体制与机制的制约，现行的检察关自上而下实行垂直的业务领导，但地方各级检察机关的人事权、财政权又归地方各级人大和政府。这种权力结构和行政隶属于依附关系，使地方各级检察机关很难抗衡地方的权力干预。当涉及地方利益时，法律监督很可能就会屈从地方保护主义的需要。

察监督①，四是审计监督②，五是人民政协监督③，六是新闻舆论监督④。应当说，我们国家对于权力监督的种类不可谓之少，但是存在效率不高、效果不尽如人意的情形。人民代表大会虽然是最高权力机构，但其实施的监督并

---

① 纪检、监察部门是履行党内监督和行政监督职能的重要机构，其监督对象是所有行使公权力的公职人员，尤其是领导干部。近年来纪检、监察监督在国家的反腐败和廉政建设中发挥着极其重要的作用，查办了许多重大案件，取得了举世瞩目的成效。党的十八大以后，监督执纪实行"四种形态"，巡视和派驻"两个全覆盖"已被实践证明是行之有效的监督方式。在充分肯定近年来纪检监察监督取得巨大成就的同时，学界与业界对于纪检监察监督中的"双规"、办案过程中的变相逼供、部分巡视组生硬的工作方式等方面都认为有改进之必要。

② 审计监督是行政监督的类型之一，监督的内容主要涉及的是财务，监督的对象既包括机关企事业单位，也包括领导干部个人。2015年12月，中共中央办公厅、国务院办公厅印发《关于完善审计制度若干重大问题的框架意见》，对于完善审计制度、保障依法独立行使审计监督权作出部署和安排，文件要求审计监督要与追责问责紧密结合，要纳入所在单位领导班子民主生活会及党风廉政建设责任制检查考核的内容，并作为领导班子成员述职述廉、年度考核、任职考核的重要依据，同时要求审计全覆盖和领导干部任期满必须接受审计监督，这充分体现了把纪律和规矩挺在前面的党纪要求，对于从源头上、体制上治理经济秩序和防范腐败有着重要的意义。

③ 人民政协监督是民主监督的一种类型，是中国共产党领导的多党合作和政治协商制度的必然要求，也是共产党与民主党派长期共存的基本条件。我们国家实行多党合作制度，由于共产党处在执政地位，更加需要自觉接受民主党派和无党派人士的监督。人民政协通过提出意见、批评和建议等方式对国家宪法法律和法规的实施、重大方针政策的贯彻执行、国家机关及其工作人员的工作实施监督，监督的形式包括会议监督、视察监督、提案监督、专项监督、其他形式监督。实践中人民政协监督往往忽视监督的"制约"功能，把主要的监督对象集中在与政府相关的一些事务监督方面，忽略了监督内容的核心要求是对中共党委机关和政府机关的事关大局的政策和机关人员的行为进行监督。实践表明，人民政协的民主监督作用的发挥不尽如人意，缺乏完善的制度保障，要增强人民政协民主监督的实效性、发挥好民主监督的作用，还需要不断完善相关制度，创新民主监督的机制。但是人民政协的民主监督是协商式的非权力监督。有人认为，要进一步完善民主党派民主监督的机制。一是健全内部制度，形成民主监督合力。民主党派要建立民主监督制度，建议设立民主监督内设工作机构，要在工作机构的统一运作下，形成民主监督的合力。二是建立民主监督资料库和专家库。民主监督要用事实来说话，掌握合乎实际的丰富的党政工作资料，建立可共享的资料库是十分必要的；民主监督是一项政治性和专业性都很强的工作，为此，各党派应建立民主监督专家库。三是建立民主监督的信息共享机制。要最大最优化地发挥民主监督的作用，各民主党派应建立民主监督信息共享机制，减少监督资源浪费，提升民主监督的质量。四是进一步完善执政党与参政党的政治协商机制。规范协商的内容和形式；规范协商的程序，一般应未经协商不作决策，甚至可规定凡未经协商的议题，人大有权拒绝审议。参见姜仿其：《新时期民主党派民主监督的特点及改进对策》，载《人民论坛》2013年11月18日。还有较为激进的观点认为，提高民主监督的实效要寻找两条出路：一是融合到权力监督中，将监督事实和社情民意提供给权力监督部门，实现以权制权；二是联合社会舆论和广大群众，借助媒体和公众压力，实现制约。民主党派的民主监督具有平行制约和自下而上监督的双重优势，并具有政治协商、参政议政的便利条件。因此，民主党派只要能充分发挥自身优势，切实立足以民为本，从群众中汲取力量，敢为和善为，就一定能不断地提高民主党派民主监督的实效。

④ 新闻舆论监督从本质上讲也是民主监督的一种类型，是人民群众行使民主权利的有效形式，是社会主义民主政治的重要内容，是扩大公民有序参与政治的重要手段，也是社会主义政治文明的重要标志。参见刘斌：《论传媒与司法公正》，载《社会科学论坛》2005年第6期。

非最具权威性，而且不同程度地存在"不便监督、不好监督、不敢监督、不善监督、不愿监督"的问题，地方人大"议而不决、决而不行、行而无果"的现象屡见不鲜。① 此外，从监督对象看，对下级监督多、对本级监督少；从监督范围看，对事监督多、对人监督少；从监督效果看，程序性监督多、实质性监督少；从监督方式看，温性监督多、刚性监督少。形成这些问题的原因主要是监督体制不顺畅②、监督法律不健全③。要充分发挥人大的监督作用，首先，应当完善体制、理顺机制。建议取消党委书记兼任同级人大常委会主任的做法，各级人大常委会的主任要专职单设，列为同级党委常委会班子成员，同时兼任同级党委的副书记，确保人大常委会法律赋予的政治地位

---

① 有诸多因素在很大程度上制约了地方人大常委会监督工作的有效开展，主要表现为：体制不顺，不便监督；保障不力，不敢监督。按理说，地方人大拥有财政预算审批权和国有资产监督以及干部任免权，涉及人、财、物的问题解决起来相对比较容易，人员、车辆、经费、办公设施等后勤保障应该到位。而实际上地方各级党政"一把手"分别掌握着人事权和财政权，处于绝对的主导和支配地位；人大机关的人员调配、干部任用、经费保障仍然受制于党委、政府的掌控之中，如人员编制、经费开支、办公用房、车辆配备、设施改善等都有赖于政府给予保障，补选代表、日常办公和召开人代会、代表活动经费等开支的增加也要向政府"打报告"申请，不然的话人大正常工作就难以开展。这些相互制约因素的存在，客观上造成了地方人大在监督工作中不敢动真碰硬，怕得罪"一府两院"以后难办事，更怕分寸把握不好让对方难堪，自己最后也下不了台。所以平常不管是工作监督，还是法律监督，一般只是"点到为止"，有些情况下不愿触及深处，更不敢动用强制措施查处问题，亮剑监督；对党委部门和上下级"双管垂直部门"讳莫如深，无形中使人大监督出现盲区和"真空地带"；执法检查、信访接案、审议监督过程中即便发现和暴露出涉及具体的人与事也容易避重就轻，大事化小、小事化了；对自己任命的不胜任岗位工作，甚至违法乱纪的干部和国家机关领导人员，如果没有党委纪检部门的处理决定，很难依法独立提出撤职罢免案，对"一府两院"主要负责人不敢监督、不愿监督，可能出现"你好我好、大家都好"、不愿意得罪人的情况。详见张天科：《浅谈地方人大监督中存在的问题及对策》，载《公民导刊》2015年第9期。

② 就一般情况而言，地方重大问题大都是由党委、政府联合决定，以党委和政府联合行文下发，如果这个决定与法律、法规相悖，人大则无法通过监督予以纠正。同时，有的地方人大常委会主任由同级党委书记兼任，政府"一把手"又是党委"二把手"，因而拥有权力最大且最需要监督的各级党政主要领导往往成为本级人大机关权力监督的盲区。

③ 宪法、地方组织法和监督法只对人大监督的内容、范围和形式作了原则性规定，不够明确具体。特别是对不服从监督的事或人没有追究责任的法律依据，缺乏可操作性。例如，在人代会上如果出现政府、法院或检察院的工作报告没有通过的情形，人大如何处理则无法可依，束手无策。再如，人大如何处理政府、法院或检察院不落实人大的审查意见和代表的意见建议等情形，于法无据。另外，如果"一府一委两院"不去执行人大的决定或决议，或违反决定与决议办事，人大拿什么去追究，法律也"缺席"。还有，人大在什么情况下可以罢免由它产生的"一府一委两院"工作人员，法律并无明确规定。

与社会地位相一致。① 同时，要理顺党委与人大、人大与政府、监察委、法院、检察院的关系②，把党的重大决策部署通过人大的法定程序上升为国家权力机关与全体人民的共同意志。其次，人大及其常委会要依法履职，把宪法赋予的监督权、重大事项决定权和人事任免权有机结合起来，三项权力并用，树立权威，形成威慑力，提升人大监督的效能。再以当前最具效力的纪委监督为例，纪检机关监督下一级党政机关的领导干部尚属可行，但是监督同级的党政领导干部就存在不便监督甚至不敢监督的情形；以国家名义行使

---

① 张天科在一篇文章中认为：目前，地市以上人大常委会主任多由同级党委书记兼任，从表面上看是加强了党对人大工作的领导，但实际上大多是"只挂帅不出征"，反而削弱了人大工作；现县区一级人大常委会主任多实行单设，专人专职，虽然可以集中时间和精力抓好人大工作，但由于人大常委会主任不是同级党委常委，而政府行政长官不仅是同级党委常委，而且主要负责人一般都担任同级党委副书记，无疑形成了人大常委会与政府实际排位的倒挂和监督与被监督关系的错位，不便监督，也无法监督。现实工作中，人大及其常委会要监督"一府两院"工作和行政副职问题不大，但要监督担任同级党委副书记和同级党委常委的"一府两院"特别是政府主要负责人难度较大；加之日常工作中党政职能难以明确分开，一些地方党委领导习惯于包揽具体事务的管理，动辄以党委常委会议事决策，作出决议、决定，代行地方国家权力机关职权，涉及本区域经济和社会发展重大事项，多以党委、政府联席会议审议决策或联合发文决定；作为地方国家权力机关的审议决定权无形中被替代，依法监督也会陷入"两难"境地，会存在再背个"唱对台戏"的罪名实在不划算的顾虑；正因为历史和社会原因以及受各类因素制约，致使一些地方人大工作常常处于被动局面，底气不足，难有作为。张天科：《浅谈地方人大监督中存在的问题及对策》，载《公民导刊》2015年第9期。

② 人大虽然是最高权力机关，但其实施监督也要符合宪法和法律的规定，在法律规定的职权范围内，按照法定的程序对法定的对象进行监督。同时按照现行规定，人大及其常委会实施监督必须在同级党委的领导之下进行，重大问题必须及时向党委请示报告，这也是一项必须执行的政治原则。人大及其常委会的监督既要着力解决"不敢监督"、"不愿监督"、"不便监督"以及"不作为"的问题，同时要注意"不善监督""乱用权""错用权"的现象。建议在地级市以上人大设立一个督查工作委员会，对下级人大及其常委会的监督工作进行督导检查，力求监督工作既不越位包办代替，又不错位缺席失职。同时，对人大及其常委会监督的典型案件要通过主流的报刊、电视、网站等媒体曝光，形成社会舆论压力。这样既可以规范人大监督工作行为，又可以促使各级人大及其常委会的监督工作实现"阳光监督"。同时要逐步形成党委领导与决策、人大决定与监督、政府执行，监察委、法院、检察院各司其职的运行机制，人大及其常委会应当大胆运用法律允许的"刚性"监督手段，加大人大监督工作的力度，行使和履行好监督权；对于关乎国计民生等一些重大问题，要敢于和善于行使重大事项决定权；要进一步理顺党管干部与人大依法任免干部的有效途径和方法，使人大成为名副其实的"最高权力机关"。人大及其常委会要加强计划与预算监督，督促政府转变经济管理职能；加强行政行为监督，督促政府依法行政；加强对司法机关的监督，促进司法公正；加强执法检查监督，促进相关工作的落实；加强自身建设，促进人大监督工作的规范化、制度化和高效化。同时，各级人大及其常委会对监督、检查、审议的每一件事要过问到底，限期整改，要把完善监督处置制度作为一项重要工作来抓，努力做到件件有着落、事事有答复，从根本上提高监督水平。

法律监督的检察机关，其监督作用发挥得并不充分；审计监督与追责问责结合后其作用得到显著的提升，但在审计实践中存在走过场、讲形式的情形；人民政协监督作为民主监督的主要类型，存在着不具有法律强制性和纪律约束力的问题，新闻舆论监督作为民主监督的另一种类型，在廉政建设和全民守法的实践中发挥着重要的作用，但主流媒体存在着监督受限、网络新媒体存在着报道不实和煽情操作等问题。就总体情况而言，我们国家各种类型监督的效果近年来有了较大的提升，但是确实存在监督渠道不畅、监督效率不高、监督作用发挥不够的问题，形成这种情况的根本原因依然在于受现行的体制与机制的制约，而这些问题也正是法治文化建设中需要着力解决的问题。

五、当代法治文化建设的措施

（一）思想意识层面

建设中国特色社会主义法治文化，首先要在思想意识层面遵循党的二十大精神，充分认识建设中国特色社会主义法治文化的意义，除了前文提到的增强法治意识、树立法治信仰、弘扬法治精神、提升法治素质，还要在思想意识层面确立四项原则。

一是法律至上原则。法律至上是法治的本质体现，也是实现法治的首要条件。法律至上意味着法律具有至高无上的权威，神圣不可侵犯；意味着法律高于其他任何行为规范，在整个社会规范体系中具有至高无上的地位；意味着法律是评判公民、法人和国家机关行为最基本的准则，是解决社会冲突与纠纷最基本的手段。法律至上的体现是：国家机关的一切职权根源于法律，应当依法行使；其他任何社会规范都不能与法律相冲突；任何组织或者个人都不能有超越宪法和法律的特权；社会生活中的各个方面都必须依靠法律来进行调整；所有政党、组织、个人都必须在法律的范围内活动；法律高于国家领导人的个人意志。法律至上原则具有至高的规范性、普遍的适用性和不可违抗的强制性三个属性。法律至高的规范性是指在所有的行为规范中，宪法处于至高无上的地位，一切法律、行政法规和地方性法规都不得同宪法相抵触；在整个社会规范体系中，法律最具权威性，一切法规与制度规范不得同法律相抵触。普遍的适用性是指"一切国家机关和武装力量、各政党和各社会团体、各企业事业组织都必须遵守宪法和法律"①。所有国家机关、社会组织和公民个人都依法享有和行使法定职权与权利，同时要承担和履行法定职责与义务。不可违抗的强制性是指一切违反宪法和法律的行为，必须予以追究。

二是法律面前人人平等原则。最早明确提出"法律面前人人平等"口号的是古希腊时期的希罗多德和修昔底德②，作为一项基本原则，被写入1776年7月4日美国的《独立宣言》和1789年8月27日法国的《人权宣言》。清末民初，中国进步思想家将这一原则从西方传入中国，1912年3月11日公布的《临时约法》第一次将该原则规定在中国的宪法中。"法律面前人人平等"作为近现代民主国家的法治原则之一，学术界普遍认为其含义包括三个方面：（1）任何公民，不分民族、种族、性别、职业、家庭出身、宗教信仰、教育程度、财产状况、居住期限，都一律平等地享有宪法和法律规定的权利，也都平等地履行宪法和法律所规定的义务；（2）公民的合法权益都一律平等地受到保护，对违法行为一律依法予以追究，决不允许任何违法犯罪分子逍遥法外；（3）在法律面前，不允许任何公民享有法律以外的特权，任何人不得强迫任何公民承担法律以外的义务，不得使公民受到法律以外的惩罚。③ 在对"法律面前人人平等"原则中"平等"二字的理解上，学术界曾经

---

① 见《中华人民共和国宪法》第五条，2018年3月11日第十三届全国人民代表大会第一次会议修正。

② 梭伦是古希腊杰出的政治改革家和诗人，生活在雅典国家形成初期，公元前594年，当选为雅典执政官。他在诗中写道："我制定法律，无贵无贱，一视同仁，直道而行。"（《雅典政制》）一个半世纪之后，希罗多德在《历史》一书中这样写道："人民的统治的优点首先在于它的最美好的名声，那就是在法律面前人人平等。"参见曹前：《梭伦最早提出"法律面前人人平等"的原则》，载《华东师范大学学报》1983年第1期。伯里克利斯在阵亡将士国葬典礼上的演说中提出："我们的制度（指雅典奴隶制民主制度）之所以被称为民主政治，是因为政权在全体公民手中，而不是在少数人手中。解决私人争执的时候，每个人在法律上都是平等的。"[古希腊]修昔底德：《伯罗奔尼撒战争史》，谢德风译，商务印书馆1960年版，第130页。

③ 1952年，沈钧儒先生问毛主席："资产阶级提倡'法律面前人人平等'，我们社会主义法律应当怎样？"毛主席回答说："我们在立法上要讲阶级不平等，在司法上要讲阶级平等。"参见李光灿：《论法律面前平等》，载《社会科学辑刊》1980年第4期。

存在"包括立法上的一律平等"与"适用法律上的一律平等"两种认识，前者以潘念之、齐乃宽为代表①，后者以刘广明、李步云、李光灿等为代表②，但现在对于"平等"的解读，基本上倾向于后一种观点。

三是尊重和保障人权原则。宪法是人权的保障书。③《世界人权宣言》第一条开宗明义："人人生而自由，在尊严和权利上一律平等。"第二条强调指出："人人有资格享有本宣言所载的一切权利和自由，不分种族、肤色、性别、语言、宗教、政治或其他见解、国籍或社会出身、财产、出生或其他身份等任何区别。"从人权性质和特征的角度，有学者将人权大致分为五类：人身人格权利，政治权利与自由，经济、社会和文化权利，弱势群体和特殊

---

① 潘念之、齐乃宽认为，"'在法律面前人人平等'是一项重要的法制原则，当然应该包括立法、司法、执法等各个方面"，"特别是立法上的平等更是其他方面平等的先决条件"，"我们所说的在立法上体现的'在法律面前人人平等'，首先指的是全体公民，除了依法剥夺权利的人以外，都平等地享有直接或间接参与立法活动的权利"，"用'立法'、'司法'等不同概念来限制'平等'的范围，缩小其意义，以'保卫'社会主义法律的阶级性，是大可不必的"。详见潘念之、齐乃宽：《论"在法律面前一律平等"》，载《光明日报》1980 年年 2 月 9 日，第 3 版。

② 刘广明认为："我们讲法律面前人人平等，不是指法律本身，不是在立法上人人平等，而是在适用法律上，即在司法上人人平等。"见刘广明：《公民在适用法律上一律平等》，载《社会科学辑刊》1979 年第 4 期。李步云认为："我们讲公民在法律上一律平等，着重是从司法方面来说的，主要是指公民在适用法律上一律平等。至于立法，我们并不规定所有公民都平等，人民和阶级敌人是必须区别的。"见李步云《坚持公民在法律上一律平等》，载《人民日报》1978 年 12 月 6 日，第 3 版。李光灿认为："'法律面前人人平等'指的是在司法上的平等（即适用、执行、遵守法律的平等），它并不包括立法方面。在立法上是不能讲阶级平等的，资产阶级是这样，我们也是这样。"见李光灿：《论法律面前平等》，载《社会科学辑刊》1980 年第 4 期。

③ 早期以人权规设国家权力的代表性法律文件是英国 1679 年的《人身保护法》、1689 年的《权利法案》，这两个宪法性文件以保障人权和自由为宗旨，而英国 1701 年的《王位继承法》第一次确立了法律高于王权的原则。其后美国 1776 年的《独立宣言》、1787 年的《美国宪法》、1789 年法国的《人权与公民权宣言》相继颁布，保障人权成为世界潮流。1948 年 12 月 10 日，联合国颁布《世界人权宣言》，1966 年联合国又形成《经济、社会、文化权利国际公约》和《公民权利和政治权利国际公约》。2004 年，十届人大二次会议通过宪法修正案，首次将"国家尊重和保障人权"写入《中华人民共和国宪法》。当今世界上有 170 多个国家的宪法几乎无一例外地规定了对人权的保护，我国宪法也单列章节较为详细地规定了对公民基本权利的保护。依据《中华人民共和国宪法》的规定，公民的基本权利大致包括政治权利、人身权利和社会权利三大类，其中政治权利包括选举权和被选举权、表达自由的权利、宗教信仰自由权利、批评和建议的权利、控告或检举的权利等，人身权利包括人身自由、人格尊严不受侵犯、住宅不受侵犯、通信自由和通信秘密等，社会权利包括劳动的权利、休息的权利、社会保险与社会救济权利、受教育的权利以及进行科学研究、文学艺术创作和其他文化活动的自由等。

群体权利，国际集体（或群体）权利。① 就人权存在的形态而言，主要分为两类：第一类是必然享有的自然权利，包括人身权（生存权、健康权、平等权、婚姻家庭权等）、自由权（人身自由等）、人格权（名誉权、肖像权、隐私权等）等基本权利，这些权利是人与生俱有的自然权利，是超越社会关系、超越历史发展、不可转让的权利，除非是构成法律规定的某些罪行，否则是不可剥夺的、永恒的，任何他人、社会组织和政府都不能干预、侵犯和剥夺。第二类是公民应当享有的社会权利，包括自由权（言论、结社、集会、示威、出版、通信自由，宗教信仰自由，文化艺术创作自由等）、受教育权、劳动权、休息权、财产权（包括知识产权）、选举与被选举权、知情权、参政议政权、监督权、知情权、诉讼权、发展权、社会保障权、社会救济权等，这些权利是公民要求国家积极作为、使公民在社会活动中拥有并予以保障的权利。这些权利不同于人的自然权利，它因时代和国度不同而不尽相同。② 人权保障原则明晰了宪法的正当依据，同时人权原则也深化了宪法的规范内涵。③ 人权保障是衡量社会发展的尺度，"人权发展是经济发展的价值目标和表现形式，尊重和保障人权是政治进步的必然要求和重要标志，刻塑人性、捍卫人权是文化发展的根本要求和本质体现，尊重人的权利是社会保障的核心价值和现实需要，维护人的生态权益是实现人与自然和谐发展的必然选择和根本标志"④。

四是坚决维护监察与司法机关依法独立行使职权的原则。《中华人民共和国宪法》第一百二十七条规定："监察委员会依照法律规定独立行使监察权，不受行政机关、社会团体和个人的干涉。"第一百三十一条规定："人民法院依照法律规定独立行使审判权，不受行政机关、社会团体和个人的干涉。"第一百三十六条规定："人民检察院依照法律规定独立行使检察权，不受行政机关、社会团体和个人的干涉。"监察与司法机关依法独立行使职权

---

① 详见广州大学人权理论研究课题组：《中国特色社会主义人权理论体系论纲》，载《法学研究》2015 年第 2 期。
② 详见刘斌：《法治的人性基础》，载《中国政法大学学报》2008 年第 2 期。
③ 严海良：《"国家尊重和保障人权"的规范意涵》，载《法学杂志》2006 年第 4 期。
④ 李碧云：《当代中国社会发展的人权尺度》，湘潭大学 2017 年博士学位论文。

既是一项宪法原则，也是一项组织原则，还是一项办理案件和诉讼活动原则。这项原则要求在形式上体现监察与司法组织独立、监察与司法活动独立、监察与司法人员在行使职权过程中独立，在内涵上体现监察与司法活动不受任何行政机关、社会团体与个人的干预和支配，在制度上能够保障监察与司法人员依法独立行使监察与司法职权。监察与司法机关依法独立行使职权原则的顺利实施，必须解决"去行政化""去地方化""去外部干涉"三个问题。"行政化"使法官、检察官对法院和检察院产生一种整体的依附性，而缺乏个体的独立性，虽然近年来的司法改革推行主审法官和主诉检察官负责制，但是法院和检察院整体上的行政色彩并没有减多少，司法的行政化成为影响司法机关独立行使职权的一块"顽疾"。"地方化"是影响监察与司法机关独立行使职权的另一块"顽疾"，只要监察委、法院、检察院的人、财、物依赖地方不独立，就很难避免"地方化"。① 从体制上讲，虽然监察委与检察院实行垂直领导，相对于法院而言情况要好一些，但是就目前的情况看，依然不能真正脱离地方独立运行。"外部干涉"也是一个困扰监察与司法机关依法独立行使职权的一块"顽疾"，党的十八届四中全会之后采取的"打招呼备案登记"等措施虽然在一定程度上减轻了外部干涉，但是现实中依然存在外部干涉由公开转向后台和私下的情形。

（二）体系制度层面

建设中国特色的社会主义法治文化，在体系制度层面要着力于以下四个方面。

一是着力抓好法治体系的五个方面建设。建设中国特色社会主义体系在党的十八届四中全会上被确定为总目标，其中法律规范体系的建设需要不断根据社会发展的新需求及时地制定、修订、废止法律法规，法律规范体系的建设中，"坚持党的领导是根本，完善立法体制是重点，科学立法、民主立法、依法立法是途径，发挥立法的引领和推动作用是驱动，加强重点领域立

---

① 参见陈卫东：《司法机关依法独立行使职权研究》，载《中国法学》2014年第2期。

法是基础，加强立法队伍建设是支撑"①。法治实施体系建设的根本在于把法条规定落到实处，转化为实际行为。法律的生命力在于实施，法律的权威也在于实施，法治实施体系建设的重心在于法的遵守、法的执行和法的适用，即所有组织和公民个人都应当严格依照法律规定去行为，国家行政机关及其公职人员都应当依照法定职权和程序贯彻与执行法律，司法机关和司法人员都应当依据法定程序，准确地应用法律处理案件。法治监督体系建设的重心在于规范和约束公权力，充分发挥现行的党内监督、人大监督、民主监督、行政监督、司法监督、审计监督、社会监督、舆论监督的作用，增强监督合力，形成科学有效的权力运行制约和监督体系。法治保障体系最本质的特征是党的领导，而中央全面依法治国领导小组是党中央深化依法治国实践的组织保障和重大举措。党内法规制度体系既是管党治党的重要依据，也是建设社会主义法治国家的有力保障，治国必先治党，治党务必从严，从严必有法规，法规必成体系，体系必须到位。完善的党内法规制度体系要以党章为根本遵循，健全和完善"1+4"为基本框架的党内法规制度体系。② 法治文化建设的任务就是要使法律规范体系更加完备、法治实施体系更加高效、法治监督体系更加严密、法治保障体系更加有力、党内法规制度体系更加完善。

二是坚持两个"三位一体"共同推进和一体建设。2012 年 12 月 4 日，习近平在首都各界纪念现行宪法公布施行 30 周年大会上的讲话中提出："坚持依法治国、依法执政、依法行政共同推进，坚持法治国家、法治政府、法治社会一体建设。"在 2013 年 2 月中央政治局第四次集体学习时的讲话中，他又进一步指出要"坚持依法治国、依法执政、依法行政共同推进，坚持法治国家、法治政府、法治社会一体建设，不断开创依法治国新局面"。党的十八届三中全会、十八届四中全会、十九大也反复强调三个"共同推进"和

① 参见李适时：《形成完备的法律规范体系》，载《求是》2015 年第 2 期。
② "1+4"为基本框架的党内法规制度体系中的"1"是指党章，"4"系指党的组织法规制度、领导法规制度、自身建设法规制度和监督保障法规制度。在法治体系的五个方面，法律规范体系是法治中国建设的基础，法治实施体系是法治中国建设的关键，法治监督体系是法治中国建设的重心，法治保障体系是法治中国建设的刚需，党内法规体系是法治中国建设的重要组成部分。

三个"一起建设"。在党的二十大报告中，习近平总书记再次强调指出："我们要坚持走中国特色社会主义法治道路，建设中国特色社会主义法治体系、建设社会主义法治国家，围绕保障和促进社会公平正义，坚持依法治国、依法执政、依法行政共同推进，坚持法治国家、法治政府、法治社会一体建设。"全面依法治国是国家治理的一场深刻革命，关系党执政兴国，关系人民幸福安康，关系党和国家长治久安。就三个"共同推进"的关系而言，依法治国是党领导人民治理国家的基本方略，依法执政是党治国理政的基本方式，依法行政是政府行为的基本准则。① 依法治国是统帅，依法执政和依法行政是依法治国的内在要求，三者相辅相成，紧密联系，不可分割，能否做到依法治国，关键在于党能不能坚持依法执政，各级政府能不能依法行政。所以只有共同推进才能实现国家治理体系和治理能力现代化。在"三位一体推进"中，政府依法行政是重心，共产党依法执政是关键，实现依法治国是目标。

法治国家、法治政府、法治社会一体建设的内涵是②："建设法治国家是

---

① 具体地讲，依法治国就是广大人民群众在党的领导下依照宪法和法律规定，管理国家事务、管理经济文化事业、管理社会事务，依法治国的根本目的是维护人民当家作主的地位，保证人民充分行使当家作主的权利，同时依法治国也是完善国家治理体系与提升国家治理能力的基础与保障。依法执政就是执政党依据宪法和法律的规范，建立科学的领导机制和工作机制，切实做到"三统一""四善于"，使党内生活更加规范化、程序化，使党内民主制度体系更加完善。依法行政要求政府法定职责必须为，法无授权不可为，符合合法行政、合理行政、程序正当、高效便民、诚实守信、权责统一六项基本要求。

② 学术界对"法治中国"的内涵主要有多种不同层面和角度的阐释与解读：一是从国家法治、地方法治、行业法治三大重点板块的层面和角度；二是从科学立法、严格执法、公正司法和全民守法的法治四环节的层面和角度；三是从健全民主、完善法制、制约权力、尊重人权、保障公正的法治五要素的层面和角度；四是从党的十八大报告提出的我国政治、经济、文化、社会、生态文明建设和发展"五位一体"总体布局的层面和角度；五是从法治国家、法治政府、法治社会三者统一的层面和角度等。"法治政府"的内涵是：职能科学、权责法定、执法严明、公开公正、廉洁高效、守法诚信。法治政府建设是法治国家建设的重心所在，国务院《全面推进依法行政实施纲要》第三条将法治政府建设具体化为七项目标，《中共中央关于全面深化改革若干重大问题的决定》第九部分第三十一条对建设法治政府进行了顶层设计。"法治社会"一般是指法律在全社会得到普遍公认和严格遵守的一种社会状态。从社会治理的角度来说，法治社会则是强调基层组织、广大公民和社会团体等社会主体尊崇法律，宪法和法律得到有效遵守和实施，公民和社会组织依法规范民主管理，开展各项活动，促进社会和谐团结，保障公平正义和人民权益得到切实维护和落实，社会治理在法治轨道上运行。参见陆德生：《党的十八大以来中国特色社会主义法治理论的新发展》，载中国共产党新闻网，http：//dangjian. people. com. cn/GB/n1/2016/0722/c117092 – 28577855. html。

根本任务和远大目标，建设法治政府是核心任务和关键环节，建设法治社会是基础任务和普遍要求。"① 习近平总书记在党的二十大报告中指出："法治政府建设是全面依法治国的重点任务和主体工程。转变政府职能，优化政府职责体系和组织结构，推进机构、职能、权限、程序、责任法定化，提高行政效率和公信力。深化事业单位改革。深化行政执法体制改革，全面推进严格规范公正文明执法，加大关系群众切身利益的重点领域执法力度，完善行政执法程序，健全行政裁量基准。强化行政执法监督机制和能力建设，严格落实行政执法责任制和责任追究制度。完善基层综合执法体制机制。"同时指出："法治社会是构筑法治国家的基础。弘扬社会主义法治精神，传承中华优秀传统法律文化，引导全体人民做社会主义法治的忠实崇尚者、自觉遵守者、坚定捍卫者。建设覆盖城乡的现代公共法律服务体系，深入开展法治宣传教育，增强全民法治观念。推进多层次多领域依法治理，提升社会治理法治化水平。发挥领导干部示范带头作用，努力使尊法学法守法用法在全社会蔚然成风。"② 在"三位一体建设"中，法治社会建设是基础，法治政府建设是重心，法治国家建设是目标。用习近平总书记的话说，就是"三者各有侧重，相辅相成，法治国家是法治建设的目标，法治政府是建设法治国家的主体，法治社会是构筑法治国家的基础。要善于运用制度和法律治理国家，提高党科学执政、民主执政、依法执政水平"③。

"共同推进、一体建设"体现了整体部署、协同推进的系统思维。习近平总书记指出，全面依法治国是一个系统工程，必须统筹兼顾、把握重点、整体谋划，更加注重系统性、整体性、协同性。"共同推进、一体建设"既以目标为着眼点，强化统筹谋划、顶层设计，又以关键领域为着力点，以重点问题突破引领带动全局工作发展，凝结着习近平总书记对法治建设所处阶段和当前形势任务的深刻洞察，是立足中国实际、总结中国经验、回答中国

---

① 莫于川：《法治国家、法治政府、法治社会一体建设的标准问题研究——兼论我国法制良善化、精细化发展的时代任务》，载《法学杂志》2013 年第 6 期。

② 见 2022 年 10 月 16 日习近平总书记在中国共产党第二十次全国代表大会上的报告。

③ 见 2018 年 8 月 24 日习近平总书记在中央全面依法治国委员会第一次会议上的讲话。

之问的精辟论断，是推进全面依法治国的科学思路和有效方法。法治建设各环节、各领域彼此关联、相互影响，牵一发而动全身，零敲碎打、单兵突进已经不能适应社会发展的需要，只有在国家、政府、社会各个层面，治国、执政、行政各个方面构建系统完备、科学规范、运行有效的制度体系，才能实现法治建设各个环节相互配合、协同运转，从而最大限度地将制度优势转化为治理效能。①

三是推进党领导依法治国的制度化、法治化。党的领导是中国特色社会主义最本质的特征，是社会主义法治最根本的保证，也是全面推进依法治国的应有之义。推进党领导依法治国的制度化、法治化，既是顺应法治建设规律的必然选择，也是提升党的领导水平和执政能力的现实需求，更是国家治理领域的一场广泛而深刻革命。党既要领导立法、保证执法，也要支持司法、带头守法。社会主义法治必须坚持党的领导，党的领导必须依靠社会主义法治。② 推进党领导依法治国的制度化、法治化要完善和健全相关的制度体系和工作机制，充分发挥中央全面依法治国委员会的作用。当代法治文化建设的一条重要任务就是为中央全面依法治国委员会负责的全面依法治国顶层设

---

① 熊选国：《坚持依法治国、依法执政、依法行政共同推进，法治国家、法治政府、法治社会一体建设》，载《人民日报》2021年3月16日。

② 付子堂认为，要形成这样的新格局，就要正确处理好四个关系：一是党领导立法与立法机关科学立法的关系。要善于把党的主张通过法定程序成为国家意志，善于使党组织推荐的人选通过法定程序成为国家政权机关的领导人员，善于通过国家政权机关实施党对国家和社会的领导，善于运用民主集中制维护中央的权威、维护全党全国的团结一贯穿立法的全过程，更好发挥法治固根本、稳预期、利长远的保障作用，从制度上、法律上保证党的路线方针政策的贯彻实施。二是党保证执法与行政机关严格执法的关系。要深入推进依法行政，使各级政府坚持在党的领导下、在法治轨道上开展工作，建立权责统一、权威高效的依法行政体制，加快建设职能科学、权责法定、执法严明、公开公正、廉洁高效、守法诚信的法治政府。三是党支持司法与司法机关公正司法的关系。要善于运用法治思维和法治方式领导司法工作，完善司法管理体制和司法权力运行机制，规范司法行为，加强对司法活动的监督，保证公正司法，提高司法公信力，努力让人民群众在每一个司法案件中感受到公平正义。四是党带头守法与全民守法的关系。党员特别是领导干部要带头维护宪法和法律的权威，带头遵守和贯彻宪法和法律，增强法治意识，提高法治思维和依法办事能力，以领导干部示范引领的实际行动营造人人遵守法律、全社会崇尚法治的良好风气。同时，还要加强党内法规制度建设，完善党内法规制定体制机制，形成配套完备的党内法规制度体系；注重党内法规同国家法律的衔接和协调，提高党内法规执行力，实现依规治党与依法治国的有机统一。详见付子堂：《全面依法治国必须加强党的领导》，载中国法学会法治研究所，https://fzyjs.chinalaw.org.cn/portal/article/index/id/693.html。

计、总体布局、统筹协调、整体推进、督促落实创造良好的法治环境，为确保党领导依法治国制度体系的全局性、稳定性和长期性的工作机制的顺畅化、具体化、精细化营造良好的法治文化氛围。

四是依法治权，把权力关进制度的笼子里。把权力关进制度的笼子里，目的是要解决权力规范运行问题，对权力进行有效约束，防止权力失控、行为失范。① 把权力关进制度的笼子里，实行真正意义上的民主集中制既是基础，也是根本。② 贯彻民主集中制必须解决观念上的三个误区：（1）"一把手"等同于"第一权力人"；（2）"班长"等同于"家长"；（3）"集中"等同于"书记拍板"，党的领导是集体领导，既不能"书记谈意向，委员齐响应"，也不能"集体讨论，书记拍板"，更不能认为"集中"就是"一把手"

---

① 习近平总书记在十八届中央纪委二次全会上指出："要加强对权力运行的制约和监督，把权力关进制度的笼子里，形成不敢腐的惩戒机制、不能腐的防范机制、不易腐的保障机制。"在第十八届中央纪律检查委员会第五次全体会议上他又强调指出："从大量案件看，领导干部违纪违法问题大多发生在担任一把手期间。有的践踏民主集中制，搞家长制、一言堂，居高临下、当'太上皇'，手伸得老长，个人说了算，顺我者昌、逆我者亡，处心积虑树立所谓'绝对权威'，大有独霸一方之势。有的人被查处后讲：'我的一个批示可以让一个企业获得巨大利益，可以让亲朋好友获取好处，可以让一个人改变处境，可以办事顺利、一路绿灯。'有的人就反省说，省委领导对地市一把手多是给政策，多是鼓励，而少有严格要求，少有监督；同级和下级根本不敢监督一把手，这就造成一把手权力失控。一把手位高权重，一旦出问题，最容易带坏班子、搞乱风纪。一把手权力集中，受到的监督很少，遵章守纪基本上靠自觉，这样能不犯错误、不出问题吗？我们必须用刚性制度把一把手管住，保证一把手正确用权、廉洁用权。这不是对干部要求苛刻，而是爱护和保护干部。领导干部要自觉接受组织和群众监督，这对自己有好处，可以警醒自己始终秉公用权，避免跌入腐败的陷阱。"

② 《中国共产党章程》规定党的民主集中制有六项基本原则：（1）党员个人服从党的组织，少数服从多数，下级组织服从上级组织，全党各个组织和全体党员服从党的全国代表大会和中央委员会。（2）党的各级领导机关，除它们派出的代表机关和在非党组织中的党组外，都由选举产生。（3）党的最高领导机关，是党的全国代表大会和它所产生的中央委员会。党的地方各级领导机关，是党的地方各级代表大会和它们所产生的委员会。党的各级委员会向同级的代表大会负责并报告工作。（4）党的上级组织要经常听取下级组织和党员群众的意见，及时解决他们提出的问题。党的下级组织既要向上级组织请示和报告工作，又要独立负责地解决自己职责范围内的问题。上下级组织之间要互通情报、互相支持和互相监督。党的各级组织要使党员对党内事务有更多的了解和参与。（5）党的各级委员会实行集体领导和个人分工负责相结合的制度。凡属重大问题都要按照集体领导、民主集中、个别酝酿、会议决定的原则，由党的委员会集体讨论，作出决定；委员会成员要根据集体的决定和分工，切实履行自己的职责。（6）党禁止任何形式的个人崇拜。要保证党的领导人的活动处于党和人民的监督之下，同时维护一切代表党和人民利益的领导人的威信。

个人说了算。① 把权力关进制度的笼子里，要合理界定公权力行使的边界，对过于集中的权力进行制衡，但前提是要有制度这个"笼子"，重心是这个"笼子"空间的大小、网眼的疏密要合适，关键在于这个"笼子"的质量，不能被权力一冲撞就破。从防范腐败的角度讲，这个"笼子"要打造"不敢腐的惩戒机制、不能腐的防范机制、不易腐的保障机制"的三维刚性之网。所以，当代法治文化建设的一项重要任务，就是依法设定权力、规范权力、制约权力、监督权力。②

（三）社会实践层面

建设中国特色的社会主义法治文化，在社会实践层面要重点落实以下三项措施。

一是强化第一责任人的担当约束机制。中共中央办公厅、国务院办公厅关于《党政主要负责人履行推进法治建设第一责任人职责规定》自 2016 年 11 月 30 日开始施行，党政主要负责人作为履职的第一责任人必须做到五个坚持：（1）坚持党的领导、人民当家作主、依法治国有机统一；（2）坚持宪法法律至上，反对以言代法、以权压法、徇私枉法；（3）坚持统筹协调，做到依法治国、依法执政、依法行政共同推进，法治国家、法治政府、法治社会一体建设；（4）坚持权责一致，确保有权必有责、有责要担当、失责必追究；（5）坚持以身作则、以上率下，带头尊法学法守法用法。③ 在推进法治建设中，党委和政府主要负责人除分别履行六项主要职责外④，还要有约束

---

① 参见刘有明：《县委书记如何提高贯彻执行民主集中制的本领》，载《中国党政干部论坛》2010 年第 5 期。

② 具体而言：一是要在建立制度上下功夫，把没有的制度尽快建立起来，不能给滥用权力留有缺口；二是要在完善制度上下功夫，及时补充、修正、废止现有的一些制度，形成系统完备、科学规范、运行有效的制度体系；三是要在落实制度上下功夫，有令即行，有禁即止，严肃追究，坚决执行；四是要在维护制度上下功夫，制度约束没有例外，制度面前没有特权，强化领导干部要严格执行法律制度、带头维护法律制度的观念。

③ 详见中共中央办公厅、国务院办公厅关于《党政主要负责人履行推进法治建设第一责任人职责规定》第三条。

④ 党委主要负责人应当履行六项主要职责：一是充分发挥党委在推进本地区法治建设中的领导核心作用，定期听取有关工作汇报，及时研究解决有关重大问题，将法治建设纳入地区发展总体规划和年度工作计划，与经济社会发展同部署、同推进、同督促、同考核、同奖惩；二是坚持全面从严治

性规定。①当代法治文化建设的任务就是要强化第一责任人的约束机制，使其真正成为推进当地法治建设的组织者、推动者和带头实践者，使法治建设由软任务转变为硬指标。

二是重点抓好法治队伍建设。搞好法治队伍建设是当代法治文化建设的基本保证。依法治国要靠人来实现，法治中国要靠人来建设，当代法治文化也需要人来建设，没有一支思想政治素质好、业务工作能力强、职业道德水准高、忠于法律的法治工作队伍，依法治国就是空谈，当代法治文化建设就是空话，法治中国的建设就是空中楼阁。搞好法治队伍建设是依法治国、法治中国和当代法治文化建设的基本保证。我们需要着力推进立法、司法、行政执法专门队伍的正规化、专业化、职业化建设；我们需要打造一支高水平的法学家和专家团队，建设高素质的法学专、兼职教师队伍；我们需要构建社会律师、公职律师、公司律师等优势互补、结构合理的律师队伍；我们需

（接上页）党、依规治党，加强党内法规制度建设，提高党内法规制度执行力；三是严格依法依规决策，落实党委法律顾问制度、公职律师制度，加强对党委文件、重大决策的合法合规性审查；四是支持本级人大、政府、政协、法院、检察院依法依章程履行职能、开展工作，督促领导班子其他成员和下级党政主要负责人依法办事，不得违规干预司法活动、插手具体案件处理；五是坚持重视法治素养和法治能力的用人导向，加强法治工作队伍建设和政法机关领导班子建设；六是深入推进法治宣传教育，推动全社会形成浓厚法治氛围。详见中共中央办公厅、国务院办公厅关于《党政主要负责人履行推进法治建设第一责任人职责规定》第五条。政府主要负责人也应当履行六项主要职责：一是加强对本地区法治政府建设的组织领导，制定工作规划和年度工作计划，及时研究解决法治政府建设有关重大问题，为推进法治建设提供保障、创造条件；二是严格执行重大行政决策法定程序，建立健全政府法律顾问制度、公职律师制度，依法制定规章和规范性文件，全面推进政务公开；三是依法全面履行政府职能，推进行政执法责任制落实，推动严格规范公正文明执法；四是督促领导班子其他成员和政府部门主要负责人依法行政，推动完善政府内部层级监督和专门监督，纠正行政不作为、乱作为；五是自觉维护司法权威，认真落实行政机关出庭应诉、支持法院受理行政案件、尊重并执行法院生效裁判的制度；六是完善行政机关工作人员学法用法制度，组织实施普法规划，推动落实"谁执法谁普法"责任。详见中共中央办公厅、国务院办公厅关于《党政主要负责人履行推进法治建设第一责任人职责规定》第六条。

① 这些规定包括：一是党政主要负责人应当将履行推进法治建设第一责任人职责情况列入年终述职内容，上级党委应当对下级党政主要负责人履行推进法治建设第一责任人职责情况开展定期检查、专项督查。二是上级党委应当将下级党政主要负责人履行推进法治建设第一责任人职责情况纳入政绩考核指标体系，作为考察使用干部、推进干部能上能下的重要依据。三是党政主要负责人不履行或者不正确履行推进法治建设第一责任人职责的，应当依照《中国共产党问责条例》等有关党内法规和国家法律法予以问责。详见中共中央办公厅、国务院办公厅关于《党政主要负责人履行推进法治建设第一责任人职责规定》第七、八、九条。

要大力培育公证员、基层法律服务工作者、人民调解员队伍；同时我们也需要创新法治人才培养机制，培养和造就熟悉法律、信仰法治、践行社会主义法治的后备人才队伍。

三是充分发挥法治类器物设施的功能与作用。法治类器物设施是指用来弘扬法治精神、保障法律制度实施的建筑物、器具、服饰以及相关的设施。法治类器物设施大致可以分为法意建筑、法意器具、法意服饰和法意设施四类。法意建筑是指专门用来立法、司法、执法和法治宣传的场所或建筑物。包括人民大会堂、法院、检察院、监狱、看守所、少年犯管教所、刑场、讯问室、监室等。① 法意器具是指为了保障法律的实施、法治理念的传播和司法活动的正常进行而专门制作或配备的器物。包括戥秤、法槌、警车、警具、强制器械、独角兽等。② 法意服饰是指为了维护法律的尊严、彰显法律的神

---

① 例如法庭，是法官进行法律聆讯、审判诉讼案件的特定场所。法庭的布局非常有讲究，就建筑规模而言，我国法庭分为大、中、小三种，内部分为审判区和旁听区两大区域。依据《最高人民法院关于法庭的名称、审判活动区布置和国徽悬挂问题的通知》的规定：人民法院开庭审理民事、经济、海事、行政案件时，审判活动区按下列规定布置：法庭内法台后上方正中处悬挂国徽；审判活动区正中前方设置法台，法台的高度为 20 厘米至 60 厘米；法台上设置法桌、法椅，为审判人员席位，其造型应庄重、大方，颜色应和法台及法庭内的总体色调相适应，力求严肃、庄重、和谐；法台右前方为书记员座位，同法台成 45°角，书记员座位应比审判人员座位低 20 厘米至 40 厘米。有条件的地方，可以将书记员的座位设置在法台前面正中处，同法台成 90°角，紧靠法台，面向法台左面，其座位高度比审判人员座位低 20 厘米至 40 厘米。审判台左前方为证人、鉴定人位置，同法台成 45°角。法台前方设原、被告及诉讼代理人席位，分两侧相对而坐，右边为原告席位，左边为被告席位，两者之间相隔不少于 100 厘米，若当事人及诉讼代理人较多，可前后设置两排座位；也可使双方当事人平行而坐，面向审判台，右边为原告座位，左边为被告座位，两者之间相隔不少于 50 厘米。刑事案件开庭时，法台之下的布局与上述有所不同，张建伟认为："法庭布局看似寻常，却承载着一个国家或者社会的司法文化，体现司法文明的进步，如此看来，显然也是不可等闲视之的。"详见张建伟《法庭布局：诉讼文化的外在体现》，载《人民法院报·法律文化专刊》2012 年 3 月 23 日。

② 例如法槌，法槌是由中国古代的惊堂木演变而来，当然也借鉴了西方法院的法槌。在全国法院推广使用法槌的原因，一是法槌体现了现代司法理念，二是审判实践的需要，三是批判地继承了历史传统，四是与国外通行做法相协调，五是有助于增强法庭的权威性和严肃性。各级法院现在使用的法槌均取"花梨木"的材质，寓意人民法官刚直不阿、坚韧不拔的优秀品质；圆柱形槌身，矩台形底座，取"智圆行方"之意，明示方圆结合、有规矩成方圆，暗喻司法公正、法律的原则性与灵活性结合，象征法官应是智慧和正义的化身。槌身与底座的深红颜色，凝重庄严、烘托法庭庄严神圣的气氛、体现司法的尊严；以槌击座，声音清脆响亮，寓意敲定，内含"一槌定音"之意。再如独角兽，本名"獬豸"，它是最能体现中国古代司法寓意的象征物之一。相传它是中国历史上第一位大法官皋陶身边的一只神兽：它似鹿非鹿，似马非马，双眼圆睁，怒目而视，头上长着独角，当遇到疑难案件，只要将它牵出，它就能撞击真正的罪犯。我国古代司法官员的衣服上也绣有"獬豸"的图案，

圣而专门制作的服装与饰物。包括法官服、检察官服、警服、律师服、服刑人员服装、徽章等。①法意设施是指为了宣传法律知识、传播法治理念、弘扬法治精神而专门设立场所和设施。包括法治类的图书馆、纪念馆、展览馆、教育基地、法治长廊、法治广场、法治文化主题乐园以及法意雕塑等。就总

（接上页）这种形象实际是一种工具主义的象征。英国1635年威斯敏斯特委员会颁布法令规定：英国法袍分为正装法袍和便装法袍，正装法袍为猩红色，便装法袍有黑色和紫色两种。在审理刑事案件及圣徒日、国王生日和其他重大礼仪场合时穿着猩红色正装法袍，并装饰白貂皮；在审理民事案件时穿着便装法袍，紫色或黑色由法官自行选择。美国学者伯尔曼将法袍作为象征法官职责的符号，表示司法是一种正式庄严的行为，类似宗教仪式。张薇薇认为法袍具有"屏障"作用，"虽然在实体的制度构设上法袍无能为力，但法袍可以在形式上保护司法权与司法者，在法律情感上拒斥一些藐视和干涉司法过程与司法独立的险恶动机。法官身穿与众不同的法袍，就无形中与不穿法袍的广大群体形成了一定的距离感。特别是法袍象征权力和地位，使穿着者有一份尊荣和自豪，无意间会增强对法律和司法神圣性的追求和对不偏不倚、公正司法的热爱。而一些觊觎司法权（侵害或扭曲司法权行使与本质）的人看到法袍，在视觉中的第一印象是司法的神圣和权威毕竟是可视的——众目共睹、众望所归的。而黑森森的法袍、肃然的法官神态无疑会震慑一批居心叵测的人。身穿法袍的法官由于形式上远离公众（媒体）和政治权势，能够平静下来兼听则明，作出独立的、公正的判断。可以说黑色的法袍让法官从人群中回到判席上'从台前走到台后'，以更超然更独立的第三者身份去看待世事、定分止争。"参见郑智航《鬼神观念与法律文化》，载《人民法院报》2004年10月18日，第4版。

① 以法官袍为例，法官袍不只是一件服装，它还象征着法律的神圣、司法的威严和法官的崇高地位，承载着司法正义的理念。法官身穿法袍是司法礼仪的一部分，或者说是形式化的司法。西方早期的法袍有红、黑、粉红、紫、蓝和绿等多种颜色，其中以红色和黑色最为常见。从17世纪开始，欧洲各国开始以法令形式统一法袍的颜色、样式和穿着方式。张薇薇：《法袍与法文化》，载《法律科学》2000年第5期。张建伟认为，法袍"昭示的是对于法律神圣性的尊重，也带有司法的尊严感和权威性的意味在里面。身穿法袍，承担的是'上帝'的角色，辨明是非，判断罪错，施以制裁，加以刑罚，掌握他人之生命自由，评定争议的财产归属，其功能虽在判断，意义却非同凡响"。我国法官现在出庭是穿着2000式审判服，2000式审判服除法袍外，还包括西式制服。法官袍为黑色散袖口式长袍，黑色代表的是庄重和严肃；红色前襟与国旗的颜色一致，前襟配有装饰性金黄色领扣，意在体现人民法院代表国家行使审判权；四颗塑有法徽的领扣，象征我国的审判权由基层、中级、高级、最高人民法院四级行使。法官袍整体象征着法官成熟的思想和独立的判断能力，穿着法官袍有一种职业上的尊严感，同时意味着要遵循法律、对国家和社会负责。再如律师服，20世纪80年代，中国律师服装分为冬服和夏服，冬服是蓝色大棉衣，夏服分为男律师夏服和女律师夏服。从2003年1月1日开始，中国律师出庭服装由律师袍和领巾组成。律师出庭着装时，内应着浅色衬衣，佩戴领巾，外着律师袍，律师袍上佩戴律师徽章。下着深色西装裤、深色皮鞋，女律师可着深色西装套裙。律师出庭服的设计，坚持以庄重的色调、鲜明的标识、大方的款式为设计基本理念，辅之以简洁实用、便于携带等特点。服装主体设计均为黑色宽松式短裤，前摆呈开放式，以适合多种体形，便于起坐。同时，也有别于法官的黑色长款法袍和检察官的深色西装。此外，服刑人员的着装也有讲究，为确保监狱的安全稳定，消除各类安全隐患，2005年12月司法部监狱管理局发出通知，决定对全国监狱服刑人员夏装上衣的颜色作如下改变：男装上衣颜色改为浅驼色，女装上衣颜色改为豆绿色，服装样式及布料质量保持不变。司法部监狱管理局有关负责人介绍，此次变更是由于2005年全国监狱人民警察开始配发99式浅蓝色警用长、短袖制式衬衣，该衬衣的颜色与服刑人员夏装上衣颜色十分相近，不易识别，给监狱监管安全造成隐患。

体而言，法意器物是借器物形状、服饰、建筑、设计风格来表达法治理念的文化符号，法治器物本身是规范或禁忌，是一种价值观和文化，设施被赋予某种意义后，便以特定的含义把抽象的法治理念具象化，彰显法治的精神，传播法治的理念。法治器物从它的设计理念到它的象征意义，内含的是法治理念，体现的是法治精神。而法意设施则是通过一些专门的活动场所或设施进行法治宣传教育，借以达到传播法治理念、弘扬法治精神的效果。法治类器物设施作为表达法治理念、弘扬法治精神的文化符号和场所，具有鲜明的文化特征，具有直观性、专属性、严肃性、时代性、象征性、民族性等属性。法治文化建设要充分发挥这些法治类器物设施的功能与作用，就要统筹考虑、合理布局，重点推进，发动全社会参与、发挥各行各业的资源优势，同时要内容丰富、形式多样、贴近生活，让人民群众喜闻乐见，还要主题突出具有针对性，更要采取"以评促建"的措施，充分发挥先进单位的示范和引领作用。

（四）理论研究与舆论宣传层面

中国特色社会主义法治文化建设，在法治理论研究与舆论宣传层面要特别注重以下三个方面。

第一，要特别注重加强法治理论研究。加强法治理论研究、完善法治体系建设是当代法治文化建设的基本内容。应当说，我国的法治理论建设尚处于初级阶段，表现为理论框架体系尚未建立、研究基本处于解读文件水准、有分量的理论著述较少、缺乏系统全面深入的探讨。我们应当结合中国国情，立足中国法治进程的实践，继承和汲取中华传统文化中的精华，重视西方先进法治理念的借鉴，在马克思主义法学理论和中国化了的马克思主义法治理论的指导下，从不同角度、不同层次、运用不同形式深入开展法治理论研究，丰富和完善社会主义法治理论的内涵，夯实法治文化建设的理论基础，以中国特色的社会主义法治理论引领当代法治文化建设。同时，形成完备的法律规范体系、高效的法治实施体系、严密的法治监督体系、有力的法治保障体系和完善的党内法规体系，既是当代法治文化建设的主攻目标，也是法治文化建设的主要抓手。这五个体系的建设总揽全局，牵引各方，对于法治文化的建设具有极其重大意义。同时，要厘清和深入研究以下十大关系：一是法理情的关系；二是法治与伦理道德的关系；三是权利与权力的关系；四是国家与公民的关系；五是党的领导、人民当家作主与依法治国的关系；六是法制机构之间的关系；七是当代法治与传统法制的关系；八是西方法治与中国法治的关系；九是法治文化体系与国家治理体系的关系；十是法治体系、法治理论体系与法治文化体系的关系。

第二，要特别注重加大法治宣传教育力度。加大法治宣传教育力度、营造法治文化氛围，是法治文化建设的基本手段。加大法治文化宣传教育力度就要真正落实"谁执法谁普法"的普法责任制①，司法行政、党委宣传、新闻出版、广播电视部门要齐抓共管②，同时要创新法治宣传教育的形式，加强法治文化的阵地建设，努力营造全体公民学习法律知识、培育法治意识、增强法律信仰、坚持法治原则、弘扬法治精神、提高法治素质的法治文化氛围，增强全社会厉行法治的积极性和主动性。普法宣传教育是一项长期而艰巨的工作，也是一项系统工程，在过去的普法宣传教育活动中，存在着缺乏针对性、走过场、形式呆板、不注重实效等问题，加大法治宣传教育力度应当在强化针对性、创新普法的形式、注重普法宣传教育的效果等方面下功夫、花力气，要重点关注与社会生活密切相关领域的法律知识普及，采取普法对象喜闻乐见的形式，通过鲜活的案例来进行法律知识宣传，努力营造一种全民学法、守法、用法的法治环境。③ 使全体公民循着学习法律—知晓法律—

---

① 2017年5月，中共中央办公厅、国务院办公厅发布《关于实行国家机关"谁执法谁普法"普法责任制的意见》，明确将国家机关作为法治宣传教育的责任主体，这既是对以往普法宣传教育的重大创新，也是推动全民普法宣传教育的一项重要制度设计，同时为今后的全民普法宣传教育提供了制度保障。

② 自"三五"普法以来，全国大、中、小学全都开设了法治教育课程，联通学校、家庭、社会"三位一体"的法治教育网络正在不断完善。国家机关不仅要执法、守法，还要肩负起全民普法的重任，党的十八届四中全会通过的《中共中央关于全面推进依法治国若干重大问题的决定》提出了"把法治教育纳入国民教育体系"的要求，提出"完善国家工作人员学法用法制度，把宪法法律列入党委（党组）中心组学习内容，列为党校、行政学院、干部学院、社会主义学院必修课"部署，这些都是推动普法宣传教育的重要制度设计。

③ 2014年11月1日，习近平总书记在福建调研时的讲话中指出："要通过群众喜闻乐见的形式宣传普及宪法法律，发挥市民公约、乡规民约等基层规范在社会治理中的作用，培育社区居民遵守法律、依法办事的意识和习惯，使大家都成为社会主义法治的忠实崇尚者、自觉遵守者、坚定捍卫者。"见2014年11月3日《人民日报》。

信仰法律—遵守法律—维护法律的进路前行。

第三，要特别注重营造法治文化氛围。营造法治文化氛围，一要充分发挥法治类报刊图书的作用。法治类报纸是以报道法治新闻事件、刊载法治时事评论、宣传法治思想、传播法治理念、普及法律知识为主要任务，定期向社会公众发行的专业性出版物。① 法治类期刊一般是以法学理论研究、法治实践探讨、法治思想宣传、法治理念传播、法律知识普及为主要任务，定期向社会公众发行的专业性刊物。② 法治类图书泛指一切与法治相关的图书，主要包括法学教材、法学著作、法学译著、法律实用读物、法学教学辅助读物、法律职业资格考试辅导读物、法律法规汇编等。法治类报刊图书具有时效性、准确性、知识性、传承性等文化特征，作为传承和弘扬法治文化的重要载体，法治类报刊图书是普及法律知识、传播法治理念、弘扬法治精神、培育公众法治信仰和权利意识的重要阵地，对于营造法治文化氛围具有重大的促进作用。二要高度重视法治类广播电视和新媒体对于营造法治文化氛围的作用。在相当长的一段时间内，法治类广播电视是我国法治文化宣传的主要载体，成为影响中国法治文化建设和法治化进程的重要因素。③ 法治类新媒体则可以概括为专门以法律题材为内容，基于数字技术、网络技术以及其他现代信息或通信技术，具有互动性、融合性的媒介形态和平台。从其概念的内涵来说，具有相对稳定的核心特征，即数字化、融合化、互动化、网络化和法律性；从其外延来看，随着新媒体的发展，法治类新媒体平台层出不

---

① 法治类报纸按照行政级别划分，可以分为中央法治类报纸和地方法治类报纸，中央法治类报纸以《法治日报》《检察日报》《人民法院报》《人民公安报》《中国纪检监察报》《民主与法制时报》等报纸为代表；地方法治类报纸包括《法制晚报》《上海法治报》《西藏法制报》《新疆法制报》《山东法制报》等，据不完全统计，全国有 29 个省、自治区、直辖市都有法治类报纸。

② 据中国知网统计，我国法律类专业期刊、行业指导期刊近 200 种。按照刊载内容划分，可以分为法治类学术期刊和法治类实务期刊，《法学研究》《中国法学》《政法论坛》《法学》《法律科学》《现代法学》等刊物属于法治类学术期刊，《人民公安》《人民司法》《中国审判》《刑事技术》《法律适用》《法律与生活》等刊物属于法治类实务期刊。

③ 1985 年，上海电视台试播《法律与道德》，拉开了法治类电视节目的序幕。1999 年，以中央电视台《今日说法》、北京电视台《法治进行时》等一系列法治节目的创办为标志，进入法治类广播电视发展最为繁荣的时期，以其故事性强、情节冲突明显、贴近生活等一系列特征吸引了一大批受众。截至 2021 年底，全国各类法治特色频道超过 40 家，法治栏目接近 300 个，在法治宣传和法治教育的过程中产生了巨大的影响力。

穷，但就目前而言，其形式主要表现为法治类网站、法治类公众号以及法治类微博、微信、短视频等。法治类广电和新媒体具有及时性、多样性、广泛性、互动性等文化特征，在传播的过程中能够跨越时间和空间的限制，使公众在更大程度上接近法律事件，了解法律知识，体会法律精神，对法治传播产生更大的影响力，在更大的范围内传播崇尚法律、遵守法律、运用法律以及维护法律的观念。尤其是法治类新媒体可以在极短的时间内形成强大的舆论场，在营造法治文化氛围中发挥着越来越重要的作用，逐渐成为人们获取信息、弘扬法治精神、传播法治文化的主渠道。三要充分发挥法治文学艺术作品在营造法治文化氛围中的作用，就法治文学艺术作品的体裁而言，包括诗歌、小说、报告文学、纪实文学、散文随笔以及电影、电视剧、歌曲、曲艺、小品、建筑、雕塑、书法、绘画、摄影等。法治文学艺术作品通过所塑造的形象和所讲述的故事表达法治情感，传达法治理念；以丰富的素材和艺术手法阐发法治理念，传递法治文化价值观，彰显公平正义；以大众化、通俗化和视觉化艺术作品传播法治理念，弘扬法治精神；以潜移默化的形式强化受众的法治意识，增强受众的法治信仰，提升受众的法治素质，彰显法治原则，弘扬法治精神。

六、结　语

文化是立法的精神源头，有什么样的文化，就会有什么样的法律；文化是司法的内在动力，法律的实施受人们的心态、意识、观念、情感、行为趋向的影响。文化一旦形成，就根植于人们的心中。习近平总书记指出："文化是民族生存和发展的重要力量。中华民族在几千年的历史流变中遇到了无数艰难困苦，但我们都挺过来、走过来了，其中一个很重要的原因就是世世代代的中华儿女培育和发展了独具特色、博大精深的中华文化，为中华民族克服困难、生生不息提供了强大精神支撑。"① 文化兴则国运兴，文化强则民族强。中国特色社会主义文化是中国特色社会主义的重要组成部分，是激励

---

① 习近平：《坚定文化自信，建设社会主义文化强国》，载《求是》2019 年第 12 期。

全党全国各族人民奋勇前进的强大精神力量。中国特色社会主义法治文化既是中国特色社会主义文化的有机组成部分，也是建设法治国家的基本要素，还是全面依法治国基本方略的内生动力。认真地区分法治建设和法治文化建设的异同，梳理当代法治文化建设中存在的问题，分析形成这些问题的原因，探寻建设中国特色社会主义法治文化的路径，强化建设中国特色社会主义法治文化的措施，对于全面落实党的二十大制定的宏伟目标、对于繁荣社会主义文化、建设社会主义法治国家以及全面推进中华民族的伟大复兴有着极其重要的理论意义和实践价值。

（作者：中国政法大学教授　刘斌）

用习近平法治思想指引法治影视创作与传播

第一章 习近平法治思想是新时代法治影视发展的灵魂

中国共产党成立百年来，高举马克思主义的伟大旗帜，将马克思主义科学理论与中国革命、建设、改革、发展实践紧密结合，形成了符合中国革命和建设实践需要的马克思主义中国化时代化的独特的科学理论。在这一科学理论引领下，党领导人民团结奋斗，勇往直前，历经艰难险阻，建立了人民当家作主的中华人民共和国，取得了新民主主义革命和社会主义革命的一个又一个巨大胜利。经过党和人民七十多年的自力更生、艰苦奋斗，一改中国贫穷落后面貌，实现了中国国力强盛、军力强盛和经济突飞猛进的历史跨越。中国社会主义革命和建设实践的巨大成功，彰显了社会主义体制的无比优越性，彰显了马克思主义中国化时代化理论的神奇力量。

拥有五千多年文明史的东方巨龙，实现了觉醒、追赶、腾飞、超越，甚至领跑世界，成为世界瞩目、高速发展的东方大国，成为世界和平、发展、稳定、合作的重要力量。如今的中国有世界最完备的工业研制体系，有高科技孕育下的现代农林牧副渔业，有世界最前沿的高科技，有战无不胜、英勇善战的人民解放军，成为工业农业、国防科技、教育卫生、太空探索等领域齐头并进、勇攀世界高峰的强大力量。中国完全有能力攀登世界科技顶峰，完全能够抵御一切外来侵犯的挑衅。中国已经朝着经济强国、科技强国和军事强国迅猛向前。

党的二十大会议上，习近平总书记在谈到党的十八大以来的工作时指出："新时代十年的伟大变革，在党史、新中国史、改革开放史、社会主义发展史、中华民族发展史上具有里程碑意义。走过百年奋斗历程的中国共产党在革命性锻造中更加坚强有力……在坚持和发展中国特色社会主义的历史进程中始终成为坚强领导核心。中国人民的前进动力更加强大、奋斗精神更加昂扬、必胜信念更加坚定，焕发出更为强烈的历史自觉和主动精神，中国共产党和中国人民正信心百倍推进中华民族从站起来、富起来到强起来的伟大飞跃。"这是对历史客观的总结，也是向世界庄严的宣告。

第一节 习近平法治思想是马克思主义
法治理论中国化的最新成果

一、中国共产党成立百年来一直在马克思主义中国化时代化的不断探索中前行

习近平总书记在党的二十大报告中强调："实践告诉我们，中国共产党为什么能，中国特色社会主义为什么好，归根到底是马克思主义行，是中国化时代化的马克思主义行。拥有马克思主义科学理论指导是我们党坚定信仰信念、把握历史主动的根本所在。"

中国共产党的发展史，是一部以毛泽东同志为代表的马克思主义先驱者，灵活运用马克思主义理论与中国实践紧密结合的历史，是紧贴中国国情和中国时代现实而形成发展的。毛泽东同志曾在《如何研究中共党史》一文中旗帜鲜明地提出，中国共产党要"学习列宁在俄国革命的方针策略，掀起二月革命、十月革命，斯大林接着又搞了三个五年计划，从而创造了社会主义的苏联。""我们要按照同样的精神去做。我们要把马、恩、列、斯的方法用到中国来，在中国创造出一些新的东西。"[①] 在这篇文章中，毛泽东同志还强

---

① 毛泽东：《如何研究中共党史》，载《毛泽东选集》第二卷，人民出版社 1993 年版，第407—408 页。

调："研究中共党史，应该以中国做中心，把屁股坐在中国身上。""如果不研究中国共产党的历史的发展，党的思想斗争和政治斗争，我们的研究就不会有结果。"

毛泽东同志在当时我党面临十分恶劣的国内政治环境状况下，要求全党同志立足中国国情，认认真真研究中国历史，寻找中国革命斗争的发展方向和路径，显示出无产阶级革命家高瞻远瞩的洞察力和判断力，成功地把中国共产党引导到正确的政治路线、思想路线、军事路线和群众路线上来，最大限度地调动了中国民众参加党领导的革命斗争的积极性，焕发出巨大的革命能量，推翻了三座大山，取得了新民主主义革命的辉煌胜利，成立了伟大的中华人民共和国。这就是马克思主义中国化时代化科学理论产生的神奇力量。

新中国成立后，用马克思主义武装起来的中国共产党，领导中国人民，通过自力更生、艰苦奋斗、勇于探索、大胆实践、科技创新，只用了七十几年时间，就达到甚至超越号称发达的西方资本主义国家几百年的发展业绩。如今的中国已经自强自立于世界民族之林，成为广大第三世界国家学习的楷模。特别是党的十八大以来，以习近平同志为核心的党中央，高举新时代中国特色社会主义思想的伟大旗帜，带领世界最大的执政党中国共产党 9000 多万党员和 14 亿多勤劳勇敢的中国人民，发扬顽强斗志，充分利用本国政治、经济、文化等优势资源，调动党政军民的社会主义革命与建设的聪明才智和昂扬斗志，以教育强国、科技兴国为突破口，推动我国社会、经济、科技、军事的突飞猛进，在迎接中国共产党成立百年华诞之时，胜利实现了建成小康社会的宏伟目标。新中国的全面、高速、创新发展，创造了新中国历史上的发展奇迹，也创造了世界上经济高速快捷发展的奇迹，震撼了东方，震撼了世界。从习近平总书记正式宣布中国已经完成脱贫的那一刻起，就标志着中国已经彻底告别贫穷，迈入了小康时代。中国共产党人始终把马克思主义与中国革命和建设实践紧密结合，并在中国革命和建设中发展了马克思主义，形成了穷国弱国进行社会主义革命和建设实现全新发展的中国模式。

1. 毛泽东思想是马克思主义中国化时代化的早期成果

在中国革命和建设的百年历史中，毛泽东同志作为中国共产党的领袖，在初期就与当时的领导层，把马克思主义科学理论与中国革命和建设实践紧密结合，开始了马克思主义中国化时代化的早期实践，引导党和人民从马克思主义科学理论中汲取营养，在思想感悟和实践摸索中不断前进，使马克思主义中国化时代化在中国革命和建设中深深扎根。毛泽东同志带领中国共产党和全国劳苦大众经过 28 年的浴血奋斗，成立了中华人民共和国，使四万万人民挣脱了身上的封建枷锁，成为国家的主人，形成了符合中国当时客观实际的马克思主义中国化时代化的毛泽东思想。

新中国成立后，在毛泽东思想的指引下，中国全面发展，国力迅速增强，经济蒸蒸日上，百姓安居乐业，人民的精神面貌和社会风气日新月异，国家政治地位和军事实力得到空前的提升，中国的政治面貌、经济发展、军队建设等全方位发生了翻天覆地的巨变。亚洲雄狮从此雄踞世界东方，炎黄子孙从此赢得世界的尊敬，中国的朋友遍天下。作为领袖的毛泽东，是一位品格高尚、一心为人民的领导者。他严格自律的思想作风，一丝不苟的工作作风，艰苦朴素的生活作风，舍小家为国家的领袖人格风范，成为中国共产党全体党员的楷模。他带领出一支克己奉公、全心全意为人民服务、纯洁高尚的共产党队伍，他犀利的社会洞察力和敢于抗争强权政治的大无畏政治家的胆魄，赢得了中国人民和世界人民的广泛赞誉。毛泽东思想的创立，是马克思主义中国化的第一次历史性飞跃。① 毛泽东思想已经成为中国共产党的宝贵精神财富，成为推动中国朝着社会主义康庄大道奋勇前进的精神力量。

2. 邓小平理论、"三个代表"重要思想、科学发展观是马克思主义中国化时代化的重大成果

邓小平同志作为中国共产党带领全国人民改革开放的总设计师，以无产阶级革命家的胸怀气魄，在党的十一届三中全会上果断提出以经济建设为中心的国家发展战略，把发展生产造福民众摆到了中国社会主义革命和建设的首位。从抓农村责任承包制起步，他的以粮为纲的农业发展思路，调动了亿

---

① 《习近平新时代中国特色社会主义思想基本问题》，中共中央党校出版社、人民出版社 2020 年版，第 7 页。

万农民全面发展农林牧副渔业的积极性。而农业的发展，为中国工业发展、科技发展和军事发展奠定了坚实的基础。邓小平同志继承和发扬了毛泽东思想，将马克思主义与中国实践紧密结合。在以经济建设为中心的思想指导下，邓小平同志带领国家和人民大力推进国有经济全面发展，及时制定促进经济发展的新政策，引导集体和个体经济迅速成长、广泛发展，使我国在短短几年时间内就形成了多种经济体制并存，多种经济形式并进的发展新态势。特别是一大批乡镇企业跑步前进，如雨后春笋般蓬勃发展，使中国工业化进程驶入"快车道"。邓小平同志在倡导和推广社会主义市场经济体制的同时，及时制定相关法律法规，保障国家经济发展沿着社会主义法制轨道运行。邓小平同志推行的改革开放国策，推动了党带领人民建设中国特色社会主义的伟大实践，为马克思主义与中国改革实践相结合找到了新的契合点。邓小平同志还敏锐地指出，科技也是生产力，从而促使我国科技产业迅速走向辉煌。中国从此开启了科技强国之路，为后续中国参与全球竞争，赶上甚至超越西方发达国家奠定了坚实的基础。

邓小平同志将马克思主义与中国实践相结合，推动了中国改革和建设大踏步前进，实现了中华民族从站起来到富起来的伟大飞跃。这一伟大飞跃的理论成果，就是实现了马克思主义中国化的第二次历史性飞跃，形成了包括邓小平理论、"三个代表"重要思想、科学发展观在内的中国特色社会主义理论体系。[①]

3. 习近平新时代中国特色社会主义思想是马克思主义中国化时代化的开创性成果

习近平同志接过中国共产党中央委员会总书记的"接力棒"，实现了马克思主义中国化时代化的开创性发展。习近平总书记从反腐倡廉切入，狠抓党风廉政建设，强调党要管好极少数位高权重的领导干部，要求纪检监察机关和司法机关加大对贪官污吏惩治的力度。他强调，打击腐败行为绝不能手

[①] 《习近平新时代中国特色社会主义思想基本问题》，中共中央党校出版社、人民出版社 2020 年版，第 7 页。

软！他要求党纪、政纪、国法一起上，把权力关进制度的笼子里。他特别强调，反腐永远在路上，是党的长期任务！全国纪检监察机关和司法机关以刮骨疗毒的坚强决心，按照党中央统一部署，一套"组合拳"下来，很快刹住了贪腐违法犯罪的嚣张气焰之风。一批手握重权的贪官污吏被果断拉下马，一批位高权重的害群之马受到了党纪国法的严厉制裁，党风廉政建设在较短时期内实现明显好转，党的权威得到了有力的维护。以习近平同志为核心的党中央重拳出击惩治贪腐违法犯罪，让广大人民群众更加坚定了跟党走的理想信念，造就了中国共产党新时代党内党外最为团结的政治局面，使党真正成为新时代带领人民进行社会主义实践的坚强力量。

在新时代，中国共产党把马克思主义基本原理同中国具体实际相结合，团结带领人民进行伟大斗争、建设伟大工程、推进伟大事业、实现伟大梦想，推动党和国家事业取得历史性成就、实现历史性变革，使中华民族迎来了从富起来到强起来的伟大飞跃。这一伟大飞跃的理论成果，就是实现了马克思主义中国化时代化又一次新的飞跃，创立了习近平新时代中国特色社会主义思想。习近平新时代中国特色社会主义思想，是对马克思列宁主义、毛泽东思想、邓小平理论、"三个代表"重要思想、科学发展观的继承和发展，是马克思主义最新成果，是党和人民实践经验和集体智慧的结晶，是中国特色社会主义理论体系的重要组成部分，是全党全国各族人民为实现中华民族伟大复兴而奋斗的行动指南，必须长期坚持并不断发展。[1]

习近平新时代中国特色社会主义思想，为发展马克思主义作出了重大原创性贡献。主要表现在三个方面：一是深化了对共产党执政规律的认识。创造性地提出中国特色社会主义最本质的特征是中国共产党的领导，党是国家最高政治领导力量。二是深化了对社会主义建设规律的认识。在社会主义的基本内涵上，这一思想提出中国特色社会主义是由道路、理论、制度、文化"四位一体"构成的，特别强调文化自信是更基础、更广泛、更深厚的自信。

---

[1] 《习近平新时代中国特色社会主义思想基本问题》，中共中央党校出版社、人民出版社2020年版，第7—8页。

中国有着五千多年的文化底蕴，积淀了深厚的治国安邦经验，中华文明是世界文化中唯一没有出现断层的优秀民族文化。弘扬中华优秀传统文化，是我们立足世界，永不言败的最大底气。三是深化了对人类社会发展规律的认识。我们能够凭借全球治理的中国方案、世界和平与发展的中国方案，从容应对世界百年未有之大变局，为人类社会指明正确发展方向，贡献中国智慧。

二、习近平法治思想是习近平新时代中国特色社会主义思想的重要组成部分

习近平法治思想是习近平新时代中国特色社会主义思想在法治领域的重要理论成果，是习近平新时代中国特色社会主义思想的"法治篇"。2020 年11 月召开的中央全面依法治国工作会议，是第一次以党中央工作会议形式研究部署全面依法治国工作的重要会议。这次会议最重要的成果，就是顺应党心民心和时代要求，确立了习近平法治思想在全面依法治国工作中的指导地位。习近平法治思想是马克思主义法治理论中国化的最新成果，是中国特色社会主义法治理论的重大创新发展，是习近平新时代中国特色社会主义思想的重要组成部分，是新时代全面依法治国必须长期坚持的指导思想。①

当前世界正处于百年未有之大变局，我国正处于伟大复兴关键时刻，历史任务繁重，人民群众在大变局中对民主法治的要求更加强烈，对公平正义和安全环保的需求日益增长。法治的地位随着社会进步，越来越成为党执政兴国、人民幸福安康、党和国家长治久安的重大战略考量。因此，加强国家法治建设，学会运用法律手段处理矛盾和纠纷、调和纷争、实现社会和谐，显得至关重要，是我党新时期统揽伟大斗争、伟大工程、伟大事业、伟大梦想对治国安邦的法治要求。

1. 习近平法治思想是马克思主义法治理论同中国实际相结合的智慧结晶

我们党历来重视法治建设。早在新民主主义革命时期，我们党就制定了《井冈山土地法》《中华苏维埃共和国宪法大纲》《陕甘宁边区宪法原则》以

---

① 《习近平法治思想学习纲要》，人民出版社、学习出版社 2021 年版，第 1 页。

及大量法律法令，建立了审判机关、检察机关、侦查机关，创造了"马锡五审判方式""人民调解制度"等。①

新中国成立以后，党领导人民制定了"五四宪法"和一批急需的法律法规，并很快确立了我国政治制度、法律制度、立法体制、司法体制，确立了社会主义法治原则。在 1978 年党的十一届三中全会上，邓小平同志提出"发展社会主义民主、健全社会主义法制"的重大方针。党的十四大强调："没有民主和法制就没有社会主义，就没有社会主义的现代化。"党的十五大提出依法治国、建设社会主义法治国家，强调："依法治国是党领导人民治理国家的基本方略，是发展社会主义市场经济的客观需要，是社会文明进步的重要标志，是国家长治久安的重要保障。"接着，党的十六大、十七大都重申依法治国是社会主义民主政治的基本要求，强调："全面落实依法治国基本方略，加快建设社会主义法治国家。"②

在党的十八大报告中，习近平总书记庄严指出，依法治国是今后治国理政的基本方略，从此开创了运用法治手段治理国家的社会主义新征程。党的十八大以来的十年，全党全军和全国人民在习近平法治思想的引领下，对法治在新时代中国特色社会主义实践中的地位和作用认识更加清晰，执行起来更加坚决，无论是对法治的理论研究还是对法治的实践摸索都取得重大成就。

在党的十八大以来，以习近平同志为核心的党中央从坚持和发展中国特色社会主义的全局和战略高度定位法治、布局法治、厉行法治，把全面依法治国放在党和国家事业发展全局中来谋划、来推进，作出一系列重大决策，提出一系列重要举措。党的十八届三中全会将推进法治中国建设作为全面深化改革的重要方面作出专门部署，强调坚持依法治国、依法执政、依法行政共同推进，坚持法治国家、法治政府、法治社会一体建设。③

党的十八届四中全会专题研究全面推进依法治国，规划了全面依法治国的总蓝图、路线图、施工图。这是我党历史上第一次专题研究部署全面依法

---

① 《习近平法治思想学习纲要》，人民出版社、学习出版社 2021 年版，第 2 页。
② 《习近平法治思想学习纲要》，人民出版社、学习出版社 2021 年版，第 3 页。
③ 《习近平法治思想学习纲要》，人民出版社、学习出版社 2021 年版，第 4 页。

治国的中央全会，在我国法治史上具有里程碑的意义。这次会议在党的发展史上与党的十一届三中全会一样都是具有划时代意义的中央全会，是具有指明中国航向的决定性意义的党中央全会。以经济建设为中心和全面实行依法治国，成为中国发展前进的两次特别重大的历史抉择。党的十八届四中全会这一重大决策，表明了中国在新时代发展的新思路，依法管理国家，依法治理国家，依法执政，依法推动国家经济、科技、教育、军事全领域、全方位高质量发展；同时把依法开展国际交往等，都纳入依法治国的考量范围；从而，围绕新时代国家治理、社会治理、各行各业的治理作出开创性的设计与安排。把法治放到了治理国家、管理国家的如此高度，是中国共产党重视法治的开创性发展，是中国长治久安的最优选择。全面实现依法治国方针，是新时代中国特色社会主义实践实现全面发展、高速发展、高质量发展的十分必要的保障手段，是党政机关工作人员在法治约束下尽职尽责的制度保障，是人民当家作主的法律依据。可以这么说，依法治国方略的实施，是中国共产党第二个百年领导中国实践的重要抓手。我们可以预测，在全面依法治国的总方针指引下，必将迎来中国政治、经济、社会的全面发展，必将带来高科技的深入发展，必将带来中国军事力量的不断强大。这一重大决策，是对世界上那些习惯对中国治国理政指手画脚的西方政客，对中国政治和法律制度恣意诋毁的傲慢国家和人士的有力回击。

党的十九大把全面推进依法治国总目标，写入习近平新时代中国特色社会主义思想"八个明确"，把坚持全面依法治国写入"十四个坚持"基本方略，明确提出了新时代全面依法治国的新任务，描绘了到 2035 年基本建成法治国家、法治政府、法治社会的宏伟蓝图。[①] 之后，党的十九届二中、三中、四中全会，审议通过了修改宪法部分内容的建议，强调依法治国首先要依宪治国，树立了国家宪法的特殊法律地位；组建了中央全面依法治国委员会，形成了依法治国的工作机制；对支持和完善中国特色社会主义法治体系，推进国家治理体系和治理能力现代化作出一项项重要部署。

---

① 《习近平法治思想学习纲要》，人民出版社、学习出版社 2021 年版，第 4 页。

习近平总书记在党的二十大报告上，习近平总书记指出，必须更好发挥法治固根本、稳预期、利长远的保障作用，在法治轨道上全面建设社会主义现代化国家。要完善以宪法为核心的中国特色社会主义法律体系，扎实推进依法行政，严格公正司法，加快建设法治社会。

伟大时代孕育伟大思想。党的十八大以来，习近平总书记以马克思主义政治家、思想家、战略家的洞察力和理论创新力，从坚持和发展中国特色社会主义全局和战略高度定位法治、布局法治、厉行法治，创造性提出全面依法治国的一系列具有原创性、标志性的新理念、新思想、新战略，结合中国特色社会主义实践，形成马克思主义法治理论中国化时代化的习近平法治思想。

从《共产党宣言》发表到今天，170多年过去了，人类社会发生了翻天覆地的变化，但马克思主义所阐述的一般原理被人民实践证实，仍然是正确的、有着强大生命力的科学社会主义理论。马克思主义法治理论关于法、法治的基本理论，仍然是适合社会发展趋势的科学理论。习近平法治思想，始终坚持和运用辩证唯物主义和历史唯物主义的世界观和方法论，坚持和运用马克思主义立场、观点、方法，坚持和运用马克思主义法治理论，来观察、分析、指导新时代全面依法治国。习近平法治思想科学准确地把握中国特色社会主义法治建设矛盾运动的复杂规律，积极应对化解新时代全面依法治国中的矛盾问题，坚持实事求是，从客观实际出发指导制定法律法规和政策文件，向纵深推进改革开放，并不断在实践基础上推动理论创新，进而引导新的实践发展，为坚持和运用马克思主义法治理论树立了光辉典范。①

在当今中国，坚持和发展习近平法治思想，就是坚持和发展马克思主义法治理论，就是坚持和发展中国特色社会主义法治理论。在习近平法治思想的引领下，中国昂首阔步迈进社会主义法治国家行列，为中国新时代发展铺设了宽阔的法治道路。坚持法治贯穿治国理政全过程，也为中国第二个百年目标的实现提供了必要的法治保障。

---

① 熊选国：《马克思主义法治理论中国化的最新成果》，载《中国司法》2021年第11期。

2. 习近平法治思想是新时代全面依法治国的根本遵循和行动指南

全面依法治国是中国特色社会主义的本质要求和重要保障。新中国成立七十多年来经济快速发展、社会长期稳定的实践证明，绝对离不开法治的保驾护航。法治是国家治理体系和治理能力的重要依托，社会主义法治是中国制度之治最基本、最稳定、最可靠的保障。

当前，世界百年未有之大变局加速演变，国际环境不稳定性、不确定性明显上升，中国日益走近世界舞台中央，国内改革、创新、发展、稳定任务日益繁重，全面依法治国在党和国家工作全局中的地位更加凸显，作用更加重大。在这样一个关键的历史时段，习近平法治思想的提出，为深入推进全面依法治国、加快建设社会主义法治国家，运用制度威力应对风险挑战，全面建设社会主义现代化国家、实现中华民族伟大复兴的中国梦，提供了科学的法治理论指导和制度保障。① 历史表明，新时代中国特色社会主义法治建设之所以能发生历史性变革，取得历史性成就，根本在于有以习近平同志为核心的党中央的坚强领导，有习近平法治思想的科学指引。

经济发展是一个国家发展的基础。《中共中央关于全面推进依法治国若干重大问题的决定》明确指出："我国正处于社会主义初级阶段，全面建成小康社会进入决定性阶段，改革进入攻坚期和深水区，国际形势复杂多变，我们党面对的改革发展稳定任务之重前所未有、矛盾风险挑战之多前所未有，依法治国在党和国家工作全局中的地位更加突出、作用更加重大。"面对这样的风险挑战，以习近平同志为核心的党中央及时作出研判，提出要用法治为经济发展保驾护航。在优化营商环境的过程中，法治提供了最权威、最便捷的市场主体进入、运转、退出等方式，从而保障经济发展朝着正确的方向前行。在法律制定、执行、司法、监督等过程中，无不体现着法治对公平与效率、公正与秩序等价值的追寻与平衡。比如破产法，此法追求的价值是全体债权人的债权可以公平、有序地得到清偿，避免"个别清偿"损害其他债

① 栗战书：《习近平法治思想是全面依法治国的根本遵循和行动指南》，载《中国人大》2021年第2期。

权人的利益，进而让债务人合法正当且快速地退出市场经济。在整个破产法规定的内容中，无不体现了公平、效率的价值。而这些法的价值选择，正是以习近平同志为核心的党中央法治智慧的集中体现。

社会治理是一个庞大的系统工程，它不仅关系到每个人的生活环境，而且随着社会、时代的发展而发展，是一个动态的、系统的活课题。面对这样的实践问题，习近平总书记从中国国情出发，探索各种方式化解社会矛盾，提高治理效率，进而维护社会稳定。新冠疫情的紧急应对，便是社会治理的最好体现。在这个突发的公共卫生事件出现后，以习近平同志为核心的党中央高度重视，积极采取有效措施，除了在物资、人员等方面进行布局，也在法治层面解决了社会公共安全防护与个人隐私保护度等问题，进而防止和化解了很多不必要的社会矛盾。

"法安天下，德润人心。"在习近平法治思想的指引下，法治在急剧变化的社会变革中发挥了无与伦比的维护秩序作用，真正实现了德治融入法治，"法律是成文的道德，道德是内心的法律"这一哲学真谛已被人们口口相传。

习近平法治思想作为我们这个时代最鲜活的马克思主义法治理论，是对党领导法治建设丰富实践和宝贵经验的科学总结，是在法治轨道上推进国家治理体系和治理能力现代化的根本遵循，是引领法治中国建设实现高质量发展的思想旗帜。在指导新时代全面依法治国的历史进程中，习近平法治思想为统筹推进国家发展提供了强有力的思想引领，为开拓新局面提供了法治上的战略指引，是新时代全面依法治国的根本遵循和行动指南。

第二节　新时代法治影视是践行习近平法治思想增强法治文化自信的特殊载体

习近平法治思想根植于新中国成立以来特别是改革开放和党的十八大以来的法治实践，汲取中华优秀传统法治文化和世界法治文明有益经验，科学揭示了法治中国建设的内在逻辑，为新时代法治影视发展指明了方向。

习近平总书记在参加全国政协十三届二次会议文化艺术界、社会科学界委员联组会时谈道："古人讲：'文章合为时而著，歌诗合为事而作。'所谓'为时'、'为事'，就是要发时代之先声，在时代发展中有所作为。"实践证明，新时代法治影视要获得观众认可，只有紧紧贴近法治时代。司法关系国法、天理、人情，而公检法领域又是法治影视创作的富矿。广大文艺工作者充分挖掘与利用司法案件的丰富素材，潜心创作，是优秀法治影视作品诞生的重要来源。最高人民法院、最高人民检察院、公安部的影视工作部门，紧紧围绕落实践行习近平法治思想和习近平总书记关于文艺工作的重要指示精神，推出了一批优秀法治影视作品，展现了司法工作者坚持司法为民、公正司法的生动实践，取得了良好的法治传播效果。法治影视成为新时代公民学法用法的重要渠道。法治影视创作者在习近平法治思想的指引下，通过讲述中国法治故事，来满足人民群众对公平正义的期待和对精神文化的需求，为新时代法治影视的发展贡献智慧和力量。

一、在习近平法治思想引领下一大批以人民为中心的法治影视作品得以蓬勃展现

习近平总书记 2014 年 10 月 23 日在中共十八届四中全会第二次全体会议上讲话指出："我国社会主义制度保证了人民当家作主的主体地位，也保证了人民在全面推进依法治国中的主体地位。这是我们的制度优势。"坚持以人民为中心，是全面依法治国的根本立场，是习近平法治思想始终坚持的重要原则。

江山就是人民，人民就是江山。中国共产党领导人民打江山、守江山，守的是人民的心。这是党的二十大报告中的金句，极大地鼓舞了人民群众。社会主义核心价值观是凝聚人心、汇聚民力的一种强大力量。把社会主义核心价值观融入法治建设、融入社会发展、融入日常生活，既是民心的一种需求，又是法治的一种需要。坚持以人民为中心的创作导向，传承中华传统美德，弘扬社会主义核心价值观，培育新时代公民新风新貌，推出更多增强人民精神力量的优秀作品，已经成为新时代法治影视作品的使命。

习近平总书记指出："党的领导是中国特色社会主义法治之魂，是我们

的法治同西方资本主义国家的法治最大的区别。"① 中国共产党的领导是全面依法治国的根本保证，是习近平法治思想的重要内容，也必然成为新时代法治影视创作的关注重点。

党的十八大以来，很多法治影视作品都围绕党的法治历史事件和法治杰出人物优秀事迹切入，充分展示党领导人民制定宪法法律、实施宪法法律的法治实践，也体现了党本身也必须在宪法法律范围内活动的法律原则。而现实生活中涌现出了许许多多法治故事，则为新时代法治影视的创新发展提供了大量鲜活素材。从银幕、荧屏、网络等传播渠道，观众看到了不少催人泪下、令人振奋、具有超强时代感的优秀法治影视作品。如《精英律师》《决胜法庭》《因法之名》《执行利剑》《人民的名义》《底线》等一批法治影视剧热播，受到了广大人民群众的称赞。在习近平法治思想引领下，新时代法治影视正积极热情地对全面依法治国实践进行着光影艺术的呈现，既弘扬了社会主义核心价值观，传递了社会主义正能量，也为全面推进依法治国营造了良好的社会舆论氛围。

二、新时代法治影视对于践行习近平法治思想具有特别重要意义

新时代法治影视作品的典型特征，就是其内容上的文学性、形式上的光影艺术展示性和本质上的法律性。法律性是其核心特征，是区别于其他影视类型的关键。新时代法治影视主要讲述的是在中国法律体系下，执法者与违法者的法治较量，司法人员与犯罪分子的法治博弈，以及执法者与守法者的法治协同等国家治理的真实法治故事，是反映我国法治生态和法治状况最鲜活的艺术形式。

十年来，以习近平同志为核心的党中央把从严治党、从严治军、抓住"关键少数"、加强党的廉政建设一贯到底、毫不动摇，向世界展示了中国共产党对腐败行为零容忍的坚强决心，表明了党中央全面依法治国的坚定信心与时代勇气，融会贯通了习近平法治思想的精髓。随着依法治国方略的全面

---

① 2020年11月16日习近平总书记在中央全面依法治国工作会议上发表的重要讲话。

实施，法治影视就历史性地成为承载反映和歌颂新时代法治举措和法治成就的重要载体。新时代法治影视对于践行习近平法治思想具有特别重要意义。

法律本身是理性的，但法律背后的天理、国法与人情却是相通的。相通就有可能导致冲突，就给了法治影视展现智慧和魅力的空间。法治影视作品通过演绎真实法治实践中的人物命运和法治故事，可让广大观众感受到依法治国和依法行政的真实过程，从中感受到法治的尊严和力量。法治影视一方面可以让观众通过观看影视片亲身体会依法治国的现实实践，获得感性认识和理性思考，增长法治常识，增强与违法犯罪作斗争的自觉性，做守法的公民；另一方面可以通过讲述的法治故事，把党中央全面依法治国的思想、决心、勇气和主张等传递给每一个公民。

因此，笔者认为，践行习近平法治思想，落实全面依法治国，光有法律制度和政法队伍的法治实践是不够的，还需要有大量的法治影视作品来传播和引导，才能动员广大人民群众参与维护法治社会的队伍，为全面依法治国作出应有贡献。

法治影视的创作与传播，也不能仅仅依靠专业影视创作队伍，还需要动员普法、执法、司法、公证、调解、仲裁等法律职能机关和法律监督机关共同参与，多方共同发力来发展和繁荣法治影视事业。通过高质量、高频率的法治影视创作与传播，最大限度地扩大法治宣传效果。要从那些违法犯罪案件的公民举报、侦查破案、检察起诉、法院审判、律师辩护、司法宣传中，寻找法治影视的切合点，创作出讴歌法治建设的影视故事，充分展示法律实施的现实，展现行政执法人员、公安民警、检察官、法官对案件的调查、侦破、起诉、审判过程中严格执法、公正司法的风采。要将政法系统工作人员尽职尽责、不畏强暴、克服重重困难执法司法的过程，呈现于影视剧作中。要将威严的法庭、缜密的审判活动、以法为据的公诉等司法行为全面展示在影视作品之中，让观众犹如亲临其境，切身感受法治的力量，自觉形成守法尊法的良好风尚。

法治影视的创作与传播，还应该把视角转向党纪政纪执纪执法部门，塑造纪检监察机关与职务违法犯罪人员斗智斗勇的卓越表现，这将对全民守法尊法产生巨大的、神奇的法治效应。把法治的权威与震慑力以鲜活的影视方式呈现给世人，胜过百条禁令、千条规定的约束力。法治影视反映出的国家工作人员贪腐行为和以权谋私的违法犯罪行为，以及不廉洁、不勤政的工作作风等，也将警示国家工作人员对照检查自身，修正自己的行为，从而树立廉洁自律、不忘初心、不辱使命、当好人民勤务员的坚定信念，有利于重塑廉政文化和公务人员优秀形象，营造良好的法律实施氛围。总之，充分运用法治影视讲好中国法治故事，既是依法治国的要求，也是贯彻落实践行习近平法治思想的要求。

三、新时代法治影视是传承中华法治文明增强法治文化自信的特殊载体

习近平总书记指出："文化是一个国家、一个民族的灵魂。文化兴国运兴，文化强民族强。没有高度的文化自信，没有文化的繁荣兴盛，就没有中华民族伟大复兴。"① 中华民族的伟大复兴离不开中华优秀传统文化的传承，而新时代法治影视对于传承和弘扬中华法治文明、增强法治文化自信有着特殊的使命。

1. 新时代法治影视对于传承中华法治文明具有独特价值

法，自诞生之日起，就蕴含着自由、正义、公平等元素，并起着维护社会秩序、定分止争的作用。进入近代，法治成为文明国度治理国家非常重要的一种方式，同时也反映着一些国家的历史文化传承。比如大陆法系国家，一直就有着成文法的传统，并注重法律规范的精准化，避免给执法造成不便。但在英美法系国家，却有着衡平法的传统，更注重司法实务中法官的作用，并认可一定程度上的"法官造法"。这些法律传统的延伸，便有了一个国家成形的法治文化。再如，中国民法典里的"公序良俗"原则，就是在法律领域对传统文化的一种间接保护，这同样是对中国传统法律文化的认可。中华民族千百年来勤奋、忠诚、敬业、尽孝、帮扶弱者等朴素精神情感，一定程

---

① 习近平：《坚定文化自信，建设社会主义文化强国》，载《求是》2019 年第 12 期。

度上在我国现行的法律法规里也有具体体现。而这些都源自对历史的尊重、对现实的理性思考、对真善美价值的认可、对民族情怀的保护。这也是习近平法治思想产生的社会历史文化根基。习近平法治思想不仅是中国共产党人百年法治智慧的结晶，也是中华优秀传统法治文化的体现，亦是千百年来中华民族价值理念在法律层面的展现。

新时代法治影视对习近平法治思想的传播和弘扬，也正是对中华法治文明的传承与展现。

习近平法治思想汲取了中华优秀传统法治文化的智慧，凝聚了中华法治文明价值观念的精华，形成科学的、实践的、理性的先进法治思想，这既是中华法治文明在新时代法治文化中的体现，也是中华法治文明面对世界的骄傲与自信。这种骄傲与自信来源于思想的先进性，来源于历史的沉淀，来源于中国共产党实事求是与时俱进的品格，来源于人民群众的拥护与中国法治的成功实践。事实证明，用马克思主义武装起来的中国共产党，领导中国人民发挥巨大的创造潜能，用中华民族的勤劳勇敢和高超智慧，给全世界创造了一个充满传奇的中国发展模式。中国能够用短短几十年的时间，赶上甚至超越西方发达国家几百年的辉煌，这与中国社会制度的优越性和中国共产党的卓越领导密不可分。中国的法治现状已经成为世界许多国家治国安邦的学习楷模。实践证明中国自己设计出来的发展模式，是具有先进性和科学性的国家全新发展模式，是世界可复制的国家经济发展进步的新模式。为此，新时代法治影视应当坚定不移地以习近平法治思想为行动指南，用影像艺术弘扬中华优秀传统法治文化，为世界贡献中国智慧。

新时代法治影视，顺应时代发展需要，肩负着对中华优秀传统法治文化的展现、弘扬与传播的历史责任。特别是在习近平法治思想指引下，中国法治影视要讲述好依法治国伟大实践中涌现的杰出法治人物的传奇法治故事，创作出感人肺腑的法治影视精品，对于传承中华法治文明具有独特的价值和现实意义。

2. 新时代法治影视对于增强中国法治文化自信具有独特的影响力

习近平总书记在中国文联十大、中国作协九大开幕式上的讲话中指出：

"历史是一面镜子，从历史中，我们能够更好地看清世界、参透生活、认识自己；历史也是一位智者，同历史对话，我们能够更好认识过去、把握当下、面向未来。""历史和现实都表明，一个抛弃了或者背叛了自己历史文化的民族，不仅不可能发展起来，而且很可能上演一幕幕历史悲剧。文化自信，是更基础、更广泛、更深厚的自信，是更基本、更深沉、更持久的力量。坚定文化自信，是事关国运兴衰、事关文化安全、事关民族精神独立性的大问题。没有文化自信，不可能写出有骨气、有个性、有神采的作品。"① 文化自信，是文化主体对身处其中的作为客体的文化，通过对象性的文化认知、批判、反思、比较及认同等系列过程，形成对自身文化价值和文化生命力的确信和肯定的稳定性心理特征。具体表现为文化主体对自身文化生命力的充分肯定，对自身文化价值的坚定信念和情感依托，以及在与外来文化的比较与选择中保持对本民族文化的高度认可与信赖。文化本质上是人的精神追求及创造的产物，人的主体精神和本质力量的自信构成文化自信的核心。②

新时代法治影视与文化自信的关系，不仅体现在法治影视的独具特征上，而且体现在中华优秀传统法治文化的魅力中。新时代法治影视是对中国地域和中国人物的叙述形式，与其他影视的区别在于其具有浓厚的法治元素。中国法治源远流长，十分注重法律制度的建立。从皋陶造狱、商鞅变法，到当代对有关"法制"与"法治"的讨论等，无不体现着时代对法治的重视及对法治文化的需求，而这无疑为中国法治文化自信增添了传统因素。

这些年，有关中国法治传统的影视产品特别多，也特别受欢迎。比如对狄仁杰、包公、宋慈等历史上广为赞誉的司法官员秉公断案故事的呈现，主人公断案的缜密、思维的严谨，故事情节的精彩等，还有他们身上那种刚正不阿、清正廉洁的品质，都是中华民族值得骄傲的传统法治文化，是真善美这种价值凝聚在人类精神领域的一种体现。除此之外，有关反映现实法治问题的影片，比如《我不是潘金莲》谈到的上访问题、《十二公民》谈到的人

---

① 2016 年 11 月 30 日习近平总书记在中国文联十大、中国作协九大开幕式上的讲话。
② 刘林涛：《文化自信的概念、本质特征及其当代价值》，载《思想教育研究》2016 年第 4 期。

民陪审制度问题等，都与人们的生活和命运有着千丝万缕的联系。这些法治影视作品的呈现，引起了社会的关注，促使观众进行换位思考："假设自己是故事主人公，遭遇此类情况该怎么办？"从历史到现实，新时代法治影视作品构成了自身的独特影响力。

毋庸讳言，新时代法治影视对增强中国法治文化自信具有独特的作用。影视作品与其他艺术表现方式相比，具有直观性强、受众广泛、易传播等特征，可给观众留下非常深刻的印象。影视作品中，人物的造型可能会反映当时的历史文化背景，语言可以被观众熟记并口口相传，语态可以反映人物的心理特征，而主题又恰恰反映一种价值观念或时代特征；在这样极具感染力能引起共鸣的影视艺术创作中，再加入法治的元素，使其成为法治影视作品，又具有了情节跌宕起伏的特色。这便使得法治影视作品兼具法治性、思想性、趣味性、实践性等综合特征。与其他影视作品相比，新时代法治影视作品还可以进行法律宣传，营造良好的法治舆论氛围，无形中为观众解脱正受困扰的法律问题烦恼，进而把中华优秀法治文化更广泛地传播出去，形成独特的法治文化自信。从这个意义上讲，新时代法治影视作品对于增强中国法治文化自信具有独特的不可替代的影响力。

第三节　习近平法治思想引领新时代法治影视走向璀璨美好的未来

通过对党的依法治国基本方略的形成与发展的历史回顾，课题组深刻认识到，只要我们高举习近平法治思想伟大旗帜，脚踏实地，踔厉奋发，就一定能够实现到 2035 年基本建成法治国家、法治政府、法治社会的宏伟目标，造福中国人民和全世界爱好和平的人民。

一、新时代法治影视文化产业必须紧紧抓住依法治国的历史机遇大力创新发展

新时代法治影视文化产业的发展，是依法治国基本方略带来的社会发展

之客观需求。文学艺术的推陈出新，大力发展高质量、与法治建设相适应的法治影视文化产业，是当今新时代对文化产业的特殊需求。课题组成员认真阅读了毛泽东同志在 1942 年 5 月 2 日到 23 日延安整风期间发表的《在延安文艺座谈会上的讲话》，得到深刻的启示。

在这次座谈会上，毛泽东同志强调："在我们为中国人民解放的斗争中，有各种的战线，其中也可以说有文武两个战线，这就是文化战线和军事战线。我们要战胜敌人，首先要依靠手里拿枪的军队。但是仅仅有这种军队是不够的，我们还要有文化的军队，这是团结自己、战胜敌人必不可少的一支军队。"他还指出："在'五四'以来的文化战线上，文学和艺术是一个重要的有成绩的部门。革命的文学艺术运动，在十年内战时期有了大的发展。""我们今天开会，就是要使文艺很好地成为整个革命机器的一个组成部分，作为团结人民、教育人民、打击敌人、消灭敌人的有力武器，帮助人民同心同德地和敌人作斗争。为了这个目的，有什么问题应该解决的呢？我以为有这样一些问题，即文艺工作者的立场问题、态度问题、工作对象问题、工作问题和学习问题。"毛泽东一针见血地指出，文艺工作者首先要解决"我们的文艺是为什么人的"。他说："这个问题，本来是马克思主义者特别是列宁所早已解决了的。列宁还在 1905 年就已着重指出过，我们的文艺应当为千千万万劳动人民服务。"他在会上批评了当时抗日根据地从事文学艺术工作的同志，说他们对这个问题并没有得到明确的解决。毛泽东同志说："在他们的情绪中，在他们的作品中，在他们的行动中，在他们对于文艺方针问题的意见中，就不免或多或少地发生和群众的需要不相符合，和实际斗争的需要不相符合的情形。"他又说："为什么人的问题，是一个根本的问题，原则的问题。""为什么人服务的问题解决了，接着的问题就是如何去服务。""我们的文学艺术都是为人民大众的，首先是为工农兵的，为工农兵而创作，为工农兵所利用。"

新中国成立以后，在毛泽东文艺思想的指引下，伴随如火如荼的建设社会主义国家的伟大实践，广大文学艺术工作者积极创造鼓舞人民奋进的文学艺术作品，使文艺成为人民积极投身国家建设的巨大精神力量。文艺事业不是可有可无的，而是必须大力发展。用文艺的力量召唤起全党、全军、全国各族人民的革命斗志和建设社会主义国家的满腔热忱，比发出一般的号召要有效得多。这是被我党发展历史充分证明了的事实。

在当今世界范围内，各国都把文学艺术的影响力作为国家软实力提到了相当的高度。而以法治内容为主要元素的法治影视作品，作为近现代新的艺术表现形式，对人民思想观念的影响是直观、深厚和巨大的，是其他文艺不可替代的，已经成为引导人民信仰法治、遵从法治的重要载体，是推进依法治国基本方略不可或缺的重要精神食粮。特别是那些震撼人心的优秀法治影视作品，它的影响力更是极其深远的。比如最高人民法院影视中心 2009 年制作的法治电视剧《苍天》，是创建中央苏区审判方式的大法官马锡五执法为民的真实历史再现。该剧在中央电视台一套黄金时段播出后，使全国广大观众看到了我党在解放区注重依法审判的真实故事。而中国共产党成立初期对法治意识的重视和勇于实践，则使我们看到当今党中央提出依法治国基本方略的源头所在。当年的解放区就是运用法治来化解纷争、调处矛盾、依法断案的方式，推动着法治的发展与进步。诸如此类的法治影视，都肩负着张扬党的法治建设的历史重任。这些珍贵史料也是考察中国共产党早期注重法治建设的雄辩事实。该剧被中央电视台选为国庆 60 周年法治献礼片，具有特殊的传播意义。

应该说，在中国新民主主义革命和社会主义革命与建设初期，中国共产党积极带领文艺工作者，深入底层民众，体验人民大众的劳动与生活，在对那些原汁原味生活素材提炼后，挖掘出他们朴实无华的高尚情操，用影视艺术手法，创作出接地气、有感染力的优秀影视作品，塑造了一大批有血有肉、有情有义、有勇有谋的英雄人物形象，宣扬和传播了人间的真善美，给党的军事斗争胜利提供了不可估量的动力。这就是影视艺术的魅力所在。

法治影视的创作与传播，是对依法治国最生动形象的宣传和引导。这种艺术形式的感染力比政府发布众多文件、上级提出众多指令产生的效果要强得多。通过法治影视来传播依法治国理念，无疑有力地推动着全面依法治国不断前进。

2014 年 10 月 15 日，习近平总书记发表《在文艺工作座谈会上的讲话》，集中反映了党对新时代文艺工作的高度重视。这是继毛泽东主席《在延安文艺座谈会上的讲话》后又一次由党的领袖与文学艺术家直接面对面的对话。意义之深远，不言而喻。会上，习近平总书记根据新时代中国特色社会主义建设对文学艺术发展的客观需求，发出了新的号召，提出了新的要求，对新时代文学艺术的发展起到了领航与推动的重要作用。

在座谈会上，习近平总书记肯定了文艺战线广大艺术家在党和人民的文艺事业建设中所作出的时代贡献。他把文艺放在中国发展大趋势和世界发展大势中来审视，指出："实现中华民族伟大复兴，是近代以来中国人民最伟大的梦想。今天，我们比历史上任何时期都更接近中华民族伟大复兴的目标，比历史上任何时期都更有信心、有能力实现这个目标。而实现这个目标，必须高度重视和充分发挥文艺和文艺工作者的重要作用。"他说："近代以前中国一直是世界强国之一。在几千年的历史流变中，中华民族从来不是一帆风顺的，遇到了无数艰难困苦，但是我们都挺过来、走过来了，其中一个很重要的原因就是世世代代的中华儿女培育和发展了独具特色、博大精深的中华文化，为中华民族克服困难、生生不息提供了强大精神支撑。"①

习近平总书记旁征博引，谈古论今，对世界文明的发展与文学艺术在其中不可磨灭的历史功绩，作了详尽的论述，并且得出结论："文化是民族生存和发展的重要力量。""文艺是时代前进的号角，最能代表一个时代的风貌，最能引领一个时代的风气。"与此同时，他也直言不讳地指出了文艺创作方面存在的不良现象：哗众取宠者有之，迎合低级趣味者有之，抄袭模仿者有之，调侃崇高、扭曲经典、颠覆历史者有之，丑化人民群众和英雄人物者有之，制造了一些文化垃圾。他严肃指出："文艺要赢得人民认可，花拳绣腿不行，投机取巧不行，沽名钓誉不行，自我炒作不行，'大花轿，人抬人'也不行。"②

---

① 2014 年 10 月 15 日习近平总书记在文艺工作座谈会上的重要讲话。
② 2014 年 10 月 15 日习近平总书记在文艺工作座谈会上的重要讲话。

习近平总书记针对文学艺术的精彩论述，使课题组充分认识到文学艺术尤其是影视艺术对于建设中国特色社会主义现代化强国的重要作用。在新时代新征程中，党中央确立了依法治国的大政方针，法律不可谓不全。但是如何保障法律能够执行到位，不走样，不变形，使法律条文真正全面落实到具体法律冲突中，调处矛盾，化解纷争，真正实现"有法可依，有法必依，执法必严，违法必究"的良好法治环境，这是需要全体法治理论工作者、实务工作者共同努力去解决的重大理论问题与实践问题，也是法治影视创作与传播者可以大有作为的天地。

在习近平法治思想指引下，新时代法治影视文化产业必须紧紧抓住依法治国的历史机遇大力创新发展。这不仅要求法治影视作品应寻找典型法治事件演绎成精彩法治故事，搬上银幕、荧屏、网络等各种传播媒体，歌颂法治英雄、张扬法治正义，也应对破坏法治建设，造成恶劣社会影响的法治人物和法治事件进行无情揭露，使违法犯罪人员受到道德的谴责、舆论的鞭挞、法律的严厉制裁，从而提升社会民众的法治识别能力，积极预防违法犯罪行为的侵害。新时代法治影视作家任重道远。

二、法治影视应成为习近平法治思想的重要诠释文化高地

倡导法治贯穿整个国家治理过程，使法治在国家治理中具有不可撼动的地位，这是依法治国的核心要义，是党领导依法治国的关键所在。法律面前人人平等，在依法治国语境下，社会主义中国绝不允许出现执法因人而异的现象存在。人民当家做了主人，政治上地位平等了，人与人之间就没有高低贵贱之分。如果违背了这个原则去处理法律问题，就是超越法治规则的行为，都应受到法律的追究。

依法治国需要法治文化的繁荣。习近平法治思想的确立，是新时代中国发展的需要，势必带动法治文艺的蓬勃发展，法治影视也必将大量涌现于荧屏、影院、剧场、网络，其发展态势是不可阻挡的。法治影视作品因具有生动、形象、直观感觉的特征，通过演绎法治故事，给观众送去最为直观的法治启迪和法治诠释，从而成为法治宣传喜闻乐见的载体。而法治影视作为依

法治国基本方略实施中必不可少的法治艺术诠释，其发展是时代的必然。法治影视以其独特的魅力，成为依法治国的重要文艺伴侣和影像产品。

因此，课题组认为，法治影视工作者要做好充分的思想准备，要以极大的热情准备迎接法治影视春天到来的现实。法治影视作为直观性强、容易理解和生动感人的影像艺术，特别容易在受众中达到较大和较深刻甚至是刻骨铭心的法治教育效果。由此可以断定，有习近平法治思想的指引，有依法治国基本方略的实施，必然给法治影视带来十分难得的发展机遇期。

这些年来，中国文艺创作中涌现了大量的法治题材影视作品。尤其是党的十八大以来，法治题材影视创作无论是数量上还是质量上都取得了前所未有的成绩。法治影视产业已经成为中国欣欣向荣的阳光产业。法治影视艺术作品，充分展现了中国执法机关和执法人员勇于执法、善于执法的高质量为民执法水平，同时也谱写了公民尊法守法的感人法治故事。法治影视向广大民众推出的一大批奋战在法治一线的法律工作者，如公安民警、人民检察官、人民法官、人民调解员、职业律师、法律公证员、管教改造犯人的监管民警等，他们无私无畏捍卫法治的高大形象，使观众清晰地感受到在党领导的依法治国语境下，广大执法者的为民情怀，从而引导民众敢于见义勇为，敢于协助公安民警与违法犯罪作斗争，并激励人们养成尊法守法的自觉性。

依法治国是一项艰巨的历史任务，首先要坚定依宪治国理念。依法治国基本方略的实施，需要法律强制约束力做保障。习近平总书记提出的抓好极少数位高权重领导干部的党风廉政建设，具有特别重大的现实意义，是依法治国中不可忽视的政治环境，也是法治建设中不能不抓好的核心队伍建设工程。

1949 年 10 月 1 日，毛泽东主席在天安门城楼上庄严地向全世界宣布中华人民共和国中央人民政府成立。自从那时起，中国的劳苦大众就成了国家的主人，人民政府就受到几万万中国人民的高度信任。人民对政府所推行的每一项法律制度，都积极响应并自觉遵守。为人民而立的法律，与人民群众具有十分亲密的结合度。这样的人民法治，无疑给新时代法治影视的发展，提供了广阔深厚的创作土壤。而习近平法治思想的核心要义之一，就是坚持以人民为中心。因此，法治影视应成为习近平法治思想的重要诠释文化高地。在习近平法治思想的指引下，法治影视的发展必定前途无限。

三、习近平法治思想引领新时代法治影视为实现以中国式现代化全面推进中华民族伟大复兴而努力奋斗

习近平总书记在党的二十大报告中强调："从现在起，中国共产党的中心任务就是团结带领全国各族人民全面建成社会主义现代化强国、实现第二个百年奋斗目标，以中国式现代化全面推进中华民族伟大复兴。""必须更好发挥法治固根本、稳预期、利长远的保障作用，在法治轨道上全面建设社会主义现代化国家。"

中国式现代化离不开法治。要实现中国式现代化，就必须加快法治中国建设步伐，筑牢法治根基，坚持走中国特色社会主义法治道路。而法治则必须在推进中国式现代化进程中找准自己的定位、明确自己的目标、发挥自己的效用，实现法治现代化。法治现代化是中国式现代化的重要组成部分，也是推进中国式现代化的重要保障。这就要求必须坚定不移在法治轨道上，坚持法治国家、法治政府、法治社会一体建设，全面建设社会主义现代化国家。而坚持走中国特色社会主义法治道路，是习近平法治思想的核心要义之一，体现了习近平法治思想的思维底线。坚持走中国特色社会主义法治道路，既是中国式现代化的题中应有之义，也是实现中国式现代化的重要制度依托。中国式现代化，也必然要求法治建设以开放的姿态积极面向世界，在世界治理格局中展示中国智慧的独特魅力。在中国式现代化进程中，为了应对单边主义、保护主义，促进全球治理体系变革等重大课题，必然要求加快涉外法治工作战略布局，强化涉外法治体系建设，以提供涉外法治保障。在中国法治现代化进程中形成的法治中国建设模式和经验，为全球法治现代化提供了中国方案。

在实现中国式现代化的新征程中，法治影视怎样才能产生激励人心鼓舞斗志的作用？成为新时代前进的号角？

这就要求法治影视工作者在思考谋划具体项目之前，必须以习近平法治

思想为引领，从法治影视作品的立项、创作、制作到市场运营，都要符合新时代法治现代化的要求。

如果法治影视工作者没有认真领会和遵循习近平法治思想，生产出来的法治影视产品，就有可能偏离法治中国建设的主跑道。这样的法治影视作品推向社会后，就有可能与法治现代化发生冲突，不但不利于建设中国式现代化，还可能导致对中国式现代化产生强烈的干扰和破坏，从而发生与党的文艺路线背道而驰的导向性错误，严重影响以中国式现代化全面推进中华民族伟大复兴这一宏伟目标的实现。这是每一位从事法治影视创作与传播的工作者务必认真思考的重大课题。

新时代需要大量的法治影视作品来推动法治现代化。但凡法治影视作品，都不可避免地涉及和展现法治时代的特征。有习近平法治思想引领，法治影视才能正确把握法治时代特征。任何忽略时代感的法治影视作品，都是没有生命力的，既不可能健康成长，也无法找到生存之路。法治影视作品一旦与时代不合拍，必定难以生存和发展。这样的作品政府不欢迎，人民也不欢迎。仅仅是影视艺术家一厢情愿的法治影视作品，投放到影视市场后，也只能成为时代的残次品，甚至是废品。

法治影视需要习近平法治思想引领，还因为法治影视作品中，无不涉及法治问题。从某种意义上讲，习近平法治思想不是法治影视创作者要不要受到引领的问题，而是无法绕过，不可不重视。既然如此，如何展示影视作品的法治因素，就是一个必须解决的问题。可以邀请法学专家参与创作或提供指导，这样可以基本妥善解决法治因素在影视作品中展示带来的麻烦。但从根本上说，能否创作出真正反映新时代法治风貌的优秀影视作品，还在于法治影视创作者对习近平法治思想理解的程度和本身所具备法治素养的高低。

总而言之，一切从事法治影视工作的创作者和传播者，都务必认真学习领会贯彻习近平法治思想。尤其是在为实现以中国式现代化全面推进中华民族伟大复兴而努力奋斗的新征程中，更离不开习近平法治思想的指引。习近平法治思想必将引领新时代法治影视走向更加璀璨美好的未来。

第二章　新时代法治影视的主要成果和基本特征

党的十八大以来，以习近平同志为核心的党中央从坚持和发展中国特色社会主义的全局和战略高度定位法治、布局法治、厉行法治，创造性提出了关于全面依法治国的一系列新理念新思想新战略，形成了习近平法治思想。与此同时，法治电影的创作与传播日新月异，在数量和质量上均实现了长足进步，受到了广大观众的欢迎与喜爱，呈现一派喜人形势。习近平法治思想的形成，不仅为法治影视创作提供了系统的方法论，也为法治影视注入了丰富的思想内涵，在形式与内容、表达与思想等方面均提供了高屋建瓴的指引。

第一节　新时代法治影视的主要成果

一、法治职能部门和影视专业机构齐聚法治影视领域

1. 公检法司各领域全面发力

新时代以来，公检法司各领域的法治影视作品均呈现蓬勃发展之势，一批又一批优质的影视作品通过银幕和荧屏走向观众。在公安电影方面，典型作品有《一场风花雪月的事》（2013 年上映）、《全城通缉》（2014 年上映）、《白日焰火》（2014 年上映）、《烈日灼心》（2015 年上映）、《解救吾先生》（2015 年上映）、《湄公河行动》（2016 年上映）、《猎狐行动》（2017 年上映）等；在公安电视剧方面，典型作品有《惊情 48 小时》（2013 年首播）、《警中警之警中兄弟》（2014 年首播）、《经侦在行动之黑金烈》（2015 年首播）、《警花与警犬》（2016 年首播）、《破冰行动》（2019 年首播）、《三叉戟》（2020 年首播）、《扫黑风暴》（2021 年首播）、《刑警之海外行动》（2021 年首播）、《警察荣誉》（2022 年首播）等。在检察电影方面，典型作

品有《全民目击》（2013 年上映）、《无法证明》（2015 年上映）、《青春检察官》（2016 年上映）等；在检察电视剧方面，典型作品有《正义的重量》（2013 年首播）、《守望正义》（2014 年首播）、《人民的名义》（2017 年首播）、《巡回检察组》（2020 年首播）、《沉默的真相》（2020 年首播）、《你好检察官》（2021 年首播）等。在法院电影方面，典型作品有《黄克功案件》（2014 年上映）、《十二公民》（2015 年上映）、《知心法官》（2016 年上映）、《邹碧华》（2017 年上映）等；在法院电视剧方面，典型作品有《婚前协议》（2013 年首播）、《婚里婚外那些事》（2014 年首播）、《小镇大法官》（2016 年首播）、《阳光下的法庭》（2018 年首播）、《黑色灯塔》（2020 年首播）、《底线》（2022 年首播）等。在司法电影方面，典型作品有《以法之名》（2022 年上映）等；在司法电视剧方面，典型作品有《金牌律师》（2014 年首播）、《离婚律师》（2014 年首播）、《精英律师》（2019 年首播）等。

2. 普法影视与商业影视双面开花

在"谁执法谁普法"的普法责任制背景下，通过影视作品进行普法，成为公安机关、检察院、法院等系统的一种优先选项，甚至是必备选项。最高人民法院、最高人民检察院、公安部分别成立有专门的影视中心（最高人民法院影视中心、最高人民检察院影视中心、公安部金盾影视文化中心），拍摄了一系列弘扬主旋律、唱响奋进曲的影视作品。以最高人民检察院影视中心为例，其与广西壮族自治区人民检察院合作拍摄的电影《你是我的兄弟》，被确定为 2011 年元旦献礼影片；电影《无法证明》获得 2016 年第 13 届世界民族电影节最佳故事片奖；电影《青春检察官》获得第二届巫山"神女杯"优秀故事片奖。

与此同时，以法治内容为题材的商业电影也呈现生机勃勃之势，如《全民目击》《无人区》《离婚律师》《精英律师》等。民间资本进入法治影视制作领域，相对而言，其更为关注的是影视作品的市场效益，往往与都市爱情、悬疑推理等热门影视元素相结合。

二、法治影视呈现形式多样化

1. 狭义的法治影视与广义的法治影视齐头并进

狭义的法治影视，是以法治故事为主要线索、以法治人物为主要角色、以法治精神为主要基调的影视作品。除此之外，还有一些影视作品，或是体现了法律机关的工作（如涉及公安局办案），或是出现了法治领域人物（如作品里含有警察、法官的角色），或是含有一些与法律知识、法律制度相关的情节（如电影《我不是药神》引发的公众关于药品专利保护制度的关注），这些影视作品可以被称为广义的法治影视。

广义的法治影视的题材是广泛的，可能是审计，可能是"寻亲"等。比如，电视剧《国家审计》（2014年首播）以审计为题材，讲述了一批审计干部在对国企、地方行政"一把手"离任经济责任审计中所发生的故事，表现了审计工作人员恪尽职守，守护国家财产的光荣使命。电影《亲爱的》（2014年上映）以"寻亲"为题材，讲述一对夫妻关系不和睦，作为他们唯一的联系的儿子有一天却莫名其妙地走丢了，夫妻二人焦急地寻找儿子，在路上多次遇到像自己一样寻找孩子的父母，其情形震撼人心。2016年5月，该作品获得第33届大众电影百花奖最佳影片提名。

2. 传统电影（电视剧）与微电影（微视频）并肩前行

在传统电影、电视剧之外，微电影、微视频的蓬勃发展，是新时代法治影视不可忽略的一个重要方面。与传统电影、电视剧不同，微电影、微视频除了时长较短，其传播方式也迥然有别，观众主要是通过电脑、手机进行观看。

微电影、微视频虽然出现的历史较短，但已有了自己鲜明的概念：它"是指运用视听技术和艺术手段制作、记录在数字载体或胶片上，主要通过互联网络和电视传播的时长较短的网络视听节目。微电影的时长一般在半小时以内，短视频通常不超过5分钟"[①]。

[①] 国家广播电视总局发展研究中心、华偁微影文化传媒中心：《中国微电影短视频发展报告（2020）》，中国广播影视出版社2021年版。

而法治微电影、微视频作为微电影、微视频的一个重要分支，也凸显它不同寻常的魅力，受到政法机关前所未有的高度重视。"最早的法治微电影出现在 2012 年四川成都青少年法治微电影大赛上；到 2013 年，昆山法治微电影大赛和苏州法治微电影大赛相继举办，引领法治微电影崛起，同时树立了地方法治微电影品牌；而司法部和全国普法办联合举办的首届法治微电影大赛，则将法治微电影的发展推向高潮，从此法治微电影的创作在全国遍地开花。"① 由中央政法委举办的平安中国"三微"比赛（征集微电影、微视频、微动漫与 MV 作品）目前已是第七届，由最高人民法院政治部等单位联合举办的"金法槌奖"微电影微视频征集展播活动目前已是第九届。

由中国法学会法治文化研究会主办的中国法治微电影展，目前已举办了两届。2020 年 12 月 4 日，在第七个国家宪法日到来之际，首届中国法治微电影展表彰典礼直播活动在北京举行，通过央视频、新浪新闻、百度 App 三个平台实时直播，时长 2 小时 20 分钟，在线观看人数累计达 42.2 万人。经过初评、复评和终评，共有 85 部作品荣获各类奖项。《古寨新传》获得最佳剧情片奖，《史海遗珠 百年穿越》获得最佳纪录片奖，《纵使搏命亦向前》获得最佳专题片奖，《无声雨》《心眼》《冬雪暖阳》《民之山》《寻人启事》《青空下》《信守十年》《饺子》《迷踪》《羁绊》获得十佳剧情片奖。2022 年 8 月 16 日，第二届中国法治微电影展颁奖活动在线上举行。《公开听证》获得最佳剧情片奖，《一枚院章的变迁》《为国守边的帕米尔雄鹰》获得最佳专题纪录片奖，《一本卷宗》获得最佳宣传片奖，《永远跟党走》获得最佳音乐 MV 作品奖，《博弈》获得大学生单元最佳作品奖，《我的青春，你来过》《阿拉的心愿》《归队》等作品获得十佳剧情片奖。

三、法治影视发展态势喜人

1. 一批现象级作品强势来袭

除了在数量上突飞猛进，新时代法治影视作品在质量上同样表现不俗，

---

① 史兴庆：《微电影的新风景——法治微电影》，载《传播与版权》2014 年第 8 期。

其中一个重要标志就是现象级法治影视作品的出现。

在公安影视方面，2016 年，由公安部组织拍摄的电影《湄公河行动》在全国范围内掀起观影热潮，票房超过 11 亿元，成为 2016 年现象级电影。

在检察影视方面，2017 年 3 月 28 日开播的电视剧《人民的名义》，获得第 22 届"华鼎奖"中国百强电视剧满意度调查评委会年度特别大奖，入围第 23 届上海电视节"白玉兰"奖提名奖，获得 2017 年互联网时代最具影响力影视作品，在各大平台上都引起了强烈关注和热烈反响。时至今日，很多网友还在讨论其中的角色、剧情。

在法院影视方面，2018 年 4 月 8 日开播的电视剧《阳光下的法庭》，首日即获得收视率第一的好成绩①；2022 年 9 月 19 日开播的电视剧《底线》，首播仅 2 集，收视率即破 2，直接冲上黄金时段卫视电视剧收视第一的位置。这反映出观众对法治影视剧的喜爱越发浓烈，期待越发高涨。

在司法影视方面，2014 年 8 月 4 日开播的电视剧《离婚律师》，单台收视率就达到了 1.547，持续坐稳收视冠军宝座，并多日创下三台收视同时破 1 的奇迹。在开播不到一个月的时间内刷新了视频网站电视剧独播播放纪录。2015 年 8 月 9 日，该剧在第 17 届"华鼎奖"中国电视剧满意度调查发布盛典上，获得全国观众最喜爱的电视剧作品奖。2017 年 2 月，该剧获得第十一届全国电视制片业"电视剧优秀作品"奖。

2. 社会效益和市场效益双翼齐飞

习近平总书记指出："一部好的作品，应该是经得起人民评价、专家评价、市场检验的作品，应该是把社会效益放在首位，同时也应该是社会效益和经济效益相统一的作品。"

法治影视效益，一方面固然少不了市场效益，另一方面其承担的弘扬社会主义核心价值观、贯彻习近平法治思想的特殊使命同样不可或缺。法治影视叫好，不仅体现在有形的影片数量、票房数字上，也体现在无形的法治教

---

① 徐家新：《把握新时代脉搏 创作法治影视精品——在主持电视剧〈阳光下的法庭〉专家研讨会时的讲话》，载《人民司法·天平》2018 年第 15 期。

化中，应具有"普及法律知识，塑造法律意识，传递法律精神，营建法律文化"等多方面综合性的功能意义。

具体而言，法治影视的社会效益主要有以下三点。

首先，法治影视是法治领域意识形态的重要战场。"作为影响最广泛的文化产品，电影在叙事过程中，其背后的意识形态无不时刻或明显或隐秘地外溢渗透。"① 通过法治影视这种润物细无声、老百姓最喜闻乐见的艺术形式，"把深层社会主义法治意识形态转化为一种'无言叙述'让民众心甘情愿地接受"②，是法治影视的重要功能。法治影视作品有形的画面、有声的语言，进行的却是无形的法治教育、无声的法治浸润，真正可谓是"吸睛有影，润物无声"。

其次，法治影视是法治领域正面宣传的重要阵地。在中国共产党领导下的社会主义法治事业波澜壮阔的进程中，涌现出了很多可敬可爱的典型人物、可歌可泣的动人故事、可圈可点的为民举措、可喜可贺的工作实绩。相较于其他传播媒介，法治影视以其"见声见影"的特点，更容易实现"见人见事"、言传身教的良好法治宣传效果。

最后，法治影视是普法活动的重要渠道。法治影视的普法作用，主要体现在法治影视中的人物行为示范和法律知识普及方面。观众在观看法治影视作品的过程中，受剧中人物行为的影响，在不知不觉中便学习了法律，养成了法治意识。在法治中国建设的进程中，公众其实越来越期待更多了解法律知识，法治影视便成了兼具趣味性和知识性的一种普法渠道。

第二节　新时代法治影视的表达特征

在著作权法意义上，任何作品都包括思想和表达两个方面。新时代法治影视作品在思想层面和表达层面分别具有哪些特征呢？

---

① 曹建：《电影样本中的法治意识形态》，载《当代电影》2011 年第 2 期。
② 干瑞青：《中国法治题材电影中的"无言叙述"研究》，载《电影文学》2019 年第 7 期。

法治影视的本质，和法治小说等艺术形式一样，都是"讲好法治故事"，只不过其采用了影视的方式，更有利于把故事讲得更为立体、更为丰满、更为鲜活。

在如何"讲好法治故事"方面，《习近平法治思想学习纲要》中有这样的论述："推进对外法治宣传，讲好中国法治故事。讲故事就是要讲事实、讲形象、讲感情、讲道理，讲事实才能说服人，讲形象才能打动人，讲感情才能感染人，讲道理才能影响人。"① 可以说，习近平法治思想为新时代法治影视创作提供了"四讲"的表达方法论。

在"四讲"的表达方法论中，"讲事实"是基础，"讲形象"是核心，"讲感情"是升华，"讲道理"是目的。"四讲"是一体之四面，是四面完美统一的系统。

一、新时代法治影视创作体现了"讲事实"的方法

新时代法治影视作品，主要植根于当代法治社会的现实土壤之中，或是改编自现实案件，或是取材自现实人物，或是直面现实问题。"一般而言，法治剧讲述从案件发生、追查、侦破直至牵出背后势力的整个过程，这一过程包括现实生活中的诸多民事纠纷、刑事犯罪，也可以容纳隐藏在案件背后的权钱交易、腐败行为、经济犯罪等。"②

法治影视作品中，也有的是基于虚构背景，讲述虚构情节。如电影《全民目击》讲述了富豪林泰在女儿林萌萌成为犯罪嫌疑人后，聘请律师周莉与以童涛为首的检察官对决的故事。电影《圣诞玫瑰》（2013 年在中国内地上映）讲述了下半身残疾的钢琴女教师李静起诉医生周文瑄性侵，从而引发的一系列故事。电影《十二公民》改编自 1957 年的美国影片《十二怒汉》，讲述了一个由富二代"杀人案"引发了激烈的法庭智斗的故事。

然而，更多的法治影视作品坚守现实主义原则，遵循艺术源于现实生活

---

① 《习近平法治思想学习纲要》，人民出版社、学习出版社 2021 年版，第 123 页。
② 李勇强、秦云娜：《法治题材电视剧的创作思维与艺术效价》，载《中国电视》2022 年第 4 期。

又高于现实生活的创作规律。新时代法治影视作品"讲事实"，是用摄像机拍摄来完成的，但拍摄的内容并非是对现实的原版扫描、原样刻录、原本复印，往往需要进行艺术加工，以使得人物更加丰满立体、感情更加扣人心弦、情节更为集中紧凑，从而使讲述的事实更加真实可信。

1. 新时代法治影视讲述了党领导下法治事业的重大成就

党的十八大以来，全面依法治国取得重大进展，社会主义法治建设取得了历史性成就、发生了历史性变革。法治反腐、海外追逃、依法纠正冤错案件、开展扫黑除恶专项斗争、决胜"基本解决执行难"……既为人民群众广泛关注，也成为法治影视创作的鲜活素材。

2018 年初，中共中央、国务院发出的《关于开展扫黑除恶专项斗争的通知》指出，为深入贯彻落实党的十九大部署和习近平总书记重要指示精神，保障人民安居乐业、社会安定有序、国家长治久安，进一步巩固党的执政基础，决定在全国开展为期三年的扫黑除恶专项斗争。电视剧《扫黑风暴》以扫黑除恶专项斗争为背景，取材自真实案例，呈现了正义和黑恶势力的殊死较量，一经播出便成为社会热点。作为一线干警的李成阳，不断遭到"保护伞"的打击、黑恶势力的陷害，甚至顶头上司、公安局局长的构陷，导致他身陷囹圄。但最终在中政委和中央督导组的指挥和领导下，李成阳重获自由，并联合公检法司各部门，最终将盘踞在中江省绿藤市十几年的两大黑恶势力团伙一网打尽，并将黑恶势力的"保护伞"和那些被腐蚀的官员绳之以法。

值得一提的是，法治影视的"讲事实"，不仅是对事实的基于现实的艺术化呈现，还进一步影响着事实的走向，推动着事实的发展。比如，《扫黑风暴》揭露了"美丽贷"这一"套路贷"新类型，就在该剧 2021 年 9 月 9 日从央视八套收官后，国家广播电视总局办公厅便在 9 月 27 日下发了关于停止播出"美容贷"及类似广告的通知，通知要求"各广播电视和网络视听机构、平台一律停止播出'美容贷'及类似广告"①。可以说，法治影视一方面传递着法治理念，另一方面对社会现实问题提出了警示，起到了为政府提

---

① 许莹：《党的十八大以来法治题材电视剧创作面面观》，载《中国电视》2022 年第 1 期。

供决策参考的重要作用。

2. 新时代法治影视展现了党领导下法治事业的辉煌历史

电视剧《阳光下的法庭》可以说是对新时代法院工作的全景式呈现。这种"讲事实"的重视，正切合了其剧名。所谓"阳光下的法庭"，既是指司法权在阳光下运行，彰显公平正义，也是指通过影视将司法权运行的过程呈现于观众眼前，让公平正义更好地得以彰显。

历史是由具体的事务来构成的。法治影视展现历史，必然通过具体人物、具体事实予以直观地呈现。电视剧《正义的重量》讲述了新中国成立以来三代检察官的生活、工作、家庭及成长经历，展现了检察机关在半个世纪里的艰难历程，讴歌了检察工作者的高尚情操和美好情感。电视剧《守望正义》讲述以李大康、夏青、林溪为代表的共和国老中青三代检察工作者执行法律监督、维护公正的系列故事。

历史的进程线，一端是现在，一端是过去，中间是脉络。通过说现在、忆过去、寻脉络，新时代法治影视形象系统地展现了中国共产党领导下法治事业的辉煌历史进程。

3. 新时代法治影视既讲述实体性事实，也讲述程序性事实

法律的正义，既是实体正义，也是程序正义。程序正义一方面是为了保障实体正义的实现；另一方面具有其自身的独立价值。新时代法治影视通过讲述宏观事实和微观事实，不仅大张旗鼓地对实体性事实进行鲜明的书写，而且不遗余力地对程序性事实进行工笔般的细描。比如电视剧《阳光下的法庭》，它"忠实客观地还原了庭审过程，如原被告双方报告到庭情况、审判长介绍合议庭人员构成、审判长对缺席审理的阐述、确认双方回避事项等"①。电视剧《底线》则还原了网络庭审直播过程，如询问当事人信息、询问是否申请回避、维持法庭秩序、合议庭进行合议等。这种对细节的不吝描画、对程序的不吝展示，让观众如临其境、如闻其声、如见其形，增强了庭审过程的

---

① 周洁琼：《人民的法槌——谈电视剧〈阳光下的法庭〉的法治传播意义》，载《当代电视》2018年第12期。

真实感。

法治影视，以艺术的光与影，展现着法治之光、社会之影。新时代法治影视讲述的事实是多方面、多层次、多环节的，有宏观事实也有微观事实，有总体事实也有专项事实，有过程呈现也有成绩展现。社会生产生活的方方面面都离不开法治，而法治影视呈现了法治视域下社会生产生活的方方面面。通过展示成绩面、梳理进程线、深挖细节点，新时代法治影视形成了一个完整的叙事系统，系统讲述了中国共产党领导下法治事业的总体格局。通过"讲事实"，新时代法治影视让观众更加直观地感受到人民群众的获得感、幸福感、安全感从何而来，感受到生活的岁月静好，是因为有人在默默地负重前行。

二、新时代法治影视创作体现了"讲形象"的方法

习近平总书记在中国文联十大、中国作协九大开幕式上的讲话中指出："典型人物所达到的高度，就是文艺作品的高度，也是时代的艺术高度。只有创作出典型人物，文艺作品才能有吸引力、感染力、生命力。"

毋庸讳言，人物形象是法治影视作品的核心。讲事实、讲感情、讲道理，都要围绕讲形象而作、依托讲形象而行。新时代法治影视一贯注重对人物形象的塑造，其最大的亮点之一，就是越来越注重从平面形象向立体形象、从单维形象向多维形象的转变。

在从平面形象向立体形象的转变上，新时代法治影视往往不是只呈现人物形象的某一面，而是多角度、立体化对其进行刻画，既不避讳正面人物的性格缺陷，也不避讳反面人物的温情一面。比如，电影《白日焰火》展现了一个并不完美的警察形象。

在从单维形象向多维形象的转变上，新时代法治影视对同一种人物形象进行多种维度的刻画，在很大程度上破除了观众对某种人物形象的单一刻板印象。比如，同样是讲法官，电视剧《阳光下的法庭》《小镇大法官》《底线》就分别塑造了不同的法官形象。

1. 新时代法治影视"讲形象"中的虚拟形象与现实形象

在我国庞大的法官队伍中，基层法院的法官人数占比最多、审结案件最多、与群众直接打交道最多，可用作影视作品素材的故事往往也最多。对于基层法官而言，他们所输出的公平正义，往往不仅承载于一次次法槌声里、一篇篇判决书里，还反映在一次次走街串巷之中、一次次真诚沟通之中。基于这些客观现实，新时代法治影视塑造的法官人物形象多有现实原型，但往往系由一个人或者多个人的真实故事综合改编而来。

但也有一些法治影视对作品中的主人公并不化名，而是直接以现实人物为主人公，在情节设置上也更接近于现实故事。比如，电影《邹碧华》讲述了被誉为司法体制改革"燃灯者"的上海市高级人民法院副院长邹碧华的事迹。电影《知心法官》则把镜头对准基层法官，讲述了时代楷模、福建漳州芗城区人民法院民事审判第一庭副庭长黄志丽的事迹。

2. 新时代法治影视"讲形象"中的主角形象与配角形象

红花需要绿叶配，绿叶自己也成春。法治影视中配角形象的设定，可能是剧情发展之必需，可能是衬托主角之必要，也可能是深化主题之必备。对于一部成熟的影视作品而言，配角之"配"，其含义可能并非"陪衬"，而是"配合"。配角与主角有机配合，共同形成了一部影视作品的整体。新时代法治影视不仅注重对主角形象进行浓墨重彩的描绘，也注重对配角形象进行精要精到的"点睛"，很多配角形象，虽只寥寥数笔，却性格饱满，深入人心，成为经典。比如电视剧《人民的名义》里塑造的高育良、李达康、祁同伟、陈岩石、陈海、郑西坡等一众配角形象，引发了观众持久不衰的高度关注和热烈讨论。

3. 新时代法治影视"讲形象"中的正面形象与反面形象

法治影视往往涉及正义与邪恶的较量（在刑侦剧、反腐剧中体现得尤为明显），因此在塑造正面形象的同时，需要塑造反面形象。新时代法治影视在反面形象的塑造上，体现了丰富的艺术手法，除了塑造单纯的反面形象外，还塑造了一批表面是正面实则为反面的人物形象。比如电视剧《人民的名义》中的国家部委某司项目处处长赵德汉、汉东省委副书记兼政法委书记高育良等；还讲述了人物形象从正面向反面的转变过程，比如电视剧《扫黑风暴》中"作为派出所所长的胡笑伟，多次在执行公务的过程中保护战友，曾荣立个人三等功3次，却在利益诱惑前丧失原则"①。

4. 新时代法治影视"讲形象"中的男性形象与女性形象

一般而言，观众印象中的法治人物形象（尤其是警察形象）以男性居多。其实，女性人物形象的塑造，也是新时代法治影视的重要方面。与男性人物形象塑造有所不同，新时代法治影视侧重展现成熟女性人物的天生母性和年轻女性人物的心灵成长。电视剧《阳光下的法庭》塑造的省高级人民法院院长白雪梅的形象，既有作为法官的严肃性、圣洁性，又有作为女性的天然慈爱母性。电视剧《警花与警犬》则塑造了以李姝寒、倪娜、唐优优为代表的"90后"警花，通过与警犬的身心互动，打击犯罪，最终实现心灵成长和人生蜕变的故事。

三、新时代法治影视创作体现了"讲感情"的方法

法理与情理的关系，一直以来都是社会备受讨论和研究的话题。法或许不"容"情，但法必须"融"情。法治影视中的"讲感情"，不是为了讲感情而讲感情，而是要在法治故事中融入感情。"讲感情"对法治影视的作用，至少体现在两个方面：一方面是"融合剂"，以感情为线，串联拼接起一个个法治故事；另一方面是"催化剂"，以感情为媒，让法治故事更引人注目、更触人心底。新时代法治影视所融入的感情，是多方面、多层次的，突出地表现在以下三个方面。

1. 新时代法治影视体现了薪火相传的师徒情

审判业务是一项实操性非常强的活动。大学毕业生初入审判岗位，从作为"预备法官"的法官助理职位做起，需要有前辈法官即"师父"来指导。这种指导可以用四个词语来概括："面对面""背对面""手把手""手拉

---

① 李勇强、秦云娜：《法治题材电视剧的创作思维与艺术效价》，载《中国电视》2022年第4期。

手"。"面对面"，即法官和法官助理之间就有关法律问题当面沟通讨论，这是一种"言传"；"背对面"，即法官助理跟随法官一起参与庭审（法官助理坐在法官的前面），熟悉庭审过程，学习庭审技能，积累庭审经验，这是一种"身教"；"手把手"，即法官对法官助理起草的裁判文书初稿进行审核修改，帮助法官助理学习裁判文书撰写技能；"手拉手"，即一个好的审判团队的运行离不开法官和法官助理的共同努力，二者之间"亦师亦友，互师互友"，是一种相互学习、相互促进、相互提高的过程。

电视剧《底线》中关于"师父"的称谓，反映了法院系统内老人与新人"传帮带"的情况。星城区人民法院立案庭庭长方远、榕州市中级人民法院刑一庭副庭长宋羽霏同为星城区人民法院副院长张伟民的徒弟，师徒三人将青春与热血都奉献给了司法事业。如今，方远的徒弟兼法助周亦安也成为员额法官。曾经的师徒团，现在不同的审判岗位上发光发热。最高人民法院年轻女干部叶芯的突然空降，让星城法院有了更多变化。这三代法院人，在一宗宗案件中，发扬着法院"传帮带"的优良传统，始终坚守着司法、道德、人性、较真的底线。

在电视剧《黑色灯塔》中，刚刚大学毕业、因一个偶然的机会成为市法院实习书记员的乔诺，在真正进入庭审现场后深深爱上了这个职业。她白天认真工作，下班回家恶补法律知识。但真正帮助她成长的，还是面对案件时主审法官杨博青的指导和教诲。在老法官的带领下，她毫不畏惧地寻找断案线索信息，积累了丰富的工作经验。

应该说，《底线》《黑色灯塔》真实讲述了法院系统内"传帮带"的优良传统，讲述了"师生情"这一古老的情谊在当代法院生活中的特殊表现。

2. 新时代法治影视体现了携手并肩的同事情

不管是公安民警、检察官、法官、律师，一项工作的有序推进，往往需要多位同事的有机配合。伴随着"单打独斗"向"群体作战"转变而生的，是携手并肩的同事情。

在电视剧《精英律师》中，罗槟是权璟律师事务所资深合伙人，戴曦误打误撞、机缘巧合地成了他的助理。两人因在为人处世上的见解差异而频生矛盾。在经过几个项目上的相互协作后，两人对对方都有了更深的了解。戴曦对罗槟由最初的讨厌转变为尊敬，而罗槟也在戴曦的感染下变得更加懂得关爱他人。两人最终成了一对深受业界认可的最佳搭档。

3. 新时代法治影视讲述了相濡以沫的爱情

爱情，是人类永远歌颂、永远憧憬、永远抒写的主题。几乎所有的新时代法治影视，或多或少、或深或浅地都融入了爱情的元素。这些元素，可能只是一个小小的故事点，可能是串起多个情节的故事线，也可能是贯穿整部影视的故事面。比如电视剧《底线》，在讲述法官职业所应坚守的底线时，也讲述了四条"感情线"：方远与其妻子的"夫妻感情线"、宋羽霏与徐天的"前任感情线"、舒苏与小魏的"恋人感情线"、周亦安和叶芯的"准恋人感情线"。四条感情线，四种感情类型，该作品对爱情主题的诠释可谓用心之至。

爱情与婚姻，是一对难舍难分、相辅相成的话题。因此，在新时代法治影视中，爱情主题所占篇幅最大、所占比重最高的，还是那些以婚姻为主题的作品。电视剧《离婚律师》描述了专门打离婚官司的律师罗鹂和同为律师的池海东，均因情伤不再相信爱情，多次在法庭上针锋相对，但最终却在不知不觉中擦出爱情火花的故事。电视剧《婚里婚外那些事》以三个法官和两个律师的情感为主线，讲述了她们办理的几个不寻常的离婚案件。电视剧《婚前协议》讲述了年轻人、"80后"、中年夫妻在新婚姻法实施后不同的情感遭遇。

四、新时代法治影视创作体现了"讲道理"的方法

新时代法治影视所讲述的道理，从不同角度可以有不同的分类。这个道理，既可以指事理、法理和情理，也可以指中国特色社会主义法治道路的大道理和关系人民群众切身生活的各种小道理。而新时代法治影视"讲道理"的最集中、最突出表现方式，还是"普法"。

电视剧《底线》改编自备受关注的主播猝死案、于欢案、货拉拉案等一系列现实案例，其中有大案也有小案，对刑法、民法、劳动法等知识结合实际案例进行普及，是普法的鲜活教材。

同样由最高人民法院出品的电视剧《阳光下的法庭》《小镇大法官》则分别代表了"普法剧"在表现形式上的两个维度,前者把镜头对准了省高级人民法院院长白雪梅这样的高级法官,后者则把镜头对准了樊远平这样的基层法官;前者选取了环境保护案、知识产权案、民告官案等社会关注度高、法律专业性强的"大案件",后者则选取一系列涉及诸如夫妻矛盾、子女赡养、邻里纠纷等家长里短、鸡毛蒜皮的"小案件";前者整体呈现为严肃严谨、给人以庄重感的正剧,后者则整体呈现为诙谐幽默、给人以轻松感的轻喜剧。

可以说,以电视剧《底线》《阳光下的法庭》《小镇大法官》为代表的影视作品,整体形成了一个"普法剧"的影视作品类型。

电视剧《黑色灯塔》的普法方式,则可以概括为两点:一是"融入式普法";二是"嵌入式普法"。除了与其他影视作品相一致的"融入式普法"路径,该剧还独具匠心地结合剧情、在每集结尾加入"普法小课堂"。如第一集的"简介书记员"、第二集的"补充侦查"等,让观众在观看完一集内容之后,可以"趁热打铁"地学习一下相关法律知识,为"法治"和"影视"的有机结合,开辟了一条可资借鉴的新道路。

第三节　新时代法治影视的思想特征

一、新时代法治影视体现了旗帜鲜明的党性

习近平总书记指出:"党的领导是中国特色社会主义法治之魂,是我们的法治同西方资本主义国家的法治最大的区别。""党政军民学,东西南北中,党是领导一切的。为什么我国能保持长期稳定,没有乱?根本的一条就是我们始终坚持共产党领导。中国共产党是中国特色社会主义事业的领导核心,是国家最高政治领导力量。"[①]

---

① 《习近平法治思想学习纲要》,人民出版社、学习出版社2021年版,第13页。

党的十八届三中全会审议通过的《中共中央关于全面深化改革若干重大问题的决定》，对深化司法体制改革作了全面部署。电视剧《阳光下的法庭》以深化司法体制改革为时代背景，主要由环保修复案、知识产权案、冤错案件平反三大案件串起，对案件庭审直播、巡回法庭设立、网上法庭建设等审判活动进行特写和剪影，在以小见大中展现近年来司法体制改革的新进程和新成就。该剧中，从法官员额制改革到智慧法院建设，从纠错机制建立到鹰眼系统开发，每一项改革都紧紧围绕"努力让人民群众在每一个司法案件中都感受到公平正义"这一目标而展开。

党的十八大以来，以习近平同志为核心的党中央从制定中央八项规定切入整饬作风，以雷霆万钧之势推进反腐斗争，激荡清风正气、凝聚党心民心，为党和国家各项事业发展提供了坚强保障。电视剧《人民的名义》，关注党的十八大以来的强力反腐形势，细致入微地描写了腐败与反腐败的深层次对决，彰显了党中央对腐败行为零容忍、下猛药、出铁拳的决心，创造了近十年来国产电视剧的最高收视率。《人民的名义》以检察官侯亮平的调查行动为叙事主线，讲述了检察官们步步深入，查办国家工作人员贪污受贿犯罪的故事，案情复杂，斗争激烈，情节曲折，扣人心弦。检察官与贪腐分子斗智斗勇，观众在紧张的气氛中看到腐败分子终于败下阵来，才松了一口气。看完之后感到十分过瘾，十分解气。这就是影视的力量！

习近平总书记指出："法治工作是政治性很强的业务工作，也是业务性很强的政治工作。"①

法治影视中的正面主角们，他们可能是警察，可能是检察官，可能是法官，但其第一身份是共产党的政法干部，党性是其第一属性。电影《邹碧华》突出副院长邹碧华人生定格的那一天——2014 年 12 月 10 日，这天上午，邹碧华向来沪学习交流司法改革工作的外省领导介绍了上海司法改革工作情况。中午午休时，他又急匆匆赶往徐汇区法院参加业务会议。其实他已经连续几天马不停蹄地工作，身心很疲惫，在去往徐汇区法院的路上疾病突

---

① 《习近平法治思想学习纲要》，人民出版社、学习出版社 2021 年版，第 128 页。

然发作，他感到心脏不适，被送往医院后就再也没能抢救过来。一时间，邹碧华去世的噩耗传遍上海政法界，律师、法官口口相传这个噩耗，与邹碧华有过交往的涉案群众，都感到惋惜。同事朋友和普通群众，纷纷通过各种形式深切悼念这位 47 岁的好法官。电视剧《阳光下的法庭》中，法官白雪梅的丈夫、大学教授杨振华落入韩志成的圈套，被美国公司以专利侵权为由告上法庭，一审判决韩志成败诉，导致美方败诉。美方不服重新聘请律师上诉至省高院。法官白雪梅自觉依法回避该案，如果她干预可能会影响案件的正常审理。结果，高院二审推翻一审判决，展现了人民法庭的公平与正义，也展现了白雪梅法官的职业操守。此外，还有电视剧《底线》中的法官方远、电视剧《人民的名义》中的检察官侯亮平，他们以党性为生命线，以人民为主线，以纪律为红线，忘我工作，大公无私，对公平正义坚持到底，对歪风邪气斗争到底。

习近平总书记指出："坚持依法治国首先要坚持依宪治国，坚持依法执政首先要坚持依宪执政。"

"我国宪法以国家根本法的形式，确认了中国共产党领导人民进行革命、建设、改革的伟大斗争和根本成就，确立了国家的根本任务、指导思想、领导核心、发展道路、奋斗目标，规定了一系列基本政治制度和重要原则，规定了国家一系列大政方针，体现出鲜明的社会主义性质。特别是我国宪法确认了中国共产党领导，这是我国宪法最显著的特征，也是我国宪法得到全面贯彻实施的根本保证。我们讲坚持依宪治国、依宪执政，就包括坚持宪法确定的中国共产党领导地位不动摇，坚持宪法确定的人民民主专政的国体和人民代表大会制度的政体不动摇。"① 《全国人民代表大会常务委员会关于实行宪法宣誓制度的决定》规定："各级人民代表大会及县级以上各级人民代表大会常务委员会选举或者决定任命的国家工作人员，以及各级人民政府、监察委员会、人民法院、人民检察院任命的国家工作人员，在就职时应当公开进行宪法宣誓。"电视剧《底线》里展示了周亦安等新入额法官进行宪法宣

① 《习近平法治思想学习纲要》，人民出版社、学习出版社 2021 年版，第 47—48 页。

誓的场景。宪法宣誓带给了国家工作人员更大的法律责任与法律担当，警醒和提示国家工作人员要坚守执法司法的底线。

二、新时代法治影视体现了贯穿始终的人民性

习近平总书记指出："我国社会主义制度保证了人民当家作主的主体地位，也保证了人民在全面推进依法治国中的主体地位。这是我们的制度优势，也是中国特色社会主义法治区别于资本主义法治的根本所在。""要把以人民为中心的发展思想贯穿立法、执法、司法、守法各个环节，依法治国各项工作都要贯彻党的群众路线，密切同人民群众的联系，倾听人民呼声，回应人民期待，不断解决好人民最关心最直接最现实的利益问题，凝聚起最广大人民智慧和力量。"①

以人民为中心的发展思想贯穿立法、执法、司法、守法各个环节，自然也贯穿反映立法、执法、司法、守法各个环节故事的法治影视之中，从而在法治影视作品中充分展现人民的诉求，解决人民的涉法难题。

新时代法治影视的"以人民为中心"，体现在题材贴近人民生活。对于观众来说，影视剧只有贴近生活，才能感同身受。电视剧《小镇大法官》聚焦基层农村派出法庭，展现那些关系老百姓生老病死、衣食住行的小案件，贴近"三农"问题，贴近百姓日常生活。电视剧《警察荣誉》聚焦基层派出所，通过电动车失窃、网络诈骗案等一连串"不起眼"的案件，直面基层治理中的真问题、难问题。电视剧《小镇警事》讲述了虎啸镇派出所所长郑路生为了小镇的长治久安，化解了许多农民在生产生活中的矛盾纠纷的系列故事。电影《知心法官》将长期扎根审判一线的黄志丽工作的点点滴滴，用艺术的形式呈现在大银幕上，生动还原了法官努力让人民群众在每一个司法案件中感受到公平正义的审判过程。

新时代法治影视的"以人民为中心"，还体现在题材回应人民关切。电视剧《阳光下的法庭》体现了人民群众关心的环境保护问题。电视剧《底

---

① 《习近平法治思想学习纲要》，人民出版社、学习出版社 2021 年版，第 28—29 页。

线》取材自于欢案、货拉拉案等一系列为人民群众所关心的案件。电视剧《因法之名》是国内第一部反映平反冤假错案的电视剧，讲述了市检察院公诉处处长邹雄、市公安局刑侦支队队长葛大杰、公安民警陈谦和与检察官邹桐、公安民警仇曙光、律师陈硕等两代法律工作者侦办、纠正一起历时 17 年冤错案件的故事。《破冰行动》以 2013 年广东省"雷霆扫毒"专项行动为原型，讲述了两代缉毒警察拼死撕开毒贩编织起的错综复杂的地下毒网，为"雷霆扫毒"专项行动奉献热血与生命的故事。

三、新时代法治影视体现了中国特色社会主义法治的坚定性

习近平总书记强调："我们有我们的历史文化，有我们的体制机制，有我们的国情，我们的国家治理有其他国家不可比拟的特殊性和复杂性，也有我们自己长期积累的经验和优势，不能妄自菲薄，也不能数典忘祖。"[①] "我们党领导人民不断探索实践，逐步形成了中国特色社会主义国家制度和法律制度，为当代中国发展进步提供了根本保障，也为新时代推进国家制度和法律制度建设提供了重要经验。"[②]

新时代法治影视总结和呈现了这种中国经验、实践经验、时代经验。比如，电视剧《巡回检察组》聚焦人民检察院推出的重要改革——巡回检察制度，通过描写检察官巡回办案经历，生动地呈现监狱派驻检察及巡回检察工作的艰辛，讴歌了派驻监狱的有志有勇的检察官，在督促司法监管民警依法改造在押犯的同时，还肩负代表国家法治维护在押犯的合法权益的重任，从而促进在押犯认罪服法，自觉接受改造，早日回归社会重新做人，从而化腐朽为神奇。该作品荣获第 33 届中国电视剧"飞天奖"优秀电视剧奖。

中国特色社会主义法治植根于中国的特殊土壤。法治工作，一方面讲究科学性，另一方面讲究艺术性。高素质的法治工作队伍，要善于运用兼具科学性、艺术性的方式开展法治工作。科学性，更多地代表着适用法律的准确

---

① 《习近平法治思想学习纲要》，人民出版社、学习出版社 2021 年版，第 44—45 页。
② 《习近平法治思想学习纲要》，人民出版社、学习出版社 2021 年版，第 78—79 页。

性；艺术性，更多地代表着适用法律的灵活性。电视剧《底线》中，法官助理周亦安通过一个雷击木手串引导当事人进行调解，承认自己欠钱的事实，就是一种艺术性开展调解工作的方式。电视剧《小镇大法官》中，法官王德忠游走在情与理之间，更是展现了其艺术性开展司法工作的独特的"草根智慧"。

"历史和现实告诉我们，只有传承中华优秀传统法律文化，从我国革命、建设、改革的实践中探索适合自己的法治道路，同时借鉴国外法治有益成果，才能为全面建设社会主义现代化国家、实现中华民族伟大复兴夯实法治基础。"① 新时代影视，不仅要讲述新时代法治事业的进程，而且应该关注我党早期革命史上发生的重大法治事件，以警醒后人不再重蹈覆辙。电影《黄克功案件》就是讲述了一个历史上震惊全国的真实案件的审判故事。1937 年10 月，在全面抗战之际，延安发生了抗日军政大学第六队队长黄克功因逼婚而枪杀女青年案件。凶手黄克功是红军团长、战斗功臣。审判长雷经天采用公开审理、民主判决的方式审判此案。黄克功一直在期待毛主席的特赦令。终于毛主席的复信来了，他赞成处黄克功以极刑，没有赦免他。这个法治故事教育了一代又一代党政干部，违法乱纪必然受到法律的惩处。在法律面前，功是功、过是过，犯罪了就必须受到法律的制裁。

四、新时代法治影视体现了法治国家、法治政府、法治社会建设的一体性

习近平总书记强调："全面依法治国是一个系统工程，必须统筹兼顾、把握重点、整体谋划，更加注重系统性、整体性、协同性。""法治国家、法治政府、法治社会三者各有侧重、相辅相成，法治国家是法治建设的目标，法治政府是建设法治国家的主体，法治社会是构筑法治国家的基础。全面依法治国，必须着眼全局、统筹兼顾，在共同推进上着力，在一体建设上用劲。"②

① 《习近平法治思想学习纲要》，人民出版社、学习出版社 2021 年版，第 45—46 页。
② 《习近平法治思想学习纲要》，人民出版社、学习出版社 2021 年版，第 96—97 页。

　　法治社会包括法治的城市社会与法治的乡村社会，法治影视的聚焦场域也包括城市和乡村。"加强法治乡村建设是实施乡村振兴战略、推进全面依法治国的基础性工作。"① 法治乡村建设与法治城市建设有着不同的社会经济文化土壤，需要特殊的智慧。新时代法治影视对法治乡村建设的实践有所体现。比如，电视剧《小镇大法官》走的是一条以小见大的路线，以小案件展现大时代，以小故事展现大乡村，以一系列小纠纷展现基层治理的大课题。通过乡村司法的"小切口"，展现了法治国家、法治政府、法治社会一体建设的科学性。

　　"法律要发挥作用，需要全社会信仰法律。如果一个社会大多数人对法律没有信任感，认为靠法律解决不了问题，还是要靠上访、信访，要靠找门路、托关系，甚至要采取聚众闹事等极端行为，那就不可能建成法治社会。"② 在推进全民守法的过程中，有一个问题无法回避，那就是"法"与"情"的关系问题。"在乡土社会中适用法律，经常会遇到如何协调情理法的问题。"③ 电影《我不是潘金莲》根据刘震云同名小说改编，讲述了一个被丈夫污蔑为"潘金莲"的普通农村妇女李雪莲，为了纠正一句话，在十多年的时间里，从镇到县，由市至省，再到首都，一路与形形色色的大男人斗智斗勇、周旋不断的故事。"作为可与《秋菊打官司》相提并论的姊妹篇，《我不是潘金莲》在延续一系列'秋菊话题'的同时又提出时下特有的新问题。"④《我不是潘金莲》中关于婚姻法之法与传统婚姻理念之情的冲突。李雪莲之所以坚持要与"丈夫"复婚之后再离婚，而非接受目前已然的离婚状态，正是源于传统婚姻观念。李雪莲所要的"说法"，更多的是基于传统伦理的说法，而非基于现代法治的说法。"传统习俗不会因法治事业的推进而消失殆尽，反之，法治的脚步也不会因'地方性知识'的'排斥'而停止，它们共

① 《习近平法治思想学习纲要》，人民出版社、学习出版社 2021 年版，第 105 页。
② 《习近平法治思想学习纲要》，人民出版社、学习出版社 2021 年版，第 104 页。
③ 韦志明：《乡村社会中的地方性法治——基于电影〈马背上的法庭〉提出的命题》，载《中国农业大学学报（社会科学版）》2015 年第 1 期。
④ 田炀秋：《法治话语下的情法矛盾及现实面向——以电影〈我不是潘金莲〉为分析样本》，载《原生态民族文化学刊》2019 年第 3 期。

生于当下中国，形成了多元法律格局。"

正如前文所述，法或许不"容"情，但法必须"融"情。但也应当认识到，法必须"融"情，但法又不"同"于情。"法理"和"情理"两个词语之间，共同的交集是"理"。"理"，又恰恰是一个内涵丰富、外延广泛的概念。俗语所言的"公说公有理，婆说婆有理"，往往就是因为各自说各自的理，而且说的不是同一个理。老百姓通常所言的"不讲理"，这个"理"可能指的是法理，也可能指的是情理。新时代法治影视不仅讲述了情与法交融的一面，还讲述了其冲突的一面。这方面的典型代表，是两部以"我不是……"句型为题目的电影：除了刚刚提到的《我不是潘金莲》，还有《我不是药神》。商贩程勇从印度带回了天价药格列宁的仿制药"印度格列宁"并私自贩卖，成为"印度格列宁"独家代理商，引起警方调查。后来，他从自私走向无私，最终被抓，却赢得了尊严。《我不是药神》讲述了法律与道德相冲突的一面，让观众处于对药品专利权保护相关法律的敬畏和对广大普通病人的同情之间，陷入深思。2020年9月26日，该片获得第35届大众电影百花奖最佳影片奖。

五、新时代法治影视体现了国内法治和涉外法治的统筹性

习近平总书记强调："要加快涉外法治工作战略布局，协调推进国内治理和国际治理，更好维护国家主权、安全、发展利益。""要积极参与执法安全国际合作，共同打击暴力恐怖势力、民族分裂势力、宗教极端势力和贩毒走私、跨国有组织犯罪。要加强反腐败国际合作，加大海外追赃追逃、遣返引渡力度。要深化国际司法交流合作，完善我国司法协助体制机制，推进引渡、遣返、犯罪嫌疑人和被判刑人移管等司法协助领域国际合作。要同各国一道，营造良好法治环境，构建公正、合理、透明的国际经贸规则体系，推动共建'一带一路'高质量发展，更好造福各国人民。"①

---

① 《习近平法治思想学习纲要》，人民出版社、学习出版社2021年版，第123页。

同一个地球，同一个梦想。人类要实现更大范围、更为久远的和平与发展，必然离不开建立在平等基础上的国际合作。新时代以来，我国在推进国际合作、参与全球治理、构建人类命运共同体方面取得了举世瞩目的成绩，向世界展示了一个负责任的大国形象。

新时代法治影视反映了我国积极参与执法安全国际合作的事实。电影《湄公河行动》讲述了中国、老挝、缅甸开展三国联合巡逻，集中对盘踞在金三角的大毒枭糯卡的制毒窝点进行扫荡的故事。电视剧《刑警之海外行动》讲述了以高笑天为代表的刑警组成的海外行动工作组，开展多国执法合作，与境外各方犯罪势力斗智斗勇，最终破获多起跨境案件的故事。

新时代法治影视反映了我国加强反腐败国际合作的事实。电视剧《猎狐行动》讲述了公安部经侦局副局长、金融工程博士徐天被任命为专项行动负责人，带领白嘉译等一批高智商、高学历的年轻干警辗转 30 多个国家，与境外在逃嫌疑人展开较量的故事，唱响了一首域外执法的协奏曲，弘扬了中国法治，也歌颂了国际执法机关的积极作为。

六、新时代法治影视体现了法治工作队伍的先进性

法治工作队伍，包括法治专门队伍和法律服务队伍，是国家治理队伍的一支重要力量，处于法治实践的最前沿。他们的素质如何，直接影响和制约着国家治理法治化的进程。没有一支高素质的法治工作队伍，就不可能提高立法、执法、司法的质量和效率，再完备的法律体系也难以变为法治实践，实现国家治理体系和治理能力现代化就将是一句空话。因此，必须把建设高素质法治工作队伍作为全面依法治国的重要任务来抓。[①]"法治"的范围是广泛的，与之伴随的"法治工作队伍"范围也是广泛的。"法治"是一个动态的概念，从理论上说，凡是参与法律治理全过程的人员，都在"法治工作队伍"的范畴之内。法治影视中表现的法治工作队伍主要是公安队伍、检察队

---

① 《习近平法治思想学习纲要》，人民出版社、学习出版社 2021 年版，第 127—128 页。

伍、法院队伍、律师队伍等。

新时代法治影视体现了法治专门队伍的先进性。电视剧《警察荣誉》讲述了四位见习警员在"警情高发"的平陵市八里河派出所历经各种案件洗礼，并在资深警察的言传身教下迅速成长，最终成为合格的人民警察的故事。电视剧《三叉戟》根据公安作家吕铮同名小说改编，讲述了三个曾经叱咤风云的老警察面对新型犯罪，齐心协力创新侦破手段，最终一举击破金融犯罪集团的故事。电影《无法证明》讲述了一位年轻检察官尊重事实、尊重法律、尊重人权，侦办一起二十多年白骨案的故事。电视剧《沉默的真相》根据紫金陈的小说《长夜难明》改编，讲述了检察官江阳历经多年，付出艰苦代价查清案件真相的故事。电视剧《你好检察官》讲述了姜文静通过工作实践中一次又一次办案过程的磨砺，最终成长为一名合格检察官的故事。电视剧《巡回检查组》中的巡回检查组组长冯森屡出金句："维护正义是政法工作人员的职责，拼的是意志的较量、信仰的较量。""舍得一身剐，才能干政法。"电视剧《庭外·盲区》讲述了法官鲁南与在津港的乔绍廷联手，闯过重重危机，最终破解了碎尸案的谜底的故事。电视剧《小镇大法官》以诙谐幽默的方式，讲鸡毛蒜皮，展酸甜苦辣，讲述了以荷塘法庭庭长王德忠为代表的法官小分队在法庭上、炕头上、田地间、房前屋后的大树下、嬉笑怒骂中解决辖区内邻里之间、真假离婚、老人赡养、土地开发、环境污染、留守儿童等棘手事儿的故事。

新时代法治影视体现了法律服务队伍的先进性。2015年1月，习近平总书记在《求是》杂志发表《加快建设社会主义法治国家》的署名文章，指出："律师队伍是依法治国的一支重要力量。"电影《以法之名》系以内蒙古自治区身残志坚的法律援助律师郭二玲为原型、结合多位优秀律师的感人事迹改编而成，讲述了郭二玲忘我工作，先后进行了交通肇事案、敲诈勒索案、家暴案、讨薪案等多个案件的法律援助，帮助弱势群体捍卫权益的故事。

第三章　新时代法治影视创作与传播面临的新挑战和新机遇

现实是法治影视创作的母体。跟随时代前进步伐，法治题材影视也历经了不同发展阶段，以光影艺术记录着中国共产党领导下的人民司法的火热实践。特别是进入新时代以来，党中央作出"全面依法治国"的战略部署，法治影视创作与传播也进入一个崭新阶段，一批反映我党各个历史时期法治建设成果的影视作品相继问世，在观众中引起热烈反响。从反映延安时期边区高等法院代理院长雷经天承受来自各方的压力，坚持公平公正公开审理的电影《黄克功案件》，到以最高人民法院原副院长马锡五同志为原型，展现他坚持群众路线的工作方法和实事求是的工作作风、彰显东方法律智慧的"马锡五审判方式"的电影《马锡五断案》，再到反映在司法改革中敢啃"硬骨头"、甘当"燃灯者"的上海高级人民法院副院长邹碧华事迹的电影《邹碧华》，反映中国派出缉毒精英组成特别行动小组到湄公河流域境外缉拿真凶的商业大片《湄公河行动》，直到近年来反映党的十八大以来人民司法事业取得的伟大成就的电视剧《警察荣誉》《阳光下的法庭》《底线》《小镇大法官》《巡回检察组》等，还有借助网络平台探索出更多法治题材影视创作表现形式的网剧《白夜追凶》《庭外》《重生》《黑色灯塔》《沉默的真相》《无证之罪》等优秀作品更如雨后春笋，为影视文化百花园增添了斑斓的司法光彩。

随着人民群众法治素养和审美水平的不断提高，广大观众对法治影视作品品质的要求也水涨船高。党的二十大报告提出，要"弘扬社会主义法治精神，传承中华优秀传统法律文化，引导全体人民做社会主义法治的忠实崇尚者、自觉遵守者、坚定捍卫者"。法治影视创作者责无旁贷，使命光荣。

在全面依法治国的新时代潮流中，法治影视创作既面临更加复杂多元的冲击与挑战，也面临难得的发展机遇。广大影视工作者牢牢把握以人民为中心的创作导向，坚持把社会效益放在首位、社会效益和经济效益相统一，深入生活，扎根人民，用光影艺术讲述法治故事、传播法治好声音，法治影视创作与传播得到了前所未有的高速发展。

第一节 广大民众不断增强的法治意识和审美能力推动法治影视创作与传播不断迈向更高水平

一、民众法治素养的提高对法治影视创作提出更高要求

全民普法是全面依法治国的长期性、基础性工作，是中国特色社会主义法治的重要组成部分。我国从 1986 年以来连续实施的五年普法规划，显著增强了全社会法治观念，有效提高了社会治理的法治化水平。2021 年，中共中央、国务院转发了《中央宣传部、司法部关于开展法治宣传教育的第八个五年规划（2021—2025 年)》并发出通知，要求各地区各部门结合实际认真贯彻落实。随着这一规划的制定，以法治题材影视创作为代表的全民普法工作向纵深发展，人民群众法治素养的提高，推动全社会尊法守法学法用法都获得了进一步提升，人民群众的法治意识得到了普遍增强。

法治题材影视创作是全民普法宣传的重要内容，一部优秀的法治影视作品，甚至会成为许多人的法治启蒙课。1992 年公演的电影《秋菊打官司》，讲述了农村妇女秋菊为了讨个说法，向村长踢伤丈夫的事情提起复议并最终提出诉讼的故事。秋菊的丈夫万庆来与村长王善堂因为盖房子发生争执，万庆来被村长踢中下身并造成肋骨骨折。秋菊怀着身孕去找村长说理，村长不以为然而不肯认错。秋菊不服，决心要讨个说法。从村里、乡里、县里，一直到市里，终于讨到了说法。可当村长最后被警车带走时，秋菊却难以接受，她只想要个说法，并不想让村长怎么样。秋菊追着警车到村口那个镜头，象征了乡村广大群众对法治的渴望，以及法治给他们带来的困惑和不适应，意味深长，让人难忘，发人深思。该片不仅反映了 20 世纪 90 年代中国农村女性的自尊、自强、自信以及法治观念觉醒的社会现实，反过来也启发更多观

众学法、懂法、守法、用法，是一堂生动的法治教育课。法治题材影视创作与人民群众法治意识增强之间互相促进的关系由此略见一斑。

人民群众法治素养的提高反过来又给法治题材影视创作提出了更新更高的要求和标准。随着法治中国建设不断向纵深推进，广大人民群众对法律法规的知晓度、法治精神的认同度、法治实践的参与度明显提高，对法治影视作品法律专业层面的要求也更高了。法治题材影视创作者需要更加深入了解我国现行司法制度，熟悉掌握基本法律规定和实际应用，对司法体制和社情民意有更加深刻的洞察，才能在创作中过得了法律关、专业关、现实关，创作出经得起行业推敲和市场检验，适用法律条文准确，案件事实严谨，细节真实动人的上乘作品。可以说，以往的影视作品，像《秋菊打官司》《被告山杠爷》等，主要在于展现和进一步启发人民群众法治意识的觉醒。如今的法治影视作品题材进一步细化，作品类型更加多样，通过刑事、民事、行政等不同的案例故事，引领观众如何在工作生活的不同场景中运用法律化解自身困境、捍卫自身合法权益。可以说，法治影视担负着弘扬法治精神、传播社会主义法治理念的崇高责任。

2018年，电视剧《阳光下的法庭》以全面推进司法改革为背景，通过环境保护、知识产权、冤案平反等几起不同领域社会关注、百姓热议的案件，生动展示和剖析了人民法院在推进司法改革、建设智慧法院、维护公平正义等方面作出的积极探索和不懈努力，反映了全社会法治意识的增强和法治观念的进步，展现了新时代中国特色社会主义法治建设的丰硕成果。中央文史研究馆馆员、中国文艺评论家协会原主席、著名文艺评论家仲呈祥称赞这部作品"具有独特的价值和地位"。中国文联原副主席、著名文艺评论家李准称赞这部作品是"一部法院风貌百科全书式的电视剧作品"。2022年，同样由最高人民法院参与创作的电视剧《底线》，因为改编了几起曾在社会上产生很大影响的热点案件，得到了广大观众的高度关注，观众们一边追剧一边研究法律条文，有的观众甚至还极为认真地挑出了剧中法律方面的瑕疵。有媒体形象地比喻，电视剧《底线》热播好似给观众上了一堂法治公开课。广大人民群众法治素养的普遍提高，既给法治影视带来了更多的受众，也对法治影视创作提出了更高的要求，倒逼影视创作者不得不努力提高自身专业水平，让作品呈现出更高的专业水准，传播正确的法律知识和法治意识。

二、影视行业的发展繁荣带动法治影视创作与传播水涨船高

习近平总书记在 2014 年 10 月 15 日《在文艺工作座谈会上的讲话》中指出："文艺是时代前进的号角，最能代表一个时代的风貌，最能引领一个时代的风气。"实现"两个一百年"奋斗目标，实现中华民族伟大复兴的中国梦是长期而艰巨的伟大事业。伟大事业需要伟大精神。实现这个伟大事业，文艺的作用不可替代，文艺工作者大有可为。

进入新时代以来，广大文艺工作者倾听时代足音，讴歌人间正道，抒写崭新气象，取得了新作为，创作出一大批文质兼美的优秀作品，开创了社会主义文艺新境界。

新时代中国影视事业取得了前所未有的繁荣景象。2016 年 11 月 7 日全国人大常委会审议通过《中华人民共和国电影产业促进法》，中国影视更是依法向产业化、规模化纵深挺进。人民群众花费在精神文化产品上的成本越来越高，电影票价经过 21 世纪头十年网络售票平台的一波促销红利后，9.9 元看一场电影的时代已经一去不复返了。作为大众社交合家欢的一种消遣方式，花费几十元甚至上百元看一场电影已成为电影产业消费常态。爱奇艺、腾讯、优酷、芒果 TV 等各网络视频平台对影片剧目进行会员、大会员、付费点播等不同层次的划分，不少人为了看到喜爱的作品即兴拿起手机，立即充一年的会员费，甚至为追看最新一集而果断付费，享受新剧超前点播也成为很多影迷剧迷经常性选择。与此相应的是，随着人民花费在影视产品上的时间、金钱成本的增加，给影视产业发展提供了坚实的物质基础和广阔的市场前景。

新时代影视行业整体的繁荣发展，给法治影视创作与传播带来了难得的发展机遇。随着电影《战狼》《红海行动》《湄公河行动》《你好，李焕英》《流浪地球》《长津湖》《万里归途》，电视剧《琅琊榜》《伪装者》《大江大河》《人世间》《山海情》《觉醒年代》等市场大片大剧爆款走红的同时，一

系列根植司法工作基层一线、反映司法工作火热实践、贴近百姓现实生活、弘扬主流价值观的法治影视作品也相继问世，在影视大市场牢牢占据了一席之地，有的还成为出圈爆款作品，社会效益和经济效益都十分亮眼。

党的十八大特别是党的十八届四中全会之后，央视黄金档先后播出了《小镇大法官》《人民检察官》《阳光下的法庭》《破冰行动》《执行利剑》《警察荣誉》等优秀法治剧品，卫视平台黄金档也相继播出了《精英律师》《决胜法庭》《因法之名》《巡回检察组》《底线》《女士的法则》《玫瑰之战》等一批优秀法治影视。此外，还有《黑色灯塔》《庭外》《沉默的真相》《冰雨火》《罚罪》等法治影视在互联网平台也大放异彩。这些作品从不同视角反映了我国法治建设站在新的历史起点上的崭新风貌，引起观众的热议。可以说，法治影视创作进入一个活跃期，成为影视市场一个不可或缺的重要类型。

必须清醒认识到，在中国影视行业政策注重内容端的输出、市场竞争力逐渐增强的背景下，影视行业的作品必将迎来新一轮规范化发展，影视 IP 产业链的变现能力得到更充分的挖掘。数据显示，2021 年前三季度中国居民人均消费支出 17275 元，同比增长 15.1%；人均教育文化娱乐观影支出为 1867 元，同比增长 46.3%；2021 年中国影视行业市场规模为 2349 亿元，同比增长 23.2%。我们有理由相信，随着疫情逐渐远去，文化娱乐消费尤其是影视领域消费一定会强势复苏，影视行业必将迎来新的春天，法治影视创作传播也一定会重回高光时刻。

三、观众审美能力的迭代推动法治影视艺术水平不断提升

影视市场化产业化发展，一方面带来了行业的繁荣，观众审美能力和艺术欣赏水平也大为提高；另一方面让部分创作者产生误判和错觉，认为很轻易就能从繁荣的市场中分得一杯羹，致使部分创作者产生浮躁情绪，丢掉了朝乾夕惕、久久为功的创作态度，只想走捷径、求速成、逐虚名，不把精力用在深入思考潜心创作上，而把心思花在跟风模仿上。一部爆款作品之后，往往涌上来一堆"东施效颦"者。有的创作者认为为一部作品反复打磨费时

费力，不能及时兑换成实用价值，或者说不能及时回收投资成本，不值得也不划算。这样的态度不仅会误导创作，而且会使低俗作品大行其道，造成劣币驱逐良币现象。一些缺乏艺术审美、思想主题空洞肤浅、商业包装过度浮夸、脱离生活实际的影视作品，严重低估观众审美水平，遭到网友吐槽和官媒批评，有的甚至被责令下架。有"亮剑3"之称的抗日剧《雷霆战将》在某卫视台刚刚播出11集，就引起广大观众吐槽，被央视等官方媒体点名批评。许多观众直言不讳地指出，这部剧打着抗日剧的名头，却在行偶像剧之实，剧中大量脱离现实的画面，军人抽雪茄、住别墅、油头粉面，紧张的前线战场被拍成了走秀会场，严重脱离了抗战时期的历史环境，传递不正确的时代信息，简直就是对抗日先烈的亵渎！还有电视剧《东八区的先生们》，开播不久就差评不断，豆瓣评分只有2.4分，观众和媒体直言该剧剧情悬浮、表演油腻、情节庸俗。还有电视剧《我叫刘金凤》，剧情明明是讲在中国发生的事情，服化道却充斥着浓浓的日本风格，一开播便引发观众吐槽，很多网友对剧中如此明目张胆的倭风感到反感和愤怒，强烈要求下架和停播。这些反面典型说明，随着时代发展，特别是进入新时代以来，在日益丰富多元的精神文化生活熏陶下，广大观众审美水平也在不断提升，那些只靠堆砌流量明星，想凭俗套烂梗的剧情、粗制滥造的制作糊弄观众的作品，再也瞒不过观众雪亮的眼睛，必然会遭到观众的抛弃。影视创作者要适应新时代观众的审美需求，牢固树立精品意识，对创作要怀有敬畏之心，有着更高的艺术追求，决不能想走捷径、赚快钱，更不能干肆意挑战观众审美和智商底线的事了。创作者若不在作品质量上下功夫，其必将被观众和市场抛弃。

反映在法治题材影视创作领域，急功近利、竭泽而渔、粗制滥造的现象也偶有发生。有的剧情悬浮脱离现实，有的内容不符合现行司法程序，有的案情故事较为庸俗，有的片面强调司法专业性，作品艺术质量不高等。法治影视还有一个突出问题需要重视：剧情中出现权大于法而法无能的桥段，这样会对观众有严重误导，违背了创作法治影视普及法律知识、进行法治教育、传递法治价值的初衷。必须引起创作者高度重视，坚决予以制止。法治影视创作者应当清醒认识到，虽然法治影视创作与传播取得了很大成绩，但离时代需要的、观众期待的高峰之作还有不小差距。作为法治题材影视创作者，因为类型特殊性，更需要坚持正确的创作导向，在泥沙俱下的创作环境中激浊扬清、守正创新，用思想精深、艺术精湛的优秀作品向观众传达正确的价值观，引导观众培养高尚的审美趣味。

观众审美能力的提高，倒逼影视创作者不断提升作品的艺术水平，要想赢得市场、赢得观众，必须拿出货真价实的精品力作。仰望文艺星空中那些闪亮的坐标，无一不具有独一无二的艺术发现和审美价值。文艺工作者要想有所成就，必须拥有一颗超越前人、与众不同的竞胜之心，争做"这一个"，不当追随者，笃定恒心，潜心创作，用独有的有价值的艺术创新，锚定自己在艺术长河中的位置。创作者只有怀着对艺术的赤诚之心，下真功夫，练真本事，才能"笼天地于形内，挫万物于笔端"，让自己的作品具有独特的艺术发现和审美价值。新时代中国正处在中华民族伟大复兴战略全局和世界百年未有之大变局的洪流之中，一个前所未有的新时代、新世界正在浩浩荡荡地展开。伟大的时代给伟大的作品提供了丰富滋养和多种可能，作为文艺创作者，应当倍加珍惜这个沧海桑田的变革时代，坚持守正创新，坚定艺术理想，坚持创造性转化、创新性发展，胸怀创作史诗的雄心壮志，向着新时代社会主义文艺的高峰奋勇登攀，用一部又一部优秀文艺作品，让群星闪耀的中国文艺的天空更加绚烂！广大法治影视创作者，也要顺应观众日益提高的审美需求，创作出思想精深、艺术精湛、制作精良的法治影视精品。

第二节　传播环境与科技革新为新时代法治影视创作与传播带来革命性影响

进入新时代以来，现代信息科学技术发展突飞猛进，给人民群众生活带来了天翻地覆的改变。中国互联网络信息中心（CNNIC）发布的第 49 次《中国互联网络发展状况统计报告》数据显示，截至 2021 年 12 月，我国网民规模达 10.32 亿人，较 2020 年 12 月增长 4296 万人，互联网普及率已经达到 73%。报告显示，我国网民的互联网使用行为呈现新特点：一是人均上网时长保持增长。截至 2021 年 12 月，我国网民人均每周上网时长达到 28.5 小时，较上年同期提升 2.3 小时，充分表明互联网已经深度融入人民日常生活。二是上网终端设备使用更加多元。截至 2021 年 12 月，我国网民使用手机上网的比例达 99.7%，手机仍是上网的最主要设备；网民中使用台式电脑、笔记本电脑、电视和平板电脑上网的比例分别为 35.0%、33.0%、28.1% 和 27.4%。以上数据说明，随着技术革新和视频传播平台多元发展，观众观看影视视听作品的途径越来越便捷，传统的以影院、电视机为主要传播渠道的观影方式已经发生革命性改变，互联网尤其是手机移动终端，在深刻影响和改变着观众对信息的接收方式和观影习惯。

影视作品传播渠道的变革，也必将对创作内容和方式产生革命性影响。近年来，中央政法委、最高人民法院、最高人民检察院、公安部、司法部等政法机关，顺应技术革新和传播渠道的改变，以官方新媒体为主要传播平台，多次举办法治题材微电影、短视频、微动漫评选活动，激励各级政法机关、社会各界关注，主动参与法治影视作品的创作，为法治题材影视行业的发展注入了资本、技术、人才、观念等方方面面的新鲜养分。政法机关下属事业单位、影视制作机构等也相继与网络视频平台开展深度合作，根据网络传播特点和受众审美喜好创新创作的内容与形式，涌现出一大批政法题材的网络电视剧、电影等，《白夜追凶》《庭外》《冰雨火》《沉默的真相》《无证之罪》《黑色灯塔》等法治题材作品主打网络阵地，在观众尤其是年轻观众中产生了意想不到的传播效果，成为近年来法治影视适应传播渠道变化、主动拥抱新科技新平台的转型成功案例。

科技进步没有完成时，只有进行时。影视创作如何适应传播渠道变化也是一个长久的命题，创作如何能化挑战为机遇，利用好新的传播媒介，最大化实现法治影视创作传播目的，是法治影视创作者需要持之以恒思考和解决的问题。

一、观众由被动接受到主动参与改变了影视创作与传播的既有模式

传统的审美体验发生在审美主体与审美客体的静观默察过程中，创作者和传播者选择他们要表达的内容，受众虽然可以选择不同的主体和媒介，但也只能被动接受传播者提供的固定范围内的信息。随着传播技术进步和传播渠道多元，受众的审美体验活动变得更加主动并趋向于互动。

在新媒体时代，观众在观看一部影视作品的同时，能够随时通过网络留言、弹幕等形式，同步对作品作出自己的评价，反馈主观的观影体验。创作者和传播者失去了凭借供给方优势强行向观众进行灌输的能力。所以，及时掌握观众的观影需求，通过精彩的影像叙事牢牢抓住观众的注意力，是新媒体时代下影视创作者需要努力的方向。

在传统媒体时代，受众作为传播活动中信息的接受者和反馈者，往往在传统传播环节处于相对被动的位置。进入新媒体时代，传播者更加关注受众需求，以观众需求为中心，着力打造个性化、高效化、人性化的交流传播平台。开放的平台给观众以话语空间，使受众与传播者拥有了相对平等的身份，能够以多种渠道参与对作品内容的交流探讨，甚至在一定程度上成为传播的主要推手。普通观众通过发表个人意见、评论，激发吸引其他观众共鸣和点赞而获得的成就感，吸引着越来越多的人成为传播信息的参与者，在很大程度上影响了作品的评价和传播度。

近几年，几乎在一夜之间，自媒体生产者和大大小小的自媒体运营公司如雨后春笋数不胜数，他们所生产的视频内容经过网民之间的飞速转发，一夜之间就可以获得百万千万的点击量，如此高的关注度和传播度令传统影视行业望尘莫及。

随着科技进步和传播渠道的变化，观众在信息传播上的主动权和选择权明显增加。"互联网＋"时代下社会的日常生活方式和文化形态发生转变，艺术审美形态也出现了明显的变化：在审美体验方式上表现为主动参与和沉浸式享受。手机等移动互联网的发展，让联通方式由"网络"到"个人"的

单向传播，转变为"人"与"人"的网状传播，信息发布主体由公共媒体转变为"个人用户"。例如，在抖音、快手、哔哩哔哩等视频平台，人们不再是简单被动的内容接受者，每个人都可以成为视频内容的生产者和发布者。由此带来的是，人们的信息接受方式也由"被动灌输"转变为可供选择的"个性化定制"，审美趣味上表现为"大众化"中追求小众化、多元化、个性化。这就意味着，政法题材影视内容生产者和传播者的习惯思维和传统观念也要与时俱进、因时而变、因势而变，要注重认真研究和把握当下受众的审美偏好和趋势，在内容生产上要贴近当下生活实际、反映观众日常生活和真实心声，创作接地气、能共情的内容，使文艺真正坚持以人民为中心的创作理念，实现文艺为大众服务、为人民服务的目的。

当观众不再只是影视作品被动接受者，而是拥有了足够多的意见表达权时，观众对影视创作者的影响力就会与日俱增。一旦影视作品出错被观众发现，就将面临网络曝光后无数受众的吐槽与抨击。除了微博、微信、朋友圈、自媒体号等独立的意见表达平台，网络视频自身所具备的弹幕功能也可以实时显示着观众观看时的真实感受，甚至有很多观众已经习惯于边看剧情边看弹幕。

因此，影视生产者需要把弹幕、微博等发表的评论当作了解观众喜好的迅捷通道，善于听取意见加以改进，与观众一起探索。具体到创作阶段，尽量在每个细节段落都预想到观众观看时可能出现的反应，减少可能引起观众反感厌恶的剧情设计，从内容上精心打磨。

法治题材与其他类型影视剧相比，其法治专业属性对观众来说，既可以成为吸引眼球的焦点，但若处理不好，也有可能成为观众审美的壁垒。法治题材影视剧作为一种文化产品不仅能够带给观众视听方面的感官娱乐和精神享受，更担负着普及法律常识、传播法治理念、培育法治信仰的特殊使命。创作者必须把剧作在法治层面的专业性和其作为文艺产品的艺术性、娱乐性放在同等重要的位置加以考量，处理好专业性与大众性的关系。

不可否认，当下影视行业从业者对法治题材的把握总是不能尽如人意。法治题材创作的困境，现在确确实实是缺乏懂专业的创作人员，我们看到的许多作品，虽然打着法治题材的头衔，但实际是恋爱甜宠剧，故事剧情根本不能体现法治精神。这就说明的确存在一部分创作人员对法律的理解学习有欠缺，对法治理念的认识不到位的问题。也有一些想创作现实主义法治影视的工作人员，往往靠临阵磨枪，创作前期去公检法机关体验几天生活，实际上只见皮毛，根本未能了解执法人员的真实生活和思维方式，同样难以在作品中塑造出法律人的独特魅力和核心竞争力，更不要提作品中经常可见在法律专业方面的瑕疵了。

所以，在新媒体时代，法治影视作品在网络上一般都会有很高的热度，有的是对作品表示赞赏和支持，但也有相当大的一部分，是带着放大镜对作品在法治方面存在的问题进行吐槽和批评。创作者必须认真汲取观众通过各种渠道反馈的合理的意见和建议，不能唯流量和热度论，一看作品热度高，不分青红皂白就沾沾自喜，但也不能被网络上一浪高过一浪的尖锐批评和吐槽吓倒，要习惯和珍惜新的传播形态下与观众的互动，闻过则喜，从观众视角发现自身作品的不足，争取在以后的创作中加以改正。

法治题材影视作品最易引起观众争议的是，如何把握改编真实案件的边界和尺度。一般不提倡改编社会热度太高、司法部门尚未有最终结论的案件，那样极易对当事人造成不合理的伤害，甚至给正在处理案件的司法机关带来舆论压力。选择真实案件进行改编，不能照猫画虎，而是要用新的故事讲述所改编案件内在的法治逻辑、法治内核，讲述故事过程中要始终保持公正客观的立场。一旦为了蹭热点、博眼球而脱离现实过分夸大甚至扭曲案件原本的逻辑，很容易产生不良的传播效果和法律效果。

特别是法治影视在标注"根据真实案件"改编的情况下，必须尊重案件本身的事实，不能故意损害案件任何一方的合法权益。一旦出现观点性错误或对现实社会造成较大的负面影响，结果就会与创作的初衷背道而驰。因此，法治影视创作者必须善于从宏观把握，从细微着手，在创作前充分做好剧情内容设计、思想主题把关、专业内容审核等方面的工作，确保作品在政治性、思想性、专业性上不出偏差，让作品能够经受得住新时代传播形态下观众的苛责和审视，更好地担当起法治影视作品应有的社会责任，实现法治影视创作传播的初心和目标。

二、娱乐至上风潮下法治影视创作与传播的危与机

美国媒体文化研究者尼尔·波兹曼曾在他的著作《娱乐至死》一书中提道："美国社会正由印刷统治转变为电视统治，由此导致社会公共话语权的特征由曾经的理性、秩序、逻辑性，逐渐转变为肤浅、碎片化、娱乐性，当一切都以娱乐的方式呈现，人类心甘情愿成为娱乐的附庸时，终将娱乐至死。"他的这些观点在当时就振聋发聩，在进入新媒体时代以后，科技让娱乐更加无孔不入，娱乐至死更非危言耸听：人们不仅在肉体上被手机所困——颈椎病、近视眼、腰肌劳损，而且在精神上早已离不开互联网建构的虚拟世界，离开网络就无所适从。在虚拟世界里，人们终于可以暂时放下现实中的一切，获得精神上的放松和慰藉。

毋庸讳言，在当下人们的生活中，娱乐占据了大量宝贵的时间，手机、平板、电脑等移动终端使得人们随时随地可以进行文化娱乐消费。娱乐方式和文化产品也是花样百出、层出不穷。影视作品作为传统的娱乐内容，不仅要在同类型作品中脱颖而出，而且要与短视频、网络游戏、综艺节目乃至线下剧本杀桌游等新型娱乐形式，争夺大众繁忙社会生活中的有限时间。很明显在新媒体时代，影视作品的优势正在逐渐消失。传统的影视作品再短每集也要 40 分钟以上，有些连续剧往往一个多月才能更新完结，如果没有相当精彩的内容，是很难吸引观众花费如此多的时间在一部作品上的。新形态娱乐产品改变着人们的娱乐方式，占据了人们大量时间，对影视创作的影响巨大，已经严重影响整个影视行业的发展前景，不能不引起业界人士越来越多的深入思考。

娱乐风潮的泛化，对影视行业既是挑战也是机遇。影视作品作为一种文化类消费产品，娱乐属性与生俱来，理应成为娱乐消费的主力军。影视创作者应当主动适应时代变化，深入当下人们的生活深处，善于捕捉人们对娱乐的需求心理，创作出形式多样、内容精美的影视作品，让影视依然成为广大观众喜闻乐见的娱乐产品，在娱乐风潮中展现美妙风姿。

当下，在既有影视作品基础上剪辑编辑成适合新媒体传播的短剧、短视频，受到了广大新媒体受众的欢迎，在某种程度上收复了影视原本的失地，以主流内容构建新的传播场，使主流影视实现破圈传播，引领了新媒体时代的风潮。将影视作品剪辑成短剧、短视频占领新媒体传播渠道，正是瞄准了当下受众对娱乐的需求心理，面对新的视听环境，发挥影视艺术的独特魅力，与时俱进、化危为机，主动占领娱乐风潮主渠道主阵地，形成立体多元的影视传播媒介，进一步扩大了影视作品的覆盖面和影响力。

新时代必然需要新的艺术表达。面对人们对娱乐的客观需求，如何在利用影视娱乐功能的同时，继续坚持法治影视作品固有的传播价值，是法治影视创作者们需要认真思考和解决的问题。对于法治影视作品而言，弘扬社会公平正义，鞭挞人间假丑恶，是作品应当坚持的价值取向。不论人们对娱乐的需求发生什么变化，不论传播形态发生什么变革，不论影视作品的形式出现什么新的花样，法治影视的核心价值都不能改变。要让法治影视作品始终向观众传递正确的法治理念和法治价值，在观众享受娱乐和审美的同时，对观众起到应有的法治教育功能，从而培育起人民群众对法治的信仰，凝聚起全社会建设中国特色社会主义法治国家的坚定信念。

三、技术变革推动法治影视传统审美不断衍化

习近平总书记在文艺工作座谈会上的重要讲话中指出："互联网技术和新媒体改变了文艺形态，催生了一大批新的文艺类型，也带来文艺观念和文艺实践的深刻变化。"传播媒介的升级换代将不断催生主流媒体新业态。影视艺术产生和依赖于科技的土壤，没有科技的进步就不会有影视艺术的存在。在影视发展史上，科技每一次进步既是对原有传播方式和审美习惯的冲击，也必将赋予影视艺术以新的表现力和生命力。

因此，影视创作者既忌惮技术变革，又期待技术变革给影视艺术带来的新的可能性。从声音、色彩的出现，到3D、AR技术的普及，技术进步拓展了电影的表现空间和艺术效果，创造出极具震撼力的视听奇观和虚拟世界。学会合理利用技术手段，使其为好的内容提供更好的服务，成为表达精神主

题的载体和工具，是当下影视工作者理应致力追求的奋斗目标。

技术的变革对影视审美也带来了不可估量的影响。技术对艺术最深刻的冲击，在于它在还原真实的基础上甚至能够创造真实。如果说声音、色彩、后期特效的出现让影视更趋向于我们可以感觉到的真实世界的话，那么《侏罗纪世界》《哈利·波特》《阿凡达》等电影中普遍应用的数字技术，就能创造另一个崭新的虚拟世界了。这给包括电影艺术在内的人类审美习惯和审美观念都带来了颠覆性的改变：从复刻真实到超越现实，从表现当下到展望未来，人们不再满足于在银幕和荧屏上看见现实生活，而且更加希望通过影视看见日常生活中难以看到甚至看不到的另一番景观。

在数字技术对影视美学表现力的提升中，影响的时空不再拘泥于物质现实，观众面对的将不是与他实际生活密切相关的现实再现，而是对整个宇宙乃至想象层面上的精神世界的全新表现。此时，以摄影为基础的影视作品的真实属性也面临洗牌，一种建立在数字技术基础上的新的影视理论和审美观念的建构，成为当下影视创作者和研究者亟待解决的问题。

数字技术不仅生产出物质产品，也深刻影响着人们的精神观念、思维方式和行为方式。以数字技术为载体的影视艺术，也必将随着数字技术的变革呈现出新的内容、新的美学，数字技术打破了艺术世界与客观世界之间的边界，促进了艺术生活化和生活艺术化这种后现代美学追求的实现，带给受众全新的审美体验。很难想象，如果没有强大的科技作为支持和依托，《阿凡达》《饥饿游戏》《流浪地球》《独行月球》等高科技含量较大的作品如何问世。要是没有这些作品的出现，人们根本无从享受那些高科技带给影视艺术的特有魅力。

科技进步对法治影视创作与传播也厥功至伟。在相当长的一段时间里，许多涉案剧不仅专注于利用数字技术还原演员难以完成的动作场面或案发现场，甚至超越现实，创造出很多紧张刺激的戏剧场景。奇幻的剧情和逼真的画面，如果没有科技的运用和加持，仅靠原有的摄影技术和服化道根本无法完成。近年来，法治影视积极拥抱新技术，在创作与传播方面作出了积极有益的尝试。2022年，由优酷信息技术（北京）有限公司、最高人民法院影视中心、江苏猫眼文化传媒有限公司共同出品的司法题材系列悬疑剧《庭外》，在利用新科技构建故事场景的基础上，叙事上也与时俱进大胆创新，开创性地以篇章式结构谋篇布局，分为《庭外·盲区》和《庭外·落水者》两个篇章，以双剧时空交叉的模式展开剧情，"AB 面"情节推进方式给观众带来"拼拼图"的沉浸观感。该剧还跳出了传统剧集中主演职业的单一视角，多维度展现了法官、警察、律师等法律工作者对案件真相的执着探寻，展现了在特殊情境下的司法工作者迥异于日常的另类工作状态，在带给观众耳目一新的观剧体验的同时，也探索出普法宣传的新形式和新途径，极大地增强了受众的参与感、体验感和满足感，使普法形式更加生动，传播效果更加明显。

值得警惕的是，技术的进步有时也是把"双刃剑"。科技理应成为影视艺术的翅膀，为影视创作服务而不是相反。部分创作者热衷于"炫技"而忽视了叙事，忘记了影视本来价值所在，背离了电影技术进步的初衷。这一点对法治影视创作与传播尤需警惕，不能为了展示渲染案发场景而忽略了法治价值的表达。

科技进步带给影视行业的不仅是新一轮媒介更替，更多的是由此而来的审美冲击和艺术突破。从影视作品作为一种文化商品的角度而言，互联网技术也为这一产业带来了更加高效的商业运作模式，深刻影响着影视创作与传播模式，特别是大数据和智能算法的应用，正在赋能影视营销等各个环节，相较于传统传播模式得到了飞跃式发展。

首先，从营销环节来看，新媒体技术让影视营销由线下转至线上，实现"云路演""云宣发"，针对不同用户群体制作专属宣传物料，形成针对性强、覆盖面广的互联网发散传播阵容。通过网络话题互动、热点引流等手段，不仅为传统的影视宣传物料如片花、海报、新闻等提供宣传推广的平台，还发挥微博话题讨论、豆瓣小组、抖音、快手、哔哩哔哩、小红书等平台的各自优势，极大地扩大了宣传覆盖面，缩短了作品与传播者、与观众之间的距离，使得影视产品的营销更加立体化、网络化、社交化。

其次，网络大数据分析可以快速智能定位目标观众，将营销内容及时精准推送到观众视野。一方面，通过与各类网络平台合作，影视产品营销能够获得平台背后的流量变化和大数据信息，在更短的时间内了解受众喜好和观影反应，及时调整宣传策略，做好正面回应，引导舆论话题走向等；另一方面，主动利用网络制造热点话题，推动相关话题发酵，持续激发观影观剧热情，制造口碑发散效应，引发一轮又一轮的观影评议热潮。网络技术下"直播＋电商"模式，搭建起了网络销售和观众之间的便捷通道，极大地方便和满足了观众的影视消费需求。

最后，从影视产品的销售渠道来看，网络也使影视及其衍生品以更新的形式开拓出一片新的广阔市场。网络平台经常参与联合出品、分账合作，以独播放映等方式，在服务环节提供保障方案，确保了影视项目的顺利落地。与网络平台合作，已经成为目前许多影视公司的优先选择。

尤其是近年受新冠疫情影响，许多电影不得不从线下的院线走向线上的网络，更加推动了网络视频平台的发展速度。例如，2020 年《囧妈》上线流媒体平台，在西瓜视频仅仅 3 天时间便取得了播放量破 6 亿的耀眼成绩，让业界为之震惊，直呼电影院革命即将来临。如今，电影"院线＋网播"以及电视剧台网联动模式已经成为影视传播的常态，有关部门适应新的传播方式，制定和完善了推动新传播形态下影视产业发展的若干制度。

互联网革命还催生了影视体裁的变革。随着人们碎片化观看习惯的转变，节奏快、情绪强、短小精悍的短剧逐渐成为影视行业新的内容风口，成为独立于传统电影、电视剧之外的一个重要影视体裁，受到播出平台和广大观众的追捧。

网络短剧作为全媒体传播体系建设的重要手段和途径，具有庞大的受众群体，丰富个性的内容资源和交互式的沟通模式，这也使其成为当下最为流行的学习、娱乐方式。短剧作为新兴业态能一片繁荣，与其自身的特性密不可分。它具有短、平、快、竖的特点，能够快速反映创作者想表达的内容，让更多年轻人和创作者参与进来。它依托于最新载体，以竖屏形式弱化了空间性，强化了叙事性，节奏更快，使观众的关注点更集中。据有关部门统计，2021 年、2022 年两年中，短剧赛道不仅作品数量日渐攀升，制作上也从最初的野蛮生长朝着精品化、专业化不断迈进。最高人民法院影视中心、最高人民检察院影视中心等制片机构，敏锐把握到了影视新体裁的未来发展趋势，加强有关平台和创作人员合作，一大批风格独特的法治题材精品短剧已经在孵化之中。

第三节　中国特色社会主义法治建设伟大实践为法治影视创作与传播提供了难得的发展机遇

党的十八大以来，以习近平同志为核心的党中央将全面依法治国纳入"四个全面"战略布局，作出一系列重大决策部署，开辟了全面依法治国的新境界。2022 年 10 月 19 日，在党的二十大新闻中心举办的记者招待会上，中央政法委有关负责人总结我国法治建设的新情况时指出，党的十八大以来，在习近平法治思想的指引下，新时代全面依法治国发生历史性变革、取得历史性成就：社会主义法治国家建设深入推进，全面依法治国总体格局基本形成，中国特色社会主义法治体系建设加快推进，司法体制改革取得重大进展，社会公平正义法治保障更为坚实。

新时代中国特色社会主义法治建设的伟大实践和丰硕成果，为法治影视创作与传播提供了宝贵的创作源泉和难得的发展机遇。广大影视创作者紧跟时代步伐，敏锐把握新时代脉动，聚焦全面依法治国和社会主义法治建设的生动实践，创作推出一批深受观众喜爱的优秀法治影视作品，描绘新时代法治中国建设的光影画卷。

一、中国特色社会主义法律体系是法治影视创作的坚实依托

党的十八大以来，党领导下的科学立法、民主立法、依法立法，统筹立改废释纂等工作稳步推进，加强重点领域、新兴领域、涉外领域立法，加快立法节奏和步伐，以宪法为核心的中国特色社会主义法律体系更加完备。党的二十大报告提出："完善以宪法为核心的中国特色社会主义法律体系。坚持依法治国首先要坚持依宪治国，坚持依法执政首先要坚持依宪执政，坚持宪法确定的中国共产党领导地位不动摇，坚持宪法确定的人民民主专政的国

体和人民代表大会制度的政体不动摇。加强宪法实施和监督，健全保证宪法全面实施的制度体系，更好发挥宪法在治国理政中的重要作用，维护宪法权威。加强重点领域、新兴领域、涉外领域立法，统筹推进国内法治和涉外法治，以良法促进发展、保障善治。推进科学立法、民主立法、依法立法，统筹立改废释纂，增强立法系统性、整体性、协同性、时效性。完善和加强备案审查制度。坚持科学决策、民主决策、依法决策，全面落实重大决策程序制度。"中国已在根本上实现有法可依的历史性转变，中国特色社会主义各项事业的发展都已步入法治化轨道，法治中国建设呈现出一派欣欣向荣的大好局面。

2020 年颁布的《中华人民共和国民法典》，是一部体现社会主义法律性质的国家大法。这部符合人民利益和愿望、顺应时代发展要求的民法典，标志着我国民事法律规范体系走向成熟定型。人民法院新闻传媒总社新媒体平台推出的"民法君""雨法有据"等短视频栏目，都为观众通过具体案例更加形象地了解学习民法典提供了便捷的途径。法治题材电视剧《底线》中也引用了很多民事诉讼中的典型案例，为宣传民法典，普及法律知识发挥了重要作用。此外，我国还制定了外商投资法、国家安全法、监察法、个人信息保护法等法律，修改了立法法、国家机构组织法、国防法、环境保护法等法律，中国特色社会主义法律体系不断完善。这些为法治题材影视创作提供了更多思路、类型和素材。

以往的影视作品多是将民事、刑事、行政等诉讼案件放在一部剧作中，故事类型多样，篇幅宏大，叙事容易产生跳跃，观众也往往只能看个表面热闹，难以真正分清各类型案件应该怎样处理，更不明白自己如果在现实中遇到类似问题应该如何解决。随着我国法律体系更加完善，影视创作者应该有意识地在不同类型案件下精耕细作，把同一类型的案件讲深讲透，深挖作品思想主旨和教育警示意义，这样才能更好地发挥普法宣传的功能。

同时，中国特色社会主义法律体系的不断完备，也成为法治影视创作与传播的坚实依托。近年来，法治题材电视剧《小镇大法官》《底线》《黑色灯塔》《巡回检察组》等，都采用"小切口、大主题"的叙事方式，通过几起备受社会关注和百姓热议的案件，记录着我国法治体系的不断健全、细分，反映了我国法治建设向前迈进的时代步伐。例如，电视剧《小镇大法官》以轻喜剧的形式，讲述了基层法官深入农村街巷，化解家庭矛盾、邻里纠纷的故事，在中央电视台播出后引起强烈反响，主题立意非常符合习近平总书记"把非诉讼纠纷解决机制挺在前面"的法治要求。该剧被国家广电总局评为电视剧精品发展重点扶持项目，并荣获第31届中国电视剧飞天奖优秀电视剧提名奖，入选了国家广电总局公布的"2016中国电视剧选集"，为广大观众特别是农村地区观众全面理解中国特色社会主义法治提供了形象生动的教材。

二、全面依法治国的生动实践是法治影视创作取之不竭的丰富宝藏

党的十八大以来，在以习近平同志为核心的党中央坚强领导下，各级司法机关紧紧围绕努力让人民群众在每一个司法案件中感受到公平正义的目标，坚持司法为民、公正司法，为全面建设社会主义现代化国家提供有力司法服务和保障。一方面，司法机关坚持对严重危害国家安全、社会稳定的重大暴恐犯罪重拳打击，对严重影响人民群众安全感的犯罪严惩不贷，对残害未成年人、性侵儿童、拐卖妇女儿童等严重挑战法律和伦理底线的案件决不手软；另一方面，坚持惩罚犯罪与保障人权相统一，加强对未成年人权益的特殊保护，加强知识产权司法保护，加强对电子商务和环境保护等新领域案件纠纷的司法研判，切实贯彻新发展理念，依法服务保障经济社会高质量发展。

中国特色社会主义司法的生动实践，成为法治影视创作的源头活水和取之不竭的素材宝库。全面依法治国最广泛、最深厚的基础是人民，必须坚持为了人民、依靠人民。广大影视创作者也应该坚持以人民为中心的创作导向，努力讲好百姓身边发生的法治故事，让观众通过一部部形象生动的影视作品，感悟法治保障人民安居乐业，对人民群众新要求新期待的积极回应，使人民的获得感、幸福感、安全感不断增强。

党的十八大报告提出，要"进一步深化司法体制改革，坚持和完善中国

特色社会主义司法制度，确保审判机关、检察机关依法独立公正行使审判权、检察权"。党的十八届三中全会通过的《中共中央关于全面深化改革若干重大问题的决定》进一步明确了深化司法体制改革的具体要求。深化司法体制改革是满足人民群众日益增长的司法需求、维护人民群众根本利益的法治需要。实现好、维护好、发展好最广大人民根本利益，是司法工作的根本出发点和落脚点。反映新时代司法体制改革给百姓带来的惠民成果，是法治题材影视创作的精神归属。

2018年，为积极贯彻习近平新时代中国特色社会主义思想，深入落实党的十九大和全国两会精神，全面深化依法治国实践，最高人民法院影视中心联合央视等出品了电视连续剧《阳光下的法庭》。该剧便是以新时代司法改革为时代背景，从省高级人民法院院长的视角切入，选取了在社会上产生广泛和积极影响的环境保护、跨国知识产权纠纷、平反冤错案件、攻克执行难、为民营企业发展提供司法保障等案例，以艺术化的表达，展示和剖析了人民法院在推进司法改革、建设智慧法院、维护公平正义等方面作出的积极探索和不懈努力，塑造了一批具有法治理想和法治情怀的司法工作者群像。

2020年岁末，一部由最高人民检察院组织创作、反映人民检察工作改革的电视剧《巡回检察组》再次引起广泛关注。该剧聚焦人民检察院推出的重大改革——巡回检察制度，通过描写检察官巡回办案经历，生动地呈现了监狱派驻检察及巡回检察工作，深入探讨了党的十九大后人民检察改革过程中的关键问题，反映了新时代检察官忠实履行职责使命、维护社会公平正义的坚定决心。此外，该剧还通过上访当事人的视角，反映人民群众对新时代检察工作的新要求和新希望。该剧播出后受到广泛好评，被媒体称为是一部"紧跟时代潮流、直面现实生活、反映人民关切"的法治题材精品力作。

同样，由最高人民检察院组织创作的反腐法治剧《人民的名义》，敏锐洞察了党的十八大后强力反腐形势，彰显了党中央刮骨疗毒、反腐败的坚强决心。该剧播出后创造了近十年来国产电视剧的最高收视率。这样的收视成绩，既代表了广大观众对剧集本身的认可，更代表着人民群众对党中央高压反腐的支持与拥护。

由中央政法委指导创作的电视剧《扫黑风暴》、电影《扫黑决战》《扫黑行动》等，以三年扫黑除恶专项斗争为背景，根据这场斗争中发生的、轰动全社会的真实案例为素材，包括孙小果案、操场埋尸案、湖南文烈宏涉黑案、海南黄鸿发案等，既正面揭露了黑恶势力的猖獗，也不回避政法队伍内部存在的问题，以现实主义创作手法，如实呈现了现实社会中正义力量和黑恶势力的殊死较量。影视剧一经播出，便成为爆款和热点，观众在观影追剧的同时，不时将剧中情节与真实案例相比照，在受到震撼的同时，也对政法机关和文艺创作者用影视剧鞭挞腐败的勇气和决心表示由衷敬佩。

2022年9月，最高人民法院影视中心联合出品的环保法治题材电视剧《江河之上》在江苏无锡拍摄杀青，即将与观众见面。这部剧聚焦长江流域环境保护司法实践的典型案例，通过讲述环境资源审判庭法官罗远、法庭顾问夏未冬等一批锐意有为的司法工作者，在一连串环保案件中扫黑除恶、张扬法治、打击污染犯罪、维护环境生态、捍卫公众权益的故事，反映司法机关对习近平生态文明思想和习近平法治思想的贯彻与践行，展现了环保司法改革之路的艰辛。这部影视剧向人民群众推广绿色发展理念，从而增强民众的环保意识。

全面依法治国是国家治理的一场深刻革命。在习近平法治思想指引下，党领导人民司法机关对公平正义孜孜追求，不断前行。十年来，全面依法治国取得重大进展，社会主义法治建设取得了历史性成就、发生了历史性变革。法治反腐、海外追逃、依法纠正冤错案件、开展扫黑除恶专项斗争……每一次正义的昭彰，总能拨动人们心弦，引发社会强烈共鸣，成为影视创作的绝好素材。影视创作者用心感悟法治中国建设的步履，用影视艺术帮助观众珍藏起了这个时代的法治记忆：反映司法机关平反冤假错案的《因法之名》，反映警方海外追逃贪腐分子的《猎狐》，反映警方以雷霆之势铲除毒品的《破冰行动》，反映立案登记制改革后法院立案庭工作的电视剧《底线》，反映司法机关严格适用刑事政策、认真开展死刑复核的《庭外》，反映新时代青年法官检察官成长的《黑色灯塔》《你好检察官》，反映法律工作者维护公平正义、坚守法律底线的《精英律师》《玫瑰之战》《女士的法则》……这些优秀法治作品，既散发着艺术的魅力，又闪耀着法治的光芒，是新时代法治中国建设给予文艺创作者的丰厚馈赠。

三、新时代政法战线英模辈出为法治影视提供了生动多元的典型形象

纵观近年来法治影视剧创作，不难发现浓墨重彩塑造法治人物形象已经成为创作者的自觉追求，从这一侧面反映了创作者精益求精、勇攀高峰的追求和努力。但不可否认，目前法治影视人物塑造并未达到应有的高度，还没有出现如许三多、李云龙、石光荣等那样脍炙人口的经典形象，与法治中国建设伟大实践相匹配的英模人物形象还在襁褓孕育之中，还需要创作者继续攀登文艺高峰，用情用力用功塑造出新时代政法干警的经典影视形象。

2022年1月，中央政法委印发通知，评选出200名政法战线的"双百政法英模"。作为和平年代牺牲最多、奉献最大的队伍，政法战线英雄辈出、灿若繁星。这份名单，是对英模的表彰，是对政法队伍的鼓舞，也代表着全社会对英雄的崇尚。他们的故事，令人感动；他们的精神，催人奋进。以政法英模为代表的千千万万奋斗在一线的新时代政法干警，用毕生的热血与汗水奉献人民司法事业，筑牢平安中国基石，他们中的每一个人，都是法治影视作品中的最佳主角，他们铁一样的英雄本色，也为法治题材影视创作中的角色塑造注入精神与灵魂。

新时代以来，在政法队伍建设方面，公安、司法机关坚持建设德才兼备的高素质法治工作队伍，推进法治专业队伍革命化、正规化、专业化、职业化，确保政法队伍绝对做到忠于党、忠于国家、忠于人民、忠于法律。按照拥护中国共产党领导、拥护我国社会主义法治作为法律服务人员从业的基本要求，加强律师、公证员、基层法律服务工作者、人民调解员、法律服务志愿者等队伍建设。在这些队伍中，各个岗位的司法工作者兢兢业业、献身事业的事迹都可歌可颂，影视工作者要拓宽视野，多走进司法工作者的真实生活采风调研，身临其境真听、真看、真体会、真感受。而政法队伍中有影视才华的干警也应该积极加入法治影视的创作队伍，将自己与身边人的真实事

迹作为影视作品中的经典素材加以改编利用，只要大家共同努力，就一定能够创作出真实动人的优秀作品。

由最高人民法院影视中心和上海电影集团联合出品的电影《邹碧华》，根据上海市高级人民法院原副院长邹碧华事迹改编，讲述了他忠于职守、敢于担当，为人民司法事业鞠躬尽瘁的故事。该片于党的十九大召开之前，即2017年9月4日在人民大会堂举行首映式，中央组织部、中央宣传部、中央政法委和最高人民法院联合发文推介影片。影片公映后在社会上引起强烈反响，获得了中央组织部主办的第15届全国党员教育电视片观摩活动特别奖、中国电影制片人协会主办的第3届巫山"神女杯"艺术电影周优秀故事影片奖。

以政法英模为原型的影片一直是法治影视的一个重要类型，中央政法委组织拍摄的电影《平安中国之守护者》，最高人民检察院组织拍摄的电影《女检察官》《无罪》，公安部组织拍摄的电视剧《营盘镇警事》，电影《警察日记》《神探亨特张》《非凡守护》等，最高人民法院组织拍摄的《中国法官》《真水无香》《知心法官》《法官妈妈》等电影，艺术再现了不同时期政法英模的生动事迹，展示了新时代政法干警的良好形象。先进事迹催人奋进，榜样力量鼓舞人心。更多反映政法队伍模范干警坚守岗位、不懈奋斗的影视作品将更加激励全国司法行政系统上下一心，凝心聚力，以百倍精神、十足干劲，全力以赴投入深化全面依法治国实践和推动司法事业的发展中。

除了根据真实人物拍摄的英模片，许多优秀法治影视作品中的人物形象，也都有真实的政法英模作为原型，集中了一个或多个真实人物的特点，艺术加工成更加典型、更加立体的影视形象。《警察荣誉》中的年轻片警李大为，给观众奉献了一个银屏上从未出现过的警察形象，他阳光帅气，又傲娇俏皮，平时犹如邻家一个碎嘴子大男孩，但关键时刻随即变身为智勇双全的警察英雄，让观众又敬又爱。虽然该剧播完了很久，许多观众仍念念不忘八里河派出所的李大为警官。《庭外·盲区》中的最高人民法院刑事法官鲁南，同样是一位"复合型"的法官形象，他不仅能在法庭上通过案卷法典明察秋毫，而且能到案发现场追寻真相，还能协助警方与犯罪分子斗智斗勇，塑造了一个充满英雄主义色彩的"另类法官"，深受观众喜爱。类似这样令观众记忆深刻的法治影视人物还有，《扫黑风暴》中的离职刑警李成阳，《三叉戟》中的大背头崔铁军、大棍子徐国柱，《小镇大法官》中的基层法庭庭长王德忠，《阳光下的法庭》中的大法官白雪梅，《巡回检察组》中的巡回检察组组长冯森，《沉默的真相》中的检察官江阳等，都是集纳了现实中政法干警的各种特征，成为荧屏或银幕上令人难忘的人物形象。

文化兴则国家兴，文化强则民族强。习近平总书记在中国文联十一大、中国作协十大开幕式重要讲话中对文学艺术工作者提出要求："希望广大文艺工作者坚持守正创新，用跟上时代的精品力作开拓文艺新境界。"新时代中国特色社会主义法治建设的伟大成就为影视工作繁荣发展提供了源源不断的宝贵素材。法治领域这座影视创作的富矿，尚待进一步开垦和挖掘。创作符合中国特色社会主义发展方向、满足观众审美需求的法治精品剧，需要广大影视创作者作出更多的努力和探索。期待更多电视剧创作者坚持以人民为中心的创作导向，深入生活，积极投身法治题材创作，创作出更多既具新时代司法特色，又富有美好艺术想象的法治精品剧。我们相信，一部部法治影视就像一粒粒法治的种子，会在观众心中生根、发芽，逐渐转化为尊重法治、信仰法治、建设法治的强大精神力量。

党的二十大报告对坚持以习近平法治思想为指引，深入推进法治中国建设作出重大决策部署，为新时代推进全面依法治国、建设社会主义法治国家指明了前进方向。习近平总书记在党的二十大报告中 23 次提到了"法治"，这充分体现了党中央对法治工作的高度重视。全面依法治国的伟大实践为影视创作提供了不竭源泉，日新月异的科技进步为影视艺术创作和传播提供了无限可能。

法治影视作品正是中国共产党带领人民进行法治建设、不断创造辉煌成就这一伟大历史进程的见证者、记录者、讲述者，也是置身于伟大时代，受到党的文化政策扶持引导，实现一次又一次历史性跨越的受益者、践行者、开拓者。影视创作者需要与时代同频共振，把握时代的脉搏，跟上时代的步伐，深入生活，扎根人民，扑下身去潜心创作，坚持以人民为中心，坚持聚焦法治时代主题，坚持法治与艺术和谐交响，坚持满足观众审美的高标准，创作出更多弘扬法治精神、传播法治理念，无愧于时代、无愧于人民的精品力作，不断开拓法治题材影视创作的新境界，用影视艺术展现中国特色社会主义法治事业的勃勃生机，描绘法治中国建设不断前进的精彩华章。

第四章　新时代法治影视走向繁荣的现实路径

第一节　在国家大力扶持的影视产业中
新时代法治影视大有可为

中国影视产业是文化产业中最具投资潜力的朝气蓬勃的产业之一，是打造中国文化符号的头号种子选手。其中，以侦办、审判犯罪为主的法治题材影视作品，有着不俗的业绩。进入新时代，法治影视作为中国影视产业的重要方面，其前途和命运显然更是与国家政策扶持力度的大小紧密相连。

文化产业是中国国民经济的支柱性产业，影视产业在整个中国文化产业中有着不可替代的重要地位。在我国，影视产业获得了强有力的国家政策支持，是国家重点扶持的领域。以电影业为例，更是得到了国家政策的大力扶持。从迄今为止全国年度总票房最高的 2019 年来看，已超过 640 亿元；而十年前的 2009 年，全国年度总票房才仅有 60 亿元，十年增长了十倍。所谓电影全国年度总票房，是指当年所有电影在全国各地影院放映的年度收益的总和。在中国庞大的电影市场中，评价一部电影是否成功的唯一因素，几乎只有票房。中国电影年度总票房以亿元为单位，实现十倍增长，这无疑是十分惊人的产业数字。如果加上影视剧等新型影视作品的年收入，这个产业的年收入将更加惊人。在这份骄人的业绩背后，归根到底得益于国家政策的大力扶持。那一个又一个扶持影视产业的政策文件的不断出台，则成为全国影视产业发展的强劲动力源。

一、从中国电影全国年度总票房看国家政策对影视产业扶持的影响

我们先来详细回顾考察一下自 2009 年以来的中国电影市场的全国年度总票房这一组数字。

2009 年全国年度总票房仅有 60 亿；2010 年全国年度总票房为 101 亿；2011 年全国年度总票房为 131 亿；2012 年全国年度总票房为 170 亿；2013 年全国年度总票房为 217 亿；2014 年全国年度总票房为 296 亿；2015 年全国年度总票房为 440 亿；2016 年全国年度总票房为 457 亿；2017 年全国年度总票房为 559 亿；2018 年全国年度总票房突破 600 亿；2019 年全国年度总票房超过 640 亿，创造了历史新高；2020 年全国年度总票房在疫情恣肆情况下，以 204.17 亿元超越北美，历史上首次成为全球第一大票仓；2021 年全国年度总票房在疫情未退情况下达到 472.58 亿元，其中，国产电影票房为 399.27 亿元，占总票房的 84.49%，该年度总票房继续保持全球第一。

中国电影全国年度总票房不断攀升的背后，是国内电影文化产业的高速发展。从电影院银幕数量看，2012 年是 13118 块，到 2021 年则达到了 82248 块，银幕总数为全球第一。从观影人次看，2012 年是 4.4 亿，到了 2018 年则达到了历史最高点的 17.16 亿；2021 年受疫情影响为 11.67 亿，观影人次仍然保持全球第一。

为什么中国电影市场能如此飞速发展？除了老百姓对美好生活的向往，对精神文化生活追求的提高，显然离不开国家政策这只推手的扶持。

党的十八大以来，习近平总书记多次强调指出，"提高国家文化软实力，关系'两个一百年'奋斗目标和中华民族伟大复兴中国梦的实现"[1]；"核心价值观是文化软实力的灵魂、文化软实力建设的重点"[2]；"提高国家文化软实力，要努力提高国际话语权。要加强国际传播能力建设，精心构建对外话

---

[1] 2013 年 12 月 30 日，习近平总书记在主持中共中央政治局第十二次集体学习时发表的讲话。
[2] 2014 年 2 月 24 日，习近平总书记在主持中共中央政治局第十三次集体学习时发表的讲话。

语体系"①。而电影和电视剧是国家文化软实力最具代表性的形象标识。党和国家对提升国家文化软实力的高度重视，从国家政策对影视产业的大力扶持中得到了充分体现。

国家政策之所以要扶持影视产业，是因为影视文化具有自己独有的特性。

第一，影视文化是核心价值观传播最广、最大众化的文化传播形式，便于受众接受，不识字的人也能看懂；最广泛地影响着人们的人生观、价值观、世界观。如新中国成立初期的电影《南征北战》《平原游击队》《铁道游击队》《英雄儿女》《闪闪的红星》等战争片，使广大观众在欣赏电影时感受英雄文化带来的正能量，正义的人民战争极大地震撼了观众，使广大受众获得极大的精神鼓舞。

第二，影视产业事关国家综合竞争力与意识形态安全。推动国产电影发展和繁荣，可提高中华文化竞争力，增强综合国力；可抵御外来文化入侵，更好地维护国家文化安全。

第三，影视片是"国家名片"，是最具国际流通性的文化产品，是我国文化软实力对外输出最有效的传播途径。在全球化时代，影视产业所输出的不仅有经济利益，更有不可估量的文化价值和意识形态魅力，这是一个国家文化产业战略的核心力量所在。在"一带一路"倡议和人类命运共同体建设中，影视作品尤其是电影无疑是树立我国在国际上的良好形象，扩大中华文化影响力，实现文化自信的最佳途径。

第四，影视产业具有强大的消费引擎的市场调节作用，从一定意义上讲，可以成为弥补经济下行、消费市场不稳的市场调节器。电影是性价比较高的休闲娱乐方式。老百姓平均花不了几个钱就可以享受一次视觉的精神盛宴，获取人生智慧和生活启示，保持身心健康。

影视产业是一个资金投入较大的产业，入行的门槛较高。因此，国家政策支持的力度大小，对影视产业产生着决定性的影响。对投资者而言，跟着国家政策走，就能更好地把握发展机遇。影视投资是否火爆，除了艺术质量

---

① 2013 年 12 月 30 日，习近平总书记在主持中共中央政治局第十二次集体学习时发表的讲话。

高低，还取决于国家政策的扶持力度。

二、一道道国家政策金牌成为全国影视产业的发展动力源

党的十八大以来，国家政策进一步加大了对影视产业的扶持力度。

尤其是 2017 年，国家正式颁布实施《中华人民共和国电影产业促进法》。这是我国文化产业领域的第一部法律。该法共六章六十条，对电影创作、摄制，电影发行、放映，电影产业支持、保障，法律责任等分别作了详细规定。这部法律的颁布实施标志着，电影被以法律形式确定了产业地位，纳入了国民经济和社会发展规划，成为拉动内需、促进就业、推动国民经济增长的重要产业，体现出中国推动电影产业化、实现电影强国战略的决心与信心，有力地推动着电影事业的健康发展。

接着，国家又先后出台了《关于支持中西部县城数字影院建设发展的通知》《关于奖励放映国产影片成绩突出影院的通知》等一批影视政策，进一步推动影视产业发展。

2018 年 4 月，中宣部国家电影局正式挂牌成立，专门处理、负责电影事业的事务发展，这意味着党和国家对电影事业的重视又上了一个新台阶。

同年 12 月，国家电影局出台了《关于加快电影院建设　促进电影市场繁荣发展的意见》。

2020 年 1 月 23 日，受新冠疫情影响，原定春节档影片相继撤档，接着近半年整个电影行业几乎进入寒冬。同年 5 月，国内疫情得到有效控制，国家电影局协调发改委、财政部、税务总局等部门陆续出台关于免征电影事业发展专项资金以及其他财税优惠政策。国家电影专项资金管理委员会办公室下发《关于做好电影专资贴息支持影院应对疫情有关工作的通知》。财政部、国家税务总局联合发布《财政部　税务总局关于电影等行业税费支持政策的公告》。财政部、国家电影局联合发布《财政部　国家电影局关于暂免征收国家电影事业发展专项资金政策的公告》。

2021 年 11 月，国家电影局发布《"十四五"中国电影发展规划》，对未来五年中国电影发展进行谋篇布局，将努力实现每年重点推出 10 部左右叫好

又叫座的精品力作，每年票房过亿元国产影片达到 50 部左右。到 2025 年，全国银幕总数超过 10 万块，市场规模稳居世界前列。国产影片年度票房在国内外全部影片年度票房占比保持在 55% 以上。开发多层次多元化电影市场，推进"人民院线"和"艺术院线"建设，其中"人民院线"由全国各地城市影院（每家确定一个厅）组建而成，覆盖所有县级以上城市，重点对具有较强思想性和较高艺术水准的主旋律影片给予排片支持。到 2035 年，将培养造就一批世界知名的电影艺术家，把我国建成电影强国。

2022 年 2 月，国家广播电视总局印发《"十四五"中国电视剧发展规划》的通知，明确要求推进新时代电视剧精品创作，推动优质资源向主题电视剧和反映主流题材内容的电视剧汇聚，规范发展电视剧产业基地（园区），做大、做强、做优国有电视剧企业，关心支持民营电视剧企业，精心培育电视剧产业链上下游中小企业，"十四五"期间打造 10 家至 15 家具有较强创作生产能力的电视剧企业。创新推进国际传播与国际合作，用电视剧讲好中国故事，探索融通中外的叙事模式，善于以小切口反映大主题、以小人物反映大时代、以小故事反映大道理，用电视剧讲好中国共产党治国理政的故事，向世界展现可信、可爱、可敬的中国形象。

2022 年 3 月，国家电影局等印发《关于促进影视基地规范健康发展的意见》的通知。

与此同时，各地也陆续出台了相关政策推动影视产业的发展，其中以北京、上海和浙江最为突出。

一道道金牌的发出，无疑给全国影视行业注入了强心剂，成为影视产业发展的动力源。

自 2022 年 3 月以来，新一轮新冠疫情波及 28 个省份。作为聚集性接触性服务行业，全国多地影城暂停营业，营业率不足 50%。在此背景下，甘肃省、重庆市、广东省、湖南省、山东省、云南省、黑龙江省、安徽省等近 20 个省市一方面认真贯彻落实《国家电影局关于从严抓好电影院疫情防控工作的通知》要求，另一方面推出一系列助企纾困政策，包括减税降费、房租减免、消费券发放、开展促销活动、就业扶持、金融支持、优化经营环境等手段对电影行业尤其是影院予以倾斜。

以上政策红利，无疑有力地推动着影视行业的发展。有战略眼光的企业家，将能从中发现新的商机，找到新的利润增长点，使企业获得新的发展契机。由于国家鼓励扶持企业、个人以投资的形式参与电影的拍摄，这便使得很多民间资本开始纷纷涉足影视行业，全民参与电影成为一种时代潮流。

影视产业具有周期较短、收益高的特点。影视投资操作简单方便，无须复杂的投资手续，投资者可以通过有序的支付和签订合同，成为影视合作伙伴。比如电影，发行三个月后的票房收入，根据电影行业票房核算基本规则，结合投资者认购数量和分账相关规则，按比例分配。而电影的周期，短则几个月，长则大约一年；相对而言，投资周期较短，回报较快。与其他投资相比，电影投资的投资风险相对较低，回报相对较高。只要在投资时选择合适的主题和项目，基本上可以保证能赚钱。如 2017 年的电影《战狼 2》，最终票房为 56.82 亿元，雄踞中国国产电影历史最高票房纪录，成为现象级爆款的军旅题材影视作品，其制作成本约 2 亿元，投资收益约为 9.3 倍。2019 年的电影《流浪地球》，票房收入为 46.87 亿元，总投资 1.1 亿元，制作成本为 3 亿元，净赚 18.4 亿元。再加上还可以到剧组探班、与明星见面，电影电视剧播出后，银幕荧屏上都会打上影视出品人的名字，这是一种专业认同，具有极大的荣誉感和成就感。因此，影视深受大众投资人热爱，成为投资者的首选项目。

国家新闻出版广电总局曾在 2017 年 8 月初发布《关于把电视上星综合频道办成讲导向、有文化的传播平台的通知》，通知要求：强化重点时期黄金时段电视剧播出管理调控，提前审查、重播重审，原则上不得编排娱乐性较强、题材内容较敏感的电视剧。这无疑是非常明确的政策性指示。与此同时，在电影《战狼 2》56.82 多亿票房的强烈示范效应下，正能量满满同时又能带来现象级爆款的军旅题材影视作品，成为各大卫视关注的重头戏。

国家政策导向，一直是中国企业青睐的投资方向。国家政策导向的调整和新政策的出台，对影视行业有着极大的吸引力。遵循国家政策导向，企业才能更好地把握时代发展的机遇，抓住商机，提升自我。随着影视产业的快速发展，影视投资将长期成为投资市场的香饽饽。

虽然国产电影收入主要靠票房，电影产业链尚未完全形成，收入单一，但我国对于电影知识产权保护，却已达相当高的水平。在版权保护的基础上，我们只要强化对电影产品进行衍生开发，延伸产业链条，就将实现巨大的社会效益与经济效益双丰收。

习近平总书记在党的二十大报告中旗帜鲜明地指出，"全面建设社会主义现代化国家，必须坚持中国特色社会主义文化发展道路，增强文化自信"，"要坚持马克思主义在意识形态领域指导地位的根本制度，坚持为人民服务、为社会主义服务，坚持百花齐放、百家争鸣，坚持创造性转化、创新性发展，以社会主义核心价值观为引领，发展社会主义先进文化，弘扬革命文化，传承中华优秀传统文化，满足人民日益增长的精神文化需求，巩固全党全国各族人民团结奋斗的共同思想基础，不断提升国家文化软实力和中华文化影响力"，"健全现代文化产业体系和市场体系，实施重大文化产业项目带动战略"。这为新时代的意识形态领域重要阵地、重大文化产业的电影电视发展，指明了前进的道路。

而法治影视，作为建设法治中国的重要普法传播方式，在影视产业中有着极强的竞争力。在以中国式现代化全面推进中华民族伟大复兴的新征程中，在国家大力扶持影视产业的大背景下，新时代法治影视大有可为。

第二节　将优秀法治文学作品改编成电影电视剧是新时代法治影视剧走向成功与繁荣的一条捷径

如果没有长江源头的涓涓细流，就不会有滚滚长江东逝水，也没有浪花淘尽英雄。同理，如果没有原创文学作品这个源头，将会极大地减少脍炙人口的影视作品诞生。通过回顾考察国内外已播出的电影和电视剧，课题组发现，那些家喻户晓的爆款电影和电视剧，较多是由原创文学作品改编而成。

因此，法治影视要获得成功走向繁荣，其捷径之一自然是要擅长将优秀法治文学改编成影视作品。而法治文学能不能改编成法治影视，关键在于其有没有搭建一个好看的"法治故事"。法治影视与法治文学结盟，必将是推动新时代法治影视高质量发展的捷径。

一、国内外拍出好影视的通用办法大多是从已出版的文学作品中找到可开发成影视的精品素材

我们先来观察国内自 20 世纪 50 年代以来的优秀影视作品的创作状况。新中国成立后拍摄的第一部军事影片，是 1952 年上海电影制片厂摄制的电影《南征北战》，由当时特别受欢迎的一部话剧《战线》改编而成。话剧《战线》的主创沈西蒙牵头形成了《南征北战》电影文学剧本创作小组，得到当时华东军区司令员、上海市市长陈毅的高度重视，并在南京住院的病房中，忍着酷热和病痛提出剧本修改意见。该影片放映后，好评如潮，被誉为新中国首部史诗性的战争大片。即使今天我们再看这部优秀电影，依然感慨万分。而长春电影制片厂 1955 年拍摄的电影《平原游击队》，则是由李晓明与韩安庆合著的小说《平原枪声》改编的。电影公映后，"李向阳"双枪斗敌的英雄形象蜚声大江南北。这部经久不衰的红色经典故事影片，深刻地影响和教育了中国几代人。正当电影《平原游击队》大红大紫的时候，上海电影制片厂决定拍摄由刘知侠创作的长篇小说《铁道游击队》改编的同名电影。该长篇小说在 1954 年初一上架就售罄，火遍了大江南北。不少艺术家把它改编为京剧、评书、连环画等。1956 年电影放映后，得过不少大奖，并出口到国外。该影片中的主题歌《弹起我心爱的土琵琶》成为传唱度极广的经典电影插曲。二十多年后，上海电影制片厂又征得作家刘知侠同意，将长篇小说精心改编并拍摄成电视连续剧《铁道游击队》，再度获得社会好评。到了 1964年，长春电影制片厂摄制电影《英雄儿女》，则是根据著名作家巴金的小说《团圆》改编。巴金在抗美援朝战争期间曾两次赴朝鲜前线生活和采访了近一年，直至 1961 年才将小说《团圆》发表在《上海文学》第 8 期上。时任文化部主管电影的副部长夏衍看到该小说后，将它推荐给了电影局局长陈荒

煤。影片摄制完成送审，中宣部和中央军委一致建议将片名《团圆》改为《英雄儿女》。该片在 1965 年元旦正式上映，引起巨大轰动，周恩来总理等党和国家领导人和观影群众都给予高度赞誉，至今仍然是部队和地方进行革命传统教育的优秀影片。而八一电影制片厂拍摄的电影《闪闪的红星》，则是根据李心田创作的小说《战斗的童年》改编。李心田在 1964 年便完成了小说《战斗的童年》的创作。该小说在 1971 年修改后，于 1972 年 5 月由人民文学出版社出版。中央人民广播电台小说连续广播节目很快便播出了这部小说。八一电影制片厂于 1974 年 10 月拍摄完成并在全国上映后，引起巨大轰动，并带火了三首经典歌曲《映山红》《红星照我去战斗》《红星歌》。一般来说，一部经典电影带火一首插曲属于正常现象，带火两首插曲已属于凤毛麟角，而该电影一口气带火三首插曲实属罕见。2022 年 9 月 14 日晚，在哈萨克斯坦总统托卡耶夫为习近平主席举行的欢迎晚宴上，两国元首在总统府共同观看演出，该国歌剧演员玛依拉用中文演唱的歌曲就是《映山红》。可以说，《闪闪的红星》作为一部红色经典儿童电影，是 20 世纪 70 年代罕见的故事片，整部电影制作精良，到现在看依然有很多亮点，在中国电影史上占据经典标杆的地位。

历史来到 21 世纪，受益于国内经济迅速崛起，彩色荧屏代替了黑白荧屏使人们迈入彩色电视时代。电影院建设突飞猛进使银幕数量迅速攀升，中国影视剧进入了黄金时期，涌现出一大批经典和具有浓墨重彩的中国文化色彩的优秀影视剧。课题组研究发现，这些国产优秀影视剧，不少也是由原创小说改编。

比如，中国国际电视总公司 2001 年出品、中央电视台八频道首播的大型历史电视连续剧《康熙王朝》，便是根据二月河创作的小说《康熙大帝》改编。该剧于 2011 年 12 月获得中国电视剧产业二十年"百部优秀电视剧"大奖。而海润影视制作有限公司、上海电影集团公司等在 2005 年联合出品、由中央电视台一频道首播的电视剧《亮剑》，则是根据都梁创作的同名小说改编。该剧是近年来观众公认的最经典战争军旅题材电视剧之一，给许许多多人留下难以磨灭的印象，是新时代影视界为实现中华民族伟大复兴提供的巨大精神动力。还有，山东影视传媒集团等文化传媒单位在 2015 年 9 月联合出品、由北京卫视和东方卫视首播的电视剧《琅琊榜》，则是根据女作家海宴创作的同名长篇小说改编而成。该剧荣获第 30 届中国电视剧飞天奖优秀电视剧奖。

与此同时，由小说改编而成的中国电影，其票房纪录也不断地出现高峰。比如，北京登峰国际文化传播有限公司在 2017 年拍摄的电影《战狼 2》，以 56.82 亿元的票房纪录，径直登上了中国电影史上的票房冠军宝座；该片是根据"纷舞妖姬"（董群的笔名）于 2006 年创作的小说《弹痕》改编的。又如，中国电影股份有限公司等在 2019 年联合出品的电影《流浪地球》，票房收入高达 46.87 亿元，该片则是根据刘慈欣创作的同名小说改编。

我们再来观察一下国外电影、电视剧创作的情况。

电影《王子复仇记》，是由莎士比亚最负盛名的戏剧《哈姆雷特》改编的。该影片获得第 21 届美国奥斯卡金像奖最佳影片奖。电影《基督山伯爵》，则是改编自法国著名作家大仲马的同名小说。小说被公认为世界通俗小说中的扛鼎之作，出版之后，被翻译成几十种文字出版，在法国和美国等西方国家多次被拍成电影。电影《悲惨世界》，改编自法国大作家维克多·雨果的同名长篇小说。这部脍炙人口的名著，先后多次被搬上银幕。还有，电影《安娜·卡列尼娜》，是由俄国著名批判现实主义作家列夫·托尔斯泰的同名长篇小说改编的。该小说在 19 世纪世界文坛堪称首屈一指的优秀作品，以其艺术所达到的高度和产生的巨大艺术魅力，历来受到人们交口赞誉。曾有许多知名导演和知名演员参与了这部名著的改编，并屡次将其搬上银幕。经典的如 1948 年费雯·丽的版本和 1997 年苏菲·玛索的版本以及苏联拍过的诸多版本等。而人们熟悉的电影《百万英镑》，则改编自美国著名作家马克·吐温的同名小说。该影片以略带夸张的艺术手法再现了马克·吐温小说中的讽刺与幽默，揭露了 20 世纪初英国社会的拜金主义思想。电影《乱世佳人》，是由美国女作家玛格丽特·米切尔十年磨一剑的作品《飘》改编而成。小说称得上有史以来最经典的爱情巨著。该影片获得了当年奥斯卡十项大奖，是好莱坞影史上最值得称道的影片。其魅力贯穿整个 20 世纪，有好莱坞"第一巨片"之称。

由此可见,在世界电影史上,把文学名著搬到银幕上,绝对是影坛一大壮举。文学名著赋予了电影较高起点的故事、鲜明的主题和生动的人物形象,所以成功的案例数不胜数。许多名著还曾被多次搬上银幕,呈现多个版本。

与此同时,将文学畅销书改编为影视,也为世界影视发展史增添了极为亮丽的风景。比如电影《尼罗河上的惨案》,是由英国著名女侦探小说家阿加莎·克里斯蒂的同名侦探小说改编的,获 1979 年美国奥斯卡金像奖。阿加莎·克里斯蒂作为全球最著名的畅销书作家之一,约有 50 部作品被改编成电影。电影《神探夏洛克》,则改编自英国侦探小说作家柯南·道尔的《福尔摩斯探案全集》。柯南·道尔约有 20 部作品被改编成电影。还有,风靡一时的电影《追捕》,是由日本推理作家西村寿行的侦探小说《涉过愤怒的河》改编而成的。高仓健饰演的杜丘与真由美的爱情至纯至美,让观众记忆深刻。那首电影插曲《杜丘之歌》一直传唱至今。电影《人证》,则改编自日本社会派推理小说作家森村诚一的小说《人性的证明》。该影片的主题曲《草帽歌》,在当年创造了卖出超过 50 万张的纪录。据统计,日本的侦探小说畅销书,约有上百部作品被改编成电影。尤其是 1981 年由上海电视台译制、中国大陆引进的首部日本电视连续剧《姿三四郎》,播出时竟出现万人空巷的盛况,一度轰动中国;该剧是根据富田常雄(1904—1967)的同名长篇小说改编。而电影《姿三四郎》则促成了一代电影大师黑泽明的诞生。电影《姿三四郎》是他的处女作,同样改编自富田常雄的同名小说。黑泽明是无意中看到富田常雄的《姿三四郎》这本书,看完就决定把它作为自己既编剧又导演的电影的第一炮。

美国导演协会会长泰勒·哈克福德在参加 2013 年第 16 届上海国际电影节时,说过美国拍电影的情况:美国是"制片人一般要负责开发材料,比如找到一个主题或者一本书,然后雇作家进行改编,随后再请导演,这是美国的工作方式……"

综上所述,国内外拍出好影视的通用办法,几乎大都是从已出版的优秀文学作品中,寻找到可开发成优秀影视的材料。这也许是中外影视艺人们寻找到的一条创作精品的捷径。这是值得当代影视人深思的现实。

二、法治影视的成功捷径之一在于擅长将优秀法治文学改编成影视作品

法治题材，是法治影视创作的天然富矿。从中国古代公案小说，到国外侦探小说，到现在的公安题材文艺、检察题材文艺、审判题材文艺、监狱题材文艺、间谍题材文艺等法治文学作品，因其一波三折的故事情节，扣人心弦的重重悬念，激烈的社会矛盾冲突，性格鲜明的人物形象，具有极强的警示作用，发人深省，从而拥有超级多的受众群体，也就成为法治影视创作的天然素材。

中国古代公案类小说，如《包公案》《狄公案》《施公案》等，因案件曲折离奇，破案人智慧超群，不仅读者众多，而且都被改编为影视，不断扩大了公案类小说的社会影响力。

国外侦探小说，如前所述，有"侦探小说女王"之称的英国侦探小说家阿加莎·克里斯蒂、家喻户晓的英国侦探小说家柯南·道尔、日本社会派推理小说家森村诚一等众多大师的侦探小说畅销书，因其对人性、犯罪的深度解剖，严密清晰的逻辑推理，侦探形象的个性化塑造等，使得读者遍及全世界，并被改编拍摄成影视，再次向人类传播正能量。

世界文学名著中涉足法治题材的也非常之多。如英国文学巨匠莎士比亚的《威尼斯商人》，讲述了威尼斯商人安东尼奥为促成好友巴萨尼奥与富家女鲍西亚的婚事，而向犹太人夏洛克借贷，由此引发诉讼的故事，被拍摄成电影。俄国著名作家托尔斯泰的《复活》，则是以一起真实的刑事犯罪案为原型创作的长篇小说，后来被拍摄成电影。还有前面提到的法国著名作家大仲马的代表作《基督山伯爵》、维克多·雨果的长篇小说《悲惨世界》等，都涉足法律和犯罪，被拍摄成电影。

法治题材文学作品，本身就拥有大量的读者，改编拍摄成影视后，又拥有了超量的观众。从文学到影视，法治文艺的巨大社会影响力不可估量。

我们来看一下中国脍炙人口的优秀法治影视创作情况。

1956 年长春电影制片厂拍摄的电影《国庆十点钟》，是根据公安作家陆石、文达创作发表的中篇小说《双铃马蹄表》改编。反特谍战是国产电影长盛不衰的题材，《国庆十点钟》作为新中国成立早期优秀的反特悬疑电影，无疑是许多人儿时爱看现在依然记得住的电影之一。

1960 年长春电影制片厂拍摄的故事片《铁道卫士》，是在《沈铁文艺》上发表的小说《尸骨案件》基础上改编的。距今已经六十多年的《铁道卫士》，既有紧张的情节、惊险的效果，又有重重的悬念、鲜明的人物，成为国产惊险反特故事片中的经典之作。

1987 年拍摄的 12 集电视连续剧《便衣警察》，是由公安作家海岩 1985 年出版的长篇小说《便衣警察》改编。该剧讲述了一个年轻警察成长的故事，也是一曲美好爱情的颂歌。该剧带火了热唱一时的主题曲《少年壮志不言愁》。

2000 年导演张前拍摄的犯罪题材电视剧《背叛》，改编自作家豆豆的同名长篇小说。张前导演曾获得"金鹰奖最佳导演奖"。《背叛》是一部极为罕见的良心大剧，真实反映了人间烟火和民间疾苦，有着深刻的社会意义，充满着积极向上的正能量，是一部突出人生主旋律的好剧。

2016 年博纳影业集团出品的电影《湄公河行动》，其母本则出自刊发在 2012 年 10 月大型公安法治文学月刊《啄木鸟》上，冯锐创作的纪实文学《亮剑湄公河》。

以上种种，不胜枚举，都是优秀法治文学作品被改编为优秀法治影视的成功范例。这些实例，充分说明法治影视要获得成功，捷径就是从已经出版的优秀法治文学作品去挑选素材，从法治影视与法治文学的结盟中受益。

三、一个好看的"法治故事"是法治影视与法治文学能否结盟的关键

法治影视与法治文学的结盟，关键在于有一个好看的"法治故事"。

没有法治故事的文学，很难改编为法治影视；而没有好看故事的法治影视，则很难吸引观众。一个好看的故事，无疑是创作一部优秀法治文学作品

的关键，也是促成法治文学与法治影视结盟的关键，更是拍摄一部优秀法治影视的关键。

一个好故事，决定着文学作品的质量，也决定着由此改编的影视的质量和社会影响力。因此，影视作品要想打动人心，吸引观众，提升影视作品的故事品位至关重要。

什么样的故事才算得上好故事？什么样的文学和影视作品才算得上优秀呢？课题组通过研究古今中外优秀文学和影视作品的创作实践与传播现象发现，一个好的故事和一部优秀的文学和影视作品至少包含以下四个层次。

第一层次，吸引人，有可读性，让人愿意看。从小说的第一句话、第一章第一节开始就必须把人抓住。这就要设置悬念。好奇是人的天性，好的文学作品通过设置悬念，接着再解谜，就满足了读者的这一天性。

第二层次，感动人，让人流泪，感同身受。好作品往往通过对人性的解剖，对人的命运的拷问，对人情世故冷暖的刻画，能使读者产生灵魂震撼，让人忍不住掉泪。毕竟文学和影视必须是充满感性的。

第三层次，有思想魅力，能让人获取教益。好作品往往会对社会进行理性思考，包括对政治、经济、文化的现状进行研究和思考，通过解析主人公的命运，令读者产生思想的火花。

第四层次，有时代感召力，能让人获得前进力量。好作品往往是时代的号角，催人奋进，给人力量，让人看到希望，热爱生活，燃烧起创造新生活的激情；能推动社会进步，提升人的思想境界。

从这些年已经出版的文学作品来看，有的虽然很好看，却不能打动人，也没有思想的深度，没有鼓舞人前进的力量。有的作品吸引人，让人感动，但没有思想的深度，更谈不上鼓舞人前进。还有的作品既吸引人，又让人感动，也有思想的深度，却没有鼓舞人前进的力量，而只会让人感到厌世，感到没有前途，感到迷茫。

通过深入研读改革开放以来出版的法治文学作品，课题组发现，无论是张平的长篇小说《法撼汾西》《天网》《抉择》，还是李迪的报告文学《丹东看守所的故事》，都是同时具备了以上四个层次的要求。而这些作品也都无一例外地成了影视机构争相抢购的影视 IP，并都被拍摄成影视播出，产生了极大的社会影响。尤其是由长篇小说《抉择》改编而成的电影《生死抉择》，当年由中共中央办公厅、国务院办公厅联合发文，要求副处级以上干部带家属观看，其影响力可谓史无前例。

那么，究竟怎样才能找到一个好看的法治故事呢？只有到现实法治生活中去寻找。文学和影视都来源于现实生活。好看的法治故事，就潜藏在现实法治生活中，需要法治文艺工作者去发现和提炼。现实法治生活是创作优秀法治影视的唯一源泉。

我们每个人天天都在现实中生活，这就是文学和影视素材的来源。可是，不是所有的现实生活，都能成为文学和影视。写个人、家庭的喜怒哀乐，是一个方面，能创作出好作品，但容易写着写着就枯竭了，因为个人与家庭的生活总是有限的。只有关注现实社会人生，文学和影视的创作源泉才能永不枯竭，才能产生伟大的作品。因为现实社会人生每天都是新的，从不会雷同，而艺术是最怕雷同的，到现实社会中去寻找创作的灵感和素材，作品就会永不雷同。有人主张为艺术而艺术，远离现实社会生活，实际上写着写着就进了死胡同，因为创作的灵感和素材枯竭了。

文学和影视都是直击人类灵魂的艺术，复杂的社会生活往往最能直击人类的灵魂。这方面国外的代表作家很多，仅以法国作家罗曼·罗兰为例，他就是一位热切关注社会生活的人道主义作家。他创作的长篇小说《约翰·克利斯朵夫》于 1915 年获得诺贝尔文学奖，后来被改编为同名电影。他经历过普法战争和巴黎公社起义，两次世界大战。在当时社会激烈动荡，人心浮动，世风日下，个人主义泛滥，享乐之风盛行，文学萎靡不振、矫揉造作、缺乏生气的严酷社会现实面前，他勇于直面社会问题，参与政治生活。他认为真正的艺术应是有高尚道德，富有战斗性的，能触动世界各国数代人的良知，有助于他们站得更高，看得更远。他写道："我像法国许许多多人一样，在与我的道德观对立的社会中备受压抑；我要自由呼吸，要对不健全的文明，以及被一些伪劣的精英分子所腐蚀的思想奋起抗争……为此，我需要一个心明眼亮的英雄，他该具有相当高尚的道德情操才有权说话，具有相当大的嗓门让别人听见他的话。我十分耐心地塑造了这个英雄。"他说，"我的《约翰·克利斯朵夫》并不是写给文人们看的"，"但愿他直接接触到那些生活在文学之外的孤寂的灵魂和真诚的心"。这真实地表达了他的文学不是写给自己看的，不是自娱自乐的，是为那些社会最广大的民众而创作的。

在中国作家的创作中，热切关注社会生活对法治文学作家而言，则是义不容辞的神圣使命。

比如张平创作小说《法撼汾西》《天网》。他数次与县委书记的原型刘郁瑞促膝谈心，当时的谈话笔记足足记了几十本，录音带录了几十盘。张平可以称得上是热切关注现实社会生活的文艺领军者，他的《孤儿泪》《十面埋伏》《抉择》《国家干部》等，都取材于社会各个不同领域的现实生活，没有一部重复。张平就像中国改革开放这个伟大时代的书记员，用长篇小说这一文学样式，生动形象地记录着时代前进中的人生故事。他创作的《抉择》荣获茅盾文学奖、"五个一工程奖"，奏响了反腐最强音，可以说代表着法治文学的最高成就。这部小说被改编为电影后，在更大范围内扩大了社会影响力。

李迪创作纪实文学《丹东看守所的故事》，则来自他七赴丹东深入看守所一线。他发自内心地关注着因种种原因犯有罪错被关进看守所而失去自由的人们。他与看守所里的民警和在押人员同吃同住，从在押人员的案件切入，把民警的人性之美描写得淋漓尽致。这部感天动地的法治纪实文学，后来荣获国家"三个一百"原创图书出版工程奖、公安部金盾文学奖等，并被改编成电视剧。这部作品成为当代作家深入生活、扎根人民的创作典范，也可以说是公安题材创作的标杆。

长篇小说《九案侦办组》由群众出版社出版后，被影视公司以214万元买断改编权，它的传奇故事也是来自作者真实的生活。该书作者是九大世纪悬案的侦办组成员，这部长篇小说就是写她的亲身经历。作品以共和国史上最疑难的九起"世纪悬案"侦破为背景，生动鲜活地描绘了关鹤鸣率领的九案侦办组的细节发现能力和刑警情怀，使中国刑警风采跃然纸上。作者为读者打开了中国刑警绝无仅有的秘史，揭示了真正的刑侦大师破案的奥秘，并注重独特视角和集体智慧的完美结合；将侦办组刑警的思维、对话等书写得逼真而现实，深刻解析了新时代中国刑警的探案密码，以及其在世界刑侦界独树一帜的攻克疑难积案的卓越成就。该书既是一部传奇的当代侦探小说，也是一部罕见的侦探教科书。

长篇小说《本案告破》的作者，也是在公安一线实战中锤炼过的警察，作品刚一出版，便被影视公司以 107 万元的改编费买断改编权。这部作品以 1992 年南京医学院在校女生被害案 28 年后终于告破为引子，铺开了书中主人公对自己波澜起伏的探案生涯的回忆。作者用连续十二天讲述探案故事的表现手法，将"大海捞鱼""请君入瓮""命悬一线"等一个个扑朔迷离而又惊心动魄的案子生动鲜活地呈现在读者面前。案情的曲折离奇，罪犯的凶残狡诈，刑警的忠勇机智……平实质朴的文字真实再现了长年奋战在刑侦一线警察的不凡经历。主人公逆水行舟、百折不挠的性格和作为，生动诠释了一代刑警真挚的为民情怀和执着的奉献精神。

以上文学与影视结盟的实例都说明，只有关注现实法治社会人生，文学才能永不枯竭，才能产生优秀的法治文艺作品，影视艺术家也才会有极佳的创作素材。

我们在新时代要创作优秀法治影视和文学作品，只有"深入生活，扎根人民"一条道路，这是唯一正确的道路。

很显然，法治文学的质量，对法治影视的质量起着至关重要的作用。写作家个人与家庭的喜怒哀乐，素材总是有限的。复杂尖锐的法治社会生活往往最能直击人类的灵魂，而法治文艺正是直面处在风口浪尖的社会人生、直击人类灵魂的艺术。前面提到的诸多法治影视和法治文学作品，具有一个共同点，就是都有一个令人不忍释卷的法治故事。这是法治影视与法治文学结盟的关键。而结盟后产生的影视作品，在给人们带来真善美的艺术享受的同时，也对不同时代的法律现象进行了深刻的解剖，对普罗大众产生了无法估量的巨大社会影响力。

四、法治影视与法治文学结盟必将为新时代法治影视高质量发展注入活力

立足新时代，面对实现中华民族伟大复兴的战略全局和世界百年未有之大变局，我们的法治文学和法治影视创作者如何保持清醒头脑？如何用影视和文学来解剖国际国内各种不利因素的长期性和复杂性，妥善应对各种困难局面？如何塑造出新时代的优秀法治人物，鼓舞人民奋勇前进？

课题组认为，唯有认真学习和深刻领会习近平法治思想，并在习近平法治思想的指导下，才能讲好新时代中国的法治故事，才能深刻解析当代法治中国的人物命运，才能生动展现中国特色社会主义法治给中国人民带来美好生活的真实画面，才能取得法治影视与法治文学结盟的不断成功与发展，才能在法治中国建设中展现法治影视的重要价值。

法治影视是法治文艺的重要组成部分，我们应该积极组织优秀法治文学作家、影视编导、文学和影视研究者、文学编辑等进行法治影视内容研创，全力打造法治影视内容产业，努力推动法治文学向电影、电视等多方面延伸和发展。

课题组从法治影视与法治文学结盟的丰富实践中发现，有两种文体，即小说和纪实文学，特别容易引起影视界关注，从而被改编为电影或电视剧。也就是说，优秀的法治小说和纪实文学，比较容易成为热门的 IP，形成从纸媒向电影、电视、网媒、游戏等多方面延伸的产业链。

法治影视与法治文学结盟，是法治影视创作中一个不可忽视的特殊现象。影视机构对法治文学的青睐，极大地增强了法治文学的原创动力，促进了法治文学创作的繁荣，同时为法治影视的高质量发展注入了活力，实现了法治影视与法治文学的双赢。

法治影视与法治文学结盟的例证，使课题组深深感到，法治影视与法治文学创作都离不开正确思想的引领。习近平法治思想，作为马克思主义中国化时代化的最新理论成果，无疑是新时代法治影视创作的指路明灯。实践证明，讲好中国法治故事，推出优秀法治文学作品，推动法治文学与法治影视

的结盟，打造一批优质的法治影视 IP，是一条开拓性、促进法治影视事业发展和繁荣的康庄大道。

影视离百姓最近，在喜闻乐见中潜移默化地影响着人们的人生观、价值观、世界观。闪烁着深邃的马克思主义哲学光芒的习近平法治思想，需要用感人的故事、鲜活的人物去阐释、去践行。而新时代法治影视，则是传播习近平法治思想的重要方式。用影视的语言，推动习近平法治思想的学习研究，推进这一重要思想的大众化、普及化，对于增强广大党员干部和读者对这一重要思想的政治认同、思想认同、情感认同，真正入脑入心，指导法治影视实践，具有十分重要的意义。

总而言之，法治文学作为内容产业，为出版社、电影厂、电视台、影视制作公司、新媒体行业等提供着内容源，是十分珍稀的 IP 资源，其形成的从纸媒向电影、电视、网媒等多方面延伸的法治文艺产业链影响巨大。而法治影视和法治文艺的创作与传播实践告诉我们，要促进新时代法治影视事业的大发展和大繁荣，就必须坚定鲜明地高举习近平法治思想伟大旗帜，才能在法治中国的建设中作出优异的成绩，才能在全面建设社会主义现代化国家新征程中，在中华民族伟大复兴的事业中，作出新的更大贡献。

第三节　新时代法治影视要走向繁荣必然聚焦"关键少数"、法治人物、良法善治、涉外法治

法治影视是文艺的一个重要领域，是用影视的表现方法来反映法治社会里的人物命运和时代风云。法治影视，关键在法治这个内容核心。法治内容的深刻和丰富与否，决定了法治影视作品的质量高低。

新时代中国进行法治建设的指导思想，是习近平法治思想。习近平法治思想博大精深，涵盖党的领导制度化法治化、国家现代化、中国特色社会主义法治体系建设、法治政府建设、人民权益的法治保障、国际治理法治化、法治与德治的关系、传承弘扬中华优秀传统法律文化、提升公民法治意识和法治素养、公平竞争法治观、涉外法治人才培养等方方面面。而其核心要义，

则是坚持党对全面依法治国的领导，坚持以人民为中心，坚持中国特色社会主义法治道路，这是习近平法治思想的精髓。习近平法治思想的精髓既为法治中国建设指明了方向，也为新时代法治影视创作指引了道路，是新时代法治影视事业发展的灵魂，是催生新时代优秀法治影视创作和传播的重要思想指南。

一、坚持党对全面依法治国的领导要求新时代法治影视塑造好领导干部这个"关键少数"的人物形象

坚持党对全面依法治国的领导，是习近平法治思想的核心要素，是中国特色社会主义法治的本质特征和内在要求。中国共产党的领导，是社会主义法治最根本的保证。全面依法治国，绝不是要削弱党的领导，而是要加强和改善党的领导，不断提高党领导依法治国的能力和水平，巩固党的执政地位。全面依法治国要求推进党的领导制度化、法治化，不断完善党的领导体制和工作机制，把党的领导贯彻到全面依法治国全过程，具体落实到党领导立法、保证执法、支持司法、带头守法的各个环节。

新时代法治影视如何才能生动形象地反映党对全面依法治国的领导呢？首先要塑造领导干部这个"关键少数"的光辉形象。"关键少数"领导干部行使党的全面领导权、国家立法权、国家行政权、国家审判权、国家检察权和国家监督权，是全面依法治国的关键。要不断提高他们运用法治思维和法治方式深化改革、推动发展、化解纷争、维护法治的能力，做好自我，使"关键少数"成为国家尊法学法守法用法的楷模；使他们手中的权力受到严格的法律限制，规范他们的权力、制约他们的权力、监督他们的权力，把权力关进法律和制度的笼子里。

新时代优秀的法治文学和法治影视作品，必须塑造好新时代这个典型环境中领导干部这个"关键少数"的人物形象，这是新时代法治影视需要突破的一个重要关节点。

从法治影视的创作实践看，这方面已经积累了一些经验。

1. 茅盾文学奖获奖作品《抉择》改编成影视的现实意义

《抉择》是当代著名作家张平创作的长篇小说，由群众出版社于 1997 年出版。作品以直面现实人生的胆识和勇气，以现实生活中大中型企业的艰难变革为背景，描述了新的历史条件下，反腐败工作的复杂性和紧迫性。作品对腐败分子进行了无情的鞭挞，对社会上存在的花钱买官、公款嫖娼、行贿受贿、拉帮结派搞圈子等腐败行为进行了无情的揭露和抨击，真实地再现了作品主人公痛苦的灵魂搏斗与抉择，塑造了敢于担当的市长李高成在面对自己的政治前程、家庭幸福等问题时，为国家利益抛弃个人情义，对党和人民的事业忠贞不渝、大义凛然的反腐败高大形象，洋溢着一种理想主义、英雄主义的激情，斗争之激烈令人印象深刻。

作品对李高成这个领导干部"关键少数"的典型塑造，奏响了一曲中国共产党人义无反顾的反腐颂歌，也为新时代的现实反腐斗争提供了可资借鉴的典型范例。

2. 轰动一时的法治小说《法撼汾西》《天网》改编成影视的历史价值

群众出版社先后于 1991 年出版《法撼汾西》，1993 年出版《天网》。这两部作品讲述的都是"关键少数"领导干部为老百姓伸张正义、平反冤假错案的故事。一位正直优秀的县委书记正面形象的塑造，使文学在不景气的社会氛围下，突然间获得了社会大众的广泛关注，为推进改革开放、歌颂反腐败奠定了重要的舆论基础。该作品被誉为文学反腐的开山之作。著名文艺评论家冯牧评价说，《天网》是一部难得的佳作，充满了生活的魅力、艺术的魅力和思想的魅力。

作者为创作好这两部作品，曾与县委书记的原型刘郁瑞数次促膝谈心，碰撞出艺术火花，塑造出一位人民爱戴的领导干部的光辉形象。

由此可见，把领导干部这个"关键少数"的人生命运，作为新时代法治影视解剖和塑造的重点，必将为新时代法治影视大发展吹响前进的号角。

习近平总书记在党的二十大报告中强调："全面建设社会主义现代化国家、全面推进中华民族伟大复兴，关键在党。""全党必须牢记，全面从严治党永远在路上，党的自我革命永远在路上，决不能有松劲歇脚、疲劳厌战的情绪，必须持之以恒推进全面从严治党，深入推进新时代党的建设新的伟大工程，以党的自我革命引领社会革命。"① 这无疑为新时代法治影视指明了创作和传播的核心重点。

二、坚持以人民为中心要求新时代法治影视塑造好法治社会中的典型人物

习近平总书记指出，全面依法治国最广泛、最深厚的基础是人民，必须坚持为了人民、依靠人民。要把体现人民利益、反映人民愿望、维护人民权益、增进人民福祉落实到全面依法治国各领域全过程。坚持以人民为中心，是习近平法治思想的精髓，是全面推进依法治国的力量源泉。人民是国家的主人，依法治国的主体。人民幸福生活是最大的人权保障。全面依法治国的根本目的是依法保障人民权益，即要依法保障全体公民享有政治、经济、文化、社会等各方面广泛的权利，保障公民的人身权、财产权等各项权利不受侵犯，不断增强人民群众获得感、幸福感、安全感，用法治保障人民安居乐业。

习近平法治思想中以人民为中心的理念，为新时代法治文学和法治影视创作指明了方向，照亮了新时代法治影视创作与传播的道路。有理想的作家和影视艺术家，只有深入奋斗在法治一线的人们的火热生活中，才会找到法治文学和法治影视创作的精彩素材和唯一素材。

在这方面，作家李迪的法治文学创作与法治影视结盟，可以说为法治影视作品形象地反映以人民为中心推进依法治国，树立了一个标杆。

李迪是全国公安文联的特约作家，他的成名作是 20 世纪 80 年代发表于著名法治文学杂志《啄木鸟》上的小说《傍晚敲门的女人》。21 世纪以来，李迪再创辉煌，其代表作《丹东看守所的故事》震动文坛，感动无数读者，被改编成电视剧。此作品成为当代作家深入生活、扎根人民的创作典范。

---

① 2022 年 10 月 16 日，习近平总书记在中国共产党第二十次全国代表大会上所作的报告。

纵观文学史和影视史，课题组发现，一个时代的文学和影视的成就，往往与"囚徒"有关。是否关注那些因为种种原因犯有罪错而失去自由的人们，往往成为衡量那个时代文学和影视成就的一个重要尺度。古今中外许多文学名著和影视作品都与犯罪和囚徒有关。李迪抓住看守所这样的公安题材，就让自己的作品从题材角度占据了文学高地，上升到了一个较高的哲学高度和深邃的思想高度。

看守所里主要有两方面的人：管教民警和在押人员。《丹东看守所的故事》最大的成功，就在于成功塑造了管教民警这组群像。群像中的每个人个性都很鲜明，心地善良，敬畏生命，忠于职守。民警和在押人员本是对峙的两大阵营，而李迪却写出了这两大阵营的沟通交流。在那些被社会抛弃，被常人所敌视或不齿的人面前，民警以人之常情、常理、常心对待他们。书中情感的独到铺陈、渲染，直抵人内心最深处，让人不得不产生心灵的拷问，不得不泪如泉涌。作家是人类灵魂的工程师，文学是处理情感的艺术，在这一点上，李迪用文学将管教民警的工作和情感很好地结合了起来。管教民警用心去触摸在押人员内心深处的苦痛、怨恨与悲情，给他们以生的希望。这是一种多么令人崇敬的人文关怀和人性关怀啊！

管教民警直面在押人员的灵魂忏悔与觉醒、希望重新做人的艰难抉择，其实就是在为其进行灵魂的手术。管教民警原本都是平凡的普通人，但他们来到了管教这个岗位上，就成为不平凡的人，成为十分了不起的心理医生。他们对在押人员灵魂的治疗和拯救，无疑是一种感天动地的大恩大德。与此同时，《丹东看守所的故事》还成功塑造了一群在押人员。书中所有的故事，几乎都是从在押人员的案件切入的。因为李迪知道，只有把在押人员的复杂情感充分地表现出来，把他们扭曲离奇的人生经历，以致茫然踏上违法犯罪之途的东西揭示出来，才能让读者在体会看守所民警用人性人情去感化在押人员时，如身临其境，见人见事，从而使管教民警的形象显得鲜活真实可爱，并肃然起敬。在押人员的悲情故事，越惊心动魄，管教民警用人性人情去感化的难度就越大。描写攻克这些艰险关隘的整个过程，便淋漓尽致地把民警的人性之美展示无遗。

《丹东看守所的故事》无疑是一部优秀的法治文学作品。当下，一些法治文学缺少感动和震撼读者的力量，原因之一便是缺少文学因素。而小说笔法是最容易调动文学因素的，《丹东看守所的故事》即是用小说的笔法写作纪实文学的一个成功典范。做到这一点，是需要作家创新的勇气和胆识的。书中日记体和博客的运用，显然增加了作品的可信度和文学色彩。这部书是对公安监管领域的人性化管理工作的客观反映，是法治工作和民警生活的形象实录。它既是近年来中国法治纪实文学的一个标杆，也是用文学来为法治中心工作和一线民警服务的一个标杆。而根据《丹东看守所的故事》改编的电视剧《走进看守所》，便在影视作品的时代性、思想性和艺术高度上占尽天然优势。

习近平法治思想的出发点和落脚点，是保障、促进和维护人民的根本利益。任何时候，人民群众是否满意始终是我们党开展一切工作的评价尺度。以人民为中心，是贯穿习近平法治思想的基本理念，科学立法、严格执法、公正司法和全民守法的各个方面都始终围绕这一基本理念。

在立法方面，强调立法为民，科学立法、民主立法，不断加强重点领域立法，完善预防性法律制度，推动法律制度不断满足人民日益增长的美好生活需要。在执法方面，坚持为人民服务、对人民负责并自觉接受人民监督，做到严格执法、规范执法、公正执法和文明执法。

在公正司法方面，着力解决司法中存在的不作为、乱作为现象，坚持司法公开、司法为民，努力让人民群众在每一个司法案件中感受到公平正义。

在全民守法方面，强调人民在全面推进依法治国的进程中享有主体地位，积极做好普法工作，指引公民自觉学法守法。习近平法治思想尤其注重汲古润今，汲取和弘扬了中国古代民本思想精华，并创造性转化，创新性发展，把中华优秀传统文化与现代法治实践紧密融会贯通起来。这也就旗帜鲜明地告诉文艺工作者，新时代法治影视应该为那些奋斗在法治实践中的人民画像。习近平法治思想中的民本理念，是我们新时代法治影视创作工作者必须坚守的底线。

三、习近平法治思想的良法善治理念应成为新时代法治影视创作关注的重点

当代中国的影视作品中，涉及法治内容的汗牛充栋。其中，出现了不少优秀的法治影视作品。除了前面提到的多部法治文学作品改编的影视，北京十月文艺出版社出版的反腐小说《人民的名义》、吉林人民出版社出版的反腐小说《大雪无痕》等，都被改编为电影，在社会上引起较大反响。

与此同时，法治影视创作也存在不少问题。

比如，法治影视创作者不去扎根基层一线法治生活，不去与被采访对象交朋友，而是高高在上，以名家自居，不愿放下身段亲临其境，单凭道听途说，或者从报刊的宣传报道中想象情节、拼凑故事、胡编乱造，是永远不会有所成就的。

又如，有些法治影视作品描写法治人物故事，可创作者却不去好好了解和研究故事中涉及的法律问题，几乎是法盲在创作法治影视作品，结果作品表现和传播的是非法甚至是违法的内容，与法治影视普法目的背道而驰。

再如，有些法治影视作品打着法治宣传的幌子，展示的却是凶杀、暴力、色情等低俗、媚俗的社会丑恶现象，以此吸引读者和观众的眼球，从而导致少数法治影视产品堕落为庸俗艺术。

还有的法治影视作品，或热衷于猎奇，或热衷于穿越，或热衷于娱乐，毫无思想艺术价值可言；有的则热衷围绕玩弄权术，关注争权夺利，无视法纪的厮杀，充斥着萎靡之风和颓废之音，与新时代法治建设恍如隔世，毫无法治意义和借鉴价值。

课题组认为，对于影视与时代、与社会的关系，我们可以从马克思和恩格斯对文学与时代、与社会的关系的精辟论述中获得启示。马克思和恩格斯都极力提倡现实主义写作。这是由他们的革命理想与革命实践决定的。

马克思在1854年写的《英国资产阶级》一文中指出："现代英国的一批杰出的小说家，他们在自己的卓越的、描写生动的书籍中向世界揭示的政治和社会真理，比一切职业政客、政论家和道德家加在一起所揭示的还要多。"

恩格斯在 1885 年《致敏·考茨基》中说道："如果一部具有社会主义倾向的小说通过对现实关系的真实描写，来打破关于这些关系的流行的幻想，动摇资产阶级世界的乐观主义，不可避免地引起对于现存事物的永世长存的怀疑，那么，即使作者没有直接提出任何解决办法，甚至作者有时并没有明确地表明自己的立场，但我认为这部小说也完全完成了自己的使命。"而在 1888 年《致玛·哈克奈斯》的信中，恩格斯则鲜明指出："在我看来，现实主义的意思是，除细节真实外，还要真实地再现典型环境中的典型人物。"他在信中，还高度赞扬了巴尔扎克的现实主义创作。

面对新时代纷繁复杂的社会现实生活，面对正在进行的全面建设社会主义现代化国家新征程，法治影视究竟为什么而创作？为谁而创作？这是当代法治影视工作者无法回避的问题。

习近平法治思想中的良法善治理念表明，不是什么法都能治国，不是什么法都能治好国。"法律是治国之重器，良法是善治之前提"，要以"良法促进发展、保障善治"。良法善治是新时代法治的科学理念，是法治概念新的历史视角和价值追求。坚持在法治轨道上推进国家治理体系和治理能力现代化，是实现良法善治的必由之路。而法治影视作品中，肤浅地表现甚至歪曲了社会主义法治的，不在少数。不少法治影视作品，往往分不清真善美与假丑恶。

习近平法治思想中的良法善治理念，使法治生活中的假丑恶无处遁形。新时代法治影视对良法善治的关注与传播，是自身必须肩负起的历史责任。新时代法治影视可以通过对坚持在法治轨道上推进国家治理体系和治理能力现代化的先进人物和故事的讲述，传播良法善治理念，从而使习近平法治思想深入人心，得到普通民众的积极响应和自觉实践。习近平法治思想中的良法善治理念，应成为新时代法治影视创作关注的重点。

四、新时代法治影视要放眼涉外法治

习近平法治思想要求统筹推进国内法治和涉外法治。面对正在发生的世界之变、时代之变、历史之变的百年未有之大变局，中国参与国际事务，必须善于运用法治，加强国际法治合作，积极参与全球治理体系改革和建设，加强涉外法治体系建设，加强国际法运用，维护以联合国为核心的国际体系和以国际法为基础的国际秩序，共同应对全球性挑战，构建人类命运共同体。这为新时代法治影视开辟了更加广阔的发展天地。

1. 电影《湄公河行动》的启示

涉外法治电影《湄公河行动》，是 2016 年全国年度票房冠军，其票房收入 11.73 亿元，总投资 2 亿元，获利 1 亿多元。在当年如此辉煌的票房成绩面前，决不能忘记法治文学的贡献，因为该影片素材来源于公安作家冯锐创作的报告文学《亮剑湄公河》。为了写好这部报告文学，冯锐三次奔赴湄公河前线采访，历经艰险。该作品在《啄木鸟》杂志发表后，大获成功。可以说，要是没有报告文学《亮剑湄公河》，就很难有博纳影业集团出品的电影《湄公河行动》的成功。

电影《湄公河行动》的成功表明，讲述涉外法治故事的影视，有着极为广大的观众群体，有着极为广阔的发展空间，是坚守中华文化自信的必由之路。

2. 法治影视要关注"一带一路"和人类命运共同体

一直以来，影视作品都有"一双"看不见的脚，优质内容资源会漂洋过海传播到特定人群中。优质的影视作品没有国界，在大量国外影视作品涌入的同时，国产优质影视作品也应该加大向外输出力度。法治影视是法治文艺中最易国际化并产生广泛的国际传播力的艺术形式。

北京在《关于推动北京影视业繁荣发展的实施意见》中指出："加大影视译制基地建设力度，开展影视企业'走出去'奖励扶持工作，鼓励影视企业参与国际传播、拓展国际市场，讲好中国故事、北京故事，扩大中华文化国际影响力。持续打造北京优秀影视剧海外展播季等品牌活动，扩大北京影视剧海外影响力。"

习近平总书记在党的二十大报告中明确提出："加强国际传播能力建设，全面提升国际传播效能，形成同我国综合国力和国际地位相匹配的国际话语权。深化文明交流互鉴，推动中华文化更好走向世界。""构建人类命运共同体是世界各国人民前途所在。""中国坚持对话协商，推动建设一个持久和平的世界；坚持共建共享，推动建设一个普遍安全的世界；坚持合作共赢，推动建设一个共同繁荣的世界；坚持交流互鉴，推动建设一个开放包容的世界；坚持绿色低碳，推动建设一个清洁美丽的世界。"① 这预示着新时代法治影视关注"一带一路"和人类命运共同体，必将有着无限光明前景。

习近平法治思想，不是天上掉下来的，而是来自中国人民七十多年建设法治中国的奋斗实践，是对党领导法治建设丰富实践和宝贵经验的科学总结，是顺应实现中华民族伟大复兴时代要求应运而生的重大理论创新成果，是马克思主义法治理论中国化时代化的最新成果，是习近平新时代中国特色社会主义思想的重要组成部分。党的十八大以来，习近平总书记在深刻把握人类社会历史演进规律、时代发展变化规律、中国法治建设规律的基础上，从坚持和发展中国特色社会主义全局和战略高度定位法治、布局法治、厉行法治，坚持历史和现实相贯通、国际和国内相关联、理论和实际相结合，创造性提出全面依法治国的一系列新理念新思想新战略，深刻回答了新时代为什么实行全面依法治国、怎样实行全面依法治国等一系列重大问题。这就为新时代法治影视创作与传播开辟了广阔的发展天地。在以中国式现代化全面推进中华民族伟大复兴的新征程中，我们要促进新时代法治影视事业的发展和繁荣，离不开习近平法治思想的统领。

总之，法治影视创作与传播是否符合习近平法治思想，是法治影视内容真善美与假丑恶的分水岭。习近平法治思想，照亮了法治影视创作与传播的道路，是判别新时代影视作品中法治内容真伪的试金石，是新时代法治影视事业发展的历史机遇，是繁荣新时代法治影视事业的指南针，使新时代法治影视事业迎来了百年不遇的春天。

---

① 2022 年 10 月 16 日，习近平总书记在中国共产党第二十次全国代表大会上所作的报告。

第五章 新时代法治影视的发展趋势和前景展望

习近平总书记在党的二十大报告中强调指出："全面依法治国是国家治理的一场深刻革命，关系党执政兴国，关系人民幸福安康，关系党和国家长治久安。""我们要坚持走中国特色社会主义法治道路，建设中国特色社会主义法治体系、建设社会主义法治国家，围绕保障和促进社会公平正义，坚持依法治国、依法执政、依法行政共同推进，坚持法治国家、法治政府、法治社会一体建设，全面推进科学立法、严格执法、公正司法、全民守法，全面推进国家各方面工作法治化。"这是对法治中国建设的最新阐述，为新时代法治影视的发展指明了方向，是中国影视人的行动指南。

新时代十年的法治建设，既为法治影视创作提供了丰富素材，也对法治影视创作质量提出了更高要求。在习近平法治思想的指导下，以新时代十年所取得的令人瞩目的成就和经验为基础，中国法治影视创作呈现出更加良好的发展趋势和更加广阔的美好前景。

第一节 新时代法治影视要突出表现
中国特色社会主义法治建设主题

对于新时代法治影视来说，突出表现中国特色社会主义法治建设主题，是应有之义，应尽之责。但是，如何在电影银幕和电视荧屏上将这一主题既完整准确，又丰富立体地进行影视视听艺术呈现，却是法治影视创作者需要通过创作实践予以解决的问题。习近平法治思想关于实施全面依法治国战略的重要论述，以及新时代建设中国特色社会主义法律体系和法治国家的丰富实践，为法治影视的艺术创作提供了理论指引和现实素材。

一、新时代法治影视应全面展现社会法治生活的丰富性

社会法治生活的丰富性主要有两个方面。一方面是新时代中国社会法治生活内容本身的丰富。习近平法治思想是一个博大精深、含义深刻、内涵丰富的完整思想体系，涉及的社会法治工作和生活的内容十分广泛丰富。习近平总书记提出新时代法治建设的新方针就是科学立法、严格执法、公正司法、全面守法，由此，法治建设就包含了立法、执法、司法、守法四个方面，涵盖着国家立法、行政、司法机构和全体人民的社会生活，而不仅仅是执法或司法等政法机关的事。习近平总书记指出，全面依法治国是一个系统工程，需要法治国家、法治政府、法治社会建设一体推进。此外，习近平总书记强调，建设中国特色社会主义法治强国还需要国内法治和涉外法治统筹推进，我们还要加强涉外法治体系建设，以负责任大国形象参与国际事务，必须善于运用法治，加强国际法治合作，推动全球治理体系变革，构建人类命运共同体。只有全面的法治，才能对应全面推进依法治国的总要求。习近平法治思想为新时代中国特色社会主义法治建设做好了顶层设计，擘画了宏伟蓝图，也为新时代法治影视剧创作在内容表现和题材选取上打开了前所未有的广阔视野。从这个角度来看，以往的法治影视剧创作在内容选材上对社会法治工作和生活领域的选取还有很大的空白，更多的只是围绕公检法司等国家机关和部门承担的执法或司法工作内容予以表现。虽然这样的选材也在一定程度上辐射到社会法治生活相当广阔的方面，如司法改革、侦查破案、扫黑除恶、反腐倡廉、社会治理、民生服务、国际司法合作等，但与习近平法治思想所确定的新时代全面依法治国战略相比，与法治国家建设已经或将要实施的丰富内容相比，仍然显得狭窄。从这个意义上说，在习近平法治思想指引下的新时代中国特色社会主义法治国家建设实践，为新时代法治影视剧创作表现国家法治工作和社会法治生活的丰富性开辟了广阔道路。

新时代法治影视剧应全面展现新时代中国社会法治工作和生活丰富性的另一方面，就是表现法治工作和生活与人民群众社会生活广泛而丰富的联系。随着全面依法治国战略的深入实施和社会主义法治强国建设的持续推进，广

大人民群众日常社会生活的方方面面与国家法治建设的关联度将愈加密切，或者说在人民群众社会生活中，法治生活的内容将会日益增多且更加丰富。从工作学习、社会交往、文化娱乐、教科文卫，乃至日常生活衣食住行、婚丧嫁娶、生儿育女的方方面面，都存在法治内容渗透的机会。几乎可以说，在现实生活中，我们每个人每时每刻都离不开法律。这里特别要说的是存在于人们社会生活中，甚至会对人们社会生活产生重要影响的各类社会矛盾，一直是影视剧着重表现的重要部分，是影视剧故事情节、人物关系乃至性格情感得以复杂呈现的主要内容载体。如何在法治影视剧中表现这些矛盾，以及伴随这些矛盾的发生、发展和变化如何推进剧情进展，习近平总书记关于"对各类社会矛盾，要引导群众通过法律程序、运用法律手段解决，推动形成办事依法、遇事找法、解决问题用法、化解矛盾靠法的良好环境"的重要论述就具有十分重要的指导意义。① 这就需要法治影视剧创作在表现这些社会矛盾及其发展变化的过程中，将其中所涉及的法律因素、法治观念、法治环境等，用影视的镜头和手法或直接或间接地展示出来，这是新时代法治影视剧创作表现中国百姓社会生活的重要底色，对于法治影视剧创作者设置戏剧冲突，构思剧情进展都有重要的启发和指引意义。

二、新时代法治影视在中国特色社会主义法治建设中的独特价值

新时代法治影视不仅要从习近平法治思想中获取创作指引，也要为习近平法治思想在社会中的大力宣传和广泛传播作出应有的努力。

对于社会法治建设，新时代法治影视绝不仅仅是以旁观者的身份被动地予以反映，其本身也是社会法治建设的有机组成部分。法治影视应当借助其独具的媒体传播和艺术感染双重功能，通过展现相关法治机构或部门的工作，讲述法治建设实践故事，塑造法治战线人物形象，来宣传传播习近平法治思想，培养知法懂法、尊法信法、守法用法的现代社会公民法治意识，营造良

① 2014年4月25日习近平总书记在主持中共中央政治局第十四次集体学习时的重要讲话。

好的社会法治环境。正如有关评论所说"事实上，优秀的法治题材电视剧作品，不仅对增强公民守法意识、普及法律知识具有积极意义，同时也是政法队伍开展政治教育、警示教育、英模教育的重要教材"。① 这是新时代法治影视应当具有的使命担当和应当发挥的社会功能，也是其独特价值所在。

1. 弘扬中国特色社会主义法治公平正义

习近平总书记指出："社会主义文艺，从本质上讲，就是人民的文艺。文艺要反映好人民心声，就要坚持为人民服务、为社会主义服务这个根本方向。……以人民为中心，就是要把满足人民精神文化需求作为文艺和文艺工作的出发点和落脚点，把人民作为文艺表现的主体，把人民作为文艺审美的鉴赏家和评判者，把为人民服务作为文艺工作者的天职。"② 而在谈到全面依法治国要坚持以人民为中心时，习近平总书记进一步强调："全面依法治国最广泛、最深厚的基础是人民，必须坚持为了人民、依靠人民。要把体现人民利益、反映人民愿望、维护人民权益、增进人民福祉落实到全面依法治国各领域全过程。"③ 这是习近平法治思想的核心要义之一。全面依法治国，其根本目的是依法保障全体公民享有广泛的权利，保障公民的人身权、财产权、基本政治权利等各项权利不受侵犯，保证公民的经济、文化、社会等各方面权利得到落实，不断增强人民群众获得感、幸福感、安全感，用法治保障人民安居乐业。

处于新时代社会主义文艺创作和法治建设两大任务结合点上的新时代法治影视，作为社会主义文艺事业的重要组成部分，聚焦的又是国家法治建设和社会法治生活中的人物和图景，坚持以人民为中心的要求，除了法治的丰富性，还有一个很重要方面，就是必须着力表现法治的公平正义。

新时代法治影视创作，一方面要把人民群众对于社会公平正义的诉求，以及这种诉求在国家法治建设和社会法治生活中得到的回应，用影视艺术手法予以充分表现，呼应习近平总书记提出的"要始终把人民的冷暖、人民的

---

① 许莹：《党的十八大以来法治题材电视剧创作面面观》，载《中国电视》2022 年第 1 期。
② 2014 年 10 月 15 日习近平总书记在主持文艺工作座谈会时的重要讲话。
③ 2020 年 11 月 16 日至 17 日习近平总书记在召开的中央全面依法治国工作会议上的重要讲话。

幸福放在心中,把人民的喜怒哀乐倾注在自己的笔端"① 的要求;另一方面要通过这样的表现,将社会主义法治的公平正义原则理念和精神价值,以影视艺术形象的方式予以大力弘扬和深入宣传。

2018 年 8 月 24 日习近平总书记在中央全面依法治国委员会第一次会议上强调:"必须牢牢把握社会公平正义这一法治价值追求,努力让人民群众在每一项法律制度、每一个执法决定、每一宗司法案件中都感受到公平正义。"2014 年习近平总书记在中央政法工作会议上要求:"政法战线要肩扛公正天平、手持正义之剑,以实际行动维护社会公平正义,让人民群众切实感受到公平正义就在身边。"习近平总书记的重要论述,不仅是对法治工作的要求,也是对法治影视创作和传播提出了时代要求。

新时代法治影视应当通过对国家法治建设和社会法治生活不同侧面、不同角度内容的表现,在人民群众心中树立法治公平正义的思想信念,确立对社会主义法治的信心,努力让观众在每一部法治影视剧中,都感受到社会主义法治的公平正义。

2. 着力表现新时代法治改革

党的十八大以来,随着全面依法治国战略的提出和持续推进,改革成为法治领域的重要主题。党的十八届三中全会审议通过《中共中央关于全面深化改革若干重大问题的决定》,对深化司法体制改革作了全面部署。党的十八届四中全会作出《中共中央关于全面推进依法治国若干重大问题的决定》以后,以司法改革为主要内容的法治改革有了更加明确的目标、计划和安排部署。如从制度上解决司法不公问题、强化对司法的监督、大力推行司法公开和强化责任监督机制,到推进审判公开、检务公开、警务公开、狱务公开,建立生效法律文书统一上网和公开查询制度,以及以审判为中心的诉讼制度改革,等等。习近平法治思想则为新时代中国法治改革拓宽了任务视界,提出了更高要求:"全国政法机关要继续深化司法体制改革,为严格执法、文明执法、公正司法和提高执法司法公信力提供有力制度保障。"

---

① 2014 年 10 月 15 日习近平总书记在主持文艺工作座谈会时的重要讲话。

近年来的法治影视剧创作，有不少作品积极跟随法治领域的改革进程，及时回应法治领域特别是各政法机关推行的改革探索。比如公安题材电视连续剧《燃烧》，以剧中主人公——高家三代警察人物为例，折射出近30年来中国司法的改革进程。反映基层法院工作的电视连续剧《底线》，因为表现了当下社会生活中种种与法院工作发生联系的内容，特别是法院面对新的社会问题和矛盾，适应新的社会形势和思潮所做的改革调整，使人观后耳目一新，产生了满满的吸引力和观众缘。有评论这样说道："某种程度上，《底线》以影视文艺作品的方式，打造了一个兼具社会纵深和生活景深的'中国庭审公开网'。"① 还有很多公安题材影视剧中，不但涉及司法改革的内容，更多的是表现了公安警务模式适应信息化、大数据等科技发展而推出的创新与变革，适应社会形势和矛盾变化在基层基础工作和群众工作方面的新尝试探索及其成果。

在习近平法治思想指导下，以司法体制改革为主要内容的国家法治改革还将进一步深化。新时代法治影视要想真切准确地展现出国家法治建设和社会法治工作的面貌，展现出新时代法治工作者的形象与风采，法治改革一定是不可或缺的重要内容。

三、法治影视创作者应具有法治精神和法治思维

关于法治精神，习近平总书记说："使法必行之法就是法治精神。"他进一步阐述，"法治精神是法治的灵魂。人们没有法治精神、社会没有法治风尚，法治只能是无本之木、无根之花、无源之水"，"这包括培养人们的理性精神、诚信守法的精神、尊重法律权威的精神、权利与义务对称的精神、依法维权和依法解决纠纷的习惯等等"，"它既不是铭刻在大理石上，也不是铭刻在铜表上，而是铭刻在公民们的内心里"②。法治思维，就是要将法治的诸

---

① 《热播剧〈底线〉的最大意义到底是什么?》，载新浪网，https://k. sina. com. cn/article _ 5329862058 _13daf3daa01900zq4x. html。

② 习近平:《弘扬法治精神，形成法治风尚》，载《浙江日报》2006 年 5 月 17 日 "之江新语"专栏。

种要求运用于认识、分析、处理问题的思维方式。它要求崇尚法治，尊重法律，善于运用法律手段解决问题和推进工作。习近平总书记强调："各级领导干部要提高运用法治思维和法治方式深化改革、推动发展、化解矛盾、维护稳定能力，努力推动形成办事依法、遇事找法、解决问题用法、化解矛盾靠法的良好法治环境在法治轨道上推动各项工作。"①

法治影视创作，本身也是在参与法治社会建设。因此，法治影视创作者理所当然应该具有法治精神和法治思维。这对于法治影视创作质量的高低，有着极其重要的影响，主要表现为三个方面。

第一，在表现法治部门，特别是政法机关的人物时，对其呈现于电影银幕或电视荧屏之上的言语行为、专业实务、组织机构、符号标识等，是有严格的法律法规的规范和要求的。这是法治影视剧作为行业剧创作所应当具有的基本专业素养，而这种专业素养的养成和具备，则与法治影视创作者的法治精神和法治思维的形成密不可分。

第二，法治影视创作主体，对于法治影视剧中人物和事务或直接或间接表露出来的评价和判断，往往决定着一部影视剧作品的思想倾向和主题意旨，应当体现出符合法治社会主流意识形态的价值判断和评价，应当倡导社会公序良俗和公平正义，传递法治的力量。这些都建立在法治影视创作者正确的法治精神和法治思维的基础上。

第三，法治影视剧表现法治工作和生活，要使观众在观影和观剧过程中，不仅获得法律知识，感受到法律对于违法犯罪的震慑，培养遵规守法的良好意识，接受潜移默化的法治教育，而且要通过艺术感染力将法治精神和法治思维传递给观众，使其深入人心，这都离不开法治影视创作者自身必须具有的法治精神和法治思维。

要在法治影视创作中体现并传递出这种法治精神和法治思维，就对法治影视创作者的法治素养提出了较高的要求。首先，要深入学习领会习近平法治思想，并使习近平法治思想成为自己法治影视创作活动首要的思想引导和

---

① 2012 年 12 月 4 日习近平总书记在首都各界纪念现行宪法公布施行 30 周年大会上的重要讲话。

理论准备。其次，要对与作品相关的法律基本知识、法治基本架构和运行机制、法治工作的基本规范和要求、法治工作者的状况有比较深入的了解，从中深刻体会领悟到法治理念和精神，从而在创作中予以融会贯通。

第二节 新时代法治影视创作要讲好中国法治故事

习近平总书记在中国文联十一大、中国作协十大开幕式上的讲话中指出，"希望广大文艺工作者用情用力讲好中国故事，向世界展现可信、可爱、可敬的中国形象"，"把文艺创造写到民族复兴的历史上、写在人民奋斗的征程中"。在全国宣传思想工作会议上，习近平总书记明确要求"要推进国际传播能力建设，讲好中国故事、传播好中国声音，向世界展现真实、立体、全面的中国，提高国家文化软实力和中华文化影响力"，"主动讲好中国共产党治国理政的故事"。在给中国国家话剧院艺术家的回信中，习近平总书记勉励文艺工作者"紧扣时代脉搏、坚守人民立场、坚持守正创新，用情用力讲好中国故事"。

在新时代中国特色社会主义法治体系和法治国家建设的新征程中，法治影视创作决不能缺席，应积极参与，以影视独有的表现手段和艺术魅力，讲好法治建设的精彩故事。同时，要以自己的创作实绩，成为新时代法治建设队伍中独具风格的一员。新时代中国的法治故事，是中国共产党治国理政故事的重要组成部分，应积极响应习近平总书记的号召，运用法治影视努力讲好新时代中国法治故事，展现真实、立体、全面的法治人物形象，以提升中国法治文化软实力，进而为提高国家整体文化软实力作出贡献。

一、新时代法治影视创作应坚持以现实主义创作方法为主流

全面依法治国战略的实施和建设中国特色社会主义法律体系法治国家的伟大实践，是新时代法治影视创作最重要的现实生活基础，是取之不尽、用之不竭的法治影视素材富矿。

新时代法治影视要想用艺术方式讲好中国法治故事，离不开现实主义这

个中国文艺的主流。现实主义作为中国文艺创作永恒的精神和原则，也是法治影视根植中国大地，讲好中国法治故事，在创作方法上最主要的实现路径。新时代法治影视要贴近法治实践，贴近中国法治人，贴近法治生活现实，在创作实践上就要求坚持现实主义的创作方向。只有现实精神鲜明强烈的作品，只有将现实世界的丰富内容和生动情景在电影银幕和电视荧屏上予以真实准确完整呈现的作品，才能唤起观众的欣赏热情的投入和观赏体验的共鸣，才能保证影视剧作品的思想宣导、情感感染和价值实现，这是为影视剧创作与观众接受度的高低所充分证明了的。

习近平总书记明确指出："文艺创作方法有一百条、一千条，但最根本、最关键、最牢靠的办法是扎根人民、扎根生活。"① 这既强调了社会主义文艺的人民性，也指出了现实主义创作方法的精髓所在。

在中国文艺的历史长河中，特别是现代新文艺以来，现实主义一直是主流。这既与近现代以来中国社会的大变革现实情状与文艺表现之间的关系有关，也与中国受众欣赏文艺作品的习惯有关。现实主义强大的艺术生命力，为新时代法治影视讲好中国法治故事提供了创作动力和支撑。

仅从影视创作与接受的角度来说，现实主义最能打动中国观众的，就是它对于社会现实生活的真实表现。是否"真实"，是绝大多数中国观众评价一部影视作品艺术品质高低优劣的首要标准。近期在网络热播的连续剧《消失的孩子》的导演赵小鸥说："现实主义题材剧作为能够引发社会广泛关注的剧种之一，主创们更应观照现实，从泥土中挖掘真实可信的人物和事件，提取丰富有趣的真实细节，这是现实主义题材剧未来发展所需要做的最重要的一步'求真'。"②

尽管艺术真实不是照搬生活真实，但一定要以生活真实的逻辑为基础和依据，即把握好艺术的生活化叙事逻辑。这一点对于法治影视剧创作来说尤其重要。现实世界中，法治工作要面对和处理的往往是社会生活矛盾冲突中

---

① 2014 年 10 月 15 日习近平总书记在文艺工作座谈会上的重要讲话。

② 《〈消失的孩子〉导演赵小鸥、赵小溪：悬疑剧如何凸显"真实"力量?》，载网易网 2022 年 9 月 28 日，https://www.163.com/dy/article/HICN3KCH0517CU73.html。

尖锐激烈的部分，特别是其中涉及犯罪与反犯罪的斗争，更是现实社会生活中人们矛盾冲突体现得最为直接集中，也最趋于极端化的一种。所以才需诉诸法律手段和法的强制力调处解决。如前所述，表现社会生活中的矛盾冲突是法治影视剧非常重要的创作内容，所以这类题材的影视剧天然地具有强情节性的艺术特征。作家钟源说过："因为公安文学的艺术特点在于惊险曲折、出奇制胜，既可表现公安人员的大智大勇，又能通过剖析形形色色的犯罪心理，使读者在美与丑、善与恶、罪与罚的激烈冲突中产生认同，得以儆戒。这很符合强情节小说的艺术特点。"① 苏联著名侦探文学作家阿达莫夫也说过："情节的紧张性实质上是侦探小说的美学范畴。"②

文学如此，影视亦然。这也是法治影视剧深得观众喜爱的一个重要原因。需要指出的是，我们所说的法治影视剧的强情节性同那些打着法治题材影视剧名义却粗制滥造的低劣之作的"情节泛滥"有根本的区别。这里所说的情节泛滥，是指影视剧编创人员在构思铺陈故事情节时随意臆想、毫无节制地胡编乱造、一味模仿照搬国（境）外同类题材影视剧创作模式和手法，造成情节的无序堆积和故事荒诞不经的状况。在 20 世纪 80 年代中后期一度兴起的所谓"娱乐片"大潮中，因当时的中国影视业界对"娱乐片"的文化属性、创作机制和商业化的创制方式还未摸到门道，导致这种现象曾在很多作品中出现。情节泛滥在败坏了中国观众欣赏胃口的同时，不但没有遏制中国影视剧的市场颓势，反而拉低了中国法治影视剧的美学品格，败坏了中国法治影视剧的声誉。而我们认定的法治影视剧的强情节性，是在突出、强化情节的规模与强度，即量与质的同时，在设计、组织和安排上要受到应有的制约，即尊重生活真实的逻辑，尊重影片规定情境的逻辑，尊重人物性格的逻辑。这三重逻辑合而为一，就构筑起了一道防止强情节性漫向情节泛滥的有力的堤坝，其中尊重生活真实的逻辑是基础。

影视剧创作是艺术创作，艺术创作就离不开艺术虚构。如何在情节的真

---

① 钟源：《喜闻乐见，儆戒其中——从公安文学到侦破影片》，载《文艺报》1990 年 4 月 26 日，第 7 版。

② ［苏］阿·阿达莫夫：《侦探文学和我》，杨东华等译，群众出版社 1988 年版。

实和虚构之间找到一个合适的交结点呢？

虚构对于包括影视剧创作在内的艺术创作是理所当然的。正是在虚构中，艺术创造的意义和价值才体现出来。它是艺术创作者想象力和创造力得以施展驰骋的领域。只有大胆虚构，才能有强情节性。只是创作者要明白，这种大胆虚构并不是无节制的恣意妄为，不是随意的编造臆想。它首先要符合真实生活的逻辑。事件的发展、人物的设定、情节的铺排、悬念的设置都要有真实生活的依据，剧情设计的逻辑前提是现实生活的规律而非创作者的想象。我们看一部法治影视剧作品，觉得它比较真实，不完全是依据现实生活中真有同名同姓的人做过或正在做同样的事（"是怎么样"）来判断，而是认定它符合我们日常生活的现实经验（"可能怎么样"）。法治影视剧能在多大程度上还原这种现实经验，它也就在多大程度上达致真实。我们所说的真实生活的逻辑就蕴含在这种现实经验之中。从这里可以看到，现实法治工作和法治生活的实际，与法治影视剧在情节上的紧张激烈有着必然的联系，或者说正是法治工作和法治生活的实际为法治影视剧的强情节性提供了现实依据。没有了这个现实依据，电影银幕、电视荧屏上映现在观众眼前的种种故事情节就成了无源之水，即使它再曲折惊险、紧张离奇，也无法真正吸引和打动观众。这个现实依据是我们评价法治影视剧情节优劣的重要标准，也是衡量法治影视剧所能达到的现实主义高度的重要指标。而对于现实生活规律逻辑前提的准确把握与深刻表现，则离不开法治影视剧创作者对生活的敏感、体察和领悟的水平与深度。

从观众的观赏接受效应来看，真实的感受，应该来自电影银幕、电视荧屏上展现的生活图景，能够在观众自身客观现实生活经验的层面得到验证，在获得真实认同的前提下，接受剧情和人物传递的思想、情感和价值。这就是维克托·什克洛夫斯基所说的"艺术的目的是使你对事物的感觉如同你所见的视像那样，而不是如同你所认知的那样"①。

① ［俄］维克托·什克洛夫斯基等：《俄国形式主义文论选》，方珊等译，生活·读书·新知三联书店 1989 年版。

要在电影银幕、电视荧屏上创造出具有现实生活真实感的生活图景，就要求影视创作者对所表现的生活和人物有足够的熟悉和了解。这种熟悉和了解，不仅是对生活外在形貌的精准刻画和精细描摹，更是深入内在的充分挖掘和细腻捕捉。这才是影视艺术创作需要展示的生活细节和具体场景。

在艺术创作过程中，创作者如何深入生活，有许多成功作品的创作经验值得汲取。2022 年在央视电视剧频道首播即引起热烈反响的电视连续剧《警察荣誉》，该剧导演丁黑说："不少人认为《警察荣誉》拍出了'烟火气'，'烟火气'根本还是来自真实的生活。"[1]

作为具有行业剧特征的法治影视来说，创作者深入生活还有另一层特殊意义，那就是必须熟悉了解甚至通晓所表现的法治业务的专业化程度。这种熟悉和通晓，不仅限于知识性的掌握，更包含对这些专业性很强的业务工作在实际开展过程中的种种具体情形和细节的把握，对从事这些专业的工作者因为工作特殊性赋予他们的职业性气质特征的刻画，以及这些气质特征在他们日常生活的举手投足中刻意地或不经意地外展流露。

很多影视剧观众，特别是从事这些业务工作的观众对某些法治影视剧提出"不真实"批评的原因，在很大程度上就是因为这种专业性特征和职业性气质的缺失。随着中国影视艺术创制品质的不断提升，对行业剧专业水准的要求也越来越高，法治影视剧创作成就的高低就将从这个方面体现出来。这同样有赖于对现实主义创作方法的坚守和实践。

二、新时代法治影视要着力塑造好法治英雄人物形象

习近平总书记在全国宣传思想工作会议上明确指示："要广泛开展先进模范学习宣传活动，营造崇尚英雄、学习英雄、捍卫英雄、关爱英雄的浓厚氛围。"

匈牙利电影美学家贝拉·巴拉兹说过："英雄、俊杰、楷模、典范是所

---

[1] 韩亚栋、薛鹏：《充满烟火气的电视剧〈警察荣誉〉热播　基层社会治理的中国故事》，载《中国纪检监察报》2022 年 6 月 7 日。

有民族的文学中不可或缺的，从远古的史诗到近代的电影莫不如此。"① 法治影视因为其所具有的表现社会生活强对抗性矛盾冲突的题材特性，便为其在剧中塑造英雄人物形象搭建了坚实的舞台。

从创作的实际情况来看，几乎所有的法治影视剧中，英雄人物形象都是不可或缺的。要想在新时代的电影银幕、电视荧屏上讲好法治英雄人物的故事，让法治英雄形象真正矗立起来，深入观众内心，更加需要遵循现实主义创作的基本原则。这是与现代社会的审美价值取向十分契合的，即与电影银幕、电视荧屏英雄人物形象及其所包含浸润的现实和历史生活深度、人性和伦理意蕴丰度的接受度相契合。

从现实主义创作原则的角度把握，法治影视中英雄人物形象塑造，应当注意以下两个方面。

一是要把握好职业工作特质与个人生活特质在人物身上交融叠现的层次和侧面，也就是人们常说的"警察、法官、检察官也是人"的含义所在。要写出英雄人物的奉献与牺牲、智慧与勇气，弘扬英雄精神，树立楷模榜样，但这样的人物，既有英雄的气概和事迹，也是有血有肉的普通人，故要写出他们身上接地气和人间烟火气的寻常平凡的一面；要写出英雄人物性格的丰富度与个性化，人生含蕴的饱满度与复杂度。针对电视连续剧《罚罪》，有过这样的评论："褪去警服的人民警察与普通人无二，甚至就如同日日生活在观众们身边的亲人朋友，有个性有牵绊的普通人，穿上警服就要担起重担，成为法律和公平正义的捍卫者，成为普通大众值得信赖的守护人。"这样的英雄才能让观众既对他们恪尽职守、无私奉献和英勇无畏的精神肃然起敬，也对他们人性深度和人情温度的一面感到亲切可爱。

二是中国式的法治英雄人物形象，必须是集体主义式的。这是指在剧中作为英雄形象出现的人物，不是靠个人力量解决难题、拯救世界的好莱坞式的个人超级英雄，而是在集体的环境和组织的培养中成长，从团队的支持和帮助中获取力量，在他们身上体现和彰显的是法律、国家和组织等集体性的

---

① ［匈］贝拉·巴拉兹：《电影美学》，何力译，中国电影出版社 2003 年版。

力量，而他们则是我们国家法治工作队伍，乃至国家整体形象的代表。

三、新时代法治影视反映社会生活矛盾与问题应把握好尺度

法治影视以现实主义创作方法真实表现国家法治建设，有一个话题绕不过去，那就是在影视剧中如何表现在工作实际和社会现实中的丑陋阴暗，甚至反面黑暗现象的问题。这里主要是指涉及党政领导干部腐化堕落，违法犯罪人员，甚至有组织犯罪和黑恶势力等的情节和人物该如何表现。

可以明确的是，无论涉及的是政法机关领导干部，还是政法工作者与之展开斗争的其他党政机关的领导干部，在他们身上发生的种种腐败堕落，甚至违法犯罪的情形，是当今十分严峻的社会现实。"反腐败斗争永远在路上"这句话，有着沉甸甸的分量和现实意义。从这个角度看，法治影视表现法治建设，触及乃至揭示社会生活中的黑暗面是理所当然的，是现实主义文艺创作不回避社会问题、不粉饰现实矛盾的具体体现。同时这些内容本身，也构成法治影视情节强冲突性特征的重要部分。

毛泽东同志在 1942 年 5 月召开的延安文艺座谈会上对这个问题有过阐述："只有真正革命的文艺家才能正确地解决歌颂和暴露的问题。一切危害人民群众的黑暗势力必须暴露之，一切人民群众的革命斗争必须歌颂之，这就是革命文艺家的基本任务。"现实主义创作方法之所以具有长久的生命力，正是因为它重在表现生活本质规律，而不是仅仅着眼于现象表层末节。

表现社会生活中充满矛盾、问题的人和事，法治影视创作应当注意掌握尺度和分寸，主要表现为以下三个方面。

第一，剧中表现的是现象而不是本质。这些剧中揭露出来的丑陋阴暗，甚至腐败黑暗面，是我们社会生活肌体上的癣疥和疮疤。将这些不健康的部分揭露出来，不应是为了展示，而应是为了引起人们的警醒，以及产生将之疗治和消除的愿望。法治影视绝对不能因为在剧中表现这些人和事，让观众对整个社会和社会生活的认知产生消极的偏差。

第二，剧中表现的是个体而不是整体。那些问题出现在党政领导干部和政法队伍中的个别人身上，他们是败类，他们的所作所为玷污和损害了党政

领导干部和政法队伍的形象和声誉。这些人和事的出现，表明了反腐败斗争的长期性、艰巨性和复杂性，但他们不是党政领导干部和政法队伍的大多数，更不是代表，法治影视不能因为在剧中表现这些人和事，让观众在观剧之后对整个党政领导干部和政法队伍产生怀疑和不信任。

第三，剧中表现的是发展过程中出现的问题，而不是发展本身的问题。对于当下出现的问题，要表现出是在改革发展的大背景下，由于法律法规、规章制度等尚处于完善健全的过程中，各种社会力量、社会利益交织博弈产生的，凸显出背后发展的不平衡不充分。要让观众看到这些问题将会随着改革发展的推进，随着社会法治的健全，随着全面依法治国方略的推进实施而得到解决和消除，而不应该让观众因这些情节和人物对国家和社会的未来产生悲观失望。

第三节　创造具有中国风格中国气派的法治影视是影视工作者的时代责任

习近平总书记曾就文学艺术应创作无愧于时代的优秀作品这一问题，向全国文艺工作者提出殷切希望："希望大家坚定文化自信，……用中国人独特的思想、情感、审美去创作属于这个时代、又有鲜明中国风格的优秀作品。"①

着眼于全面依法治国方略和建设社会主义现代化文化强国的长远目标，新时代中国法治影视应该坚持的发展道路，就是创作出具有中国风格和中国气派的，富有中国法治文化特色的影视剧，以影视艺术形式讲好中国法治故事，在建设影视强国，增强中国法治文化软实力和国家文化软实力的进程中扮演重要角色，发挥重要作用。这也是新时代法治影视创作应当确立的发展目标。

一、要牢固树立创制具有中国法治特色的法治影视剧的创作理念

法治影视因相对集中地反映社会生活中尖锐激烈的矛盾冲突，具有强情

---

① 习近平总书记在中国文联十大、中国作协九大开幕式上的重要讲话。

节、强动作性的题材优势，一直为中国观众所热衷和喜爱。身处新时代国家法治建设和文化建设的交结处，法治影视不仅要赢得中国观众的拥趸，还要向全世界观众讲述中国法治故事，宣传中国法治建设成就，展现中国法治人的形象，传播中国法治文化精神和理念，不断增强中国法治影视的国际竞争力和影响力。

要成为世界影视艺术强国，就一定要创制出能够生动反映我们国家和民族生存与生活状态，深刻体现国家和民族独有的精神特性，带有国家和民族鲜明文化印记，具有国家和民族特有的表达方式的影视艺术作品。这是中国风格、中国气派艺术作品的题中应有之义。法治影视剧，则应该准确反映当今中国实施全面依法治国基本方略的丰富实践，反映法治生活实际和现状，彰显社会主义中国的法治精神和法治理念。这是法治影视剧理应具有的新时代使命担当。

法治影视创作者只有从这样的角度和高度，去看待每一部法治影视剧的创作，才能把握法治影视创作的精神要旨，才能具有新时代法治文化高度的创作自觉，才能创作出真正具有中国风格和中国气派并有中国法治特色的法治影视剧。

二、法治影视剧应通过继承借鉴着力提升创作水准

创制具有中国风格、中国气派的法治影视剧，首要之举就是要将创作的根基牢牢地扎在中国法治建设实践的现实沃土之中，让不同作品从不同的侧面、不同的角度，以不同的方式展现中国法治建设的真实面貌。这就要求法治影视创作者深入法治建设实践和体验法治人的生活。这是每一部作品创作应坚持的基本要求。与此同时，法治影视剧应从继承发扬优秀传统和学习借鉴外来经验两个方面来提升艺术创作水平。

1. 继承发扬中国法治影视剧创作的优秀传统

人类的文学艺术经过数千年历史发展到今天，无论是哪个国家、哪个民族，要想在创作上取得发展进步，离不开继承前人优秀传统并将之发扬光大。2014 年 10 月 15 日习近平总书记在文艺工作座谈会上说："文艺创作不仅要

有当代生活的底蕴，而且要有文化传统的血脉。"这为我们创作法治影视剧作指明了道路。

中国法治影视剧，是在 1949 年新中国成立后才出现的影视剧题材种类，在七十多年的发展历史中，经过无数影视艺术工作者的艰辛探索和开拓创造，创作出了大量脍炙人口的优秀作品，成为中国观众最为喜爱的影视剧题材种类之一。这其中，成就最为突出的是公安题材影视剧的创作与传播。进入 21 世纪以后，涉法影视剧在政法系统都有了较大的作为。法治影视已经与人民群众之间拉近了距离。

在新中国成立后的头三十年里，以讲述反特、肃反故事为主要内容的公安题材电影几乎一统法治影视阵地天下。20 世纪 50 年代末讲述人民警察为民服务故事的《今天我休息》是个例外。随着 20 世纪 70 年代末电视机逐渐进入中国家庭和电视剧创作渐成气候，公安题材的电视剧已成为中国影视剧中的热门种类，与公安题材电影一度此消彼长。

总体来看，公安题材影视剧的热度至今未曾衰减。在七十多年中国影视艺术发展史上的每一个时期，公安题材影视剧都留下了堪称经典的优秀作品。如电影《寂静的山林》《国庆十点钟》《羊城暗哨》《今天我休息》《神圣的使命》《第十个弹孔》《龙年警官》《寻枪》《警察故事》《警察日记》等，电视剧《便衣警察》《刑警队长》《湄公河行动》《扫黑风暴》《破冰行动》《猎狐行动》《刑警之海外行动》《营盘镇警事》《草帽警察》《警察荣誉》等。20 世纪 90 年代以后，特别是进入 21 世纪以后，以人民法院、人民检察院、国家安全部门及其工作人员生活为题材的影视剧逐渐增多，代表作有《人民检察官》《巡回检察组》《人民的名义》《因法之名》《大法官》《执行局长》《决胜法庭》《阳光下的法庭》《小镇大法官》《底线》《密战》《对手》等。

这些作品在中国影视剧创作中占有较为亮眼的地位，与公安题材影视剧共同勾勒出中国法治影视剧创作历史发展脉络，形成了中国法治影视剧创作的共性特点。主要是：（1）从法治工作和法治建设的视角，折射、反映和呼应七十多年中国社会政治、经济、文化各方面的发展变化；（2）在与七十多年中国影视艺术发展的相互影响、相互带动中，得到显著的艺术进步与艺术发展；（3）始终以七十多年中国法治的现状与发展作为创作最主要的现实背景板，现实主义一直是法治影视剧创作的大原则和大方向；（4）法治战线（主要是国家政法机关）及其队伍，始终以整体的正面形象和英雄面貌得到褒扬和赞颂；（5）公平、正义、法治的精神内涵始终是恒定的主题意旨，彰显并弘扬着社会的主流价值观念和文化精神。

这些在七十多年发展过程中综合凸显出来的创作特点，是新时代中国法治影视剧创作可以继承的最直接的优良创作传统。这些优良创作传统，对于新时代法治影视剧创作非但不过时，而且还是要取得创作进步发展所不可或缺的底色和基础。

除了七十多年中国法治影视剧创作的直接传统，还可以打开更深邃的视界，把眼光投向中华传统文学艺术更为博大深厚之处，从中国古典叙事文学艺术中发掘能为新时代所用的营养和资源。中国几千年的文学艺术传统，在世界文化历史中独树一帜，独具一格，为人类文化繁荣和文明进步作出了独特贡献。既有白描写意，也有精雕细琢；既有空灵缥缈，也有平实落地。在叙事的神奇、写人的灵性、绘景状物的生动、抒情表意的韵致、营造意境的高妙等方面都有丰富的积累和沉淀，为新时代法治影视剧发展提供了最为丰厚的滋养。这些中华民族文化艺术创造活动几千年沉积下来的传统精华，如何在新时代影视剧艺术创作中转化为现代视听语言和手段，值得法治影视创作者认真思考。

继承传统，并不意味着泥古守旧，自坠窠臼，而是为了给未来发展奠定坚实基础。标志着每一时代文学艺术成就的，还是属于自己时代的探索开拓，显示自己时代独特创造的部分。习近平总书记对文学艺术继承和创新的关系有十分精辟的论述："传承中华文化，绝不是简单复古，也不是盲目排外，而是古为今用、洋为中用，辩证取舍、推陈出新，摒弃消极因素，继承积极思想，'以古人之规矩，开自己之生面'，实现中华文化的创造性转化和创新性发展。"①

---

① 2014 年 10 月 15 日习近平总书记在主持文艺工作座谈会时的重要讲话。

2. 外来同类题材影视剧创作经验值得我们借鉴学习

要实现法治影视剧创作的艺术创新，除了扎根中国法治建设的现实土壤，继承发扬七十多年法治影视剧创作的优良传统，借鉴学习外来同类题材影视剧创作经验也非常重要。

人类电影艺术的历史只有一百多年，与文学、音乐、美术、舞蹈、建筑等艺术门类的发展历史相比非常短暂，但电影艺术借助科学技术的力量、现代工业的加持和商业市场的培育，在充分汲取其他艺术门类的艺术营养基础上，完成了自身艺术的蜕变，实现了自身艺术的突破，以其便捷的观赏方式，直白的真实展现，独树一帜，很快成长为一门与其他古老的艺术门类比肩而立的独立艺术门类。在这一艺术进化过程中，电影艺术因其大众化的文化品质、工业化的生产模式和商业化的传播消费方式，形成了自己不同于其他艺术门类的艺术创作和作品呈现特征，其中非常重要的就是类型化的创作方式。之后伴随电视机出现而产生的电视剧，则在自己的发展成长过程中，大量吸收电影艺术已臻成熟的表现方法和手段，包括类型化的创作方式，最终形成了一门与电影艺术比肩而立的新兴艺术。

所谓类型化，就是将影视作品中广受观众喜爱和接受的故事内容，以及讲述这类故事的方法，在一定程度上相对固化；甚至形成特定的情节、场景、人物，乃至服装道具等叙事视听元素，规范化程式化拼贴组合的模式；然后按照大工业流水线的生产方式进行批量生产。这些将特定故事、场景、人物等元素，按照一定样式规范组合创制出来的影视作品，就构成了世界影视发展历史上的各种影视剧类型，如警匪剧、侦探剧、歌舞片、恐怖片、悬念片、西部片、武打片、灾难片、言情片，等等，这样的创作方式就是类型化。

因为观众常常是冲着特定的故事内容、叙事套路和场景画面去选择观看某种类型的影视剧，所以经过影视作品消费市场筛选淘汰后，沉淀保留下来的经典影视剧类型，往往对观众具有强大的吸引力。这些类型化的创制方法和手段，也在世界影视艺术发展史上众多天才艺术家和影视艺术大师不断探索和精心打磨下愈加成熟完善，使类型化影视剧保持着长久的生命力，成为世界影视艺术的主流。

在世界影视剧发展历史上，有很多与中国法治影视剧题材内容相近或相似的影视剧经典类型，如警匪片（剧）、法庭片（剧）、律政片（剧）、侦探推理片（剧）、悬念悬疑片（剧）等。这其中有的善于编织曲折紧张的故事情节，有的倾心渲染悬疑惊悚的场景气氛，而有的则着力营造火爆刺激的视听奇观。这些与法治影视剧题材相近或相似的经典类型剧，其程式化的创制方法和叙事手段，对于提高中国法治影视剧创制水平，无疑具有借鉴学习的价值。

市场经济条件下的文化消费环境，使类型化影视剧能更为便捷顺畅地与观众的审美接受和观影期待对应契合，也有助于影视剧创制市场化的操作运行。但中国法治影视剧借鉴学习外来类型剧的创作套路，不等于要一味模仿甚至照搬，更不能由此陷入模式化的僵硬死板。

借鉴学习的积极意义在于，要在熟练掌握、驾驭和运用类型模式的基本规范和手段的基础上，结合自己所要表现的生活内容和主题意旨，发挥自身艺术的创造力和想象力，实现自我创新，做到"老瓶装新酒"。

首先要拓宽题材表现视野，使法治影视剧类型丰富多样。一方面，现实主义创作方法要求法治影视剧创作要立足当今中国法治建设实际，而现实中的法治工作和生活本身就是丰富多样的，它与社会现实和百姓生活有着千丝万缕的或直接或间接的联系。这些构成了法治影视剧创作取之不尽、用之不竭的素材来源。就公安工作来说，除了承担行政执法刑事司法职责，还有大量社会管理和公众服务职能，涉及多个警种多项业务，面向社会与公众的方方面面，此外，还有两百多万人民警察和辅警队伍的建设与管理、新时代公安机关推行的管理体制机制改革、警务勤务模式创新等。对于这样的工作和生活的表现，法治影视剧创作应该打开创作视野，拓展题材领域，不应囿于仅仅讲述"发案—立案—办案—破案—审判"故事。另一方面，尽管现有的法治影视剧类型多与"发案—立案—办案—破案—审判"的内容有关，但类型元素、类型种类还是多种多样的，再组合以不同风格样式，就更为丰富。

其次要突破既有类型模式，使法治影视剧类型有中国式创新。新时代的生活要有新的表现，新时代的故事要有新的讲述。新时代中国法治建设有着不同于以往时期，更不同于其他国家的崭新内容，只盯着既有影视剧类型，无法满足表现新生活新内容的需要，老瓶就不一定能装得下新酒。

另外，从艺术成长和发展的规律，以及观众影视剧观赏求新求奇的接受心理来说，也应该不断实现类型的突破创新。世界影视艺术史上经典类型的形成，本身也是在"模式—创新—新的模式—再创新"之间相互磨砺打造而成的。这是经典类型经久不衰的奥秘所在。对于中国法治影视剧创作而言，这种创新有一种容易实现且取得较好效果的方法，就是不同类型元素、类型种类的嫁接、拼贴和组合。这种方法取得的奇效，已有影视创作和观众接受实践的验证。

事实上，世界影视艺术发展史上的很多经典类型，在其不断锤炼打磨的过程中，都借鉴学习了其他类型模式的长处，并使之日臻完善。这种不同类型的嫁接、拼贴和组合，既可以是同一类型的传统模式与现代影音技术的新旧搭配，也可以是完全不同类型元素、类型种类的相互拼接，再辅以不同的风格。这就会给中国法治影视剧创作表现丰富多彩的现实工作和生活，带来别样的生机和新奇。新时代中国法治影视剧在影视类型方面的创新，也会在其中取得意想不到的收获和突破。

三、法治影视剧创作要处理好主旋律与类型化的关系

习近平总书记对于文化艺术创造与文化产品市场消费的关系，曾这样阐述道："先进的文化产品，应当体现先进性，又能体现群众性；既不'趋利媚俗'，又不远离市场、忽视市场。"① 这实际上就是表明了先进优秀的文化产品，一定是获得人民群众欢迎和喜爱的。在市场经济条件下，文化产品群众性的一个重要体现，就是看它能否得到市场的积极回应。

结合中国法治影视剧创作与观赏的实际，完全可以这样说，法治影视剧作品是否称得上优秀，创作是否成功，一个重要的检验标尺就是看它能否受到观众的喜爱和欢迎。这又将在很大程度上从影视剧作品的市场效应中体现出来。在商业化运作的传播消费环境中，与其他艺术门类相比，影视剧艺术

---

① 习近平：《文化产品也要讲"票房价值"》，载《之江新语》，浙江人民出版社2007年版。

因创作所需投资巨大，工业化创制生产方式，故而对市场回馈的反应更加敏感，甚至更加依赖。这就出现了影视剧创作如何看待并处理好社会效益与经济效益的关系问题。在法治影视剧创作中，这个问题又延伸到如何看待并处理好类型化与主旋律的关系问题。

习近平总书记明确指出："在发展社会主义市场经济的条件下，许多文化产品要通过市场实现价值，当然不能完全不考虑经济效益。然而，同社会效益相比，经济效益是第二位的，当两个效益、两种价值发生矛盾时，经济效益要服从社会效益，市场价值要服从社会价值。""优秀的文艺作品，最好是既能在思想上、艺术上取得成功，又能在市场上受到欢迎。"①

就法治影视剧创作来说，类型化着眼于市场，与商业化运作联系更紧密，但法治影视剧的题材特性及其政治属性，则决定了必须坚持社会主义文艺的主旋律。从辩证的角度来看，这二者之间并非决然的取一舍一的二元对立关系，优秀的作品应该既能够受到观众热烈追捧，赢得可观票房、收视收益，又能够高扬时代主流精神，突出正面主旋律价值，倡导社会公序良俗，引导世人积极向上。

在"主旋律"创作口号提出来的多年间，中国影视艺术创作者们一直在积极探寻类型化与主旋律二者相互融通、相互促进的实现之路。近年来，许多口碑大片在这方面显示了探寻取得的实绩。有影视专家说，"主旋律不是高高在上的东西，而是与大众流行文化形成一种默契"，并提出创制"主旋律商业类型大片"的主张。比如博纳影业在具体实践中，一方面选取时代社会重大选题；另一方面积极引入包括香港电影成熟类型片在内的创制经验，并以一批深受观众称道，取得不俗票房业绩，又将爱国主义、英雄主义等时代精神主题唱响的电影作品，如《湄公河行动》《红海行动》《中国医生》《长津湖》等，树立了中国电影"主旋律类型大片"的标杆。

这对中国法治影视剧创作来说，无疑具有重要的启示意义。近年来的《人民的名义》《底线》《破冰行动》《刑警之海外行动》《警察荣誉》等影视

---

① 2014年10月15日习近平总书记在主持文艺工作座谈会时的重要讲话。

剧作品，既有观众口碑和市场效益，也正面表现了政法工作的业绩，树立了政法工作者的正面形象，弘扬了社会公平正义和法治理念、奉献精神、英雄主义，显示了法治影视剧的创作实绩，是法治影视剧新时代以来的优秀代表作。

四、法治影视应充分利用好新媒体时代的新平台新样式的强大传播功能

进入 21 世纪以后，特别是近十年以来，我国互联网技术、数字技术飞速发展，迅速渗入影视制作行业，在很大程度上引起了影视艺术及其创制的巨大变化。

一是影视剧作品的传播平台多样化。除了传统的电影院、电视台，网络平台、视频网站赫然成了播剧的主要平台。近年来，各类直播平台播剧数量都逐渐增多。

二是观众观影观剧的媒介、场所多样化。除了传统的电影院（银幕）、电视机（荧屏），越来越多的观众是用电脑、手机、平板电脑等个人互联网终端观影追剧。小屏观剧，已经成为人们特别是年轻人观看影视剧的主流模式。

由此可见，观影观剧方式也越来越个人化。个人对于平台、剧目，乃至播出时间、播出时长的选择度越来越高。同时，观众越来越多地在观影观剧过程中通过评论、弹幕等方式参与互动交流，影视剧的传播在过去的单向传播上增加了即时性，甚至是平等性的交互体验双向传播。观众用户的观影观剧习惯，也较过去发生了很大改变，如观影观剧场所的随意化、观影观剧时间的碎片化等。

这些由于科技进步发展带来的观影观剧方式和体验的变化，引起了传统影视剧"传播—接受"模式的变化。"传播—接受"模式的变化，又进一步带来传统电影、电视剧自身的观念悄然发生改变。传统的影视剧供给侧，也在发生结构性变化。

一是影视剧的呈现形式多样化。除传统的电影故事片、电视剧外，网络

电影、网络电视剧（所谓"网大""网剧"）渐成气候。近年来一批引起观众热追的剧目如《白夜追凶》《心理罪》《余罪》《隐秘的角落》《沉默的真相》《胆小鬼》《消失的孩子》《法医秦明》系列等，都是在视频网站播出，并形成与传统电影院放映影片、电视台播出剧目并起称雄的局面。同时，各类网络短剧、网络系列剧、直播剧等也不时涌现出来。

二是影视剧的制作主体多元化。除原来的国有电影集团（制片厂）、电视台电视剧制作中心、民营影视公司、承担本系统文化宣传职能的各国家机关和军队的影视中心外，越来越多的视频网站、依赖互联网流媒体自拍自制并传播的小团队和个人，呈现越来越活跃的态势。特别是后发势力强劲的各大视频网站，主要以定制剧、自制剧方式制作自播影视作品。前面提到的那些近年来吸睛度高的网剧作品，基本上都是视频网站投资参拍的。

三是影视剧作品的社会评价机制多样化。在以往观众口碑、专家评论、各类获奖、收视率、票房价值等评价方式之外，观众网络评分（如豆瓣评分、IMDb 评分）、各类观看、收视大数据统计及其发布等方式，在很大程度上引导甚至决定着观众的观影观剧期待和选择。中国的影视剧创制和传播，可以说已经进入"影视＋互联网"时代、数字影视时代。

如何看待并理解互联网数字技术进入影视剧创制和观赏领域后带来的这些变化？习近平总书记明确指出："今天，各种艺术门类互融互通，各种表现形式交叉融合，互联网、大数据、人工智能等催生了文艺形式创新，拓宽了文艺空间。……要正确运用新的技术、新的手段、激发创意灵感、丰富文化内涵、表达思想情感，使文艺创作呈现更有内涵、更有潜力的新境界。"①这一重要指示，为我们顺应时代科学技术发展，充分认识并利用互联网技术和数字技术的巨大力量，创制新时代中国优秀法治影视剧指明了方向。

电影这门艺术兴起时间不过一百多年，电视剧作为一门独立的艺术兴起的时间更短，它们从诞生的那一刻起，就与人类科学技术的发展紧紧联系在一起。确切地说，它们本身就是人类科学技术进步催生出来的新兴艺术。所

---

① 习近平总书记在中国文联十一大、中国作协十大开幕式上的重要讲话。

以，互联网时代和数字时代的技术发展，虽然对影视艺术已经形成的"创制—传播—接受"传统模式带来了冲击和影响，但并未从根本上改变乃至削弱电影电视剧作为艺术的本性，反而为其艺术表达和情感表现提供了更为丰富多样的手段，为作品传播和观众接受提供了更为灵活便捷的方式。中国法治影视剧创作应该紧紧把握时代科技进步发展带来的巨大契机，积极主动地为自己在新时代更好地发展，开辟更为广阔的天地。

首先要在坚持法治影视思想主旨、价值取向、现实原则和艺术标准的前提下，着力引进并利用新技术给影视剧创制带来的丰富表现手段，实现法治影视剧创作视听表现空间的突破与拓展。这主要是利用日益高端精巧的数字化影视技术，展现以往的影视技术难以达到的时空场景和心灵情景，以更有震撼力和冲击力的影视视听奇观，将新时代法治建设新图景新面貌展现得更精致、更壮观，从而也更精彩、更好看，提升观众观影观剧体验的丰富性、投入度和沉浸值。

其次要高度重视并充分利用各类传播媒介，特别是新兴网络平台覆盖面广、观者众多、观看方便的特点，拓展扩大法治影视的传播阵地，特别是传播效能和潜力巨大的各类视频网站。

最后要适应新技术给法治影视剧创作带来的形式多样的变化，不再拘泥于传统的电影、电视剧成品形式及其制作模式。要在原有形式基础上，探索创制适合个人化小屏观影观剧习惯的影视剧新形式，如小型短剧、微型情景剧、系列剧等，适宜截取现实生活某一侧面或断面予以灵活生动表现的影视剧形式，以丰富法治影视剧样式，拓宽传播路径，吸引观众，扩大影响力。

在新媒体时代影视剧创制主体日益多元化的今天，承担法治国家、法治社会、法治体系建设主力军任务的国家政法机关，应当顺势而为，以各自文化宣传工作主管部门和影视中心为依托，充分利用各类社会影视剧制作力量，以法治建设内容供给丰富的素材富矿，吸引并调动他们创制法治影视剧的积极性，并以更加主动的姿态投入并参与创作活动，力求将新时代法治建设真实准确、深入传神地展示给观众，并引导影视剧创作各环节，始终行进在政治正确的方向和合规守法的轨道上。

与此同时，要注重发挥这些部门、机构人员的力量和才艺，并组织带动各系统从事法治专门工作的其他有热情、有兴趣、有能力水平的人员，充分利用各种新媒体技术和手段带来的便捷，及时生动地将自己的工作情况、生活场景、工作者的面貌和精神，以新型的影视剧样式展现出来，为法治影视艺术增添独具特点的新元素、新色彩。

总而言之，在习近平法治思想的指引下，新时代法治影视必将取得艺术创作的更大进步，必将赢得更多观众喜爱，必将为以中国式现代化全面推进中华民族伟大复兴作出自己独特的贡献，也必将向世界影视界和全世界人民传递出现代化中国的辉煌灿烂的法治阳光。

附　录

《用习近平法治思想指引法治影视创作与传播》编辑委员会

主　任：张苏军

副主任：周占华　易孟林

课题主持人：

王运声　最高人民法院政治部原巡视员、高级记者

　　　　中国政法大学兼职教授

易孟林　中国法学会法治文化研究会副会长

　　　　中国人民公安出版社文艺分社社长、编审

课题组成员：

宋　强　中国人民公安大学教授、公安影视资深评论家

田水泉　最高人民法院影视中心主任

赵　岩　北京市高级人民法院新闻办主任

卫　霞　太原科技大学法学院硕导、破产法研究中心主任

侯　洁　广州知识产权法院法官

张　倩　中国人民公安出版社资深编辑

　　　　《中国法治文化概论》《德治融入法治导论》责编

课题组工作人员：

李　勃　姜　凤　曹　凯　肖　咪　谢育云　刘　娜　易　芳

《用习近平法治思想
指引法治影视创作与传播》课题
各章节撰稿人名单

第一章　最高人民法院、太原科技大学……………………王运声　卫　霞

第二章　北京市高级人民法院、广州知识产权法院……赵　岩　侯　洁

第三章　最高人民法院……………………………………………田水泉

第四章　中国人民公安出版社……………………………张　倩　易孟林

第五章　中国人民公安大学………………………………………宋　强

全书统稿　　　　　　　　　　　　　　　　　　　　王运声　易孟林

（作者：中国法学会资助项目中国法学会法治文化研究会重点研究课题

主持人　王运声、易孟林）

（《用习近平法治思想指引法治影视创作与传播》课题组　撰稿）